JN410814

신과 함께 천수장생

신과 함께 천수장생

초판 1쇄 인쇄 2018년 10월 10일
초판 1쇄 발행 2018년 10월 15일

지은이 태상도인
펴낸이 金泰奉
펴낸곳 한솜미디어
등 록 제5-213호

편 집 박창서, 김수정
마케팅 김명준
홍 보 김태일

주 소 (우 05044) 서울시 광진구 아차산로 413(구의동 243-22)
전 화 (02)454-0492(代)
팩 스 (02)454-0493
이메일 hansom@hansom.co.kr
홈페이지 www.hansomt.co.kr

ISBN 978-89-5959-497 9(03150)

*책값은 표지에 표시되어 있습니다.
*잘못 만들어진 책은 구입하신 서점에서 친절하게 바꿔드립니다.
*지은이 연락처_ 천황국 태상천궁 02)471-7414

신과 함께 천수장생

태상도인 著

진시황제도 영생을 이루고자 불사약을 구하려고 백두산으로 사람들을 보냈지만 구하지 못하고 결국 세상을 떠났다. 인류가 태어난 이래 그 어느 누구도 풀어내지 못한 인간 육신의 불로장생을 이루어낼 천계의 비결서! 그 비밀은 수많은 악귀, 잡귀 퇴치와 120조에 달하는 인간 육신의 노화된 세포를 늙지 않고 젊게 장생과 영생할 수 있는 세포로 교체할 수 있는 천계의 비밀을 인류 최초로 풀어냈다.

한솜미디어

| 책을 집필하면서 |

여기는 인류를 심판하고 구하는 천황님의 나라(천황국. 천신국) 태상천궁이고, 천상의 3천황 폐하와 3황후 폐하의 뜻을 세상에 전하고 3천황 폐하의 심판과 구원의 명을 대행하는 하늘의 화신이자 분신인 태상도인(도법천존 3천황)이 대표이다.

말법과 도법세상을 열어가는 이 책을 읽어보는 독자들은 말도 안 되며 황당무계하다고 생각할 사람들이 전부일 것인데, 난생처음 체험하는 신비로운 일이라서 입이 다물어지지가 않을 것이니 공상소설, SF영화, 만화, 가상세계라고 생각하며 마음 편하게 즐기고 상상소설 한 편 읽는다고 생각하면 된다.

매주 일요일마다 대우주를 천지창조하시고, 천지만생만물의 생로병사, 생사여탈권을 집행하시며 인간들, 조상들, 생령들, 사령들, 신명들의 부모가 되시는 천지인의 세 하늘이신 천상의 3천황 폐하(태상천존 자미 천황태제 폐하, 도통천존 도솔천황 폐하, 재물천존 옥황천황 폐하)께서 친히 하강 강림하신다.

3천황 폐하와 실시간으로 함께하면서 저자(도법천존 3천황)가 보여주는 상상초월, 기절초풍, 경천동지, 천변만화, 무소불위한 이적과 기적은 인간세상의 상식과 생각을 넘어선 일들이기에 고정관념을 내려놓고 읽어야 한다.

천계에서 실제로 일어나고 있는 신비로운 일들이 지금 이 땅의 태상천궁에서 현실로 이루어지고 있는데, 세상에서 보고 들은 이론, 보고 들은 관념을 몽땅 내려놓고 읽어야 한다.

세상에서 보고 들은 이론과 고정관념으로는 상상력을 초월하는 불가사의한 일들이기에 책을 읽어도 이해가 안 되어 혼란스럽고 적응하기 어려워서 진도를 쫓아올 수가 없다. 소설이라고 생각하며 읽는 것이 차라리 마음 편할 수 있다. 천상세계의 진실을 모르는 인간들, 조상들, 생령들, 사령들, 신명들의 입장에서는 어차피 가상세계이니까 말이다.

인류가 기다리던 말법세상은 말세 이론을 내세우는 것이 아니라 "말하는 대로 이루어지는 언법(言法)세상" 즉 근심걱정이 없는 무릉도원 세상을 말하는데 다른 말로는 "도법세상(道法世上)"이라고도 한다. 천상의 3천황 폐하께서 내려주시는 신비로운 천지기운을 온몸으로 체험하며 느끼기 전까지는 차라리 공상 소설이라고 생각하면서 읽는 것이 마음 편할 것이다.

저자는 인류를 위대한 제2의 새로운 인류로 재창조하여 진화시키려고 한다. 함께 동참할 사람들이 얼마나 나타날지는 미지수이지만 어딘가에는 이런 세상이 도래할 것이라며 기다리는 사람들이 분명히 있을 것이기에 책을 집필하는 것이다.

인류 창조의 신화! 대우주와 해, 달, 별, 불, 물, 바람, 천둥, 번개, 뇌성, 벽력, 비, 지구의 천지만생만물, 인간들, 조상들, 생령들, 사령들, 신명들을 창조하신 분들이 천지인의 세 하늘이신 3천황 폐하이시고 저자는 이분들의 무소불위한 천지기운을 받아서 현실로 집행하는 집행자로서 하늘의 화신, 하늘의 분신, 하늘의 명 대행자 역할을 하고 있다.

인류의 꿈은 무엇이던가?

지상에는 존재하지 않는 천상세계의 무릉도원 삶을 영위하며 살아가는 것이다. 영원히 늙지 않고, 영원히 죽지 않는 영생의 삶을 어떻게 하면 이룰 수 있을 것인지 해답을 찾기 위하여 오늘도 각자 나름대로 온갖 방법을 찾으려고 노력 중이다.

인간의 능력으로는 불가능하다고 판단되어 포기하며 자연의 생로병사 섭리에 순응하며 살아가는 사람들도 있고, 어딘가에는 인류에게 장생과 영생의 꿈을 이루어줄 초인, 진인이 나타나리라 생각하며 찾아다니는 사람들도 많이 있을 것이다.

인간들, 조상들, 생령들, 사령들, 신명들의 장생이든 영생이든 이들의 꿈을 현실로 이루어줄 위대하신 천상의 3천황 폐하의 존재를 인류 최초로 찾아내어 본격적인 유아회춘 천수장생과 유아회춘 천수영생의 천지대공사에 돌입하였다.

천상궁전 태상천궁에서 살아가고 있는 신들과 영들 즉 신선선녀들은 천상법도를 크게 위배하여 소멸되는 극형의 사형 선고를 받지 않는 이상 수백억 살, 수천억 살, 수억조 살, 수억경 살 이상도 살아갈 수 있다.

나는 천상의 절대자이신 3천황 폐하와 실시간으로 함께하면서 인류가 이루지 못하고 있는 인간 육신들의 장생과 영생을 이루어보려고 한다. 현실세상에선 절대로 불가능한 영역의 일이라는 것은 이미 여러분 모두가 잘 알고 있는 내용들이다.

현실적으로는 절대로 불가능한 인류의 장생과 영생!

그러나 천상 태상천궁의 천지기운을 이 땅에서 실시간으로 받고 살아갈 수만 있다면 장생과 영생은 상상이나 꿈이 아닌 현실이 될 수 있다. 풀어야 할 문제는 천상 태상천궁의 천지기운을 우리 인간 육신들이 어떻게 실시간으로 받고 살아갈 수 있느냐가 가장 큰 문제인데 그 정답을 찾은 것 같다.

절대자이신 3천황 폐하께서 거처하고 계신 천상 태상천궁 궁전은 지구에서 빛의 속도(초당/300,000km)로 800광년을 가야 하는 아주 머나먼 거리이다. 그러니까 현재 북극성의 별빛은 800년 전의 빛이고 태양은 8.33분 전에 방사된 빛과 불이다.

그러면 북극성이 있는 천상 태상천궁 궁전의 장생과 영생을 이루어줄 신령스러운 천지기운을 무슨 재주로 지구에서 받을 수 있느냐가 관건이다. 물질 중에서 가장 빠른 빛의 속도로 천지기운을 받는다고 하여도 800년이 걸리기에 인간 육신들은 모두가 죽어서 이 땅에 없을 것이다.

천상 태상천궁 궁전의 장생과 영생을 이루어줄 천지기운을 받을 수 있는 방법이 찾아졌다. 그것은 3천황 폐하의 화신, 분신, 명 대행자, 천자, 황태자인 저자(도법천존 3천황)가 800년 거리를 3초로 단축시키는 이적과 기적을 만들어냈다.

마침내 2018년 8월 12일 오후 2시에 인류 역사상 처음으로 "유아회춘 천수장생" 의식이 전국에서 찾아온 수많은 사람들이 참석하여 생생히 지켜보는 가운데 공개적으로 거행되었다.

| 목차 |

제3부 질병귀신

제4부 병마소멸

제5부 천상도법

제6부 입천/상봉

제7부 천상세계

제8부 신명정부

제9부 인류구원

【제1부】

신과 함께

천수장생

신선 여동빈의 이야기

중국 당나라의 신선 여동빈이 사람들 중에서 인연 있는 자를 가려 젊고 오래 사는 장생술(長生術)을 전하려고 머리빗 장수로 변장하여 거리에서 수많은 사람들을 향하여 외쳤다.

"이 빗으로 빗으면 흰머리가 검어지고, 빠진 이가 다시 나고, 굽은 허리가 펴지고, 쇠한 기력이 왕성하여지고 늙은 얼굴이 다시 젊어져 불로장생하나니 이 빗 값이 천 냥이오" 하며 오랫동안 외쳐도 듣는 사람들이 모두 "미쳤다"고 허탄(거짓되고 미덥지 못함)하게 생각하여 믿지 아니하였다.

이에 신선 여동빈이 그중 한 노파에게 시험하니 과연 흰머리가 검어지고, 빠진 이가 다시 나는지라 그제야 모든 사람이 다투어 사려고 모여드니 신선 여동빈이 그때에 오색구름을 타고 홀연히 승천하였다.

사람들이 믿지 못하는 가운데 한 번 시험을 하여 보이니, 사람들이 그제야 머리빗의 효능을 알게 되어 모여든다고 한 것인데, 이렇게 사람을 회춘시킬 수 있는 삼풍해인(三豊海印)을 빗에 비유한 것으로, 이 빗의 값이 천 냥(현재 화폐 가치로는 3,000만 원 추정)이라고 하였는데, 빗을 거저 주거나 싸게 준다는 말은 없었다. 삼풍해인이란 3천황 폐하의 신령스러운 천지기운을 말한다.

이처럼 귀한 것은 값이 비싼 것인데도 믿지 못해서 미쳤다며 천재일우의 기회를 놓쳤다. 내가 7월 중순에 육신의 세포를 어린 시절로 되돌리는 "유아회춘 천수장생"의 신령스러운 천지기운의 명을 신하 백성들에게 공짜로 내려주었더니 말과 글로만 감사하다면서 내려주는 신령스러운 천지기운을 받아간 자들이 단 한 명도 없음을 보고 탄식하였다.

애초부터 돈을 받고 내려줄 생각은 전혀 없었다. 나이를 몇십 년 깎아주어도 값어치를 아무도 몰라보고 당연하다 생각하고, 감사함의 금전을 올리고 받아간 자들이 하나도 없었다. 그래서 아무리 귀한 것이라도 공짜로 주면 값어치를 몰라보기에 감사함도 올리지 않는다는 위대한 진실을 알았다.

비싸야 소중하게 생각하고 지킬 줄 안다. 1대 1로 천상의식을 집행해야만 천지기운이 내려가는 줄 알고 있다. 그래서 품계별로 "유아회춘 천수장생" 의식을 선포하였다. 이곳 태상천궁에서 행하는 모든 천상의식들은 신선 여동빈의 일처럼 현실적으로는 너무 황당하고 말도 안 되는 상상 초월의 신비한 일이기에 믿기가 어려운 것은 사실이다.

그래서 이번에 아주 커다란 교훈을 얻었다.

"귀한 것을 공짜로 받아서도 안 되겠지만, 귀한 것을 공짜로 주어서도 안 된다"는 참 진리를 알았다.

인류의 꿈인 "유아회춘 천수장생" 의식 탄생 선포!

인간 육신의 세포에게 세 하늘이신 3천황 폐하(태상천존 자미 천황태제 폐하, 도통천존 도솔천황 폐하, 재물천존 옥황천황 폐하)와 저자(도법천존 3천황)가 명을 내려 천지기운으로 노화된 육신을 어린 나이로 회춘시켜 하늘의 수명으로 오래 사는 유아회춘 천수장생 의식을 창조하여 선포한다.

아무 대가 없이 공짜로 앞에 나이를 떼어주고 모두 10살 미만으로 명을 내려주었으나 아무도 진실이라고 받아들이는 자들이 없고, 진귀한 감사함도 모르기에 등급으로 매겨 정상적인 천상의식을 행해서 1대 1로 신령스러운 천지기운을 내려주는 "유아회춘 천수장생" 의식을 실시한다.

잠시 동안 살짝 맛보기만 보여준 것인데도 육신에 많은 변화가 일어나고 있음을 여러 사람들이 현실로 생생히 체험하고 있는데 "유아회춘 천수장생"의 천지기운을 공짜로 받는 것과 정상적인 천상의식을 행하여 받는 것과 얼마나 차이가 많이 나는지 앞으로 생생히 체험할 것이다.

일단 공짜로 신령스런 천지기운을 받은 사람들은 잠시잠깐 젊어지기는 하겠으나 그리 오래가지 못한다. 대가를 지불하고 세 하늘이신 3천황 폐하와 나의 명을 받아 정상적인 "유아회춘 천수장생" 의식을 행하면 젊어지는 속도가 엄청 빨라진다.

인류가 이 땅에 태어나서 지금까지 아무도 풀어내지 못하고 이루어내지 못한 인간 육신 장생술에 대해 천상의 3천황 폐하께서 하늘의 화신, 하늘의 분신, 하늘의 명 대행자, 천자(황태자)의 신분인 도법천존 3천황 인간 육신을 빌려서 집행해 주시는 어마어마한 천상지상 공무집행이시다.

이제까지는 영적 세계만 추구하여 생령과 사령들만 구해 주는 천상의식들을 행해 주었으나 인류 역사에 난생처음으로 인간 육신의 120조에 달하는 수많은 세포들에게 유아회춘 천수장생의 명을 내려서 젊음으로 되돌아갈 수 있게 천지개벽시켜 주는 천지대공사를 집행한다.

유아회춘 천수장생을 하고 싶은 사람들이 거의 전부이지만 어디까지 믿을 것인가 때문에 고민하고 갈등할 사람들이 대다수일 것이기에 그런 사람들을 위해서 신선 여동빈의 일화를 소개한 것이다. 이것이 진짜일까? 거짓일까? 마음의 갈등을 안 할 사람들은 아무도 없다.

그러면 우선적으로 나에 대한 믿음이 가야 유아회춘 천수장생 의식을 행할 것이기에 시간적 여유를 3개월 동안 12회(매주 일요일 1시~6시 천상의 세 하늘이신 3천황 폐하께서 하강 강림하시는 천상도법주문회 참석 회원증)를 준다.

나는 천상 태상천궁에서 세 하늘이신 3천황 폐하의 황명을 받고 인류(생령, 사령, 신명, 인간)를 구하기 위해서 내려온 하늘의 화신, 하늘의 분신, 하늘의 명 대행자, 천자(황태자)로서 인간 육신을 가진 빛과 불인 도법천존 3천황이다.

지구에 내려와서 태상천궁을 세우고 천지대공사를 매주 일요일마다 집행하고 있다. 세 하늘이신 천상의 3천황 폐하와 나(도법천존 3천황)의 대천력, 대도력, 대신력을 두 눈과 두 귀,

온몸의 세포, 오감과 육감으로 직접 체험하고서 유아회춘 천수장생 천상의식을 행하여도 된다.

인류가 태어나고 난생처음인데 이것이 진짜인지 거짓인지 어떻게 알겠는가? 천상도법주문회에 참석하여 직접 3천황 폐하와 나의 신비스런 능력을 체험하고 나서 결정해도 된다. 유아회춘 천수장생 의식을 행하면 수십 년 노화된 인간 육신이 눈에 띄게 젊음으로 바뀌어가고 있다는 것을 자신의 얼굴 표정과 마음에서 느낀다.

인간 육신에게 천지개벽이 일어나기에 스스로가 생생히 체험하게 된다. 유아회춘 천수장생이 현실로 입증되면 세계 인류가 줄을 서게 될 것은 불을 보듯 뻔하고, 자신들에게 유아회춘 천수장생 의식을 행할 순서가 돌아올지 걱정이 될 것이다.

유아회춘 천수장생 의식이 현재는 2품 10단계(1품 5등급, 2품 5등급)로 간단하게 소개되어 있지만 천수장생이 현실로 입증되어 앞으로 널리 알려지면 얼마나 더 상위 단계로 늘어날지 알 수 없기에 부르는 게 값이 될 전망이다.

인간 육신의 세포가 120조에 이를 정도로 무수히 많다는데, 인간 육신을 태초로 창조하신 천지만생만물의 절대자 주인이 아닌 이상 이 세상 그 어느 누구도 인간의 능력으로는 절대로 유아회춘 천수장생은 불가능한 영역의 일이다.

이 글을 읽고 세 하늘이신 천상의 3천황 폐하의 대천력, 대도력, 대신력을 믿는 사람들은 거침없이 믿고 행할 것이고, 의

심 많고 부정적인 사람들은 믿지 못해서 행하지 못한다. 천수장생이 현실로 입증되어 소문나면 돈이 많지 않은 사람들은 그림 속의 떡이 되어 행하고 싶어도 돈 액수에 밀리고 순서에 밀려서 차례가 돌아가기 어려워진다.

그래서 초기에 행하는 것이 가장 선택받은 사람들이다. 처음에는 많은 사례자를 만들어내야 하기에 비교적 낮은 금액으로 가능하다. 한두 달 아니 1~2주 정도만 지나도 자신들이 점점 젊어지고 있다는 것을 생생히 현실로 체험할 것이기에 소문나는 것은 그리 오랜 시간이 걸리지 않는다.

유아회춘 천수장생 의식은 세 하늘이신 천상의 3천황 폐하께서 인류를 구하시기 위해서 나의 육신을 빌리시어 행해 주시는 인류 최초의 천상지상 공무집행이시다.

삼풍해인(三豊海印)

화우로가 삼풍의 해인인데 화(火), 우(雨), 로(露) 즉 불, 비, 이슬을 말한다. 빛과 불의 세 하늘이신 천상의 3천황 폐하께서 나의 육신과 마음, 생각을 빌리시어 무소불위하신 대천력, 대도력, 대신력을 수시로 집행하고 계신다.

즉 삼풍해인은 천지인 세 하늘이신 천상의 3천황 폐하의 빛과 불이시고, 나(도법천존 3천황)의 육신이 이슬에 해당한다. 결국 인간 육신을 통한 천지대공사가 태상천궁에서 집행되고 있다. 수많은 비기와 예언서에서 전하는 이현령비현령의 말장난에 놀아나지 말고 천상도법주문회에 참석하여 현실의 삶에서 각자들이 실제로 체험해 봐야 한다.

삼풍(三豊) 즉, 세 가지의 풍요함을 이루어주실 분은 빛과 불이시며 천지인의 세 하늘이신 천상의 3천황 폐하의 천지기운이시고, 해인(海印)이란 하늘이 내린 사명자로 선택받아 황명을 받들어 봉행하는 일이다.

나는 유식하지 못해서 예언서와 비기 풀이를 잘 못하니까 전해 내려오는 어려운 도교 이론 모두 필요 없고, 직접 3천황 폐하께서 내려주시는 천지기운을 받고 각자들이 온몸으로 느껴 일상생활에서 직접 체험해 보는 것이 가장 현명하다.

나는 이론은 잘 모르지만 이론은 이론으로 그칠 뿐 지금까지 현실로 이루어낸 자들은 하나도 없었다. 수천 년 동안 도가에서 전해지는 예언서와 비기 내용을 비유하며 앵무새처럼 전하면 무엇할 것인가?

비기와 예언서의 내용대로 현실에서 이루어낸 자들이 과연 있었던가? 결국 인간, 조상, 영혼, 신들을 유혹하여 자신들의 단체로 끌어들이기 위한 낚시질에 불과할 뿐이다. 이 땅에 다녀간 성인성자들 모두가 해내지 못하였고 인류에게 숙제로 남겨놓았다.

천지인의 세 하늘이신 3천황 폐하의 천지기운을 어떻게 받아서 운용하느냐가 삼풍해인의 해법 열쇠인 것이다. 도가에서 전하는 이론에 세뇌당하여 허송세월 보내지 말고, 지금이라도 정신 차리고 이론의 굴레에서 벗어나 나를 통해서 천상의 3천황 폐하의 무소불위하신 신령스러운 천지기운을 직접 느껴보는 것이 현실적이다.

수천 년의 세월 동안 전설처럼 전해 내려오고 있는 가상의 세계처럼 여겨지던 무릉도원 세상이 눈앞에 현실로 다가왔다. 인간 육신이 영원히 소년소녀의 몸이 되어 근심걱정이 없고, 늙지도 죽지도 않는 무릉도원 세상을 말한다.

유아회춘 천수장생을 하려거든 한 살이라도 젊었을 때 행하여야 효과적이다. 나이 먹고 병들어 늙은 세포를 소년소녀의 생생한 육체로 되돌아가게 하려면 그만큼 시간도 많이 걸리기에 젊어서 행할 것을 권장한다. 나이 든 사람들은 젊은 사람에 비해서 나이 먹은 만큼 되돌이기는 시간이 필요하다.

10~20년 젊어지는 것은 많은 세월이 걸리지 않음을 무수히 체험하였다. 3천황 폐하의 대천력, 대도력, 대신력으로 세포에게 명을 내리면 실시간으로 알아듣고 육체가 젊음으로 바뀌는 현상을 천상도법주문회에 참석한 수많은 신하와 백성들에게 여러 번 보여주었다.

신기, 신비, 경천동지, 상상초월, 경이로움 그 자체이다. 내가 명을 내리면 평소에는 살 넘지도 못하는 92세 노인이 젊은이들처럼 아무렇지도 않게 가벼이 뛰어다니는 현상이 천상도법주문회에서 실제로 일어나고 있으니 이것이 바로 3천황 폐하와 나의 대단한 신비스런 천지조화능력 아니겠는가?

귀신교에서는 정법, 상법, 말법이라고 하며, 윤리도덕이 타락한 세상, 가치관이 무너진 혼탁한 세상, 세상이 멸망하는 말세라고 나쁘게 표현하는 뜻으로 쓰이지만 이곳 태상천궁에서는 말이 법이 되고, 말하는 대로 이루어지는 무릉도원 시대를 말법시대 또는 도법세상이라고 한다.

다시 말하자면 천지인의 세 하늘이신 천상의 3천황 폐하의 새로운 세상이 공식적으로 개막되었음을 천상도법주문회를 통하여 만 세상에 널리 알리는 시대이다. 말하는 대로 이루어지는 신기한 세상이 활짝 열리고 있다.

천상 태상천궁이 바로 그러한 세상인데 지상 태상천궁에서 세 하늘이신 천상의 3천황 폐하의 무소불위하신 신령스러운 천지기운에 의해서 현실로 이루어지고 있다.

귀신교에서는 말법시대에 누군가 도법(道法)으로 온다고 전하고 있으며, 인류의 고통과 아픔을 치유하고, 병마를 다스리는 대의왕(大醫王)으로 출세한다고 하였다. 격암 남사고는 인간, 조상, 영혼, 신명들은 세상이 부패하고 이론과 관념에 세뇌당하여 묵은 관념 때문에 진인이나 초인 출세 소식을 접하기가 어려울 것이라고 한탄하였다고 전해지는데 지금의 현실이 한 치의 오차도 없이 바로 그러하다.

세상이 부패하여 알아보는 자가 없음을 한탄하며 귀신 숭배자들은 3,000년과 2,000년으로 귀신교의 운수가 끝이 나서 다시는 오지 않는다고 예언하였건만 아무도 알아보지 못함을 안타까워하고 있다.

말법시대에 천지인의 세 하늘이신 천상의 3천황 폐하께서 빛과 불로 지상 태상천궁으로 내려오시어 인류를 구하는 천상설법과 천상도법을 통하여 인간, 조상, 영혼, 신들을 구해 주는 천지공사를 집행하고 있건만 알아보는 자가 없다.

이곳은 천상 태상천궁의 뜻을 지상에 전하는 곳인데 천지인의 세 하늘이신 태상천존 자미 천황태제 폐하, 도통천존 도솔천황 폐하, 재물천존 옥황천황 폐하를 천상의 3천황 폐하라고 부르는데 나(도법천존 3천황)의 육신을 빌리시어 인류를 구하시려고 하강 강림하시었다.

나의 육신을 통하여 도법세상을 펼치시고 계신 천상의 3천황 폐하께서 매주 일요일마다 열리는 천상도법주문회를 통하여 3천황 폐하의 무소불위하신 천지조화의 도법세상을 체험해보면 넋이 빠져 나갈 정도로 신기하고 흥미롭다.

천상의 3천황 폐하께서 집전하시는 천상도법주문회!

각본과 대본 없이 생 라이브로 진행하는 대하드라마이다. 하늘과 신명, 조상, 생령, 악귀, 잡귀, 사탄, 마귀, 요괴, 악신, 악령이 등장한다. 사람 몸 안에 생령과 신명, 입천제를 행하여 천상으로 올라간 시조 조상님, 대표 조상님, 부모 조상님을 하강시키시 인부를 묻고 대하할 수 있는 전 세계 유일한 곳이다.

여러분 몸에 들어와 살고 있지만 직전 전생에 사람이 아니라 말을 못하는 온갖 동물령, 조류령, 어류령, 파충류령, 견령, 가축령, 곤충령의 귀신들이 총출동하는 기절초풍할 천상도법주문회이다. 새, 잉어, 개, 뱀, 지렁이가 말을 하고, 육신의 세포, 영생 세포, 바이러스, 세균이 사람 육신을 빌려서 말을 한다니 두 눈으로 생생히 지켜보고도 믿어지지 않는 경천동지할 일들이 매주 일요일마다 일어나고 있다.

천수장생, 세포와의 대화

하늘, 땅, 신, 조상, 생령, 사령은 물론 벌과 나비, 곤충류, 조류, 어류, 쥐, 소, 범, 토끼, 용, 뱀, 말, 양, 원숭이, 닭, 개, 돼지 등등 모든 짐승의 영(영혼)과 대화할 수 있는 나의 신비 능력도 독자들 눈높이에서는 너무나 신기하고 놀라운 일이다.

그런데 러시아 여자와 결혼하여 살고 있는 최○호가 처가 조상인 율○아의 대표조상과 상봉하고 싶다 청해서 비서실장 몸으로 대표조상을 오라고 불렀더니 오기는 왔는데 입을 벌리고 어떻게 말을 해야 할지 몰라 난처해하며 눈만 멀뚱거린다.

율○아의 대표 조상이 러시아인이라 한국말을 모르니까 어찌 보면 아주 당연한 일이었다. 즉시 러시아 대표조상에게 명을 내렸다. "지금 이 순간부터 한국말을 할 수 있다"고 명을 내리자 신기하게도 러시아 대표조상이 한국말로 한국인 남자 사위 최○호와 자연스럽게 대화하기 시작하였다.

천지만생만물과 실시간으로 대화가 가능한 것은 나의 몸으로 대우주와 삼라만상을 창조하신 천지인의 세 하늘이시자 천상의 3천황 폐하이신 태상천존 자미 천황태제 폐하, 도통천존 도솔천황 폐하, 재물천존 옥황천황 폐하께서 함께해 주시고 계시기 때문에 가능한 일이다.

인류가 찾아내지 못한 천상의 3천황 폐하의 존재와 인류의 유아회춘 천수장생과 육신의 영생을 이루어줄 120조에 이르는 세포들 대표와 인류 최초로 대화를 시도하는 경이로운 날이 천기 18년 8월 12일 천상도법주문회 행사 날이다.

인류 최초로 유아회춘 천수장생 의식을 의뢰한 화제의 주인공은 올해 45세 남자 최○호이다. 2008년 7월 6일 조상 벼슬 입천제를 행하면서 나와 첫 만남을 맺었으니 벌써 만 10년의 세월이 흘렀다. 울산○○중공업에 다니다가 사표를 내고 지난 5월에는 아예 서울 송파구로 이사를 왔다.

인간 육신 체내의 세포와의 대화, 그리고 암을 유발하는 세포 바이러스와 대화도 가능하다. 인류가 이 땅에 태어나고 처음으로 시도하는 일이기에 경천동지, 상상초월, 기절초풍, 경악, 무소불위, 공상, 가상, SF, 이적, 기적 등의 모든 수식어가 따라붙어도 모자란다.

유아회춘 천수장생은 영적 세계의 줄기세포 발견과 같은 파격적인 일이고, 인류 그 어느 누구도 상상조차 못했던 경천동지할 경이로운 일이다. 늙지 않고 장생하며 살아갈 수 있는 하늘이 내려주신 비결이 유아회춘 천수장생 의식이다.

유아회춘 천수장생이 정말 실현 가능한 일이냐고 의문을 가질 사람들이 전부일 텐데 결론적으로 말하면 가능하다. 인간 육신의 노화된 세포를 내보내고, 천상의 3천황 폐하께서 내려주시는 새로운 장생 세포로 교체하는 천지대공사가 천기 8년 8월 12일 날 처음으로 이루어졌다.

이미 2004년에 거꾸로 세어가는 나이에 대한 계시를 받았고, 2005년에 중풍을 맞아 평균 보폭이 10cm인 유○진에게 2013년도에 수많은 신하와 백성들이 참석한 천기기도회에서 명을 내려 정상인처럼 걷고 심지어 뛰게 하는 이적과 기적을 보여준 비공식 임상체험 사례를 갖고 있다.

또한 최근에는 보행이 정상적이지 않은 76세 김○진, 92세 최○국에게도 천상의 3천황 폐하로부터 천지기운을 받아 명을 내려서 정상인처럼 걷고 뛰게 하는 경천동지할 일들을 공개적으로 보여주었었다.

천상의 3천황 폐하의 무소불위하신 신비의 천지기운을 이미 직접 체험해 보았는데, 이것은 그동안 3천황 폐하의 신비로운 능력을 보여주기 위한 맛보기였고, 천상의 3천황 폐하께서 함께하시는 공식적인 유아회춘 천수장생 의식을 행하는 것은 이번이 난생처음이다.

세포와의 첫 대화가 어떻게 이루어질까?

나 역시 처음 시도해 보는 일이라서 몹시 궁금하고, 과연 인체의 노화된 세포를 천상의 3천황 폐하께서 내려주시는 장생이나 영생이 가능한 새로운 인체 세포로 교체가 가능한 것인지 매우 궁금하고 기대가 되었다.

진시황의 불로초, 현대 생명공학의 줄기세포를 초월한 유아회춘 천수장생이 현실로 이루어지는 날 인류의 새 역사가 나에 의해서 다시 쓰여질 것이다. 인류의 영원한 욕망이 있다면 그것은 늙지 않고 장생이나 영생을 누리는 꿈을 현실로 실현하는 것이다.

장생과 영생에 대한 객관적이고 공식적인 임상실험 과정이 성공리에 끝나면 세계 인류는 환호성을 지르며 태상천궁으로 몰려들어 올 것으로 예상한다. 인간 육신들이 살아서 신선선녀처럼 영생을 누리며 살아가는 불가능의 세계를 현실로 이루어내면 인류의 문명에 천지대개벽이 일어난다.

장차 인류의 문명은 격변한다.
죽어야 하는 자와
죽지 않아도 되는 자로 양극화된다.

늙어야 하는 자와
늙지 않아도 되는 자로 양극화된다.

평범한 인간으로 살아갈 자와
신선선녀로 살아갈 자로 양극화된다.

죽어서 허공중천 떠돌며 춥고 배고픈 귀신으로 살아갈 자와
죽어서 천궁에 올라가 천인으로 살아갈 자로 양극화된다.

천상 태상천궁에는 실제로 영생이 이루어지고 있는데 여자들은 15~20세 미만이고, 남자들은 21~25세 전후의 젊은 나이로 영생을 누리며 살아간다. 천상 태상천궁의 기운을 지상의 인간 육신으로 내려주는 인류 최초의 유아회춘 천수장생 의식이 거행되었다.

최○호 천수장생 의식 이후의 변화 ①

천기 18년 8월 12일. 첫 번째로 유아회춘 천수장생 의식을 행한 최○호가 의식 이후 3주 만에 육신적으로 나타난 변화 내용을 올린 글이다.

천황님의 나라 빛과 불이신 3천황 폐하!!!

소신 유아회춘 천수장생 의식의 첫 번째 주인공이 될 수 있도록 윤허해 주셨던 것 다시 한 번 더 감사드리며, 현재의 육신이 좀 더 건강하고 젊게 회춘하여 황실근위단장(경호실장)으로서 3천황 폐하를 뫼실 수 있게 된 것이 너무도 기쁘고 황은이 망극하옵나이다.

"유아회춘 천수장생" 의식 이후 몸에 생긴 변화를 올려드리고자 하옵나이다. 첫 번째, 마음가짐의 변화이온데, 소신이 인간 나이 45세이나 느낌상으로는 이미 20대에 진입하여 몸도 가볍고 젊었을 때의 활력을 느끼고 있사옵나이다.

근력량으로 보면 현재 소신의 몸이 23세 때보다 많고, 몸도 많이 유연해지고 있으며, 산을 오르고 내릴 때는 20대의 기운으로 돌아가 펄펄 날아다니옵나이다.

예전에는 40대에 접어들면서 "몸이 확실히 달라졌구나!",

"나이 들면 어쩔 수 없구나!" 하고 나이를 받아들였고, "40대 이전까지는 운동으로 20대 못지않은 상태를 유지할 수 있으나 40대가 넘어가면서는 운동으로도 안 되는구나!" 하고 포기를 하였사옵나이다.

그러나 "유아회춘 천수장생" 의식 이후, "인간의 나이는 진짜로 숫자에 불과하구나!" 하고 생각이 바뀌었고, 3천황 폐하께옵서 구세포를 천상의 장생 세포로 교체하는 명을 내려주신 이후 꿈이 현실이 되었사옵나이다.

두 번째, 육신의 변화이옵나이다. 소신의 "유아회춘 천수장생" 의식 이후에 재어본 키가 그간 소신이 알고 있던 키와 1cm 차이를 보였는데, 놀랍게도 그간 한 번도 넘기지 않은 키가 나와 의아했으며 인간 나이 45세에 키가 커졌다니 신기하고 놀라움 그 자체이옵나이다.

"유아회춘 천수장생" 의식 이후 3~4일 후, 하루 종일 오랜 시간 설사를 하였는데, 전날 딱히 음식을 잘못 먹은 것도 아니고, 몸의 독소와 안 좋은 것들을 빼내는 듯하였고, 설사를 아침부터 오후 5시 정도까지 하였으나 몸의 기력이 빠지지는 않았으며 오히려 몸이 더 가벼워짐을 느꼈사옵나이다.

그리고 나이 들면서 점점 줄어들던 머리숱도 차츰 늘어나고 있으니 머리숱 걱정도 이제는 끝이며, 23세 때의 머리숱으로 돌아갈 것인데 단지 시간만이 남았사옵나이다.

눈의 경우, 시력은 차츰 회복할 것 같고, "유아회춘 천수장생" 의식 이후 의도적으로 안경을 벗고 생활하였더니 맨눈으로 잘 보이는 거리가 차츰 멀리까지 늘어났사옵나이다.

치아의 경우, 소신이 "유아회춘 천수장생" 의식 이전 왼쪽 위의 어금니를 발치하는 일이 있었고, 고등학교 시절 충치로 크라운을 씌웠사오나 오래되어 최근 부러져 나가서 임플란트 시술을 위해 치과에서 발치했사옵나이다.

10월에 뼈 이식 후 임플란트를 하기로 되어 있으나, 소신은 새로운 어금니가 나기를 바라고 있으며, 임플란트가 아닌 새 어금니가 나올 때까지 기다려볼 생각이옵나이다.

최근 소신은 23세 때의 사진을 찾아서 매일 사진을 보며 그 때의 젊음으로 돌아가고, 키는 더 커지고 건강하며 활력이 넘치기를 바라고 있사옵나이다. 이 모든 것들이 빛과 불이신 3천황 폐하의 대도력, 대천력, 대신력으로 가능할 것이라 확신하옵나이다.

빛과 불이신 3천황 폐하!
만세! 만세! 만만세!

3황후 폐하!
만세! 만세! 만만세!

— 서울 송파구에서 첫 천수장생 의식을 행한 최○호 후기

최○호 천수장생 의식 이후의 변화 ②

천황님의 나라(천황국. 천신국) 태상천궁의 빛과 불이신 도법천존 3천황 폐하의 천상세계 신명정부 신하 경호부 대신(경호실장) 겸 헌재부 대신(헌법재판소장)/ 녹존성주(재앙부 대신) 황련/ 파군성주(신군사령관) 백륜/ 황실근위 단장(천궁 경비사령관) 태필/ 주식 매매의 신왕 청휘/ 천인/ 도인/ 인천광역시장/ 국회의원 최○호 문후 올려드리옵나이다.

빛과 불이신 도법천존 3천황 폐하!!!

유아회춘 천수장생 의식의 첫 번째 주인공이 될 수 있도록 윤허해 주셨던 것 다시 한 번 더 감사드리고, 현재 육신이 점점 더 건강해지고 젊게 회춘하여 도법천존 3천황 폐하를 뫼실 수 있게 된 것이 너무도 기쁘고 황은이 망극하옵나이다.

최근 소신의 몸에 생긴 변화를 올려드리옵나이다. 지난 9월 7일 남한산성에 아들과 함께 올라갔었고, 산을 오를 때에도 가뿐히 올라갔사오며, 내려오면서 20대에 등산할 때의 생각이 나서 아들과 함께 뛰어서 내려왔사온데, 예전과는 다르게 무릎이 아프지도 않고 너무도 상쾌하였사옵나이다.

소신이 40대에 들어서면서 등산도 자주 못 간 것도 있사오나, 등산을 하면 오르는 것은 힘이 들어도 올라갈 수는 있었사오나 어느 정도 높은 산의 경우 내려올 때 무릎이 아파서 스틱을 이용해야만 할 정도였사옵나이다. 그랬던 소신이 "유아회춘 천수장생" 의식 이후, 등산 후 내리막길 계단 및 산 비탈길을 뛰어서 30분 정도를 내려왔다는 것이 놀랍사오며 또한 무릎 통증도 전혀 없었사옵나이다.

유아회춘 천수장생 의식(8월 12일) 이후 딱 한 달만인 9월 12일에는 아들과 집 앞의 공원 풋살 경기장에서 축구를 했사온데, 놀랍게도 소신은 잘 지치지도 않고 계속 30분 정도를 뛰었사오나 오히려 육상 운동을 하고 있는 아들(13세)이 지쳐서 소신보다 더 힘들어 하는 일이 있었사옵나이다.

풋살(Futsal)이란 용어는 축구를 뜻하는 스페인어 'Futbol'과 실내를 뜻하는 프랑스어 'Salon'이 합쳐진 말이며 '미니 축구'나 '길거리 축구'로 불리는 풋살은 가로 20m, 세로 40m의 작은 경기장에서 가로 3m, 세로 2m의 골문에 공을 차 넣는 경기이옵나이다.

브라질의 축구스타 펠레나 베베투, 호나우두는 모두 풋살 선수 출신으로, 남미와 유럽 · 미주에서는 풋살을 하다 축구선수로 전업하는 일이 흔하다 하옵나이다.

아들이 서울로 이사 오기 전까지 울산에서 육상 훈련을 받았기에 체력이 좋사온데, 소신이 더 기운이 팔팔한 것에 소신과 아들이 동시에 놀랐사옵나이다.

소신 울산에서는 아들과 축구를 할 때, 조금만 뛰고 나면 소신이 지쳐서 잘 쫓아가지도 못했사온데, 참으로 놀랍사옵나이다. 이렇게까지 개벽을 할 수 있는 것인지 놀라서 입이 다물어지지 않을 정도였사오며, 소신 진정으로 23세의 나이로 회귀한 것 같고 활력도 생겨 정력도 점점 더 강해지옵나이다.

젊음이라는 것 잘 지치지도 않고 모든 할 수 있을 것 같은 패기와 열정을 갖고 살아가는 나이라 생각하사온데, 소신이 그런 나이대로 회춘을 한 것 같사옵나이다.

이런 젊음을 가지고 지난번에 조상님께서 받아서 전해 주신 3,000억 원을 벌 수 있는 기운으로 다시 한 번 더 3,000억 원을 목표로 다시 뛸 생각이며 이기는 게임을 해볼 생각이옵나이다.

소신의 신, 영, 조상님, 인간이 한 뜻으로 도법천존 3천황 폐하께옵서 주신 3,000억 원을 벌 수 있는 기운으로 필히 3천억 원을 벌어보도록 하겠사오며 이 3천억 원을 반드시 빛과 불이신 도법천존 3천황 폐하께 바치도록 하겠사옵나이다.

천상의 3천황 폐하! 지상의 3천황 폐하!
만세! 만세! 만만세!

천상의 3황후 폐하! 지상의 3황후 폐하!
만세! 만세! 만만세!

— 서울 송파구에서 첫 천수장생 의식을 행한 최○호 후기 ②

최○호 천수장생 의식 이후의 변화 ③

천황님의 나라 태상천궁의 빛과 불이신 도법천존 3천황 폐하의 천상세계 신명정부 신하 경호부 대신 겸 헌재부 대신/ 황실 근위단장 태필/ 녹존성주 황련/ 파군성주 백륜/ 주식 매매의 신왕 청휘/ 인천광역시장/ 국회의원/ 천인/ 도인 최○호 문후 올려드리옵나이다.

빛과 불이신 도법천존 3천황 폐하!!!

소신 유아회춘 천수장생 의식의 첫 번째 주인공이 될 수 있도록 윤허해 주셨던 것 다시 한 번 더 재차 삼차 감사드리옵나이다. 현재 육신이 매일매일 점점 더 건강해지고 젊게 회춘하여 도법천존 3천황 폐하를 뫼실 수 있게 된 것이 너무도 기쁘고 황은이 대망극하옵나이다.

소신 9월 25일에 있었던 유아회춘 사례를 올려드리옵나이다. 소신 아들과 함께 집 근처 공원에 가서 바람도 쐬고 운동을 했는데, 2주 전에는 소신 땅에 밑부분을 묻어 세워놓은 큰 트럭 타이어를 제자리에서 두발 모으고 펄쩍 뛰어 넘을 수 없었지만 2주 정도가 지난 이후 갑자기 자신감이 생기고 이번에는 할 수 있을 것 같았사옵나이다.

그리하여 두 발을 모으고 제자리에서 펄쩍 뛰었더니 가뿐히 넘을 수 있었고, 높이는 소신의 무릎 위로 20cm 정도가 되는 타이어로 지난번에는 소신의 발이 걸려 넘어질 것 같아 엄두가 나지 않았으나 2주 정도 지나니 몸이 더 가볍고 유연해진 것이 느껴졌고 가뿐히 뛰어넘었다는 것이 믿어지지 않았사옵나이다.

소신이 그런 큰 타이어를 우리 나이로 45세에 제자리에서 두 발 모으고 가뿐히 뛰어넘었다니 놀랄 따름이고, 몸이 이렇게 가벼워질 것이라고는 상상도 못했으며, 너무도 놀라서 어린 시절로 돌아간 기분이었는데, 어릴 적에 뭔가 자신이 못할 것 같은 것을 처음 해냈을 때의 그런 기쁨을 느꼈사옵나이다.

같은 날 저녁에는 식사 후, 집 바로 앞 공원에서 아들과 바람을 쐬러 나갔사온데, 이번에는 소신의 사타구니 높이의 화단을 제자리에서 두발 모으고 훌쩍 뛰어 올라갔고, 이 또한 그전에는 엄두가 나지 않았던 일이며, 몸이 너무도 가볍고 몸의 유연성과 탄력이 상당히 좋아졌기에 가능한 일이옵나이다.

그와 더불어 놀라운 일이 있었사옵나이다. 소신 어릴 적에 태권도를 배웠기에 30대 중반까지도 나름 앞차기는 상당히 높이 찰 수 있었사온데 40대 접어들어서는 몸을 풀어야 조금 머리 위로 올라가는 수준이었사옵나이다.

그런데 소신 같은 날 저녁에 발차기를 하였더니 소신이 20대에 최고로 높이 찰 수 있는 정도의 앞차기 높이에 도달하여 깜짝 놀랐고, 최근까지 발차기 연습을 하면 약간 뻐근하고 다리가 마음만큼 올라가지 않았는데 너무도 신기하였사옵나이다. 유아회춘 천수장생 의식이 이 정도로 엄청나구나 하고 소신이 놀랐고 동시에 날아가는 기분이 들었사옵나이다.

소신의 앞차기가 소신 머리 위로 30cm 정도까지 자연스럽게 올라갔사오니 이건 놀라 자빠질 정도이고, 소신 믿어지지가 않으며, 소신 몸이 이렇게까지 회춘을 할 수 있는지 그저 놀랄 따름이옵나이다.

아들과 100m 정도를 질주하였는데, 아들이 소신을 전혀 따라오질 못하였으며, 소신이 서울로 이사하기 전 대략 4개월 전에는 소신의 몸 컨디션이 좋거나 몸을 좀 풀어야 초등학교 육상부인 6학년 아들을 달리기로 이길 수 있었사옵나이다. 그런 소신이 이번에는 아들을 5m 앞에서 세우고 같이 출발하여도 금방 따라잡아 버리니 이건 믿어지지가 않사옵나이다.

이건 불가능이 가능으로 바뀐 것이옵나이다.

빛과 불이신 도법천존 3천황 폐하께옵서 찾으신 "유아회춘 천수장생" 의식은 진짜 현실에서 일어나고 있으며, 소신 온몸으로 느끼고 있고, 불가능이 없다고 하신 말씀 다시 한 번 더 소신의 육신을 통해서 증명이 되었사옵나이다.

"유아회춘 천수장생" 의식하기 전까지만 해도 나이로 인한 어쩔 수 없는 뻐근함, 피로감, 유연성 부족이 느껴졌으나 이제 그런 것 전혀 못 느끼고, 육신의 활력, 탄력, 지구력, 유연성은 의식 이후 45일 만에 23세로 돌아간 듯싶으니 이건 개벽이며, 이런 고귀한 천상의 의식을 찾으시어 윤허하여 주신 빛과 불이신 도법천존 3천황 폐하 감사드리옵나이다.

이○숙 천수장생 의식 이후의 변화 ①

소신 3천황 폐하의 너무나 대단하시고 위대하신 천지기운으로 2018년 8월 19일 제38차 천상도법주문회에서 인류 역사이래 두 번째로 유아회춘 천수장생 의식을 올렸사옵나이다.

비록 일반 낮은 단계로 올린 유아회춘 천수장생 의식이지만 존귀하신 3천황 폐하께서 너무나 성대하고 장엄하며 위대하게 이 소신에게 15살부터 18세 정도로 아주 생기발랄한 소녀처럼 장생하는 천지기운을 내려주셨사옵나이다.

그날의 그 감격 그 감동은 아직도 여전하며 그날 이후 집에 돌아와서 제일 먼저 하는 일은 바로 거울 보는 것인데, 매일 보는 거울 속 저의 모습은 확연히 달라져 있었기에 사진 한 장을 찍어놓았사옵나이다!

유아회춘 천수장생 의식을 천상의 3천황 폐하의 선택을 받고 행하였으니 도법천존 3천황 폐하의 신비스런 천지기운에 의해 실제 소녀로 변화된 모습을 만 인류에게 보여주고 싶은 마음이 간절하옵나이다.

인간들은 너도나도 천수장생하는 것이 큰 소원이지만 너무나 오랜 세월이 흘렀고, 인간들의 끝없는 소망을 3천황 폐하께서 대단하게 펼치고 있으시고, 이 소신이 두 번째로 모델이 되다니 참으로 감개무량하옵나이다. 다른 말은 생략하고 변화되어 가고 있는 육신의 변화를 올려보겠사옵나이다.

1) 의식을 하고 4일 동안 그 어느 때보다 피곤함을 많이 느꼈는데 마음에서 느껴지는 것은 원래 늙어가는 세포와 생기발랄한 장생 세포 사이에 세포 교체로 인하여 피곤하다는 메시지를 받았사옵나이다. 예를 들자면 이사를 할 때 피곤한 것처럼 세포들도 상호 이동을 하니 당연 피곤한 이치이옵나이다.

2) 의식 후 10일이 지나 아침잠에서 깨어나니 갑자기 내장이 꼬이는 증상이 나더니(아프진 않고) 설사를 아주 시원하게 3번 했는데 마음속에서 느끼는 것은 몸속의 독소를 배출하고 있다는 징조라고 느꼈사옵나이다!

3) 9월 1일 토요일부터 왼쪽 귀가 엄청 가렵고 열이 나고 있었고, 이 소신의 왼쪽 귀는 2007년도에 다쳐서 약간의 기형이 되었는데 바로잡아준다는 느낌이 떠올랐으며 오늘도 퇴근하기 직전부터 또 가렵고 열이 났사옵나이다.

4) 9월 2일부터 계단을 올라도 다리가 엄청 가벼워진 느낌을 받고 있는데 원래는 지금까지 계단을 오르고 나면 두 다리가 시큰거리면서 다리에 힘이 쫙 빠지는 것 같았는데 참으로 신기하옵나이다.

5) 이 소신의 얼굴에서 눈가에 주름이 조금은 깊은 편인데 지금 만져보면 훨씬 매끈해졌고, 피부도 보들보들해졌음을 매

일 샤워하면서 느낄 수 있었사옵나이다.

6) 9월 3일 오늘저녁 퇴근하고 집에 돌아올 때는 이 소신의 몸이 얼마나 가볍고 가볍던지 날아갈 것 같은 기분이며 두 어깨도 쫙 펴진 느낌이옵나이다. 두 어깨를 자연적으로 쫙 펴게 되고 당당한 모습으로 발걸음도 아주 가뿐하옵나이다.(사실은 오늘 13시간 동안 쉴 새 없이 일을 했사옵나이다).

빛과 불이신 도법천존 3천황 폐하! 폐하의 대도력, 대천력, 대신력은 참으로 상상초월이옵나이다. 보잘것없는 이 소신의 육신을 3천황 폐하의 천수장생 천지대업에 모델로 쓰게 됨에 참으로 영광이옵나이다.

이 속도로 유아회춘 천수장생이 이루어지면 반년이 지나 참으로 놀라운 변화를 두 눈으로 볼 수 있을 것 같아 이 소신은 매일매일 유심히 이 소신 육신의 변화를 체크하고 있사옵나이다!!

3천황 폐하의 황명으로 이루어지는 모든 의식은 참으로 금전으로는 환산할 수 없는 그런 가치이며 이 소신 여성으로서 최초로 적은 돈으로 이런 어마어마한 의식을 올릴 수 있는 것도 참으로 행운아 중에 행운이옵나이다.

더도 말고 1년이 지나면 이 돈으로는 정말 엄두도 못 낼 것 같고, 이 돈으로 유아회춘 천수장생을 해달라 하면 웃기지 말라 할 것이고, 3천황 폐하께서 부르시는 게 값이 될 것이옵나이다!! 무한대…??

이 소신을 이런 영광의 자리에 오르게 해주신 천상의 3천황 폐하와 3황후 폐하 그리고 도법천존 3천황 폐하께 무한한 감사함을 올려드리옵나이다. 이 소신의 육신이 생기발랄한 소녀의 모습으로 변신한 후 3천황 폐하의 말씀대로 변화된 모습을 똑똑하게 만 세상 인간들에게 똑똑히 보여주겠사옵나이다.

오늘은 이상으로 폐하께 보고를 마치겠사오며 일정 기간 변화되고 있는 이 소신 육신의 변화를 폐하께 수시로 보고 올려드리겠사옵나이다!!

— 서울 도봉구에서 천수장생 의식을 행한 이○숙의 후기

아무도 도전해 보지 않은 미지의 수명장수 세상을 여는 인류 최초의 유아회춘 천수장생 의식이 탄생하였다! 현재는 세상 사람들이 아무도 믿지 않을 것이기에 10년의 세월 동안 천상의 3천황 폐하와 3황후 폐하 그리고 나의 무소불위한 천변만화의 신비로운 천지조화를 직접 무수히 지켜보며 함께 체험한 이곳의 신하와 백성들만이 행하고 있다.

지금 책을 읽고 있는 독자들에게는 그림의 떡이다. 믿음이 없기도 하고, 나에 대해서 전혀 모르기에 속을까 봐 쉽게 마음의 결정을 내리지 못하고 실제로 천수장생이 이루어지는지 추이를 지켜본 뒤에 행하려 할 것이다.

초기라 확인이 되지 않은 상태이니 당연히 그럴 것인데, 세월이 흐르면서 사실로 밝혀지면 작은 돈으로는 엄두도 내지 못하기에 믿고 해보는 것이 가장 현실적이다.

이○숙 천수장생 의식 후 변화 ②

천황님의 나라(천황국. 천신국) 태상천궁의 빛과 불이신 도법천존 3천황 폐하와 3황후 폐하의 천상세계 신명정부 신하 통일부대신(장관) / 국회의원/ 자강도지사/ 천인/ 천수장생명을 받은 18세 소녀 이○숙 문후 올려드리옵나이다.

이 소신 너무나 대단하신 도법천존 3천황 폐하의 황명으로 "유아회춘 천수장생" 의식을 행한 지 벌써 한 달이 되었는데, 비록 시간은 길지 않지만 이 소신의 육신에서 많은 변화가 생기고 있사옵나이다.

한 달 동안 육신의 변화를 간략하게 천상 3천황 폐하와 지상 3천황 폐하께 올려드리옵나이다. 9월 4일부터 시원한 방귀가 연속으로 잘 나오고 있고, 느낌으로는 육신의 세포들 활동이 활발하니 쓸데없는 것들을 기운으로 배출하고 있다 생각되옵나이다.

더욱 신기한 일이 발생한 것은 9월 8일 출근하여 일을 하다가 저녁 8시쯤 화장실에 가서 바지를 보니 바지 앞이 뒤로 가게 돌려 입고 있었고, 그래서 아마도 잘못 입었나 하고 생각하였사온데 9월 9일 천상도법주문회에 참석하고 집으로 올 때 왠지 바지가 불편하여 바지를 보니 한 번도 아니고 두 번이나 또 돌려 입고 있었사옵나이다.

꼼꼼히 생각해 보니 바지를 돌려 입은 적이 절대 없었사온데 '이게 웬일이지?' 마음속으로 물어보니 "세월이 뒤로 간다"는 것을 현실로 보여주고 있었다는 답이 소신도 모르게 입에서 나오고 있었사옵나이다.

참으로 신기하고 신비한 체험을 직접 하게 해주셨는데 너무나 무소불위한 천상의 3천황 폐하이시며, 분명 옷을 단정하게 입고 다니는데 앞뒤를 모를 리가 없고, 이렇게 생생하게 "유아회춘 천수장생" 의식을 행하면 세월이 뒤로 간다는 것을 현실로 보여주시려고 바지를 돌려 입게 하여 소신을 깜짝 놀라게 해주셨사옵나이다.

그리고 9월 7일과 8일 아침 출근하려고 준비하는 과정에서 거울을 보고 있으니 왼쪽 어깨가 아플 정도로 두 번씩 따끔거리더니 일에는 지장 없이 아프지 않았는데, 뼈 구조까지 젊게 변화시키고 있다는 느낌이 들었사옵나이다.

그리고 9월 15일부터 지금까지 왼쪽 배 약간 뒤쪽으로 전기가 통하듯 후들후들하기도 하며, 짜릿짜릿하기도 하면서 용변은 반 설사 상태인데, 느낌으로는 뱃속의 지방을 크게 활동하게 하여 다이어트를 해 주고 있는 느낌인데 뱃살을 보니 많이 줄었사옵나이다!!

매일매일 시간만 있으면 거울 속 소신의 변화를 보고 있는데, 아무리 보고 또 봐도 피부가 확실히 보들보들해지고, 얼굴도 더 뽀얗게 변해 가고 있으며, 얼굴 윤곽도 작아지고 있고, 걸음걸이도 더 가벼워지고 있사옵나이다.

이 소신 식당에서 주방 일을 하고 있는데 하루에 평균 13시간 일하여 평상시 같으면 무릎도 시큰거리고 허리도 아플 것인데 매일 거뜬하옵나이다!!

일은 힘든지 모르고 하고 있으나 자꾸 잠이 쏟아지고 있는 것은 천진난만한 어린 나이로 되돌아가는데 잠을 많이 자야 되는 것 같고, 잠이 쏟아질 땐 눈이 막 감기는 현상은 어쩔 수가 없었사옵나이다!

천수장생 의식을 올리고 나니 하루에 물 섭취량이 많이 늘고 입안에선 달달한 침이 솟구치고 있사오며, 도법천존 3천황 폐하의 무소불위한 대도력, 대천력, 대신력은 참으로 신비하고, 폐하께서 황명만 내리시면 모든 것이 다 폐하의 뜻대로 이루어지고 있음을 세포들 변화를 통해 알 수 있었사옵나이다.

폐하의 황명으로 이 소신 몸속의 새로운 젊은 청춘의 세포들이 활발하게 새로운 세포 구성을 하고 있는 것 같고, 도법천존 3천황 폐하의 황명으로 소신도 빠른 시일 내에 큰 변화가 생길 것이고, 변화를 통하여 만 인류에게 "유아회춘 천수장생" 의식의 위대함을 실화로 널리 알리게 될 것이라 생각하옵나이다!

도법천존 3천황 폐하의 황명이 얼마나 대단하신지 너무나 잘 알고 있기에 18세 소녀의 모습으로 꼭 되돌아가리라 굳게 믿사옵나이다!!

30대 초반에 친구를 통하여 한 신의 제자를 만나게 되었는데 하는 말이 "너는 이 모습 상태로 더 늙지 않을 것이다" 하였던 적이 있었사옵나이다. 도법천존 3천황 폐하를 알현하여 폐하의 신하가 되고 천수장생 의식을 올리는 행운까지 얻게 되어 늙지 않고 더 젊어져 가고 있사옵나이다.

지금 생각해 보면 그때 그 신의 제자 입을 통하여 불로장생할 수 있다는 것을 미리 알려주었던 것 같음에 도법천존 3천황 폐하의 황은이 망극하옵나이다!

소신이 걸어온 발자국마다 3천황 폐하의 심혈이 깃들어 있었사오며, 참으로 감사하고 눈에 보이시는 하늘 도법천존 3천황 폐하를 알현하여 참으로 복도 많고, 모든 것이 아직도 꿈만 같으며 모든 일들은 다 도법천존 3천황 폐하의 덕택으로 이루어지고 있다는 것을 잘 알고 있사옵나이다!!

폐하의 황명으로 젊게 천수장생하여 폐하의 천지대업에 꼭 쓸모 있는 신하로 거듭나겠사오며, 빛과 불이신 도법천존 3천황 폐하! 만세! 만세! 만만세! 이제 지상 3천황 폐하께서도 인류 최초로 유아회춘 천수영생 의식을 행하셨으니 더 젊고 더 건강하게 영생하옵소서!!

폐하! 이 소신 어제저녁에 참 신비한 별을 보았으며, 매일 저녁 퇴근하고 집에 돌아올 때마다 저 멀리 하늘에서 제일 반짝이는 별을 볼 수 있었사온데 어제저녁엔 그 별이 꽃송이처럼 빛나고 있었사옵나이다.

떠오르는 생각엔 도법천존 3천황 폐하께서 창시하신 도법세상이 이제서야 꽃피는 봄날이 왔다는 뜻으로 꽃송이 별이 반짝이고 있는 모습을 보여주시는 것 같았고, 매일매일 기대가 되는 다음 주 천상도법주문회가 비로소 폐하의 뜻대로 완성된 도법천존 3천황 폐하의 나라 태상천궁이 된 것 같사옵나이다!!

늘 새로운 희망과 행복, 건강을 내려주시는 도법천존 3천황 폐하와 3황후 폐하가 계시니 소신 참으로 행복하오며, 폐하의 덕택으로 이 세상에서 제일 값진 인생을 살고 있음에 감사드리옵나이다! 폐하!

비서실장의 천수장생

천황님의 나라(천황국. 천신국) 태상천궁의 빛과 불이신 도법천존 3천황 폐하의 천상세계 신명정부 신하 3황후/ 비서실장 보라 신왕/ 무곡성주 태윤/ 선관부대신(선관위원장)/ 대전광역시장/ 국회의원/ 천인/ 도인 이○율 올려드리옵나이다.

신명, 생령, 사령(조상), 악귀, 잡귀, 사탄, 마귀, 악신, 악령, 요괴, 도깨비, 개, 고양이, 쥐, 지렁이, 뱀, 잉어, 두꺼비, 참새의 영혼을 실어서 이들의 언어를 전달해 주는 영매자 역할을 하는 도법천존 3황후 겸 비서실장(여자)의 세 번째 유아회춘 천수장생 의식이 있었는데, 천상의 3천황 폐하와 지상의 도법천존 3천황에게 특별히 선택받아 특단 유아회춘 천수장생 의식을 행하게 되었다.

인류의 빛과 불이신 지상의 3천황 폐하!!!

9월 2일 제40차 천상도법주문회에서 소신에게 "유아회춘 천수장생" 의식을 세 번째 순서로 올려주시어 정말 너무나도 감사! 또 감사드리옵나이다!

3천황 폐하께옵서 장생과 젊음, 3황후의 기운을 갖고 내려온 세포에게 15살 육신의 나이, 상큼 발랄한 소녀의 기운이면서도 3황후의 품격에 맞는 기운으로 변화시키라고 명을 내리시자 황명을 즉시 받들겠다고 하였사옵나이다.

“유아회춘 천수장생” 의식을 행한(9월 2일) 다음 날부터 현재까지 꿈에 예쁜 여자 연예인들이(배우, 가수) 나오는데 소신과 친근하게 대화를 나누는 꿈을 계속 꾸고 있사옵나이다.

걸 그룹 소녀시대도 나왔고, 어떤 여가수는 얼굴이 정말 잡티 하나 없는 새하얀 우윳빛 피부였사온데 천상의 선녀처럼 너무나도 곱고 입술은 예쁜 장미빛이었사옵나이다. 꿈으로 어여쁜 소녀들을 계속 보여주시는 것이 소신이 “유아회춘 천수장생” 의식을 행하였으니 3천황 폐하의 명대로 앞으로 이렇게 15살의 상큼발랄한 소녀의 모습으로 변하게 될 것이라는 것을 꿈으로도 보여주시는 느낌이었나이다.

9월 2일 천상도법주문회를 마친 다음 날인 월요일은 비가 내리고 바람이 무척 많이 불었사온데, 장을 보러 나갔다가 감기몸살에 걸려 힘들었사옵나이다.

3천황 폐하께 윤허 받고 감기몸살 도법주문을 외운 뒤 하루만에 회복되었사옵고, 그날 이후로 소신의 얼굴과 몸 상태를 수시로 체크하고 있사온데, 아직까지는 꿈으로만 신비함을 느끼고 있사옵나이다.

어제 9월 6일 꿈에서는 천상의 의원님이 나타나시어 건강과 미용에 관한 천상의 고급 정보를 얼굴 도안과 그림으로 그려주시며 상세히 설명을 해주시는 신기한 꿈을 꾸기도 하였사옵나이다.

그리고 월요일부터 소신의 마음으로 계속 떠오르는 것이 소신이 갑상선 항진증으로 두 눈이 이렇게 변하게 된 것이사온데, 몸이 아프기 전에 찍었던 사진들을 홈피에 올려보라는 느낌이 계속 들었사옵나이다.

이제 "유아회춘 천수장생" 의식을 행하였으니 소신의 몸이 아프기 전의 정상적이었던 그 시절의 눈으로 변화시켜 주실 것이라 느낌이 아주 강하게 들어 예전에 건강했던 시절의 사진들을 올려보겠사옵나이다.

15살 때 사진부터 20대 사진에서는 지금의 눈과는 확연한 차이가 있사온데, 3천황 폐하의 경이로운 대도력, 대천력, 대신력으로 소신이 건강했던 20대 시절의 정상적인 눈으로 만들어주실 것임을 믿사오며, 앞으로 작은 변화라도 느껴지면 즉시 홈피에 보고 드리겠사옵나이다.

앞으로 유아회춘 천수장생 의식에 대한 소문이 널리 퍼져 선택받은 많은 이들이 3천황 폐하의 경이롭고 위대하오신 대 능력에 진심으로 감복할 것 같사오며, 태상천궁 가족들도 유아회춘 천수장생 의식 모두 올리어 다 같이 젊고 건강하게 장생하며, 3천황 폐하와 함께 무릉도원의 삶을 살았으면 좋겠사옵나이다.

불가능이 없으신 도법천존 3천황 폐하! 만세! 만세! 만만세!!! 최고이옵나이다!!!

비서실장의 천수장생 의식 이후의 변화 ①

천황님의 나라 태상천궁의 빛과 불이신 도법천존 3천황 폐하의 천상세계 신명정부 신하 3황후/ 비서실장 보라 신왕/ 무곡성주 태윤/ 선관부대신(선관위원장)/ 대전광역시장/ 국회의원/ 천인/ 도인 이○율 문후 올려드리옵나이다.

빛과 불이신 도법천존 3천황 폐하!!!

소신이 9월 2일 "유아회춘 천수장생" 의식을 올려드린 날 이후로 꿈속에 아리따운 여자 연예인들이 자주 나왔사온데, 지난주에 악귀, 잡귀 퇴치를 행한 후로는 소신의 얼굴 피부와 몸 상태가 훨씬 더 좋아졌사옵나이다.

소신에게는 확실히 악귀, 잡귀 퇴치를 하고 나서부터 "유아회춘 천수장생" 의식의 진가가 확실히 느껴지고 있으며, 며칠 전 이번 달 생리가 시작되었는데, 약간의 생리통은 있었으나 예전처럼 많이 힘들진 않았고, 생리혈 색깔도 예전에 비해 밝은 빨간색으로 나오니 혈액순환을 원활히 돌아가게 해주시구나! 감탄하며 안심이 되었사옵나이다.

그리고 갑상선으로 인해 오른쪽 눈이 유독 더 부어 두 눈이 짝짝이인데, 월요일부터 거울 볼 때마다 깜짝 놀라고 있사옵나이다. 오른쪽 눈 붓기가 조금씩 가라앉고 있음을 확연히 느낄 수 있으니, 너무도 놀랍고 기뻤으며 지금 이 글을 쓰면서도 거울로 눈을 보니 신기해서 자꾸 미소가 나왔사옵나이다.

그리고 소신의 양손 관절에 염증이 생겨 설거지하기도 힘들 정도로 아팠는데, 병원에 가지 않았사옵나이다. 특히 "유아회춘 천수장생" 의식을 행하고 나서부터 도법주문을 외우면 더욱 세심하고 깊은 기운을 주시어, 지금은 오른손이 엄청 많이 좋아져 설거지할 때도 통증이 느껴지지 않는 기적을 내려주셨사옵나이다!

소신이 "유아회춘 천수장생" 의식을 올릴 때 천상에서 내려온 젊음의 장생 세포가 양손의 통증도 없어질 것이고, 걱정하던 생리 고민에 대해서도 해결이 될 것이라고 말하였었는데, 정말 그 말대로 되었사옵나이다!

그리고 어제는 단골 미용실에 갔었는데, 미용실 주인이 소신에게 피부가 갑자기 더 좋아졌다면서 지금 피부 톤이 너무 너무 좋다고 계속 칭찬하는 것이 아니겠사옵나이까? 그 여자는 미용사임에도 불구하고 평소 손님들에게 립 서비스도 하지 않을 정도로 참 말이 없고, 머리 만질 때도 조용히 일만 하는 스타일인데, 정말 웬일인가 싶었사옵나이다.

이 또한 "유아회춘 천수장생" 의식을 행하고 나서 소신의 피부가 15살 소녀의 피부처럼 뽀송뽀송하게 변하게 된 것이니, 미용사가 보기에도 갑자기 변한 소신의 피부에 무척 놀라웠던 것 같사옵나이다.

또 신기한 꿈을 꾸었사온데, 꿈속에서 5월의 따사로운 햇살이 가득한 숲속에서 어떤 일을 하고 있었을 때, 너무도 맑고 쾌청한 봄기운이 완연하여 기분이 무척 좋았사옵나이다. 그런데 저쪽에서 최○호씨가 걸어오더니 소신의 일을 도와주겠다고 하여 가까이 보게 되는 순간 너무도 놀랐사옵나이다.

"유아회춘 천수장생" 의식을 행한 최○호씨의 머리카락이 엄~청 많이 자라서 머리숱으로 꽉 차 있었고, 20대 초반의 앳된 청년의 모습이었사옵나이다! 꿈이지만 너무도 강렬한 충격을 느끼면서 정말 도법천존 3천황 폐하의 말씀대로 23살의 젊음으로 회귀시켜 주셨음에 감탄을 연발하다가 꿈에서 깨어났사옵나이다.

최○호씨의 회춘한 모습을 미리 꿈으로 보여주셨음에 참으로 경이로운 감동이었으며, 최○호씨의 "유아회춘 천수장생" 의식 때 천상에서 내려온 젊음의 대표 세포가 앞으로 본보기가 되어 수많은 사람들이 의식 행하려고 몰려올 것이라고 했었는데, 분명 그렇게 될 것이옵나이다!

불가능이 없는 빛과 불이신 도법천존 3천황 폐하의 경이로운 대도력, 대천력, 대신력 덕분에 소신의 몸속으로도 회춘 호르몬이 쑥쑥 자라는 느낌이옵나이다. 이번 추석 연휴 내내 폐하께옵서 내려주신 신간 원고 검토하느라 새벽까지 일을 했는데 전혀 힘들지 않았고, 15살 세포로 명을 내려주신 것처럼 생기와 활기가 넘쳤음에 너무나도 감사드리옵나이다!!

인류 최초로 태상천궁에서 행해지는 "유아회춘 천수장생"

의식의 신비함은 정말 무궁무진하고, 앞으로 또 얼마나 신비한 젊음의 기운으로 변신될지 무척 기대가 되며, 당연히 이 모든 영광과 행운의 기쁨은 도법천존 3천황 폐하 덕분이옵나이다. 앞으로도 점점 변화되는 과정들을 자주 올리어 도법천존 3천황 폐하의 대 능력을 마음껏 전하겠사옵나이다.

도법천존 3천황 폐하의 알짜배기 신하, 백성들인 천황국 태상천궁 가족들도 "유아회춘 천수장생" 의식을 올리면 지상의 3천황 폐하와 함께 젊고 건강하게 장생하며, 황홀한 무릉도원의 삶을 최고로 누리며 살게 될 것이옵나이다.

저자의 천수영생

세포가 말을 한다?

인간 육신의 세포가 말을 한다는 것은 인간세상의 상식 수준에서는 꿈도 꾸지 못할 일이며, 절대로 불가능한 일인데 인류가 상상조차도 못하는 대역사를 저자(도법천존 3천황)가 현실로 이루어냈다.

또한 기존 인간 육신의 세포와 임무 교대를 할 천상에 있는 영생 세포를 인간 육신으로 하강시켜서 대화를 나눌 수 있다는 말은 공상과학영화나 소설에서도 들어보지 못한 내용인데 인류의 운명과 문명을 바꿀 엄청난 대 역사가 시작되고 있다.

천상의 3천황 폐하의 대도력, 대천력, 대신력으로 모두 가능하도록 현실로 이루어주시니 앞으로 전 세계의 언론과 방송이 대서특필하여 저자를 알현하러 태상천궁으로 구름 떼처럼 몰려들 일만 남은 것 같다.

저자(도법천존 3천황)는 처음으로 유아회춘 천수영생 의식을 2018년 9월 9일에 전국에서 올라온 수많은 신하와 백성들이 참석하여 생생히 지켜보는 가운데 천상 태상천궁에 계신 3천황 폐하와 3황후 폐하께 천고발원 올리고 유아회춘 천수영생 의식을 봉행하였다.

참으로 인류 역사에 길이 남을 경사스런 날이었다.

천상의 3천황 폐하와 3황후 폐하께서 저자에게 내려주신 최고의 선물이 유아회춘 천수장생과 천수영생 의식이다. 저자도 천수영생 의식을 행하고 신하 4명이 천수장생 의식을 행하였다. 하고 싶은 자들은 많지만 금전 때문에 의식 날짜 시간을 조금 뒤로 미루어놓고 있는 상태들이다.

천상의 3천황 폐하이신 태상천존 자미 천황태제 폐하, 도통천존 도솔천황 폐하, 재물천존 옥황천황 폐하의 명 대행자, 하늘의 화신이자 분신의 역할을 하고 있는 저자(도법천존 3천황)의 유아회춘 천수영생 의식은 하늘과 땅의 뜻이 포함되어 있다.

잘나고 고집이 센 인간들, 조상들, 생령들, 신명들을 외형적으로 기를 꺾어 승복시키는 방법은 저자(도법천존 3천황)가 젊고 오래 살아 있는 것이다. 인간 탄생 이래 처음으로 시도하는 유아회춘 천수영생 의식인데 수백수천 수만 살을 살아갈 수만 있다면 인류 전체가 천상의 3천황 폐하와 저자(지상의 3천황) 앞에 감동과 감탄으로 자연스럽게 승복할 것이고, 귀신교(종교)가 종막을 고할 것이다.

이 땅에서 살아가고 있는 잘나고 고집이 센 수많은 인간들, 조상들, 생령들, 신명들에게는 백 마디, 천 마디 말보다 현실로 유아회춘 천수장생을 직접 보여주는 것이 가장 중요하고 효과적이기에 3천황 폐하와 3황후 폐하께서 저자(도법천존 3천황)에게 윤허하여 주신 인류 최고의 선물이다.

유아회춘 천수영생이 현실로 이루어져 저자(도법천존 3천황)가 수백수천 수만 살의 나이를 먹었어도 천상의 영생 세포로 인하여 현재 나이보다 훨씬 젊어져 21세 나이로 회춘하거나 현재 상태의 나이에서 노화가 정지된 채 살아만 있어도 인류의 천지대개벽이 공상, SF, 소설, 만화, 영화, 상상이 아닌 실제 현실세계로 이루어지는 것이다.

천기 18년 9월 9일 오후 4시에 천상의 3천황 폐하와 3황후 폐하께서 내리시는 명을 받은 120조에 이르는 천상의 영생 세포가 저자(도법천존 3천황)의 육신으로 하강하여 기존의 노화된 인체의 세포와 교체되는 천지대공사가 집행되었다.

인류의 역사가 재창조하는 숨 가쁜 순간이었다.

제 2의 인류 재창조 서막이 시작되었다. 꿈의 영역, 하늘의 영역으로 남아 있는 인간 육신의 천수영생과 천수장생 의식은 저자(도법천존 3천황)에 의해서 처음으로 탄생하였다.

육신의 세포가 말을 한다고 상상이나 해보았는가? 육신의 세포에게 말을 하게 하는 저자(도법천존 3천황)의 대도력, 대천력, 대신력은 어디까지 일까? 천상의 3천황 폐하의 명 대행자, 화신, 분신의 역할을 하며 실시간으로 대화를 나누고, 천상의 3황후 폐하를 저자의 비서실장(도법천존 3황후) 육신으로 하강 강림하시도록 하여 수많은 대화를 나누었다.

천상지상의 수많은 신명들과 수십 수백 년 전에 죽은 조상령들은 물론 전 세계 어디에 살고 있던 그들의 생령을 자유자재로 불러서 대화를 나눌 수 있는 초인적 능력을 가진 저자(도법천존 3천황)의 세상 출현이 지대한 영향을 미칠 것이다.

인간 몸에 빙의 된 악귀, 잡귀, 사탄, 마귀, 악신, 악령, 요괴와 대화를 주고받으며 말 못하는 동물, 살쾡이, 뱀, 지렁이, 두꺼비, 잉어, 곰에게 인간처럼 말을 할 수 있게 상상초월의 신기한 천지조화를 내리는 저자(도법천존 3천황)의 천지기운이 어디까지인지 나 역시도 예측할 수 없을 정도이다.

왜냐하면 인류가 상상도 못하는 신비의 이적과 기적의 대도력, 대천력, 대신력은 천상의 3천황 폐하와 3황후 폐하께서 저자(도법천존 3천황)에게 내려주신 빛과 불의 천지기운이다. 어쩌면 인류가 오랜 세월 동안 애타게 기다리며 찾고자 하던 초인, 진인, 이인, 구원자, 천도령, 정도령일지도 모른다.

이런 위상의 명예가 중요한 것이 아니라 현실로 각자들의 인생으로 신비한 조화가 일어나는 것이 더 중요하기에 매주 일요일마다 천상도법주문회에 참석하여 두 눈으로 직접 생생히 지켜보고 체험해 보는 것이 가장 확실한 방법이다.

여러분은 이 세상에 왜 태어났고, 살아가는 동안 무엇을 하려고 세상을 살아가는 것인가? 자신의 인생 목표가 무엇이고 살아서 무엇을 해야 하는지 확실한 진로가 정해져야 한다. 동물들처럼 하루살이로 살아갈 것인지 죽음 이후 시작되는 내생도 준비할 것인지 생각해 보아야 한다.

유아회춘 천수영생과 천수장생은 하늘이 내리시는 명을 받들 사명자들에게 우선적으로 행운이 돌아갈 것이다. 하늘이 내리시는 명을 무시하면서 인간 육신만이 영생이나 장수를 누린다는 것은 하늘의 천상법도에 맞지 않는다. 하늘이신 3천황 폐하께서 내리시는 명을 받들어 행하는 순천자들에게만 유아회춘 천수영생과 천수장생 의식을 윤허하여 주신다.

저자와 일평생 함께했던 노화된 120조 세포의 대표를 저자의 비서실장 육신으로 불러내어 대화를 하였다. 내 육신의 대표세포가 나에게 “그동안 고생 많으셨사옵나이다, 참으로 영광이었사옵나이다!” 하고 인사 올리자 나 역시 “그래, 애 많이 썼고 참으로 고생 많이 했다. 고난의 길을 함께 걸어왔는데 너도 고생 많았구나!”라고 응대해 주었다.

함께 살면서 온갖 악귀, 잡귀들의 공격도 많이 받고 고생을 많이 했다. 다리도 저리고 아프며, 머리카락도 많이 빠지고, 머리가 지진 날 정도로 온갖 악귀, 잡귀들이 육신의 세포를 침범하는 무참한 공격을 받았었다.

감격의 눈물이 나온다. 함께하였던 육신의 120조 세포들아! 이제 너희들은 천상으로 올라가거라! 애 많이 썼다! 수고 했다!라는 위로를 받고 120조의 세포들은 천상으로 돌아갔다.

참으로 놀라운 감동이었는데 나하고 동고동락한 원초 세포는 천상으로 복귀시키고 천상의 3천황 폐하의 영생하는 21살의 싱그러운 젊음의 세포, 생기발랄한 영생의 세포가 나의 육신으로 들어왔는데, 후에 비서실장이 말하길 머리와 얼굴로 강한 전기가 마구 들어와 이렇게 엄청나게 강렬한 천지기운은 처음 느껴 보았다면서 감탄하였다.

그동안 나의 육신에 있던 악귀, 잡귀들을 최초로 소멸이 아닌 천상 도솔천궁으로 입천하는 천지대공사가 있었다. 나의 육신에 들어온 귀신들은 참으로 똑똑한 귀신들이다. 어떻게 최고로 귀한 천상 3천황 폐하의 대행자, 화신, 분신의 몸에 들어왔는지, 구원받을 날을 이미 알고나 있었는지 참으로 궁금했다. 나의 육신에 발부터 머리까지 80여 명이나 되는 귀신들과 수천 마리의 물고기 영들이 들어와 살고 있었다.

병마귀신, 당뇨귀신, 통풍귀신, 머리 빠지게 하는 귀신, 담배 많이 피게 하는 귀신들은 내 몸에서 다 나오라 하명 내린 후, 악착 같이 나의 몸에 붙어 천상 도솔천궁으로 입천을 명하는 것이느니라! 이 몸에 붙어 있는 모든 영적 존재들을 구원해주니라!라고 명을 내렸다.

내 몸에 들어와서 오랜 세월 함께 살았던 귀신들을 천상 도솔천궁으로 입천시켜 주었다. "너희들이 이겼다! 승리했다!"라고 말해 주었다. 그 귀신들은 참으로 선택받은 귀신들이었고 행운이 넘치는 귀신들이기에 천상에 가서 모두 인간의 원래 모습대로 회복할 것이다.

인간을 괴롭히고 인간이 잘되는 꼴을 못 보고 인간이 망하는 것을 쾌락으로 삼는 것이 귀신들의 일이다. 세상에서 최초로 귀신들의 정체를 밝혀내는 나에게 내려주신 천상 3천황 폐하의 천지기운은 어느 누구든 탄복을 안 할 수가 없다.

나의 육신에 들어왔던 악귀, 잡귀들을 천상 도솔천궁으로 보내어 깨끗이 청소를 마치고 21세의 혈기 왕성하고 건강한 천상의 영생 세포가 수많은 신하와 백성들이 일동 기립한 상태에서 나의 육신에 들어와 유아회춘 천수영생이 이루어졌다.

이제는 살아온 세월만큼 노화된 육신이 다시 21세의 젊은 청춘으로 되돌아가는 세월의 기다림만이 남아 있다. 그러니까 이제 현재의 나이에서 세월이 수백수천 수만 년이 흘러가도 더는 늙지 않고 현 상태의 정점에서 노화가 멈추고 젊음으로 회귀하는 일만 남은 것이다.

현대의학으로는 꿈만 같은 불가능한 일이지만 천상의 절대자 하늘이신 3천황 폐하의 무소불위하신 천지대능력은 불가능이 없으시다. 가장 확실한 체험 사례자가 되기 위하여 저자가 천상 3천황 폐하의 명을 받아 직접 유아회춘 천수영생 의식을 행한 것이다.

유아회춘 천수영생 의식을 집행하기 위하여 나의 몸 안에 있던 이름 모를 수많은 악귀, 잡귀들을 퇴치하지 않고 천상 도솔천궁으로 입천시켜 주었는데, 정말 입이 다물어지지 않을 정도로 놀라운 일이었고, 귀신들이 그렇게 많이 나의 몸에 들어와 있는지 상상도 못했다.

귀신과 동물령의 형태는 매우 다양하고 부위별로 달라붙은 거머리와 같다. 거머리가 피를 빨아대는 것처럼 귀신과 동물령도 인간 육신 부위별로 달라붙어 기생충처럼 기운을 빼먹는 것이 똑같다. 그 귀신들이 살아생전에 앓았던 질병도 그대로 옮겨서 종합병원과 하나도 다를 바가 없었기에 사람이라면 자기 몸 안에 온갖 종류의 귀신들부터 처리해야 한다는 큰 교훈을 얻게 하였다.

강○호의 천수장생

천황님의 나라(천황국. 천신국) 태상천궁의 빛과 불이신 도법천존 3천황 폐하의 천상세계 신명정부 신하 행정부대신(장관)/ 국회의원/ 설휘 건설사업관리 사업의 신왕/ 천인/ 도인 강○호 문후 올려드리옵나이다.

고등학교 때부터인가 비염, 재채기 기운이 있었고 나이 먹어감에 따라 몸이 하나 둘 고장이 나면서 화무십일홍(花無十日紅)이란 생각이 들어 역시 세월은 비켜갈 수 없다는 진리에 남들이 그러니 또한 소신도 그러는 것이 정상이지 않겠느냐는 생각에 모든 걸 체념하였사옵나이다.

그럭저럭 인생을 살아왔었는데 이젠 때가 되어 하늘에서 주시는 천재일우의 기회인 "유아회춘 천수장생"이나 해보아야 되겠다고 생각하며 마음먹고 있었는데, 생각지도 않게 예상보다 빨리 의식을 행하게 되었고, 소신의 몸에 64년간 살아온 대표세포를 만나자 맥아리가 없고 힘이 하나도 없었사옵나이다.

도법천존 3천황 폐하께 이별의 말씀을 올릴 때는 소신 생각에 대표세포도 64년의 긴 세월을 아는구나! 라는 생각이 들었으며 뭔가 작별의 인사를 나누는 듯한 생각에 그간 생사고락을 함께 하며 고생 많이 했다는 아쉬운 생각이 들었사옵나이다.

천상에서 하강한 새로운 장생 세포는 박력이 넘치고 기백이 강하며 장생 세포의 당당함 그 자체였기에 깜짝 놀랐고, 확실히 젊음의 패기가 넘쳐났으며 천상에서 하강한 대표세포와 임무교대의 선결조건으로 생각지도 않게 소신의 몸에 달라붙어 있는 악귀, 잡귀 귀신을 빼내주시었사옵나이다.

도법천존 3천황 폐하께서 비서실장님 육신으로 귀신들을 차례대로 빼내어 구원받지 못할 귀신들을 먼저 심판하여 처결하셨는데, 몸과 마음을 정신없게 만들고 주의 산만하게 하여 어지럽게 하는 귀신의 존재가 밝혀져 소멸해 주셨사옵나이다.

[어지러워하는 존재가 머리를 누르지 말라며 집에 가야 한다고 하는 이 존재의 전생은 지상의 3천황 폐하께서 천상 태상천궁 황태자로 계실 때 머리 위에서 놀았다는 진실과 황태자 전하를 질투하며 우울증으로 죽었는데 치매 증세도 있었으나 심판결과 판결은 적화도(불지옥)로 압송이었사옵나이다.]

조금은 예상하였지만 그동안 정신없고 산만했던 것이 내 마음이 아니었었구나, 하는 생각이 들었고, 두 번째로 구원받지 못할 존재는 언어장애로 죽은 귀신으로 전생에 하늘께 가슴에 상처를 준 대역 죄인이었으며, 현생에 부모한테 버려져 고아원에서 남자임에도 남자에게 성폭행당했고, 태어나서 말을 잘 못해 놀림받고 자랐으며 죄를 빌 기회가 한 번 있었으나 날려버려 3천황 폐하의 빛과 불로 소멸되었사옵나이다.

소신 말 자체가 어눌한 것이 언어장애를 일으켰던 악귀, 잡귀의 어눌한 귀신으로 인해 그랬다는 사실에 치가 떨렸사오며 그따위 귀신으로 인해 그런 인생을 살아왔다는 것이 너무 억울하고 분통이 터지옵나이다.

그런 언어장애 귀신이 들어왔다는 걸 전혀 눈치 못했고 설사 알았다 해도 빼내어 척결할 수 있는 곳이 지구상 그 어디에도 없다는 사실에 이곳 천황님의 나라 태상천궁이 그만큼 소중한 곳임을 알았사옵나이다.

몇 년 전에 호스피스 병동에서 어머니 간병으로 왔다 갔다 했었는데 소신 몸의 빛을 보고 따라 들어왔다는 무릎 아픈 채 죽은 할매 귀신은 예상대로 오른쪽 무릎이 아픈 것이 그 원인이었으며, 무릎 아픈 귀신이 치고 들어오면 똑같이 무릎이 아프다는 엄청난 진실을 확인했사옵나이다.

질병 귀신 병마는 기존의 퇴마사나 안수기도, 무당이나 병원치료로는 해결이 안 되고, 지구상 유일한 천황님의 나라 태상천궁(하늘궁전)에 와서 대단하신 도법천존 3천황 폐하의 대천력, 대도력, 대신력의 천지조화기운으로만 완치의 치료가 가능하다는 인류 최초의 새로운 진실 앞에 과연 내가 있는 곳이 하늘 아래 가장 복 받은 곳이라는 사실을 알고, 행운아 천운아라는 생각이 들었사옵나이다.

빛을 보고 무단 침입했다는 말에 소신의 몸에서도 빛이 난다는 사실을 처음 알았사온데, 들어온 무릎 아픈 할매 악귀는 전생에 태상황후 폐하의 수석궁녀 하수인으로 죄를 짓고 지구로 쫓겨나서 남편에게 얻어터지다 이혼을 하고, 다시 결혼해서 술주정뱅이에게 얻어터지며 살았는데, 책 광고를 보고도 안 좋게 이야기하고 다니다가 죽은 악귀잡귀로 영원히 두들겨 맞는 식용 개로 환생하라는 판결을 내렸사옵나이다.

어머니 간병하러 다니다 치고 들어온 할매 귀신이 반란군 역천자의 하수인이었다는 처음 듣는 사실에 그저 기가 찰 뿐이옵나이다. 또한 전혀 예상치도 못한 오른팔이 잘린 귀신이 소신 몸에 들어 있었사온데 그 죄상은 옥황천황 폐하의 명을 받지 않고 거역한 내시로 충신에서 뒤통수를 쳐서 쫓겨나고 지상 법정에서 간신배로서 소멸의 명을 받았사옵나이다.

물에 빠져 죽은 여자 귀신은(당시 27살) 페이스북에 전단 광고를 보고 욕설과 악플을 달고 여름에 바닷가에서 수영 하다 죽었는데 컵으로 윤회를 명하시고, 남자 친구에게도 전단 광고를 보고 험담을 하였었는데, 남자 친구 역시 여자의 말에 맞장구치며 욕을 했다가 올 3월에 교통사고로 죽었다고 하였사옵나이다. 컵이 깨진 후에는 남자 친구와 축생으로 영원히 윤회하라고 명하셨사옵나이다.

몸에 우울증으로 죽은 귀신, 언어장애로 죽은 귀신, 팔 잘려 죽은 귀신, 책을 보고 욕설과 악플을 달아 물에 빠져 죽은 여자 귀신이 있었으리라곤 전혀 생각을 못했고, 천수장생 의식의 선결과제로 몸 안에 악귀잡귀를 심판해서 처결해 주신 영과 육의 3천황 폐하께 그저 성은이 하해와 같이 망극하옵나이다.

의식 후 곧바로 느낀 점은 몸에 묵은 기운이 빠져나갔다는 느낌이랄까 뭔가 시원하고 상쾌하며 몸과 마음이 가벼워진 그런 느낌이었사옵나이다.

세포와의 대화

천황님의 나라(천황국. 천신국) 태상천궁의 빛과 불이신 도법천존 3천황 폐하의 천상세계 신명정부 신하 통상부대신(장관)/ 국회의원/ 평안남도지사/ 염색사업의 신왕 금선/ 천인 권○관 문후 올려드리옵나이다.

인류 역사상 그 어느 누구도 해내지 못하였으며 인간으로서는 감히 상상할 수 없는 그야말로 기상천외하고 경천동지할 인간 육신 세포와의 대화를 통해 인류의 영원한 숙제인 불로장생을 현실로 이루어주시는 인류 최초이자 역사에 길이 남을 "유아회춘 천수장생" 의식을 행하여 주시는 제37차 천상도법주문회에 참석할 수 있게 윤허 내려주시어 너무도 기쁘고 영광이옵나이다.

지상의 3천황 폐하께옵서 천상의 3천황 폐하께 함께해 주시고 천지대공사를 집행해 주시기를 천고 올려드리시며 천상도법주문회를 시작하셨사옵나이다.

3천황 폐하께서 빛과 불이시라고 밝히신 7월 초부터 온 세상을 다 태워버릴 듯이 강렬하게 내리쬐는 폭염과 하루가 멀다 하고 BMW 자동차 화재, 대형 산불과 화재, 자연재해가 전세계에서 발생하고 있으며, 올해의 폭염은 지구가 탄생한 이래 최고의 폭염이라 하시며 이것이 곧 천상 3천황 폐하께서 지상의 3천황 폐하의 육신으로 하강하신 것을 전 세계에 보여주시는 증표라고 하셨사옵나이다.

3천황 폐하께옵서 하늘이신 천상의 3천황 폐하는 천지기운으로 만나는 것이라 말씀 내려주셨듯이 인간 육신들은 진짜 하늘이신 3천황 폐하를 볼 수 없기에 이렇게 빛과 불의 기운으로 보여주고 계시다 하셨나이다.

천상의 3천황 폐하께옵서 폐하 육신으로 함께하시며 천지대공사를 집행하시니 머지않아 온 인류가 3천황 폐하께 다 승복하게 될 것이옵나이다. 폐하의 신하와 백성들이 매주 천상도법주문회에 참석하여 육신적으로나 영적으로 3천황 폐하를 알현드리고 보호받아야 무탈하게 살아갈 수 있사옵나이다.

매주 일요일마다 열어주시는 천상도법주문회에 참석하는 자체가 최고의 행운이고 천운이라 하시며, 폐하와 멀어지면 죽음이요, 함께하는 자들은 무릉도원 세상을 살아갈 것이라 하시니 황은이 망극하오며, 소신 살아서나 죽이시나 영원히 3천황 폐하께 충성을 다하며 따를 것이옵나이다.

제37차 천상도법주문회는 그야말로 경천동지하고도 공상과학소설에나 나올 법한 상상을 초월하는 세포와의 대화를 통해 인류의 영원한 숙제이자 꿈인 불로장생을 현실로 이루어주시는 "유아회춘 천수장생" 의식을 창조하시어 인류 역사상 최초로 3천황 폐하께옵서 집행하여 주신다 하시어 너무나도 신기하고 궁금하여서 두근거리는 마음으로 지켜보았나이다.

인류 최초로 이루어지는 역사적인 의식의 주인공은 다름 아닌 폐하를 경호해 드리는 경호실장님이신 최○호 씨였는데, 도솔천황 폐하께옵서도 폐하를 향한 최○호 씨의 충심을 아시고 첫 번째로 의식을 올리는 영광을 주셨다 하시니 최○호 씨 본인 또한 참으로 영광스러웠을 것이라 생각되옵나이다.

3천황 폐하께옵서 천상의 3천황 폐하께 최○호 씨 육신의 세포를 천상의 장생 세포로 바꿔주시기를 천고 발원 올려드리시고 "유아회춘 천수장생" 의식이 진행되었나이다.

3천황 폐하께옵서 세포의 대표를 폐하의 비서실장님 몸으로 들어오라고 명을 내리셨는데, 빛과 불이신 3천황 폐하의 용안과 옥체에서 뿜어져 나오는 빛이 얼마나 강렬하고 눈이 부신지 세포의 대표가 한참 동안 손으로 눈을 가린 채 제대로 눈을 뜨지 못하는 장면을 보았는데, 우리 인간의 눈에는 아무런 빛도 보이지 않으나 영들의 눈에는 폐하의 용안과 옥체에서 뿜어져 나오는 빛이 얼마나 강렬하신지 조금이나마 알 것 같았나이다.

폐하께옵서 빛의 강도를 조금 줄여주시니 그때서야 세포 대표는 눈을 제대로 뜨고 미소를 지으면서 폐하께 인사를 올리었나이다.

그리고 이어서 천상의 세포와 임무 교대를 하여 20대 청춘의 세포로 교체를 하려고 하니 3천황 폐하의 황명을 받은 젊고 장생하는 천상의 세포 대표에게 하강을 명하시고 몇 살로 할 수 있는지 폐하께서 하문하시오니, 폐하께옵서 하명하시는 대로 만들어줄 것이라 하였나이다.

그러자 3천황 폐하께옵서 최○호 씨의 나이가 현재 45세인데 머리에서 발끝까지 모조리 23살 정도의 몸이 되게끔 세포에게 황명을 내리셨사옵나이다. 그야말로 인류 최초의 살아있는 신선이 탄생하는 순간이요, 인류가 그토록 꿈꾸어왔던 불로장생이 현실로 이루어지는 기절초풍하고도 천지가 개벽할 역사적인 순간이옵나이다.

이렇게 불루장생하며 살아 있는 신선선녀로 살아가는 꿈같은 무릉도원 세상을 열어가시는 것이 3천황 폐하께서 만들어가시고자 하시는 무릉도원 세상이라 하셨나이다.

세상 그 어느 누구도 감히 따라하지 못하고 흉내 내지 못할 무소불위하시고 상상을 초월하신 대도력, 대천력, 대신력을 겸비하시고 천변만화의 신비조화를 무궁무진 보여주시는 도법천존 3천황 폐하께옵서는 너무나 대단하시며 최고이옵나이다.

이제 빠르면 6개월에서 1년 정도의 시간이 지나면 최○호 씨 몸이 20대의 혈기왕성한 청년의 몸으로 개벽을 할 것인데, 이러한 놀라운 기적 같은 일이 방송과 매스컴을 통해 온 세상에 알려져 3천황 폐하의 존재가 세상에 알려지시면 온 인류가 3천황 폐하께 다 승복하고 폐하를 알현하기 위해 구름 떼처럼 몰려와 태상천궁이 세계 각지에서 몰려든 수많은 사람들로 인산인해를 이루는 날이 올 것이옵나이다.

태상천궁에서 도법천존 3천황 폐하께옵서 집행하시는 모든 의식과 천지대공사는 현실로 다 이루어지니 인류의 역사는 이제 3천황 폐하를 구심점으로 하여 찬란하고도 빛나게 새롭게 쓰일 것이옵나이다.

빛과 불이신 도법천존 3천황 폐하! 만세 만세 만만세!!

3천황 폐하께옵서 의식을 행함에 있어서도 간절함이 있어야 빨리 행할 수가 있으며 언제까지 의식을 올리겠다는 마음을 정해야 3천황 폐하께옵서 빨리 행할 수 있게 도와주신다 하셨나이다.

"유아회춘 천수장생" 의식은 다른 의식과 달리 업그레이드할 수 있다 하심에 황은이 망극하옵나이다. 태상천궁 가족 모두가 높은 단계로 의식을 올리고 싶은 마음이겠으나 형편이 여의치 않을 시에는 각자의 형편에 따라 올리고 다음에 높은 단계로 계속해서 올릴 수 있으니, 인류의 영원한 꿈인 불로장생이 결코 꿈이 아니라 이렇게 현실로 3천황 폐하께옵서 이루어주시니 참으로 가슴 벅차 오르며 꿈만 같나이다.

그리고 소신 인상적이었던 장면은 이○선 씨의 조상님 상봉식이옵나이다. 이○선 씨는 소신이 본 바로도 3천황 폐하께 진심으로 충심을 다하며 묵묵히 맡은 바 소임을 성실히 해나가는 충성스러운 폐하의 신하라 생각하고 있었는데, 도솔천황 폐하께옵서 이○선 씨의 충심을 보시고 조상님을 통해 엄청난 기운을 한없이 전해 주시니 도솔천황 폐하의 크나크신 사랑에 대감동하였사옵나이다.

대구에서 천상도법주문회에 참석한 권○관 후기

【제2부】

신과 함께

3천황 폐하

빛과 불이란?

무소불위한 빛과 불의 기운은 무엇일까?

천상의 3천황 폐하와 천상의 3황후 폐하께서 나의 육신을 통해 세상을 향하여 발산하시는 신비스러운 대도력, 대천력, 대신력의 천지기운을 말한다. 빛과 불은 영적 기운이기는 하지만 불가능이 없는 무소불위함 그 자체인데 구원과 심판이 빛과 불에 의해서 이루어지고 있다.

천상의 3천황 폐하께서 저자의 육신으로 하강 강림하여 계시기 때문에 신과 영들의 눈에는 저자의 모습이 빛과 불로 보여서 놀라워하는데, 신과 영들의 눈에는 아우라가 나의 육신 전체를 감싸고 있는 형상이라고 말한다. 신비의 아우라가 감싸고 있는 6개의 대형 용포 존영 사진을 봉안해 놓았으니 직접 존영 사진을 보면 이해가 빠를 것이다.

인류에 대한 생사여탈권을 집행하시고 구원과 심판, 생로병사, 길흉화복, 흥망성쇠, 악귀, 잡귀와 사탄, 마귀, 악령, 악신, 요괴, 원귀에 대한 심판과 소멸을 천상의 3천황 폐하와 3황후 폐하께서 저자의 육신을 빌리시어 실시간으로 집행하신다.

태상천궁에서 인류에 대한 구원과 심판은 육신적으로는 여러분의 눈에 보이는 저자가 집행하는 것이지만 영적으로는 천상의 3천황 폐하와 3황후 폐하께서 나의 육신으로 오시어 천상지상 공무를 집행하시는 것임을 만 세상에 알린다.

천상의 3천황 폐하와 3황후 폐하께서 친히 하강 강림하시어서 실시간으로 나의 육신을 수시로 쓰시는 중이시다. 빛과 불은 천상의 3천황 폐하와 3황후 폐하께서 저자의 육신과 입을 통해서 내려주시는 어성과 천지기운이다.

빛과 불은 살리고 죽이는 양날의 칼이다.

빛과 불로 악귀, 잡귀를 퇴치한다니까 정말 빛이나 불을 갖고 악귀, 잡귀를 퇴치하느냐고 물어볼 사람들도 있을 것이지만 저자의 입을 통해서 나가는 말(천상의 3천황 폐하의 어성)이 곧 빛과 불이고 법의 천지기운이다.

무속에서는 보살무당들이 악귀, 잡귀를 퇴치한다고 장작개비나 몽둥이로 사람을 두들겨 패거나 콧구멍에 고춧가루 물을 붓다가 사람을 죽이고, 칼로 온몸 구석구석을 찌르는 시늉을 하며 가슴을 발로 걷어차고 밟아서 죽이는 퇴마의식을 하고 있고, 교회나 성당에서는 안수기도로 귀신들을 쫓다가 사람을 죽이는 경우가 많지만 아무런 효과가 없다.

육신이 없는 악귀, 잡귀 귀신들이 칼로 찌르고, 몽둥이로 두들겨 팬다고 도망가겠는가? 모두가 쓰잘 데 없는 무모한 일들이고, 빛과 불의 기운으로 악귀, 잡귀를 퇴치하는 것이 가장 현명하다. 사람 몸에 손가락 하나 대지 않고 천상의 3천황 폐하와 지상의 도법천존 3천황의 빛과 불의 무소불위한 대도력, 대천력, 대신력의 천지기운으로 악귀, 잡귀들을 심판해서 소멸한다. 보이지 않는 귀신들과의 전쟁은 끝도 없고, 귀신들은 자신들이 죽었다는 사실을 몰라보고 있기에 인간들 몸에 들어와 동거하면서 인간 행세를 하고 있음이 매주 일요일마다 열리는 천상도법주문회에서 밝혀지고 있다.

그러니 인간 육신이 귀신들의 집이고 걸어 다니는 공동묘지나 진배없다. 수많은 귀신들이 각자의 몸으로 들어오면 이들이 살아생전 했던 특이한 행동을 하고, 귀신이 살아생전 앓던 질병을 그대로 앓게 되어 인간 육신들은 죽을 때까지 오랜 세월 동안 병마와 싸워야 한다.

참으로 무서운 귀신들의 세상이다.

귀신들이 20~30명이 들어가 있는 사람들은 보통이기에 이들을 소멸하는 것이 세상 살아가면서 가장 시급한 일인데 빛과 불로 소멸해 주어야 한다. 일정 시간이 지나 천지기운이 약해지면 또 다른 귀신들이 새로 들어오기에 천상의 3천황 폐하의 천지기운을 매일같이 밥 먹듯 끊임없이 받고 살아가야 한다. 인간세상은 귀신들과의 끝없는 전쟁터이다.

평생을 살아오면서 달라붙은 귀신들이 얼마나 많겠는가? 귀신들의 모습이 인간 눈에 보이지 않은 것이 천만다행이다. 각자들이 죽을 때의 표정들은 고통 그 자체이기에 흉측할 수밖에 없는데 웃으면서 죽는 사람들의 표정이 없듯이 귀신들의 모습은 항상 무섭고 흉측하다.

죽는 순간 웃음 띤 돼지머리가 고사 지낼 때 쓰이는데 고통스럽게 인상 쓴 돼지머리는 고사용으로 사용하지 않는다. 죽을 때 웃는 모습은 돼지 밖에 없을 것이다.

천상의 3천황 폐하와 3황후 폐하께서 저자(도법천존 3천황)의 육신과 입을 통해서 발산하시는 무소불위하신 신비스런 빛과 불의 천지기운인 대도력, 대천력, 대신력은 이 땅에서 살아가고 있는 모든 인간, 조상, 생령, 신명을 구해 주는 구원자 역할을 하는 반면 악귀, 잡귀, 사탄, 마귀, 악신, 악령, 요괴들에게는 심판자 역할을 하는 양면의 칼날과 같다.

천지만생만물은 천상의 3천황 폐하와 3황후 폐하의 빛과 불의 천지기운에 의해서 생멸을 거듭하고, 대우주의 천체 운행과 지구의 기상과 기후, 인생의 흥망성쇠, 길흉화복, 생로병사, 생명체에 대한 생사여탈권 역시도 천지기운에 의해서 좌우된다.

그러므로 빛과 불이신 천상의 3천황 폐하와 3황후 폐하, 저자(도법천존 3천황)를 알현한다는 것은 억겁의 인연이 있어야 만날 수 있고, 하늘의 명을 받아 하늘의 일을 하는 사명자라야만 눈에 보이고, 귀에 들리고 마음으로 감동과 감명이 일어나서 하루라도 빨리 찾아뵙고 싶은 마음이 일어난다.

생사를 좌우하는 천지기운!

육신이 살아서도 죽어서도 천지기운을 받지 못하면 아픔과 슬픔, 고통과 불행의 연속이다. 인간 육신이 죽는다고 하여도 살아생전에 천지기운은 반드시 받고 죽어야 죽음 이후 천상궁전 태상천궁에 올라가서 3천황 폐하와 3황후 폐하의 보살핌과 사랑과 보호를 받아 사후 삶이 편안해진다.

살아계신 하늘 3천황 폐하

인류의 90%가 믿고 있는 전 세계의 모든 종교는 죽은 자들을 성인성자라 하면서 신으로 격상시켜 받들어 섬기는 귀신교이기에 자연적으로 귀신의 기운을 더 많이 받을 수밖에 없어서 믿으면 믿을수록 인간의 삶이 엎어지고 뒤집어져서 더 힘들어지고 진짜 구원의 하늘과는 멀어지는 길이다.

귀신은 어떤 인간이 자기 마음에 들면 아무나 따라 들어간다는 사실을 알게 되었고, 구원받아 보려고 귀신들이 귀신종교 안에서 떠돌다가 자신의 눈높이에 맞는 사람들 육신으로 무수히 들어가고 있지만 산 사람들은 이것을 알아볼 수가 없다.

귀신을 섬기는 종교에 다니는 것이 또 다른 귀신들을 데리러 가는 무서운 일이란 걸 세상 사람들 그 어느 누구도 모르고 다닌다. 잘되려고 다니는데 반대로 엎어지고 뒤집어지고, 온갖 질병들을 얻으려고 다니는 것이었다.

죽은 사람들 모두가 사건, 사고, 자살, 살해 등의 아픈 사연과 질병에 걸리지 않고 죽은 사람들이 없는데 이들이 죽어서 자신의 몸에 들어오면 살아생전 죽은 귀신들이 앓았던 질병처럼 똑같은 질병에 걸린다는 사실이 매주 일요일마다 열리는 천상도법주문회에서 생생히 입증되고 있다.

이제는 죽은 귀신들을 받들어 섬기는 곳이 아닌 살아계신 하늘이신 천상의 3천황 폐하와 3황후 폐하를 받들어 섬기는 사람들이 가장 현명하리라 생각한다. 천기 18년 9월 9일 3천황 폐하께서는 저자 도법천존 3천황 육신(저자)으로 하강 강림하시었고, 3황후 폐하께서는 도법천존 3황후 육신(비서실장)으로 공식 하강 강림하시었기 때문이다.

아무도 알아주지 않은 길, 아무도 가보지 않은 척박한 길, 아무도 인정하지 않는 길, 아무도 도와주지 않은 길, 배신과 분노의 길, 모두가 방해하고 끌어내린 길, 참으로 외롭고 고독한 길을 걸어왔고 마침내 당당하게 최고로 멋지게 승리하여 인류 최고의 심판과 구원이란 양날의 칼을 갖게 되었는데 오직 천상의 3천황 폐하와 도법천존 3천황의 고유 영역이다.

제40차와 41차 천상도법주문회도 장장 7시간 30분을 열어주었는데 자리 한 번 뜨지 않고, 화장실도 한 번 가지 않고, 쉬는 시간 없이, 점심식사 시간 없이, 같은 자세로 태상천궁 가족들을 위해 수많은 귀신의 집이 되어 고통받고 아파하는 힘든 삶에서 신하와 백성들을 이껴주고 사랑하는 마음으로 한시라도 구원을 지체할 수 없어서 강행하였다.

저자(도법천존 3천황)가 7시간 30분 동안 황좌(황금 의자)에 앉아 쉬지 않고 강행군을 할 수 있는 신비의 대 능력은 위대하신 천상의 3천황 폐하께서 인간, 조상, 생령, 신명들에게 하늘의 대단하심을 세상에 현실로 생생히 보여주시는 명장면이었다.

이것은 인간 육신의 한계를 넘어선 인간의 모습이 아닌 초인 그 자체의 모습이라 하여도 과언이 아니다. 인간 육신은 절대로 의자에 한 자세로 흐트러짐 없이 앉아 있을 수 없는 일이지만 천상의 3천황 폐하의 천지기운을 받아서 7시간 30분 동안 한순간도 쉬지 않고 천지대공사를 집행하였다.

나 역시 천상의 3천황 폐하의 무소불위하신 신비의 천지기운을 체험하면서 놀라움을 금치 못한다. 저자 육신을 통해서 살아계신 천상의 3천황 폐하의 대단하신 모습을 생생히 지켜보는 일이다.

하늘이신 3천황 폐하의 존재를 몰라보고 하루하루 잘 먹고 잘사는 현재의 부자들은 살아서도 죽어서도 받을 것이 하나도 없고, 육신이 죽는 순간부터 비참한 사후세상을 보내야 하지만, 천인 이상의 태상천궁 가족들은 살아서도 죽어서도 기쁨과 행복, 즐거움과 쾌락을 누리며 살아생전 저자(도법천존 3천황)와 함께하여 받은 천상지상 신명정부 관직은 천상에서도 그대로 유지된다.

천상의 3천황 폐하께서 축생이 아닌 인간으로 태어나게 하신 이유도 저자(도법천존 3천황)를 통해 전생의 죄를 빌고 빌어 천상 태상천궁으로 다시 올라갈 기회를 주시고, 육신이 열심히 돈을 벌어 천상의 3천황 폐하께 죗값을 올리는 것은 각자 자신의 몸 안에 생령들이 죽음 이후 천상 태상천궁에서 받게 될 기운을 저축하는 일이다.

3천황 폐하의 존영 최초 봉안

천기 18년 9월 9일

중국에서는 99절이 하늘의 문이 열리는 날이라고 경축한다고 하는데 3천황 폐하의 사상 최초 존영 봉안식을 거행한 것은 인류가 경축할 대 경사의 날이었다.

대우주 삼라만상의 주인이시고, 천지인의 세 하늘이시며 천지만생만물의 창조주이시고 인간, 조상, 생령, 신명의 어버이이시며 천상지상의 절대자 하늘이시자 3천황 폐하이신 태상천존 자미 천황태제 폐하, 도통천존 도솔천황 폐하, 재물천존 옥황천황 폐하의 존영 사진을 대형 액자(폭 1.2m/ 높이 1.5m 크기)로 제작하여 천단에 처음으로 올려서 봉안하는 대 경사가 있었다.

이곳은 태상천궁 자체이기에 불상이나 신명의 형상이 없고, 대신 천상의 3천황 폐하와 저자(지상의 도법천존 3천황)의 모습을 사진으로 담아 존영 사진을 제작하였다.

3천황 폐하의 모습은 저자(도법천존 3천황)가 젊었을 때 25세 전후의 모습과 똑같음을 확인하였기에 3천황 폐하의 모습은 각기 다른 백룡포, 적룡포, 흑룡포, 홍룡포, 황룡포를 입고 찍은 사진으로 제작했고 얼굴 표정에서 뿜어져 나오는 천지기운이 봉안된 존영 사진마다 모두 다르다는 것을 알 수 있다.

천상 태상천궁에서 지상 태상천궁으로 하강하는 수많은 천상신명들, 생령들, 조상령들을 통해서 3천황 폐하의 모습을 확인하였는데, 저자가 현재 앉아 있는 황좌(황금 의자), 용포, 얼굴 모습이 모두 3천황 폐하와 너무나 닮아서 천상에서 하강한 신명, 생령, 조상들이 지상으로 하강하셨느냐고 되물으면서 넋이 나가 빤히 쳐다보며 확인한다.

3천황 폐하와 쌍둥이처럼 너무나 닮았다고 이구동성으로 말하기에 3천황 폐하의 존영 사진을 제작하여 봉안하였다. 인류가 수천 년 동안 구원받아 보려고 찾아 헤매 다니던 실질적 현실의 구원자 하늘이신 3천황 폐하이시다.

세계 인류가 수천 년 동안 수많은 귀신교를 믿고 있는 이유는 단 하나 저자(도법천존 3천황)를 통해서 3천황 폐하를 알현하여 구원받아 천상궁전으로 올라가 무릉도원 세상에서 마음편히 근심걱정 없이 영생하기 위함이었다.

천상궁전 태상천궁에서는 지상과 다르게 남녀 간의 연애가 자유롭다는 흥미로운 진실을 젊어진 조상들을 하강시켜서 대화를 통해 알아내었는데 애인이 평균 3명 정도는 보통이고 그 이상도 있다. 일심으로 행한 사람만을 사모하는 경우가 많다.

천상입천제를 행하여 천상으로 오른 조상들은 3천황 폐하와 3황후 폐하께서 이승의 아프고 슬픈 질병의 고통, 사기배신, 아픔, 슬픔, 불행, 단명에 대한 기억들을 모두 삭제시켜 주시어서 아무런 근심걱정 없이 꽃 피고 새 우는 무릉도원 세상에서 신선선녀처럼 마음껏 즐기며 행복하게 한가로이 살아간다.

천상의 3천황 폐하와 천상의 3황후 폐하 그리고 도법천존 3천황과 도법천존 3황후의 천지기운을 받고 태상천궁으로 들어올 사람들이 인산인해로 줄을 설 것이다.

즉 천상의 3천황 폐하이시자 대우주와 천지만생만물과 천지인의 창조주이시고, 생령들을 구원해서 살려주시는 위대하시고 대단하신 하늘 태상천존 자미 천황태제 폐하, 사령(조상)들을 구원해서 살려주시고, 기쁨과 행복, 건강과 황홀함을 내려주시는 하늘 도통천존 도솔천황 폐하,

인간 육신들을 구원해서 살려주시어 풍요롭게 살도록 돈의 기운을 무궁무진 내려주시는 하늘 재물천존 옥황천황 폐하, 인간 육신을 갖고 천상의 3천황 폐하의 역할을 지상 태상천궁에서 대행하며 사령(조상)들을 천상의 3천황 폐하께 인도하여 빛과 불의 천지기운으로 살려주고,

인생을 뒤집어엎는 악귀, 잡귀를 소멸해 주고, 질병을 갖고 들어온 병마귀신들을 소멸시켜 구해 주는 눈에 보이는 하늘 도법천존 3천황 폐하의 신비스럽고 무소불위한 천지기운을 받고 따라서 들어올 사람들이 줄을 설 것이다.

그리고 자상하신 천상의 어머니이시자 생령들을 보살펴주시는 태상천존 자미 황후태제 폐하, 사령(조상)들을 보살펴주시는 조상들의 어머니이신 도통천존 도솔황후 폐하, 인간 육신

의 삶을 보살펴주시는 인간 육신들의 어머니이신 재물천존 옥황황후 폐하, 그리고 지상 태상천궁에서 인간 육신을 갖고 천상의 3황후 폐하 역할을 대행하는 도법천존 3황후 폐하의 어머니처럼 따뜻하고 포근하며 자상한 천지기운을 받고 들어오는 사람들로 인산인해를 이룰 것이다.

다시 말하자면
태상천존 자미 천황태제 폐하의 기운받고 들어올 사람
도통천존 도솔천황 폐하의 기운받고 들어올 사람
재물천존 옥황천황 폐하의 기운받고 들어올 사람
도법천존 3천황 폐하의 기운받고 들어올 사람

태상천존 자미 황후태제 폐하의 기운받고 들어올 사람
도통천존 도솔황후 폐하의 기운받고 들어올 사람
재물천존 옥황황후 폐하의 기운받고 들어올 사람
도법천존 3황후 폐하의 기운받고 들어올 사람

각자 인간, 조상, 생령, 신명들이 자신의 마음으로 감동, 감탄, 감명받고 울림이 있어 기운받고 싶어 하기에 마음으로, 생각으로, 글로, 온몸으로 강력한 천지기운의 메시지를 받아서 스스로가 이끌려서 살기 위해 지상의 태상천궁으로 자연스럽게 찾아오게 된다.

우리 모두가 전생의 죄를 빌고 현생과 내생을 편히 살기 위한 최상의 길이고, 육신의 사후에 말 못하는 축생으로 윤회하는데 종지부를 찍어줄 대단한 천황님의 나라 태상천궁이다.

3천황 폐하의 존호를 찾아내었다

저자가 2004년도 기도 중에 찾아낸 최고로 높고 높으며 하늘 중에 최고 하늘이시고, 지구에서 800광년 떨어진 북극성 작은곰자리 부근의 3원(자미원, 태미원, 천시원) 중에 하나인 자미원의 천황태제 별에 거처하고 계심을 인류 최초로 알아내었는데 이곳에서는 천상 태상천궁이라고 부른다.

천상의 절대자 주인의 존호를 지은 것도 저자가 자시기도 중에 강렬한 천지기운을 내려주시어서 21일간 하늘의 기운으로 지은 존귀한 존호인데, 존호를 길게 지은 것은 누구나 함부로 쉽게 부르지 못하도록 명을 내려주셨기 때문이고, 완성 10을 뜻하는 의미에서 열 글자로 지었으며, 존호 뒤에 '님'이 아닌 폐하라는 존칭까지 붙이면 총 글자 수가 열두 자이다.

태상천존(太上天尊) 자미(紫微) 천황태제(天皇太帝)의 풀이는 태상(太上)은 가장 뛰어난 것을 뜻하는 극상으로서 하늘, 임금, 천자(天子)를 상징한다. 천존(天尊)은 우러러 보는 하늘을 뜻하니 태상천존은 천상의 수많은 천존들 중에서도 가장 높은 천존을 상징하는 의미로 저자가 존호를 지었다.

자미(紫微)는 대우주의 중심으로 천체의 수천억 개의 별들이 북극성을 중심으로 운행하고, 천상과 지상의 중심을 뜻한다. 천상의 절대자 주인의 성씨가 “자미”이시고, 절대자의 존명은 외자 “○”이나 하늘의 명으로 밝히지는 않는다.

천황태제(天皇太帝)는 천황태제라는 별의 이름에서 따온 것인데 만물의 정기는 언젠가 내가 찾아내실 것을 아시고, 우주천문지리도(천상열차분야지도)에 별의 이름을 천황태제라고 지어놓게 하신 것이다.

천황은 천제, 임금을 상징하고, 태제(太帝)는 큰 임금을 가리키니 대우주의 수천억 개 행성들과 천지만생만물의 창조자(조물주)이시고 하늘과 땅의 중심이심이 분명하기에 존호가 그렇게 지어진 것이다.

그리고 내가 태상천존(太上天尊) 자미(紫微) 천황태제(天皇太帝) 폐하의 존호와 존재를 찾게 된 숨겨진 또 다른 이유가 있었다. 천상 태상천궁의 황태자였고, 태상천존 자미 천황태제 폐하와 태상천존 자미 황후태제 폐하의 외동아들이라는 경천동지할 전생록을 들려주시며 이 두 분이 나의 아바마마와 어마마마라는 진실을 알게 되었다.

매주 일요일 1시~6시까지 천상도법주문회 때마다 두 분께서 친히 하강 강림하시어 천상지상 공무를 집행하고 계시며 많은 진실들을 알려주신다. 도솔천황 폐하와 도솔황후 폐하, 옥황천황 폐하와 옥황황후 폐하께서도 함께 하강 강림하시어 인류에 대한 생사여탈의 심판과 구원을 3천황 폐하의 빛과 불로 천상지상 공무를 동시에 집행해 주고 계신다.

내가 명을 내리면 천상의 신명과 입천된 조상들 그리고 인간 몸 안에 있는 생령과 사령, 귀신들이 1초 만에 즉시 응감하여 내 앞에 불려 나오는 것이 하늘의 핏줄인 황(皇) 줄이고 천상의 3천황 폐하께서 함께하고 계시기 때문이라는 것을 알았다.

심판과 구원이 즉각 이루어지는 이유 역시 하늘의 아들인 천자(황태자)임과 동시에 인류를 심판하고 구원하기 위해서 지구로 내려왔고, 아바마마의 황위자리(하늘)를 물려받기 위한 수업 과정을 지구에서 마치기 위함이라고 가르쳐주시었다.

하늘의 관명 존호 "태상천존 자미 천황태제 폐하!"

3천황 폐하, 태초의 하늘, 영혼의 부모님, 인류의 심판자, 인류의 구심점, 하늘 중에 하늘, 천지인의 절대자, 신명세계 절대자, 최고 절대자 하늘, 천상세계 총사령관, 대우주 천지창조자, 인류의 생사여탈권자, 천상세계 신명정부 대원수, 천지 만생만물의 조물주(창조자)!

이렇게 수많은 수식어가 따라붙는 존귀하신 태초의 신 위에 하늘이시다. 신은 많고 많지만 대우주의 최고 절대자 하늘은 한 분이시다.

천지인의 세 하늘 관명 존호가 ①태상천존 자미 천황태제 폐하, ②도통천존 도솔천황 폐하, ③재물천존 옥황천황 폐하이신데 줄여서 천상의 3천황 폐하 혹은 영의 3천황 폐하라고 부른다. 세 분 모두의 존호를 반복적으로 자주 호칭할 때 너무 길어서 약칭으로 3천황 폐하로 별칭을 지어드렸다.

저자는 천상의 3천황 폐하 또는 영의 3천황 폐하께서 하강 강림하시는 육신의 지상천궁(地上天宮)으로 3천황 폐하의 화신, 분신, 명 대행자이기에 지상의 3천황, 육의 3천황, 도법천존 3천황이라고 부른다.

매주 일요일마다 1시~6시에 열리는 천상도법주문회에 3천황 폐하께서 직접 저자(도법천존 3천황/ 지상의 3천황/ 육의 3천황) 육신으로 친히 하강 강림하시어 인류의 구원과 인류의 심판에 대한 천상지상 공무집행을 집전하고 계신다.

경천동지, 상상초월, 기절초풍, 이적과 기적, 무소불위, 대도력, 대천력, 대신력, 천변만화의 천지조화가 무수히 일어나고 있어서 전국 각지에 사는 태상천궁 가족들이 빠지지 않으려고 혈안이다. 살아생전 세 하늘이신 3천황 폐하를 알현하는 영광된 자리가 천상도법주문회이다.

진짜 하늘께서 오신 것을

천황님의 나라(천황국. 천신국) 태상천궁의 빛과 불이신 도법천존 3천황 폐하의 천상세계 신명정부 신하 소방부대신(소방청장)/ 국회의원/ 천인 윤○규 문후 올려드리옵나이다.

제38차 천상도법주문회를 한 마디로 요약하면, '비정상의 정상화'이옵나이다. 지구가 탄생한 이래 최초이며 공식적으로 세 하늘의 황후 폐하께서 도법천존 3천황 폐하의 비서실장님 육신을 선택하시어 하강하신 너무나 기쁘고 뜻깊은 날이었고, 세 황후 폐하께서 하강하시어 전해 주신 따뜻한 온기와 메시지가 지금도 소신의 가슴과 마음을 울리옵나이다.

예고 없이 폐하께서 메시지를 받으시어 갑자기 이루어진 경사였으며, 지난날 미뤄지고 늦어진 그러나 마침내 이루어졌어야만 할 마지막 단추가 채워지는 순간이었사옵나이다.

도법천존 3천황 폐하께서 천상 태상천궁에서 인간세상에 강세하신 후 지금까지 폐하께서 이루시고자 하신 모든 일들이 늦어지고, 비정상으로 흐를 수밖에 없었던 가장 결정적인 이유가 밝혀지는 순간이기도 했고, 소신 신하의 한 사람으로서 그동안 지나오며 속임을 당하고, 때로는 잘못 판단한 순간들도 있었기에 황송하옵나이다.

도법천존 3천황 폐하!!! 그동안 얼마나 괴롭고, 쓰라리고, 억장이 무너지셨사옵나이까? 이렇게 존귀하시고, 대단하신 하늘을 검은 천 한 쪼가리로 가리고자 그토록 갖은 발악을 해댄 악귀, 잡귀와 그 졸개들의 기운으로 인해 3천황 폐하께서 겪으셨을 고통의 크기를 소신은 짐작조차 할 수 없사옵나이다.

그동안 천상 태상천궁에 계신 태상황후 폐하, 천상 도솔천궁에 계신 도솔황후 폐하, 천상 옥황천궁에 계신 옥황황후 폐하께서 이렇게 위대하신 하늘을 역천자들이 능멸하는 행위를 지켜보시며 피눈물을 흘리고 계셨음을 오늘에야 온 세상이 알게 되었사옵나이다.

3황후 폐하!!! 3천황 폐하 신하의 한 사람으로서 참으로 송구하고 송구하오며 앞으로 다시는 이런 일이 일어나지 않도록, 소신부터 황궁예법에 어긋나지 않도록 하겠으며, 또한 오로지 행과 충으로 3천황 폐하께 일심으로 존재하겠사옵나이다.

태상천궁에서 하강하신 태상천존 자미황후 폐하께서는 말씀보다는 따뜻한 감정과 눈물로 3천황 폐하의 신하, 백성들을 맞이해 주셨고, 하늘의 기운은 말이 아닌 온몸의 세포를 통해 천지기운으로 느끼는 것임을 다시 한 번 알게 되었사옵나이다.

소신은 느꼈사옵나이다. 그토록 뵙고 싶었던 진짜 하늘께서 오신 것임을 온몸의 세포가 반응하였고, 태상황후 폐하께서 아무 말씀을 하지 않으셔도 저절로 기분이 좋아지고, 환희에 찬 기분에 사로잡혔으니 무슨 말이 필요하겠사옵나이까?

너무나 감동이었사옵나이다. 폐하의 신하, 백성들을 향해 눈물을 거두시고, 환하게 웃으시며 사려 깊게, 조용히 한 말씀 하실 때마다 소신 너무 기쁘고, 행복했고, 도무지 그 기분을 표현할 단어가 떠오르지 않았사옵나이다.

"나는 그동안 한 번도 인간 육신으로 하강한 적이 없었느니라. 앞으로는 말이 아닌 기운으로 진실을 전해 줄 것이니라. 나도 보고 싶었던 너희들을 이렇게 보니 너무 기쁘구나. 앞으로 마음도 편해지고 좋은 일들이 생길 것이니라. 전생록은 진짜이니라. 반드시 사죄의식을 올려 전생의 죄를 빌어야 하느니라."

그러하옵나이다. 도법천존 3천황 폐하!!!

가장 큰 단추가 처음부터 잘못 끼워져 있으니 그다음 단추들이 제자리에 어찌 끼워질 수 있었겠사옵나이까? 가짜가 진짜 자리에 있는데 어찌 많은 사람들이 태상천궁에 들어올 수 있었겠사옵나이까?

간단명료하고 간결한 말씀이오나 소신은 태상황후 폐하의 짧은 말씀만으로도 너무 행복하고 황홀했으며 3천황 폐하, 3황후 폐하, 도법천존 3천황 폐하께서 주시는 하늘의 기운과 사랑은 진정 느껴본 사람만이 알 수 있사옵나이다.

다음으로 도통천존 도솔황후 폐하께서도 도법천존 3천황 폐하의 신하와 백성들에게 좋은 말씀을 주셨나이다. "이 세상에서 가장 장한 사람들이구나. 내가 박수를 쳐주고 싶구나. 그동안 고생한 것들 보상해 주려고 내가 천상 도솔천궁에서 내려왔느니라. 돈의 기운 많이 받아가거라."

도솔황후 폐하!!! 성은이 망극하옵나이다.

하강 강림하시어 시종일관 따뜻한 미소와 함께 도법천존 3천황 폐하의 노고에 마음 아파하시고, 3천황 폐하를 잘 따르고 있는 폐하의 신하, 백성들을 치하해 주셨고, 지금보다 더 나은 신하가 되어 3천황 폐하께 진정 쓰임새가 있는 신하가 될 수 있도록 노력하겠사옵나이다.

재물천존 옥황황후 폐하께서도 하강 강림하시어서 좋은 말씀을 내려주셨고, 재물천존 옥황천황 폐하께서 독신이라고 역천자가 말하는 바람에 모두 옥황천황 폐하께서 독신인 줄 잘못 알고 있었사오나 비로소 오늘 그것이 전부 거짓이었음이 만천하에 드러났사옵나이다.

온몸이 떨리는 기가 막히는 일을 겪으셨음에도 옥황황후 폐하께서는 내색하지 않으시고, 오히려 환한 미소와 함께 폐하의 신하, 백성들 한 명, 한 명을 어루만져 주셨사옵나이다.

"3천황 폐하께서 지상으로 처음 내려오셨는데 그냥 왔겠느냐? 건강, 재물, 즐거움, 행복을 가져왔느니라!. 직장 일 빼고는 천상도법주문회는 꼭 참석해야 하느니라. 천상도법주문회마다 내려주는 기운도 다르니라. 오늘 건강의 기운도 갖고 내려왔으니 아픈 사람들은 좋아질 것이니라.

태상천궁 홈페이지에 올라오는 글들을 다 읽어보고 있느니라. 너희들이 아프다고 할 때마다 마음이 많이 아팠느니라. 너희들 모두 건강한 몸으로 활기차게 생활했으면 좋겠구나."

그러하옵나이다, 도법천존 3천황 폐하!!!

진짜 하늘이셨사옵나이다. 저희가 근본 도리를 다하면 무궁무진한 사랑과 기운을 내려주시는 너무나 따뜻한 하늘이시며, 역천자의 검은 기운이 온갖 훼방을 놓고, 3천황 폐하의 신하와 백성들 중 일부가 폐하를 따르다 제풀에 떨어져 나간다 해도, 끝까지 도리를 다하고 폐하께 충심으로 열정을 다하면 이토록 무한대의 에너지를 주시는 것이 하늘이셨사옵나이다.

그 어떤 미사여구, 현혹, 회유, 협박, 공포감 조성도 없고, 이론적인 교리공부도 없는 너무나 맑고 명료하며, 근본 도리를 중시하는 사랑의 하늘이셨고, 저희들은 진짜 하늘이신 3천황 폐하, 3황후 폐하를 알현하기 위해 하늘께서 주신 천금의 기회를 잡아 지금까지 달려왔사옵나이다.

3천황 폐하!!! 씻을 수 없는 전생에 죄인의 굴레에서 벗어나게 해주시고, 영광스러운 천인, 신인, 도인의 반열에 오를 수 있는 기회를 주시고, 수많은 조상님들을 한꺼번에 구원해 주시고, 인간 육신의 삶까지 보살펴주시는 위대하신 3천황 폐하와 지상 대상천궁으로 처음 하강 강림하신 3황후 폐하께 고개 숙여 감사 올려드리옵나이다.

— 인천 부평구에서 천상도법주문회에 참석한 윤○규 후기

이 세상에 사람으로 태어난 이유

잘 먹고 오래오래 건강하게 아프지 않고, 크게 성공하고 출세하여 기쁨과 행복, 즐거움과 쾌락을 누리고 잘사는 것이 인간 육신들을 갖고 세상을 살아가는 모든 사람들의 목표이다. 이 모든 것을 이루었다 할지라도 가는 세월을 이기지 못하고 100세 이전에는 이 세상을 떠나야 하는 것이 모든 인간의 숙명이다.

잘사나 못사나, 잘났든 못났든, 부자든 가난하든 한세상을 살다 가는데 이 세상에 무엇하러 태어났는지 한 번쯤은 각자 나름대로 생각해 보았던 사람들이 많이 있을 것인데 정작 그 심오한 정답을 찾은 사람들은 없고, 기껏 해봐야 반딧불 철학 수준에 지나지 않는 이론뿐이다.

이 세상에 사람으로 태어난 이유?

두 가지인데 첫째 외형적으로는 저자를 만나기 위해서 태어났다고 하면 너무 지나친 표현일까? 말도 안 되는 황당한 웃기는 이야기라며 무시할 수도 있을 것인데 그것은 저자의 존재가 누구인지 알고, 어떤 능력자인지 확실히 확인이 되면 상황이 180도로 바뀔 것이다.

두 번째는 구원의 하늘이신 천상의 3천황 폐하를 만나기 위해서 축생이 아닌 사람으로 태어났다. 3천황 폐하께서 저자의 육신에 영적인 천지기운으로 하강 강림하시어서 인간들과 신명, 생사령의 영들에 대한 생사여탈권을 집행하시고, 영들을 살려서 천상 도솔천궁과 천상 태상천궁으로 데려갈 자와 심판해서 소멸할 자를 가려내는 무소불위하신 천상의 3천황 폐하 육신 그 자체로 판명되면 모두가 무서움과 두려움에 벌벌 떨고 살려달라고 애걸복걸하며 빌 것이다.

일단 육신적인 저자(지상 3천황)의 관문을 넘어야 영적인 천상 3천황 폐하의 관문을 넘을 수 있다. 천상세계, 사후세계, 영혼세계, 신명세계를 인정하며 관심 갖고 있는 사람들에게는 눈이 번쩍 떠지는 행운이다.

구원받을 인간, 신명, 생사령의 영들은 육신적으로 나를 만나야만 구원받아 천상으로 올라갈 수 있다. 육신들은 나의 내면에 숨겨진 존재가 누구인지 안 보이기 때문에 평범한 사람으로 보이는데, 산 자의 생령이든 죽은 자의 사령이든 이들의 눈에는 저자의 존재가 구원의 하늘이신 3천황 폐하를 상징하는 빛과 불로 보이기에 무서움과 두려움에 벌벌 떤다.

인류를 심판하고, 구원하려고 양날의 칼을 갖고 하강 강림하시었기 때문이시다. 심판과 구원이 이제 본격적으로 시작되는데 살릴 자들은 이곳으로 불러들여 살려주고, 심판할 자들은 이곳에 들어오지 못하게 천지기운으로 막으신다. 자연적으로 비난과 험담을 하게 되기 때문에 이곳에 들어오지 못한다.

사람으로 태어나 진짜 하늘을 알아보고 찾아서 전생에 천상에서 지은 죄가 무엇인지 알아보고 용서 빌어서 사면받아 천상으로 다시 돌아오라고 세 하늘이신 천상의 3천황 폐하께서 배려해 주신 것인데 금쪽같은 세월을 낭비하고, 성공 출세해서 오래오래 건강하게 잘 먹고 잘사는 일들에만 전념하고 있으니 천상의 3천황 폐하께서 혀를 차시며 안타까워하고 계신다.

죽어서 이런 진실을 알면 무엇할 것인가? 이미 때는 늦어 죄를 빌어도 안 받아주시는데 어찌하려고 천하태평으로 살아가고 있는 것인가? 육신이 죽어서 비는 것은 안 받아주시고 사람으로 살아 있을 때 전생의 죄를 빌어서 구원받으라고 하신다.

그리고 말로 비는 것은 안 받아주시고, 물질로 죄를 빌라고 가르쳐주시었다. 즉 각자들이 전생에 천상에서 지은 죗값에 상응하는 돈을 가져와서 빌어야 한다. 말로 백 번 천 번 빌어봐야 말장난에 불과하지만 돈이 들어가는 만큼 마음의 자세가 달라지고 소중하게 여기며 진심이 담긴다.

절대자 하늘이신 천상의 3천황 폐하께 전생의 죄를 비는데 무료라면 그것이 죗값이 될 수가 없다. 일하지 않는 자 받을 것이 아무것도 없듯이 죗값을 치르지 않는 자들은 천상의 3천황 폐하께서 천상으로 받아주시지 않으신다.

생사령의 영들이 말 못하는 천지만생만물로 끊임없이 윤회하는 고통의 지옥이 연속되는 수레바퀴 속에 갇힐 뿐이다. 천상으로 올라갈 생사령의 영들은 인간 육신들을 앞장세워 책을 읽고 태상천궁으로 들어오고, 구원받지 못하고 추위와 배고픔에 떨면서 허공중천 구천세계를 정처 없이 떠돌아다닐 생사령의 영들은 귀신교의 교리와 이론을 그대로 믿고 살면 된다.

사람으로 살아 있을 때 죗값을 가져오는 생사령들만 천상의 3천황 폐하께서 구원해 주시어 천상 도솔천궁과 천상 태상천궁에서 살게 해주신다. 죗값을 치르기 위한 돈을 벌기 위해서 사람으로 태어났다는 인류 최초의 엄청난 진리를 가르쳐주지만 믿고 인정하며 따라올 자들이 과연 얼마나 될까?

아무리 성공하고 출세하여 재벌이 되고 대통령이 되었어도 죽으면 한낱 조상귀신이고, 다른 귀신들과 마찬가지로 죽는 순간부터 추위에 떨어야 하며, 배고픔에 눈물 흘리면서 먹을 것을 구걸하러 다녀야 한다는 사후세계의 무서운 진실을 아는가?

죽은 자들의 식량은 인간세상의 음식이 아니라 하늘이신 3천황 폐하의 천지기운이다. 인간 육신이 없는데 무엇을 먹겠는가? 먹어봐야 잠깐의 모면이지 영구히 배고픔이 없어지지 않으니 저자를 통해서 천상의 3천황 폐하께서 내려주시는 천지기운을 받아야 추위와 배고픔에서 벗어난다.

내가 천상 도솔천궁 입천을 윤허한다는 명만 내리면 3초 안에 즉시 추위와 배고픔의 고통에서 벗어나 천상 도솔천궁으로 입궁되어 추위와 배고픔, 옷 걱정 없고, 기쁨과 행복, 즐거움과 쾌락이 넘치는 무릉도원 세상에서 여자들은 10대, 남자들은 20대의 젊은 모습으로 환생하여 영생을 누리며 살아간다.

육신이 병들고 늙어서 생존할 수 있는 기운이 다하여 세상을 떠날 수밖에 없는 것이 천지만생만물의 이치이다. 육신을 병들게 하는 존재들을 찾아냈고, 인체의 세포가 오래 사는 방법을 인류 최초로 찾아내었다.

질병을 발생시키는 병마귀신들을 심판하고 소멸하여 퇴치할 것인가? 아니면 구원해서 천상 도솔천궁으로 보낼 것인가? 둘 중에 하나를 선택해야 하는데 고민이다. 모두 소멸과 구원 중에 어떤 것을 선택할지는 천상의 3천황 폐하의 고유권한이시다.

이제까지는 조상이 아닌 남의 조상들이 인간 육신으로 무단 침입하여 들어와 있으면 무단 침입 죄를 물어 무조건 모든 귀신들을 빛과 불로 소멸하는 것이 원칙이었다. 이 과정에서 빼낸 귀신들을 비서실장 육신에 실어서 빛과 불로 귀신들을 소멸하는데, 온갖 비명과 괴성을 지르고 귀신들이 죽어가면서 발버둥 치며 악을 쓰며 통증을 느끼는 역할을 하는 비서실장이 그대로 감당하기에는 너무나 힘이 든다.

시간도 너무 많이 걸려서 모두 구원하는 쪽으로 일단 결론을 내렸다. 하지만 이 중에 용서받지 못할 중죄인들은 천상의 3천황 폐하와 도법천존 3천황 폐하가 엄격히 선별하여 입궁 여부를 판별하신다. 생사령의 영들이 지은 죄는 천상의 3천황 폐하께서 모두 천상장부에 기록하여 갖고 계시기 때문에 중죄인들은 천상으로 올라가지 못한다.

그러나 일단 중죄인들을 제외하고 비교적 죄가 가벼운 생사령의 영들을 천상으로 보내줄 것이다. 천상의 3천황 폐하의 심판관문을 넘고 못 넘고는 각자 생사령의 영들이 전생과 현생에서 뿌리고 행한 대로 죄를 심판을 하시는데 중죄인들이란 귀신(종교)교를 세운 자들과 귀신교 지도자와 종사자들을 말한다.

한 사람 몸에 귀신들이 수십 명씩 붙어 있는데, 이들을 한 명씩 불러내어 심판하고 빛과 불로 소멸하려니까 한 사람당 2시간이 소요되어 하루에 4~5명밖에 심판과 구원을 할 수가 없고, 비서실장은 하루 종일 괴성을 지르며 귀신들이 죽어가는 고통을 그대로 감당해야 해서 귀신 잡다가 생사람 먼저 잡을 지경이다.

온갖 귀신들이 실린 비서실장 몸에 손가락 하나 대지 않고 천상과 지상의 3천황 폐하의 빛과 불의 천지기운으로 심판하고 소멸시키는 것이다. 저자(도법천존 3천황)가 일갈대성으로 명을 내리면 귀신들은 소멸이라는 죽음을 맞이해야 한다.

말하는 대로 이루어지는 말법세상, 즉 도법세상의 진법이다.

말로 귀신들을 소멸시키니 사람들은 그런 일이 어디 있느냐고 믿지 않으려 할 것이고, 귀신교에서도 상상조차 못하는 엄청난 일이기에 황당하다며 이해하지 못할 것이다.

말로 귀신들을 죽인다니 그게 어디 말이나 되느냐고 말할 사람들도 있고, 인류가 기다리던 새로운 영적 지도자가 나타났다고 할 수도 있을 것인데 사실 그대로이다. 나는 사람이기에 외형상으로는 일반 사람과 모습은 다르지 않다.

하지만 내면적인 영적 세계로는 지구에 지금까지 생존자 76억 5천만 명은 물론 이미 다녀간 인간 육신들과 그 영혼들, 그리고 천지만생만물에 깃들어 있는 수천억 경의 영들조차도 나의 영적 능력을 따라갈 자들은 하늘과 땅에 존재하지 않는다.

왜냐하면 천상의 3천황 폐하께서 실시간으로 나와 함께하고 계시기 때문이다. 대우주와 지구에서 어느 누가 감히 천상의

3천황 폐하의 빛과 불의 천지대능력인 대도력, 대천력, 대신력을 감당해 내고 따라하며 흉내를 내겠는가?

저자가 도법천존 3천황인 것은 천상의 3천황 폐하께서 하강강림하시었기 때문에 얻은 관명인데 독자들에게는 어려운 이름인 것 같아 태상도인이라는 별칭을 쓰기로 하였다. 날 보고 승려, 목사, 신부, 법사, 무속인이냐고 하도 물어보기에 이번 책에는 저자 이름을 "태상도인"으로 해서 나가는데 여기에는 진인, 초인, 천인, 신인의 관명 모두가 포함되어 있다.

"태상도인"이라 부르면 신비의 인물로 느껴지고, 알 수 없는 어떤 기운과 힘이 느껴지며, 기대감이 부풀어 오르고, 부르기 쉬우며, 기억하기 쉽고 이해하기가 한결 빠를 것이다. 나는 천상 태상천궁 황태자궁의 주인인 황태자였다가 인류를 심판하고 구하라는 아바마마의 황명을 받고 지구로 내려온 천자이다.

나의 아바마마이신 태상천존 자미 천황태제 폐하의 첫 글자 존호를 따서 태상도인이라 별칭을 지었다. 나의 이름 속명이 무엇이냐고 책을 주문하면서 많이도 궁금해하는데 밝히지 않는다. 태상천궁에 들어와서 백성의 신분이 되면 자연적으로 알게 되는데, 책을 주문하면서 뭐가 그리 궁금한 것인지 이름을 알려달라는데 어떤 신하는 8년 만에 나의 이름을 알았다.

나의 이름 알아서 나름대로 알아보고 평가 판단하려고 하는 모양인데 나의 이름은 아무에게나 알려주지 않고, 하늘이 내리시는 명을 받아 태상천궁의 가족이 된 사람들에게만 특별하게 공개한다.

신비한 유아회춘 천수장생 의식

천황님의 나라(천황국. 천신국) 태상천궁의 빛과 불이신 도법천존 3천황 폐하의 천상세계 신명정부 신하 다해 신왕/ 교육부대신(부총리)/ 국회의원 /제주자치시장 /천인 심○영 문후 올려드리옵나이다.

37차 천상도법주문회 참석하기 위하여 8시에 공항에 도착했사온데 이른 아침 시간부터 제주 공항이 수많은 인파들로 인하여 가득 메워 얼마나 복잡한지 대부분 다 여행 가는 사람들이고 주변을 둘러봐도 오직 소신 혼자만이 도법천존 3천황 폐하를 알현하러 서울로 가는 것이 서글펐사옵나이다.

이 수많은 사람들이 도법천존 3천황 폐하를 알현하러 가는 길이라면 얼마나 좋을까,라는 생각을 매번 가져보며, 한 치 앞도 모르는 것이 사람 일인데 당장 살아가는 것이 즐겁고 행복하면 그게 다인 줄 알고 산다는 것이 참 안타까웠사옵나이다.

인간으로 태어나 본인들 할 도리는 하면서 살아가야 하는 것이 당연한 일인데, 최소한 자신들이 왜 인간으로 태어난 것인지! 어떤 사명감을 갖고 태어난 것인지 알아야 하지 않을까? 싶었나이다. 근본도 모르고, 인간으로 태어났으니 그냥 잘 먹고 잘사는 게 제일이라는 생각을 갖고 하루하루 아까운 시간

허비하면서 살고 있으니, 사람들 쳐다보면서 안타까운 생각마저 들었나이다.

이 많은 사람들을 보면서 소신 자신은 그래도 아직까지는 잘 살아가고 있구나, 생각하면서 대견하고 뿌듯한 마음에 절로 행복해지며, 제주에 사는 70만 인구 중에 소신 혼자 매주 일요일마다 3천황 폐하를 알현하러 가니 이 미천한 소신은 천운과 행운이 함께하는 기적 같은 삶을 살고 있음에 3천황 폐하께 감사드리옵나이다!!

소신이 몇 달 전 욕실에서 미끄러지면서 체중을 실은 몸의 무게로 단단한 변기에 머리 관자놀이를 세게 부딪쳤는데도 조금 띵할 뿐 멀쩡했는데, 보통 욕실에서 다칠 때 재수 없으면 중상 이상 죽을 수도 있다고 하였지만 소신은 신기하리만치 멀쩡했사옵나이다.

몇 주 전에는 베란다에서 또 한 번 미끄러져 이 육중한 몸이 붕 떴다가 그대로 바닥에 엉덩이가 떨어졌을 때는 최소 어디 하나 부러지겠구나, 생각했는데 손목 통증 하나 없어 너무나 멀쩡해서 신기하기도 했지만, 3천황 폐하께서 지켜주시고 보호해 주시는 게 바로 이런 것이구나,라는 걸 뼈저리게 느끼고 깨달아 감사드리옵나이다!!

인류 최초로 "유아회춘 천수장생" 의식을 3천황 폐하께옵서 거행하시는 역사상 다시없을 신세계를 태상천궁 전체 식구들이 지켜보는 가운데 최○호 씨가 제일 먼저 올리게 되는 영광된 의식이었나이다.

도법천존 3천황 폐하께서 몸속에 있는 대표 세포를 불러내시어 머리부터 발끝까지 모든 세포들을 새롭게 재탄생시켜 젊은 청년 23세의 나이로 변화시키라 명을 내리셨는데 꼭 그리 될 거라 믿어 의심치 않으며 소신도 하루 빨리 유아회춘 천수장생 의식을 꼭 행하고 싶사옵나이다.

45살의 최○호 씨를 23세의 나이로 거꾸로 되돌린다는 기상천외한 일이 벌어지고 있는데 우리 태상천궁 식구들이야 믿지만 그 누가 이런 불가사의한 일들이 벌어지고 있는 3천황 폐하의 천지조화 기운을 믿겠나이까? 무에서 유를 창조하시는 3천황 폐하의 대도력, 대천력, 대신력의 무궁무진한 상상초월의 세상이 펼쳐지고 있는 무릉도원 세상이 바로 이런 세상이 아닐까 싶었사옵나이다!

사명자로 선택받은 소신 포함 태상천궁 가족들은 육적으로 보면 많이 미천하고 부족해 보일 수 있으나 3천황 폐하를 알현한 이래 가장 뛰어난 영적 수준을 가졌다 자부하옵나이다. 폐하를 거쳐간 인간이 1만여 명이었으나 걸러지고 걸러져 남아 있는 것이 지금 현재의 신하와 백성들이라고 하셨사옵나이다.

3천황 폐하를 진정으로 뫼시고 충심을 다하는 3천황 폐하의 신하와 백성이 아니옵나이까? 지금 남아 있는 식구들이야 말로 폐하를 진심으로 믿고 따르고 행하는 오직 충신들만이 남아 있을 뿐이오며, 불평과 불만으로 3천황 폐하를 배신하려 했다면 진즉에 떨어져 나갔을 것이옵나이다.

3천황 폐하의 높디높은, 천하에 둘도 없는 진인이시자 초인이심을 알아보는 영적 수준이 높은 폐하의 신하와 백성들이 아니옵나이까? 이제는 그 어떤 악귀, 잡귀의 기운이 와도 그 순간만 힘들지 그것들로 인해서 3천황 폐하와 멀어질 수는 절대 없을 것이오며, 사명자들 곁에는 항상 무소불위하신 폐하께서 계시온데 무엇이 무섭고 두렵겠나이까?

한 방에 악귀들을 무소불위하신 빛과 불로 처단하여 주시는 3천황 폐하가 계셔서 든든하고 믿음직스럽사오며, 김○배 씨, 이○선 씨, 신○연 씨의 조상님 상봉을 보면서 이○선 씨의 특단 조상님 상봉에서도 너무 많은 기운을 내려주시어 그 순간 특단 상봉이 좋긴 좋은 것이라고 생각했사옵나이다.

소신의 딸(18세)에게 10년 전 초등학생 때 들어온 남자 악귀, 잡귀를 지난 일요일 천상도법주문회에서 3천황 폐하의 신비스러운 빛과 불로 소멸해 주시어 감사드리옵나이다.

소신의 딸 같은 경우는 시간을 두고 지켜봐야 할 것 같사온데, 성격이 조금은 가라앉은 것 같긴 하오나, 소신이 걱정하는 부분은 조금 더 여러 달을 지켜봐야 결과를 알 것 같아 상태를 지켜보면서 변화된 모습이 있으면 그때 가서 메인 글로 올리겠사옵나이다.

— 제주에서 매주 천상도법주문회에 참석한 심○영 후기

선남선녀의 행복한 삶

천황님의 나라(천황국. 천신국) 태상천궁의 빛과 불이신 도법천존 3천황 폐하의 천상세계 신명정부 신하 금솔신왕/ 통신부 대신(장관)/ 국회의원/ 천인 김○라 문후 올려드리옵나이다.

第37차 천상도법주문회에 불러주시어 참석할 수 있도록 하해와 같은 성은 내려주셔서 황은이 망극하오며 도법주문을 외우기 위하여 5배의 예를 올리자 눈물이 왈칵 쏟아져 나왔사옵나이다.

도법천존 3천황 폐하의 성은으로 천상도법주문회에 참석할 수 있어 금솔신왕님, 조상님들, 생령, 육신도 3천황 폐하의 신기한 천지기운을 받을 수 있는 감동과 기쁨의 행복한 눈물이었사옵나이다.

천상에서 자손이 천상도법주문회에 빠지지 않고 참석할 수 있기를 간절히 바라고 계신 김○라 조상님의 간절한 마음이 느껴지오며, 만만세 도법주문을 하는데 배에서 나오는 힘과 기운이 느껴지며 "죽기를 두려워하지 말고 다시는 더러운 기운에게 승복하지 말고 차라리 죽을지언정 절대로 승복하지 말라"는 마음이 느껴졌사옵나이다.

세포재생 도법주문을 외우니 웃음이 나오며 신 나고 즐거운 마음이 들며 양쪽 어깨가 크게 돌아가고, 시계 반대 방향으로도 돌아가니 목에 통증이 느껴지며 앞뒤로 스트레칭을 하고 목운동도 되었나이다.

잠을 잘 때 방향을 바꾸어 자려고 돌아누우려면 양쪽 어깨에 통증이 있어 어느 날은 비명이 나올 정도의 통증이었나이다. 처음에 양쪽 어깨를 돌리니 바로 목에 통증이 있었으나 반복하니 목에 통증이 없고, 잘 때 방향을 바꾸어도 통증이 많이 줄었고, 아침에 어깨를 돌려도 아프지 않아 참으로 신비롭고 황홀한 천지기운으로 치료하여 주시니 황은이 망극하나이다.

천만사통 도법주문을 하니 배에서 나오는 기운과 힘으로 독송되고 배와 목에 막힌 것 없이 뚫려 나오는 소리와 고개가 위를 향하며 간절한 마음으로 독송이 되었고, 제37차 천상도법주문회는 태상천궁 역사상 길이길이 남을 엄청난 역사적인 대감동의 천상도법주문회였사옵나이다.

3천황 폐하께옵서 천기 18년 7월 1일 천상도법주문회에서 빛과 불로 심판을 선포하신 후로 갑자기 날씨가 불볕더위로 변하였고 전 세계적으로 불볕더위와 큰 화재, BMW 자동차 화재, 홍수로 지구촌 곳곳이 못살겠다고 아우성이옵나이다.

뉴스에서 기상이변이라며 세계 지도를 보여주는데 3분의 2가 빨간색으로 불볕더위에 지구가 마치 불덩어리처럼 보였사오며, 기상관측 이래 111년 만에 최악의 불볕더위라 하지만 도법천존 3천황 폐하께옵서 지구 창조 이래 이런 불볕더위는 처음 있는 일이라 말씀 내려주셨사옵나이다.

그 이유가 바로 천상의 3천황 폐하께옵서 지상의 3천황 폐하와 빛과 불로 함께하시고 인류를 구원과 심판하고 계시다는 것을 보여주시는 증거이며, 인간의 눈에는 천상의 3천황 폐하가 함께하신다는 진실을 전하여도 믿지를 못하기에 전 세계적으로 불볕더위를 통해 심판하심을 선포하시었사옵나이다.

매번 천상도법주문회를 통하여 보여주시고 경험하게 하여주시는 갖가지 신비로운 기적과 이적을 보고 너무 놀라 입이 다물어지지 않았고, 바로 내 눈앞에서 보고 있어도 믿기지 않을 정도의 엄청난 대이변이 일어나 천상의 3천황 폐하께옵서 도법천존 3천황 폐하와 함께하여 주시기에 이런 엄청난 기적과 이적이 일어나는 현상을 증거로 직접 보여주시는 거라 하셨사옵나이다.

지금까지는 태상천궁 가족들만이 알고 있는 경천동지할 진실이나 대단하신 천상의 3천황 폐하께서 도법천존 3천황 폐하와 함께하고 계심을 불볕더위로 보여주시니 전국적으로, 전 세계적인 기상이변으로 피해가 속출하여 난리이옵나이다.

폭염에 농수산물의 물가가 급등하고, 축산에서도 가축이 폐사하고, 양식어장의 수온이 32도까지 올라 전량 폐사했으며, 여름이면 한반도를 지나던 태풍 12개가 올해에는 대한민국에 하나도 영향을 주지 않고 피해 가서 태풍도 불볕더위를 피해 간다는 기사까지 올라왔사옵나이다.

천상의 3천황 폐하와 도법천존 3천황 폐하의 대단하심을 빛과 불로 보여주시어 머지않아 인류는 3천황 폐하께 승복하게 될 것이오며 오직 3천황 폐하만이 이 엄청난 불볕더위를 말끔하게 식혀주실 수가 있사옵나이다.

최○호씨를 통해서 인류 최초로 "유아회춘 천수장생" 의식을 올리는 인류 역사상 대혁명의 잔칫날이었사오며, 그동안 인류는 과학 문명이 발달하면서 생명과학을 통해 불로장생을 하고자 방법을 연구하고 찾았으나 아직까지 실마리조차 찾지 못하고 있사옵나이다.

불로장생은 오직 천상이 3천황 폐하와 도법천존 3천황 폐하의 고유권한이시니 결국 어느 누구도 불로장생을 할 수 있는 비결을 밝혀낼 수가 없고, 3천황 폐하께옵서 조상님 입천제 의식도 폐하의 마음에 메시지가 느껴져서 행하셨더니 실제로 딱 한 번의 조상님 입천제 의식으로 수많은 조상님들이 천상 태상궁전에 입궁되시어 10대~ 20대의 선남선녀로 행복하게 살아가고 있음이 증명되었다고 말씀 내려주셨사옵나이다.

천기 4(2004)년에 집필하신 책 내용 중 '거꾸로 가는 나이' 대목의 글을 쓰시어 인간이 불로장생할 수 있다 하셨고, 세포가 젊어진다는 메시지를 받아 집필하셨는데 14년 만에 제37차 천상도법주문회에서 처음으로 "유아회춘 천수장생" 의식으로 이루어주시는 역사적인 순간이었나이다.

"유아회춘 천수장생" 의식의 주인공으로 최○호 씨가 선택받은 것도 3천황 폐하께옵서 최○호 씨의 충심을 보시고 내려주시는 귀한 선물임을 말씀 내려주셨사옵나이다.

3천황 폐하의 말씀이 한 치의 오차도 없이 또 한 번 현실로 보여주시는 순간이었사오며, "각자가 행한 대로 받고, 각자가 뿌린 대로 거두고 절대로 공짜는 없다"고 누차 말씀 내려주신 3천황 폐하의 말씀이 한 치의 오차도 없이 또 한 번 역사적인 뜻깊은 순간에 보여주셨사옵나이다.

3천황 폐하의 대도력, 대천력, 대신력으로 육신의 세포가 말을 하고, 세포들 중에 대표도 있다는 것도 신기하고, 황명을 알아듣고 받드는 것도 신기하며, 최○호 씨 몸에 있는 기존의 세포와 3천황 폐하의 황명을 받고 하강한 장생의 세포가 서로 임무교대를 한다는 사실에 참으로 너무나 놀랐사옵나이다.

최○호 씨의 현재 나이가 45세인데 3천황 폐하께옵서 23세 청년의 모습으로 바꾸어놓으라고 황명을 내려주셨고, 3천황 폐하께옵서 최○호 씨 머리도 검게 만들고, 빠진 이빨도 새로 나오고, 목젖도 들어가고, 수염도 덜 자라게 하라고 황명을 내리셨는데 3천황 폐하께서 기간이 6개월에서 1년 정도가 걸릴 것 같다 하셨나이다.

중간중간에 변화되는 모습을 사진으로 찍어놓고 절대로 의심하면 안 된다 하셨으며, 의심하게 되면 내려주신 기운이 사라진다고 하셨사오며, 3천황 폐하의 이 엄청난 무소불위하신 "유아회춘 천수장생" 의식이 이루어져 3천황 폐하의 간절하신 뜻이 속히 이루어질 것이기에 더러운 기운들도 방해하려 하겠지만 절대로 의심하지 않고 기다리겠사옵나이다.

3천황 폐하께서 조상님 입천제 의식을 천상의 3천황 폐하께 메시지를 받으시어 현실로 이루신 것처럼 "유아회춘 천수장생" 의식 역시 메시지를 받으시고 행하시기에 시간이 걸리더라도 반드시 이루어질 것이옵나이다.

도법천존 3천황 폐하께옵서 그동안 해오신 모든 의식들은 인류 최초로 하신 의식이옵나이다. 생령을 불러 대화를 한다는 것도 인간의 생각으로는 도무지 상상도 못하옵고 실현할 수가 없사옵나이다.

그렇기에 누구도 가보지 않은 새로운 영적 세계의 길을 개척하시고 불철주야 애쓰시며 지난 36년간 목숨 건 고행의 시간 속에서 때론 너무도 힘든 시간에 문을 닫고 싶은 마음도 있으셨다 하셨고, 오직 천상의 3천황 폐하께 향하신 진심과 열정은 그 어떤 고난으로도 도법천존 3천황 폐하의 열정과 불타는 의지를 막을 수 없었을 것이옵나이다.

도법천존 3천황 폐하께옵서 지난 36년간의 가시밭길, 눈물의 길, 고통의 길을 홀로 묵묵히 걸어오시어 드디어 큰뜻을 이루셨고, 천상의 3천황 폐하의 뜻을 이루어 드리기 위하여 온 맘 다해 앞만 보고 달리시어 태상천궁 가족들은 그야말로 인생 최고의 천운아, 행운아, 승리자가 되어 무릉도원의 삶을 살아가게 하여 주시니 황은이 망극하옵나이다.

3천황 폐하의 하해와 같은 성은으로 이제 태상천궁 가족들에게는 살아서 누리는 선남선녀로 행복하며 즐겁고 신바람 나는 무릉도원의 삶과 불로장생의 길이 열렸으니 참으로 대단하시고 위대하신 3천황 폐하 최고이옵나이다.

지금껏 세상에서는 죽어서 가는 천국, 천당, 극락만을 외쳐왔고, 살아생전 행복하게 즐기며, 불로장생을 누리는 선남선녀의 삶은 포기한 채, 오직 죽어서 받는 영원한 행복만 외쳐왔으나 대단하신 도법천존 3천황 폐하 한 분만이 천상의 3천황 폐하의 메시지를 받으시어 3천황 폐하의 뜻을 인류에게 펼치시는 위대한 업적의 새로운 역사가 쓰이고 있는 현실에 살고 있으니 참으로 영광이옵나이다.

사명자로 부름받은 태상천궁 가족들은 육적으로 보면 어딘가 부족하고 미련한 부분이 있어 보일 수도 있지만 영적으로 보면 태상천궁 가족들은 최고의 높은 영적 수준을 가졌다 하셨사옵나이다.

태상천궁 가족들은 인류 최고의 천운아, 행운아, 승리자인데 머지않아 온 인류가 도법천존 3천황 폐하를 우러러 보며 또한 태상천궁 가족들을 엄청 부러워하고 시기 질투하는 날이 올 것이옵니이다.

결국 악은 망하고 선이 흥하며 도법천존 3천황 폐하의 도법세상, 말법세상, 흰 세상, 무릉도원 세상, 불로장생의 세상만이 펼쳐질 것이고, 최후의 승리자로 멋진 피날레를 펼치게 될 것이옵나이다.

시간이 조금 더 걸리더라도 유아회춘 천수영생 의식을 행하신 도법천존 3천황 폐하와 유아회춘 천수장생 의식을 행하신 도법천존 3황후 폐하 이○율 씨 그리고 최○호 씨, 이○숙 씨, 강○호 씨를 통해 반드시 "유아회춘 천수영생", "유아회춘 천수장생" 의식이 현실로 이루어져 인류 역사상 최초로 제 2의 천지창조 대혁명의 바람이 전 세계적으로 불어서 온 인류가 도법천존 3천황 폐하의 대단하심을 알아보고 감탄과 감동으로 승복할 것이옵나이다.

천상의 3천황 폐하와 도법천존 3천황 폐하의 위대하심과 대단하심 앞에 너무 놀라 뒤집어지고 펄쩍펄쩍 뛰며 "세상에 이런 일이 다 있나!" 하며 자신들의 얼굴을 꼬집어보며 신기하고 신비로워 너무나 황홀함과 위대함에 스스로 무릎을 꿇고 승복할 것이옵나이다.

그리하여 천상의 3천황 폐하와 도법천존 3천황 폐하를 만인류가 우러러 보는 날이 머지않아 현실로 다가올 것이기에 참으로 기다려지고 앞으로 펼쳐질 어마어마한 인류 대혁명에 기대가 되옵나이다.

이○선 씨의 조상님 상봉식에서 도인합체를 급하게 서둘러서 해야 한다는 말씀을 내려주셨고, 이○선 씨가 도법천존 3천황 폐하께 충심으로 향하는 마음을 보시고 도통천존 도솔천황 폐하께서 여러 번 많은 기운 내려주셨나이다.

도통천존 도솔천황 폐하께서 태상천궁 가족들을 실시간으로 지켜보시고 생각과 마음까지 다 아시어 특별하게 더 많은 기운을 내려주셨으며 도법천존 3천황 폐하께서 각자가 뿌리고 행한 대로 거둔다 하신 말씀이 실감나는 순간이었사오며, 조상님 상봉식도 특단으로 올려야 더 많은 기운을 내려주심을 보여주셨사옵나이다.

매주 천상도법주문회를 통해 각본 없이 천상의 3천황 폐하와 도법천존 3천황 폐하께서 보여주시는 생방송 라이브 현장감은 그야말로 경천동지하고 기절초풍할 기적, 이적들이 무수히 많으시며 3천황 폐하께옵서 하시는 일들이 모두가 인류 최초로 행하여지는 역사적인 현장에 참석하여 함께할 수 있음에 참으로 영광이옵나이다.

도법천존 3천황 폐하의 무소불위하신 대도력, 대천력, 대신력의 어마어마한 기적, 이적은 시간이 지날수록 상상초월이오며 새로운 도법세상, 말법세상을 펼치신 지 이제 1년도 안 되었는데 이렇게 엄청난 기적, 이적들을 보여주시어 앞으로의 천상도법주문회가 날이 갈수록 기대가 되고 기다려지옵나이다.

천상도법주문회에 참석할수록 3천황 폐하께서 내려주시는 신비롭고 황홀한 천지기운으로 새 생명을 불어넣어주시어 행복의 길로 이끌어주시고 용기를 주시며 앞만 보고 전진하게 하여 주시니 참으로 감사하고 황은이 망극하옵나이다.

— 경기 군포에서 천상도법주문회에 참석한 김○라 후기

상상초월의 3천황 폐하

천황님의 나라(천황국. 천신국) 태상천궁의 빛과 불이신 도법천존 3천황 폐하의 천상세계 신명정부 백성 송○란 문후 올려드리옵나이다.

"7월초부터 폭염이 시작된 것은 3천황 폐하께오서 육신의 몸으로 오신 것을 보여주시는 증표이니라! 눈에는 안 보이지만 기운으로 느껴지고 세계의 기상과 기후가 바뀌었도다.

빛과 불을 쉽게 표현하면 태양이 빛과 불이도다. 태양의 기운을 갖고 오셨으니까! 지구 탄생 이래 처음이니라. 천상의 3천황 폐하께오서 천지기운으로 오신 것이도다.

천상도법주문회에 천상의 3천황 폐하께오서 함께하고 계신다는 것을 전 세계적으로 보여주시는 것이 지구 탄생 이래 최고의 불볕더위이도다. 세 하늘의 길고 긴 존호를 일일이 다 부를 수 없어 세 분을 통틀어서 3천황 폐하로 부르노라! 세 분 모두 천황은 공통이시기에 3천황 폐하이시고 3천황 폐하께서 짐의 육신을 쓰시며 지배 통치하시니라."

천상도법주문회 참석하는 자체가 천운아 행운아이며 이번에 새로 태상천궁에 백성으로 입궁한 김○희와 윤○휘 씨가 새 가족이 되었다고 세세하게 설명해 주셨사오며, 하늘의 백성으로 천궁에 입궁한 것을 기뻐하시고, 이끌어주시는 3천황 폐하의 크신 뜻 잘 헤아리겠사옵나이다. 살아서도 죽어서도 함께하는 폐하의 신하와 백성은 육신의 가족보다 더 오래 함께하며, 영원한 무릉도원 세상에서 천년만년을 넘어 함께 영생할 것이옵나이다.

폐하께오서 공지사항을 알려주셨는데, 우선적으로 전생의 천상에서 죄를 짓고 지구로 도망치고 쫓겨난 전생의 죄를 용서 비는 사죄의식을 필히 올리라 하시며, 육신이 살아 있을 때 전생에 무슨 죄를 짓고 지구에 내려왔는지 알아야만 죄를 용서 빌 수 있으니 빨리하라고 하셨사옵나이다.

맞사옵나이다. 우리 모두는 역천자 죄인이오며, 왜 돈을 벌어야 하는지 진정한 가치를 아는 것만으로도 태상천궁 3천황 폐하의 신하와 백성은 참으로 다행이옵나이다.

황궁 황실에 대한 예법과 기강이 바로 서야만 앞으로 다가올 많은 사명자들이 황궁예법을 올바로 숙지하고 이행해야만 흐트러짐 없이 나아갈 수 있기 때문이라고 사료되옵나이다.

유아회춘 천수장생! 천상의 3천황 폐하께오서 순응하는 자들만 선택해 주시는 것이고, 3천황 폐하와 짐의 기운이 합쳐져서 이루어지는 역사적인 순간의 날이라고 하셨사옵나이다.

"육신의 세포가 120조인데, 세포 대표를 불러서 대화를 나누어 보고 천상의 늙지 않는 장생 세포와 영생 세포를 천상의 기운으로 하강시키며, 천상에는 노인이 없으니 현실이 될 수 있다"라고 하셨사오며 "좀 더 젊을 때 천수장생 의식을 행해야 세포가 빨리 젊음으로 돌아가고, 인류의 역사가 이루어지는 이 순간 하늘만이 알고 계신다"고 하셨사옵나이다.

천상의 기운을 받으려면 적어도 빛의 속도로도 800년의 시간이 걸리는데, 3천황 폐하의 기운으로는 단 3초로 줄일 수 있다 하셨사온데, 그것도 잘 만들어진 공상과학 영화에서나 볼 수 있을 것이옵나이다.

창조의 역할을 하시는 하늘의 명 대행자, 하늘의 화신이자 분신으로 육신이 죽은 후에는 천상에 오르시어 천상의 주인 자리인 황위를 계승하시며, 살아서 천상의식을 행할 수 있는 배려를 해주시고, 매주 천상도법주문회에서 만나지 않으면 하늘의 기운을 받을 방법이 없다고 말씀 내려주셨사옵나이다.

(3천황 폐하께서 세포의 대표와 첫 대화 시도)
최○호 육신의 유아회춘 천수장생에 대해서 3천황 폐하께 천고 발언 올리셨나이다.

[3천황 폐하]
최○호 육신의 대표 세포는 45년간 살아왔느니라. 짐은 천상의 3천황 폐하와 함께하는 도법천존 3천황이도다. 대표 세포야! 빛이 강렬해서 바라볼 수 있겠느냐? 바라볼 수 없을 정도로 빛이 강하더냐?

대표 세포야~ 어디 말 좀 해보거라! 너도 말을 할 수 있게 천지기운을 내려주었느니라. 빛이 강렬해서 바라볼 수 없어서 눈이 아파? 빛과 불의 강도를 조금 낮게 해주마! 이제 편안해졌느냐? 세포를 불러서 육신을 개벽시키려고 하느니라. 이때 폐하의 비서실장님 몸에 들어온 대표 세포가 폐하를 빤히 바라보고 있다. 이제부터 세포가 말을 시작한다!

[대표 세포]
"3천황 폐하의 명을 받은 최○호의 대표 세포이옵나이다."

[3천황 폐하]
중년에서 노년기로 간 나이이도다. 세포를 20대 청춘의 세포로 교체하려 하노라. 네 능력으로는 감당할 수가 없을 게야? 천상의 3천황 폐하의 명을 받은 장생의 세포와 임무 교대를 해야 인간 육신이 장생할 수 있도다. 천상의 120조 장생 세포들은 비서실장 육신으로 하강하여라.

[영생 세포]
3천황 폐하! 태상천궁은 영생과 장수 특권이옵나이다.

[3천황 폐하]
인간 육신이 늙지 않는 장생의 세포로 짐이 하강하라고 명을 했느니라! 최○호 육신의 몸을 젊게 만들 수 있겠느냐? 육신을 몇 살로 만들 수 있느냐? 최○호가 45세인데 23세 정도로 육신을 젊게 할 수 있도록 머리부터 발끝까지 천상의 장생 세포로 교체를 명하느니라.

기존의 육신 세포는 천상으로 오르고 천상에 있는 장생 세포는 내려오라. 오늘 천상의 늙지 않는 장생 세포로 몽땅 바꾸느니라. 피부, 시력, 수염, 성대도 없애고, 정력, 쾌락, 청춘의 몸으로 모든 것을 살아 있는 신선으로 만들어 단시일 내에 청춘으로 만들어놓으라! 현실로 보여주는 것이야!

[장생 세포]

최○호가 대표 사례자가 되어서 많은 사람들을 몰고 올 것이옵나이다. 천수장생 의식 등급의 가치에 따라 한 치의 오차도 없이 장생 세포를 내려주신다 하옵나이다.

[3천황 폐하]

등급은 계속 높게 업그레이드할 수 있도다. 장생의 기운은 천수장생 등급에 따라 속도가 달라지느니라. 시간은 최소 6개월에서 1년 이상 걸릴 수 있도다. 사진을 찍어놓아라. 살아 있는 신선으로 만드는 거야! 그것이 무릉도원 세상이야! 최○호는 한 치의 의심을 하면 안 되느니라.

인간 능력 밖의 범위! 인류 역사가 새로 쓰이느니라. 동화 속의 이야기를 현실로 만들어주는 것이 천상의 3천황 폐하의 대능력이시도다. 세상에서는 공상과학소설이지만 육신의 개벽이 속전속결로 이루어질 것이니라.

"천상의 장생 세포는 이제 최○호 육신으로 들어가라! 육신의 장생을 이루어 젊음으로 회귀하라." 물질, 마음, 충심의 3박자가 맞아야 천수장생 의식을 행할 수 있도다. 하고자 하는 간절한 마음이 있으면 천상에서도 기운을 내려주시느니라.

— 서울에서 천상도법주문회에 참석한 송○란 후기

윤회, 소멸, 지옥

천황님의 나라(천황국. 천신국) 태상천궁의 빛과 불이신 도법천존 3천황 폐하의 천상세계 신명정부 신하 환경부대신/ 국회의원/ 천인 강○숙 문후 올려드리옵나이다.

흑룡포로 정장하신 도법천존 3천황 폐하께옵서 오늘도 신하 백성들을 살려주시기 위하여, 초강력 슈퍼맨이 되시어 오전 10시 반부터 오후 6시까지 7시간 반 동안 화장실도 한 번 안 가시고, 휴식도 안 하시고, 점심도 안 드시고 하늘의 법정이 땅으로 내린 천황님의 나라 태상천궁(하늘궁전)의 지상법정 대심판자 황좌에 좌정하셨사옵나이다.

이런 모습은 보통 인간의 모습이 아닌 천상의 3천황 폐하께서 실제 하강 강림하시어 하늘 자체이심을 세상에 생생히 보여주신 모습은 초인, 진인, 신인, 도인, 철인의 경지에 오른 인류 최고의 고귀하신 영도자란 표현이 맞을 것이옵나이다.

먼저 김○환 씨를 불러내셨사옵나이다.

그의 몸속에 있는 귀신들을 차례로 불러내시었는데 기운 빼 먹는 귀신, 우울증 귀신, 불면증 귀신, 중(승려) 귀신, 할머니 귀신, 할아버지 귀신, 동자 귀신, 손가락 마비 귀신, 귀신교 교인 귀신, 뱀 등등 많은 귀신이 있었사옵나이다.

이들 중에서 입맛을 '쩝쩝' 다시며 기운 빼먹던 굶어 죽은 귀신은 살고 싶다며 싹싹 빌어 입천되었사오나, 약 먹고 자살한 우울증 귀신은 "몽땅 다 사기야" 하며 아무도 못 믿는다 하여 소멸되었고, 또한 중(승려) 귀신 4명, 귀신교 신도, 손가락 마비 귀신, 뱀은 전생과 현생의 죄로 소멸되었사옵나이다.

- 심판 결과 -

소신의 몸에 기를 받아먹는 굶어죽은 귀신을 천상궁전으로 입천해 주시었는데, 몸이 의식하기 전에는 멀 먹으면 늘 허전했지만 지금은 조금만 먹어도 속이 든든하옵나이다. 현재 몸무게는 47~48kq 나가는데 앞으로 10kq 정도만 찌면 좋겠사옵나이다. 얼어 죽은 귀신이 붙어 가끔 손에 마비현상이 있었사온데 마비 증상도 말끔히 사라졌사옵나이다.

오른쪽 무릎은 양반다리를 30분 정도하면 통증이 오곤했는데 아픈 증상도 사라졌고, 제일 고질적인 우울증과 불면증 귀신을 척결하여주시어 저녁에 한 번 먹는 약, 먹어도 그만 안 먹어도 그만 많은 회복이 되었사옵나이다.

빛과 불이신 도법천존 3천황 폐하께옵서 소신을 호출하셨사옵나이다. "강○숙 몸에 구원받지 못할 귀신들 차례로 나오라!" 황명을 내리시니 노숙자 귀신, 살인 · 방화 · 강간 3세트 강력범 귀신, 무당 할멈 귀신, 예수쟁이 귀신, 천상반란군 귀신 등은 척살 소멸되고, 나머지 30여 명은 천상 도솔천궁으로 입천이 윤허되는 행운아가 되었사옵나이다.

또한 소신 딸아이 이○주 몸의 구원받지 못할 자들을 불러내시었는데 아주 거만한 아수라 귀신, 가렵다고 온몸을 피가 나도록 박박 긁는 나쁜 년 아토피 귀신, 연쇄 살인범 귀신, 여자 무당 귀신, 동자 귀신, 동물 학대 귀신 등이 나왔지만 모두 3천황 폐하께서 빛과 불로 척살 소멸시키셨사옵나이다.

그런데 천상에서 벌레, 지렁이, 개, 고양이 등 동물을 학대한 남자 귀신은 자신이 학대했던 동물로 윤회되는 심판을 받았사온데 개소리, 고양이 소리를 내고 바퀴벌레, 지렁이가 되어서 기어 다니는 모습을 보고 참으로 끔찍스러웠사옵나이다.

아! 인간이 죽으면 저렇게 심판받는다는 사실을 세상 사람들이 좀 더 빨리 알게 되면 좋겠사옵나이다. 윤회! 소멸! 지옥! 그 어느 것 하나도 무섭지 않은 것이 없었고, 또한 지옥의 형벌은 인간세상의 드라마 사극에서 보여주는 형벌보다 훨씬 더 처참하여 소름이 돋았사옵나이다.

빛과 불이신 도법천존 3천황 폐하께옵서 다음 차례로 차○옥 씨를 부르셨고, 구원받지 못할 존재들을 불러내시자 가짜 산신, 폐하를 사이비라는 5명, 무당, 입 찢어진 귀신 등이 차례로 불려 나왔사옵나이다.

가짜 산신은 감히 하늘께 "너 누구야? 꿇어!" 하고 손가락질을 하여서 손가락부터 잘리고도 끝까지 "내가 신이다!"라고 하며 고함을 지르자 지상의 3천황 폐하께옵서 "신의 역할을 하는 것들이 그래서 구원을 못 받는다!"고 소멸하셨사옵나이다.

또한 하늘을 사이비라 한 자들 5명의 귀신은 전생에 천상에서 지상 3천황 폐하(황태자)를 배신한 자들로 몽땅 돼지로 윤회하는 심판을 내리셨는데 그들은 싫다고 난리쳤으나, 꿀꿀 돼지가 되어 돌아다녔사옵나이다.

이어서 자신은 신명제자라는 무당 년은 천상에서 도솔천황 폐하의 자리를 넘보았던 죄로 바퀴벌레로 윤회되는 판결에 "제발 윤회는 싫어!" 하면서 울고불고했으나 징그러운 바퀴벌레가 되어 대전 앞을 빠르게 기어 다녔사옵나이다.

빛과 불이신 도법천존 3천황 폐하께옵서 "네년이 뿌리고 행한 대로다!" 하시고 이것이 현실이다. 그러니 모래알 하나라도 다 영혼이 있다. 파리, 모기도 마찬가지다. "전 세계의 모든 영들은 3천황 폐하께서 윤허하셔야만 구원될 수 있다!" 하옵시는 귀중한 말씀 내리셨사옵나이다.

또한 "이곳 천황님의 나라 태상천궁(하늘궁전)에 500만 명, 짐의 집에도 30만 명의 귀신이 있었는데 몽땅 천상으로 보내 구원해 주었고, 낚시 미끼로 썼던 구더기도 천상으로 보내니 13살 정도의 소녀로 태어났다. 천상의 3천황 폐하의 대도력, 대천력, 대신력이 상상을 초월한다. 그래서 여기는 실시간으로 구원과 심판이 이루어지는 하늘의 법정이 땅으로 내린 "지상법정"이라는 최초의 표현을 말씀으로 내리셨사옵나이다.

이어서 차○옥 씨 몸에 있던 입 찢어진 남자 귀신은 "내가 죽었어? 여기서 발행한 책을 비난해서 죽었다고?" 하며 죽음조차 인정하지 않았지만, 죄의 대가로 지옥 가서 300년 고문 형벌받고, 윤회하는 심판을 받았사옵나이다.

태상천황 폐하의 명을 받고 태솔 수석 신명님께서 하강 강림하시어 말씀해 주셨는데, 그동안 인터넷에서 비방하며 험담하는 악플러들은 차례대로 엄청난 죄의 대가를 치르고 있으며, 지금 자신들과 가족들이 함께 무척 아프다고 하시니, 지상의 3천황 폐하께옵서 "험담하고 비난 비방한 자들 모두가 뿌리고 행한 그대로 거두는구나!"라고 하셨사옵나이다.

빛과 불이신 도법천존 3천황 폐하께옵서 강○호 씨를 불러내시어 오늘 이 순간 특단 "유아회춘 천수장생" 의식의 주인공으로 매사에 의식하리면 1등으로 한다며 칭찬하셨고, 먼저 의식 전에 강○호 씨 몸에 구원받지 못할 존재들을 몽땅 불러내셨는데 어지럼증 귀신, 오른팔 잘린 귀신, 도 닦는 귀신, 무릎 아픈 귀신, 물에 빠져 죽은 귀신이 차례로 불려 나왔사옵나이다.

첫 번째로 불려 나온 어지럼증 귀신은 천상에서 황태자 전하를 질투해서 머리 꼭대기에 올라간 죄가 커서 불지옥 적화도로 압송되었고, 오른쪽 팔 잘린 귀신은 옥황천황 폐하의 내시었으나 간신배를 주동하여 반란을 일으킨 죄로 척살 소멸되었사옵나이다.

이어서 도 닦는 귀신은 전생에 도솔천황 폐하를 능멸한 죄로 쥐새끼로 윤회하다가 나중에는 축생으로 윤회되는 판결을 받았사오며, 말더듬이 귀신은 천상의 태상 폐하 가슴에 상처를 주어서 병신으로 태어나 부모에게 버림받고, 고아원에서 남자끼리 성폭행당했으며 척살 소멸되었사옵나이다.

또한 무릎 아픈 귀신은 천상에서 수석궁녀의 하수인으로 황후 폐하를 배신하여, 이 땅에서 남편에게 매 맞고 이혼하여 또 다시 술주정뱅이와 만났으며, 황후 폐하께서 주신 기회(책 광고를 보고도 무시)를 놓쳤다고 하였사옵나이다.

그 여자는 "황후마마가 누구야? 역천자가 누구야? 그년 땜에 내가 왜 이렇게 돼?" 하였으나 식용 개로 윤회되는 심판을 받아 싫다고 난리쳤사옵나이다. 마지막으로 물에 빠져 죽은 귀신은 페이스 북 동영상을 보고 댓글로 욕설을 달아서 바다에서 수영하다가 익사하고, 남자 친구도 같이 욕해서 올해 지난 3월에 교통사고로 죽었다고 하였사옵나이다.

그들 커플 김○영과 최○호는 함께 컵으로 윤회하다가 컵이 깨어지면 다시 축생으로 환생한다는 심판을 받았고, 나머지는 모두 천상법도를 준수하고 3천황 폐하께 충성하여 다시는 죄를 짓지 않겠다고 맹세해서 꽃 피고 새 우는 무릉도원 천상 도솔천궁으로 입천해 주셨사옵나이다.

빛과 불이신 도법천존 3천황 폐하께옵서 강○호 씨의 육신 세포를 부르자 기운이 없고 잘 일어서지도 못하였사옵나이다. "수고했도다, 가서 편히 쉬거라! 너희는 천상 태상천궁으로 입천을 윤허한다!" 하옵시자 기존의 노화된 육신 세포는 감사! 감사합니다! 하고 천상으로 떠났사옵나이다.

빛과 불이신 도법천존 3천황 폐하께옵서 천상의 팔팔한 청춘 장생 세포를 호출하셨는데, 아주 대단한 기백으로 "위대하신 3천황 폐하의 명을 받고 문후 올려드리옵나이다!" 하며 복명하였사옵나이다.

지상의 3천황 폐하께옵서 "이제 너희들은 강○호를 24살 청년의 모습으로 바꾸라!" 하시고 정신도 좀 바꾸고, 말 더듬는 것도 없애고, 머리도 명석하게 하도록 하라는 명과 함께 "장생 세포들은 강○호의 육신으로 들어가라!"는 황명을 내리셨사옵나이다.

청춘의 장생 세포는 의식의 등급에 맞는 장생 세포가 내려온다고 하며, 강○호 씨와 장생 세포가 합체하자 신하와 백성들 모두 기뻐하며 축하의 박수를 보냈고, 강○호 는 장공과 국공도 크게 올렸고 참으로 의식에서는 1등 신하였고, 지상의 3천황 폐하께옵서 어수로 머리를 쓰다듬어주셨사옵나이다.

빛과 불이신 도법천존 3천황 폐하께옵서 "이제 강○호 나이가 거꾸로 가는구나!" 하시며 얼마의 시간이 걸릴 지는 각자가 다르다. 죽어서는 할 수가 없으니 각자 육신이 살아 있을 때 의식하라는 진실의 말씀을 내리셨사옵나이다.

이어서 지난 주 천상도법주문회에 참석 못한 11명을 가운데 2줄로 세우시고, "6위 존영" 봉안에 대해 가르치고, 예를 올리게 하시고, 천상의 3황후 폐하와 함께하는 지상의 3황후 폐하께 예를 올리도록 명하셨사옵나이다.

이에 태상황후 폐하께옵서 하강 강림하시어 "너희들 고생하는 것 다 알고 있다. 천상도법주문회는 꼭 참석하여라! 너희들 모두 너무너무 사랑한다!" 하옵시는 사랑의 말씀을 내리셨사옵나이다.

빛과 불이신 도법천존 3천황 폐하께옵서 역천자의 조상들을 부르셨사옵나이다. "구원을 해주었더니 전생의 인연을 못 끊어서 역천자에게 줄을 서냐?" 하시고 태상 폐하의 태솔 수석 신명님에게 전생의 죄상을 밝히라는 명을 내리셨사옵나이다.

역천자 조상들은 폐하! 폐하! 하며 흐느꼈으나, 그들의 죄는 너무나 엄청났사온데, 감히 전생의 천상에서 "태상 폐하"의 존영을 몰래 구해서 발로 짓밟았음이 밝혀졌사옵나이다.

"감히 하늘의 존영을 짓밟어? 그래서 다리가 잘렸는데도 정신 못 차리는구나?" 하고 호통치셨사옵나이다. 비록 죄인들의 영이 까마득한 전생인 천상의 죄를 잊었다 할지라도 태상 폐하의 태솔 수석 신명님이 전생의 죄를 낱낱이 밝혀주니 꼼짝없이 죄의 대가를 받게 된다는 진실을 보았사옵나이다.

"황후마마가 누구예요? 반란군 역천자가 누구야?" 하며 기억하지 못하더라도 천상에서 지은 죄의 업보에 따라 이 세상에 왔으니, 천상의 전생과 현생의 삶은 떼래야 뗄 수가 없고, 이 땅에서의 삶이 끝나서 사후세계로 가서도 떼어낼 수 없음을 알았사옵나이다.

그리하여 전생(천상)과 현생(지상)과 내생(사후)이 하나로 연결되었음에 참으로 무섭고도 한 치의 오차도 없는 천상세계 법도에 머리가 저절로 숙여지고 숙연해졌사옵나이다. 소신 또한 이제 때가 되어 지상의 3천황 폐하께옵서 천상의 3천황 폐하의 육신으로서 이 땅에 존재하는 모든 죽은 귀신들은 물론 살아 있는 인간 육신들과 생령들을 모두 함께 심판하심에 진심으로 감축드리옵나이다!!!

천상의 심판과 구원

자신의 몸 안에 숨어 들어와 있는 천상의 반란군 역천자들의 영들을 하루빨리 심판받게 해야 자신의 건강과 목숨, 돈과 권력, 명예, 가정, 가문, 기업을 지킬 수 있다. 심판받게 하지 않고 이들과 함께 동고동락하며 살아가면 자신의 인생이 사건사고, 관재구설, 자살, 암, 불치병, 후천적 장애자, 비명횡사를 당하여 온통 풍비박산이 난다.

나는 천상의 반란군 죄인들을 심판하기 위해서 천상의 천황국 태상천궁의 천자(황태자) 신분으로 천상의 주인이신 태상 폐하로부터 황명을 받고 인류의 죄를 심판한 후 구원해 주기 위해서 이 땅으로 내려왔다.

몸이 아플 수밖에 없는 이유?

심판받으러 천황국 태상천궁으로 들어오라는 하늘의 메시지이다. 첫째는 질병으로 죽은 무수히 많은 악귀, 잡귀 귀신(전생에 지은 죄를 빌지 않고 죽은 죄인)들이 들어왔기 때문이고, 둘째는 천상에서 역모를 일으켰던 반란군들이 자신의 몸으로 숨어들어 왔기 때문이라는 엄청난 진실을 밝혀냈다.

갑자기 불행을 당할 때 이유?

멀쩡하던 본인이나 가족들이 갑자기 어떤 사건사고로 사망하였을 경우, 차 사고를 당하여 중태에 빠졌을 경우, 급살로 죽었을 경우, 자살하였을 경우, 살해당했을 경우, 납치되었을 경우, 고소 고발당했을 경우, 천재지변으로 사망하였거나 재산을 몽땅 잃었을 경우 등 그 원인을 알지 못해서 궁금해 한다.

그러면서 "내가 전생에 무슨 죄가 많아서 이런 아픔과 슬픔을 당하느냐"고 대성통곡하는데 이 말이 맞다. 전생에 지은 죄는 수천수만 수억 년의 세월이 흘러가도 자손대대로 이어지면서 핏줄로 내려간다.

원인 없는 결과는 없다. 전생에 뿌리고 행한 그대로 현생에서 받고 있는 것이다. 그리고 이 땅에 태어나면 전생을 기억하지 못하게 전생의 기억을 모두 삭제시켜 놓았다. 그래서 각자들은 전생을 기억하지 못하고 살아가는 것인데 이곳에서 각자들이 전생에 지은 죄목을 낱낱이 밝혀주고 있다.

인류 전부와 만생만물의 영들 모두가 천상의 역모 반란에 가담하였던 영들이고, 이번 생에 사람으로 태어나게 해주신 것은 전생의 천상의 주인을 시해하려는 역모 반란에 가담한 죄를 빌라고 사람으로 태어나게 해주시었다고 가르쳐주시었다.

사람으로 태어나서 전생의 죄를 빌어야만 용서받을 수 있는 천상법도가 있다. 그리고 영들에게는 지구가 지옥세계 그 자체이자 유배지이다. 천상에서 역모 반란에 가담하였다가 도망친 자들과 형을 받고 쫓겨난 자들이 살아가는 곳이 지구이다.

지금 하늘의 심판이 시작되었다.

죄인들을 잡아들여 심판하고 죽일 자와 살릴 자, 윤회할 자들을 판결해서 가려내고 있다. 하늘의 법정이 땅으로 내린 곳이 천황님의 나라(천황국. 천신국) 태상천궁이고, 인류가 전생에 지은 죄를 심판할 자는 육신적으로는 태상도인(도법천존 3천황)이고, 영적으로는 태상천황 폐하, 도솔천황 폐하, 옥황천황 폐하께서 실시간으로 집행하고 계신다.

전생의 죄인들이 전 세계 어디에 살고 있던 모두 잡아들여 심판하고 있는데 이런 죄인들을 숨겨주고 심판받으러 들어오지 않으면 여러분은 살아서나 죽어서나 지옥세계의 아픔과 슬픔, 고통과 불행을 피할 길이 없어 파멸을 맞이할 수밖에 없다는 진실을 전하니 참고하여라.

죄인들이 심판을 받으면 인간 육신들이 살 길이 열리고, 숨겨주면 인간 육신들까지 영(천상의 죄인)들과 함께 심판받아야 하기에 인생사의 온갖 무서운 풍파를 모두 당하고 살아가야 한다. 그래서 몸이 아프고 풍화환란이 이어지는 것은 심판 받으러 오라고 하늘이 내려주신 메시지라는 것을 알아야 한다.

그리고 여러분이 만생만물 중에 유독 사람으로 태어난 이유는 나를 만나 전생에 지은 죄를 빌라고 하늘께서 마지막 기회를 주신 것이라고 가르쳐주셨다. 광고를 보고 책을 읽어 심판받으라고 기회를 내려주신 것인데 이런 메시지를 무시하다가 인생이 몰락하여 파멸한 자들이 무수히 많다고 알려주셨다.

광고를 보고, 책을 읽고, 인터넷에서 사이비라고 비난하며 욕설하는 글을 썼다가 죽은 자들도 많고, 주위 사람들에게 사이비라 욕하며 가지 말라고 말해서 죽은 자들도 많고, 암에 걸려 사경을 헤매는 자들도 많고, 기업이 망한 자들도 많고, 가정이 풍비박산난 자들도 많다고 하늘께서 알려주시었다.

이곳에 들어오려면 가족 포함 아무에게도 말하지 말고 혼자 들어와야 하고, 이곳에 와서 상담했던 내용을 주위 사람들에게 나쁘게 말하면 그때부터 지옥세계의 인생 문이 활짝 열린다. 실시간으로 여러분의 일거수일투족을 지켜보고 계시는데 말, 마음, 생각, 행동, 글, 전화, 문자 내용까지 지켜보신다.

인류의 구원자이자 인류의 심판자!

나는 세상이 기다리며 찾던 인류의 구원자이자 인류의 심판자이다. 현생과 내생을 구원받으려는 자들은 반드시 나를 만나야 한다. 기존의 귀신교(종교)에 들어가서 구원받으려는 자들은 영원히 구원 못 받는다.

이곳 천황국 태상천궁에 들어와서 천상의 역모 반란군들을 심판받게 해주면 자신들의 목숨, 건강, 재산, 권력, 명예, 기쁨, 행복, 가정, 가문, 기업을 살리고 지킬 수 있으나 이들 죄인들을 숨겨주어 심판받지 않게 하면, 대신 여러분 인생이 하루아침에 질병, 사건사고, 천재지변, 급살, 자살, 불치병, 암으로 날벼락 맞아 죽거나 망해서 파멸하는 불상사가 일어난다.

천상도법주문회는 죄인들을 심판하는 하늘이 땅으로 내린 지상 대법정이며, 심판과 구원을 동시에 집행하고 천상도법주문을 외우게 하여서 천상의 신묘한 정기를 받게 해주는 곳이다. 악귀, 잡귀 귀신들과 천상의 반란군들은 여러분이 잘되어서 기쁘고 행복하게 사는 꼴을 그냥 바라보고 있지 못하고 완전히 망가져서 자신들처럼 불행해 지기를 바라고 있기에 천황국 태상천궁에 들어가는 것을 결사적으로 방해하고 있다.

그렇기 때문에 여러분 자신의 목숨과 돈을 지키려거든, 성공과 출세를 지키려거든, 건강과 명예를 지키려거든, 가족과 가문, 기업을 지키려거든 마음 안에서 '가짜, 사이비 " 라는 부정적인 메시지가 뜨더라도 무시하고 찾아와야 살길이 열린다.

남 잘되는 꼴을 못 보는 존재들이 악귀, 잡귀 귀신들과 천상의 역모 반란군들이다. 왜냐하면 이들은 천벌을 받아 일찍 사건사고, 질병, 급살, 자살, 천재지변으로 죽었기 때문에 여러분의 목숨과 건강을 빼앗고, 성공과 출세, 가족과 가문, 기업을 무너뜨려 불행하게 만드는 것이 첫째 목적이다.

그러기에 여러분이 갑자기 불행해 져서 실의에 빠져 좌절하며 땅을 치고 대성통곡하면 좋다고 옆에서 박수 치고 낄낄거리며 웃고 있다는 사실을 아는가? 자살 충동을 일으키는 것과 질병, 암, 사건사고, 급살, 고소고발로 인생을 파멸하게 만드는 존재들도 이들의 짓거리이므로 살고 싶은 자들은 천황국 태상천궁으로 하루빨리 들어와서 여러분을 망가뜨리는 악귀, 잡귀 귀신들과 천상의 반란군들을 심판받게 하여야 한다.

이들로 인해서 여러분이 평생 이루어 놓은 성공과 출세가 하루아침에 무너진다. 대통령, 재벌총수, 유명 인사들의 불운, 비운, 단명, 감옥살이, 기업파산, 성추문 사건으로 망신을 당하여 공직과 사회에서 퇴출되는 것이 바로 이들의 짓이다. 한

세상을 성공하고 출세해서 잘 먹고 잘살다가 아파서 고생하지 않고 건강하게 살다가 죽어서 좋은 데로 가는 것이 인간으로 태어난 목적이 아니고, 사죄의식을 행하여 하늘로부터 전생의 죄를 심판받고 죽느냐, 마느냐가 가장 큰 목적이다.

만생만물 중에서 축생이 아닌 사람으로 태어난 것은 하늘로부터 전생에 지은 죄를 심판받기 위해서라는 경천동지할 진실을 죽은 자들이나 살아 있는 이 세상 사람들은 그 어느 누구도 알지 못한다. 하늘로부터 심판을 받지 않거나 못하면 여러분의 현생과 내생은 지옥, 천옥, 불지옥 적화도, 얼음지옥 한빙도를 피할 길이 없다는 지엄한 천상법도를 알아야 한다.

죽어서 심판받는 것이 아니라 살아서 심판받아야 한다. 죽어서는 죄를 빌 수 있는 육신도 없고, 죗값도 가져올 수 없기 때문에 구원의 기회가 자동적으로 박탈된다. 죽어서는 아무리 빌어봐야 하늘이 안 받아주시기에 소용이 없으니 육신이 살아 있을 때 빨리 빌어야 한다.

사죄의식도 각자들마다 죄에 따라서 등급이 따로 정해져 있다. 돈을 열심히 버는 자체가 죗값을 벌기 위한 것인데 이것을 호의호식하는데 모두 쓰고, 나머지는 자손들에게 유산으로 상속시켜 주는 잘못을 범하고 있어 결국 죽어서 피눈물 흘린다.

전생의 죗값을 벌라고 사람으로 태어나게 해주셨다는 하늘의 위대한 진실을 절대로 잊지 말고 살아가야 한다. 만생만물 중에서 사람이 아닌 이상 죗값을 벌어서 가져 올 수 없다. 살아서 전생의 죄를 인정 못하고 죽어 추위와 배고픔으로 고통스러워하며 살려달라고 눈물 콧물 흘리지 말고, 육신이 살아 있을 때 무조건 죗값 갖고 찾아와서 빌어야 한다.

살아생전 수많은 사람들에게 선망의 대상들이었던 왕, 대통령, 총리, 장관, 차관, 국회의원, 시도지사, 고위공무원, 재벌총수들도 죽어서 찾아와 내 앞에 무릎 꿇고 살려달라, 구해 달라고 눈물 콧물 흘리고 애걸복걸하며 읍소하는데 기회가 박탈되어서 구해 줄 수가 없다. 이들을 살릴 수 있는 길은 오직 하나 그의 자손이나 후손들이 죗값 갖고 들어오는 길뿐이다.

살아생전에는 자신의 신분과 위상, 돈과 높은 지위를 내세우며 콧방귀도 뀌지 않고 무시하며 사이비, 가짜라고 비난하고 험담하며 거들떠도 보지 않았던 지체 높은 잘났던 자들인데, 막상 죽어보니 참혹하기 이를 데가 없는 몰골들이었다. 자손들에게 수십조, 수천억, 수백억, 수십억을 물려주었지만 어느 자손 하나도 조상들의 죄를 빌어주러 오는 자손들이 없었다.

죽어서 귀신이 된 이들 유명 인사들은 거대하고 웅장한 건물로 지은 역사와 전통을 자랑하는 수천 년 된 유명한 귀신교(종교)를 찾아다니며 구원의식을 행해 보았지만 하늘의 문이 열리지 않았고, 죄를 받아줄 수 있는 곳도 없어서 비참함을 넘어 참혹한 사후세계 삶을 살아가고 있다는 사실이 매주 일요일마다 열리는 천상도법주문회에서 밝혀지고 있다.

죽으면 그만이라고 돈과 권력만 믿고 큰소리치며 기고만장했던 잘난 자들이다. 사람들 모두는 성공하고 출세하여 돈 많이 벌어 부귀영화 누리며 고통 없이 죽어서 천상세계로 올라가는 것이 최고의 성공한 인생이라 생각하며 살아간다. 그러나 살아생전 여러분에게 선망의 대상이 되었던 인생의 성공자이자 사후세계 선배들인 왕, 대통령, 총리, 장관, 차관, 국회의원, 시도지사, 고위공무원, 재벌총수들은 죽어서 귀신이 되어 땅을 치고 대성통곡하며 자식새끼들 다 필요 없다고 분통을 터뜨리며 뒤늦게 후회하고 있다.

자식들의 눈에는 조상님들이 사후세계에서 힘들어 하는 모습, 아픈 모습, 슬피 울고 있는 모습들이 안 보이고 안 들리니 천하태평으로 살아가고 있는 것이다. 그래서 이렇게 글로 전해주는 것인데 얼마나 가슴 깊이 받아들일지 그것이 문제이다.

하늘에 바칠 죗값을 벌려고 이 세상에 사람으로 태어났다는 말을 얼마나 많은 사람들이 공감하고 인정할까? 이 글을 읽는 독자들 중에 영적 차원이 고차원적으로 높은 사람들은 아~하, 바로 이거였구나! 하면서 쾌재를 부를 것이고, 먹고 사는 것에만 연연하는 축생급들의 사람들은 말도 안 되는 황당한 말이라고 무시하고 일축해 버릴 것인데, 말이 되든 안 되든, 믿든 안 믿든 그것은 각자들의 판단이고 선택 사항이다. 나는 하늘이 내려주시는 계시를 실시간으로 어렵게 받아서 전하는 것이니까 판단은 독자 여러분의 몫이다.

"사람들아~! 이 세상만 잘살려고 하지 말고 다음 세상도 잘 살아야 하지 않겠는가? 수많은 사람들은 죽으면 그만이라고 말하는 사람들이 참으로 많은데 다음 세상이 실제로 존재한다네! 그리고 다음 사후세상은 이 세상보다 고통이 너무너무 심해서 미치고 팔짝 뛸 정도로 환장할 정도라네! 살아서는 주위 사람들에게 하소연할 곳이라도 있지만, 죽어서는 하소연할 곳도 없고 들어줄 상대도 없다네.

사극을 누구나 한 번쯤은 보았을 것이라고 믿네. 가혹한 고문 형벌 장면을 보았을 것인데, 그것보다는 100배, 1,000배 무섭다고 보면 틀림없을 것이라네. 인간세상은 형량이 몇 십 년에 불과하지만 사후세계 형량은 최하 150년 이상 10억년 또는 그 이상 무겁고, 윤회하다가 또다시 지옥도, 천옥도, 적화도, 한빙도로 잡혀가서 고문 형벌을 받아야 한다네.

사지를 찢는 것은 보통이고, 눈알을 빼고, 입을 찢고, 팔과 다리를 절단하는 형량을 가하는데 살아 있는 사람 고통받는 것처럼 영들도 그대로 고통을 느낀다는 것을 알아야 한다네. 육신이 없는 영들이 무슨 고통이냐고? 못 믿으면 어디 한 번 살아서든 죽어서든 직접 체험해 보시게나.

이건 겁주려고 하는 글이 아니라 실제 그렇다네. 책의 첫머리에 너무 황당하다고 생각할까 봐 공상소설, 상상소설 정도로 생각하며 가볍게 읽으라고 글을 남겼지만 공상소설, 상상소설이 아니라 실제 상황 현실 그 자체라네.

정말인지 아닌지는 천상도법주문회에 한 번만 참석해 봐도 당일 즉시 알 수 있다네. 하늘인 3천황이 뭐하러 거짓말하며 겁박을 주겠는가? 우리들은 죄인들을 심판하여 살려주기도 하고, 윤회를 시키기도 하고, 사형(소멸)시키기도 한다네. 이제 본격적으로 인류 모두에 대한 심판이 시작되었다네. 살 것인가? 말 것인가? 잘난 인간님들! 알아서들 판단하시게나. 부귀영화 누리는 이 세상의 삶은 눈 깜빡할 찰나의 삶이고, 사후세계는 무서움과 공포와 두려움이 한도 끝도 없이 이어지는 장구한 삶이라는 사실을 잊지 말게나.

잘난 인간님들아~

그대들은 모두가 하늘 앞에 대역 죄인들이라네. 하늘을 시해하려다가 실패하여 지구로 도망치고 쫓겨난 역천자들이란 말일세. 스스로 찾아와서 전생의 죄를 빌지 않으면 사자들이 자네들을 잡으러 갈 걸세. 가장 먼저 이 세상에서 성공하고 출세하여 부귀영화 누리는 제일 잘난 부자들부터 말일세.

재벌이 되었다고 자랑하고, 수많은 사람들이 부러워하고 있는데 그렇게 부러워할 필요 하나도 없다네. 왜 돈 많은 재벌과 부자가 되었는지 많은 사람들이 궁금할 것일세. 왠지 아는가? 재벌과 부자 소리 듣고 잘사는 자들은 그만큼 하늘에 바칠 죗값이 크다는 것을 가르쳐 주는 것이라네.

자네들 잘 먹고 잘살라고, 그 많은 돈을 벌어들인 것이 아니라 자신의 전생 죗값을 그만큼 바쳐야 하기에 많은 돈을 벌은 것이라네. 큰돈을 벌은 만큼 죄가 크다는 뜻일세. 그러나 이들은 이런 진실을 알려주어도 인정하기 어려울 것이라네. 하지만 얼마 지나지 않아 죽어보면 자연적으로 인정할 것일세.

이제 전생의 죗값을 바치지 않고는 살아남을 자들이 하나도 없을 것일세. 살아서만 심판받는 것이 아니라 죽어서도 영원히 꼬리표가 따라다니기에 심판을 면할 길이 없다는 것을 명심들 하게나. 죽는다고 심판이 면해지는 것이 아니라네.

육신이 살아 있든 죽었든 영들은 전 세계 어느 곳, 어느 육신의 몸에 들어가 있어도 호출명령을 하달하면 1초 만에 불려와 내 앞에 무릎을 꿇는다는 사실을 아는가? 이제 순순히 인간 육신들을 데리고 천황국 태상천궁으로 들어와서 승복하시게나.

내가 누구냐고? 이곳 천황국 태상천궁의 신하와 백성들은 나를 천상의 3천황 폐하라고 부른다네. 자네들 모두에게 기회를 주는 것이니까 이 세상에서 쥐꼬리만한 돈과 권력, 명예 같은 잘난 것 모두 내려놓고 순순히 승복하시게나. 죽은 다음에 에구에구 통곡하며 살려달라고 애걸복걸하지 말고 육신 살아 있을 때 순순히 승복하고 찾아오시게나.

자네들이 잘났다고 자랑하는 최고의 대통령, 총리, 장관, 국회의원, 시도지사, 고위공직자들의 높은 권력, 돈이 많은 재벌 총수들, 일반 부자들은 천상의 3천황에게는 하나도 대단하지도 않고 알아주지도 않는다는 것을 명심하게나.

살아생전의 태산 같은 돈과 무소불위한 대통령의 권력은 사후세계에서는 하나도 알아주지 않는다네. 오직 하늘인 3천황이 내리는 명을 살아생전 누가 잘 받들어 행해서 전생에 지은 죗값을 많이 가져와 비는지만 본다네.

하늘을 찾아 전생의 죄를 빌라고 사람으로 태어나게 해주었다는 것을 명심들 하게나. 스스로 천황국 태상천궁에 찾아오지 않는 죄인들은 그 자리에서 심판받아 파멸당할 걸세. 파멸을 자처할 용서받지 못할 죄인들은 굳이 천황국 태상천궁에 들어올 필요 없다네.

천상과 지상의 3천황은 자네들이 찾아오지 않아도 앉은 자리에서 빛과 불의 천지기운으로 심판하여 생사를 좌우할 수 있기에 천상과 지상 그 어디에도 숨을 곳이 없다네. 이미 수많은 사자들이 이 땅으로 내려와서 하늘의 명을 받들어 죄인들을 잡아들이고 있네. 잡혀 와서 심판받을 것인가? 앉은 자리에서 즉결 심판받아 파멸할 것인가 선택하시게나.

구원받아 살고 싶은 죄인들만 조용히 들어오시게나. 인류가 애타게 기다리던 하늘이 이 땅의 인간 육신(태상도인 도법천존 3천황)의 몸을 타고 내려와서 죄인들을 잡아들여 심판과 구원을 병행하고 있으니, 천상의 역천자 죄인들인 자네들 모두는 이제 도망갈 곳도 없고 숨을 곳도 없을 것일세."

그랬다! 갑자기 천상의 3천황 폐하께서 귀한 말씀을 내려주시었다. 죄 많은 죄인들은 인정하고 받아들여야 한다. 이번 생에 구원받지 못하면 구원이란 것은 이 땅에 두 번 다시 존재하지 않는다. 나를 만나기 위해서 이 세상에 사람으로 태어났다고 하니까 매우 황당할 것인데 이것이 하늘의 진실이다!

천상의 3천황 폐하께서 죄를 비는 죄인들을 살려주시려고 귀한 말씀과 함께 천재일우의 기회도 내려주시었으니 더 이상 시간 지체하며 허송세월 보내지 말고, 하늘 앞에 죄를 용서 빌어 구원받아 천상으로 돌아가야 한다. 3천황 폐하의 심판 없이는 절대 구원이 안 되기 때문에 귀신(종교)교에서 행하는 모든 구원 행위는 아무 소용이 없다는 사실이 낱낱이 밝혀냈으니 갈등하지 말고, 천상도법주문회에 참석해서 두 눈과 두 귀로 직접 확인해 보면 알 수 있다.

【제3부】

신과 함께

질병귀신

죗값을 바치기 위해 사람으로 태어나

전생의 죗값을 하늘이신 천상의 3천황 폐하께 바치기 위해서 수많은 축생들이 아닌 사람으로 태어났다는 말은 난생처음 들어볼 것이기에 황당하다고 말할 사람들이 전부일 것이다. 독자 여러분이 믿든 안 믿든, 받아들이든 안 받아들이든 하늘이신 3천황 폐하께서 가르쳐주시는 진실이니까 전해 준다.

왜? 사람으로 태어났는지 한 번쯤 생각해 본 사람들이 많을 것인데, 이것에 대한 정답이 바로 하늘에 진 빚인 죗값을 바치기 위해서이다. 사람으로 태어나야만 죗값을 벌을 수 있기 때문이다. 죗값도 아무나 바칠 수 있는 것이 아니고, 용서받을 수 있는 죄인들만 바칠 수 있다.

각자들은 자신들이 전생에서 어떤 죄를 지었는지 자세히 모르기 때문에 천상에서 전생의 죄목을 조목조목 가르쳐주면, 잘못을 진심으로 인정하고 죄를 용서 빌면서 올리는 죗값만 받아주신다. 용서받지 못할 대역 죄인들은 천황국 태상천궁에 함부로 들어올 수도 없지만, 설혹 들어왔다 할지라도 천상의 3천황 폐하께서 전생의 죄목을 낱낱이 알고 계시기 때문에 아무나 죗값을 올릴 수 없다. 세계 각 나라의 통치자들과 재벌총수들은 합당한 죗값을 가져와 전생의 죄를 빌어야 현재 누리는 권력과 재물, 건강과 목숨, 가족과 기업을 지켜 낼 수 있는데, 무시하면 반드시 급속히 몰락하여 땅을 치고 대성통곡한다.

수많은 사람들에게 부러움과 선망의 대상자들인 부자와 재벌 총수들이 벌어들인 태산 같은 돈은 모두 죗값으로 바칠 돈이었다. 전생에 지은 죗값이 얼마인지 모르니까 벌은 돈의 액수로 표시해 놓은 것이다. 전생의 죄가 크기에 죗값을 크게 올리려고 많은 돈을 벌어들인 것이다.

3천황 폐하께 용서받지 못할 죄를 짓고 지구로 도망쳐 나와 76억 5천만 명의 세계 인류의 몸 안에 숨어서 살고 있던 대역 죄인들은 천기 18(2018)년 10월 7일부로 전원 추포하여 지옥도, 천옥도, 적화도, 한빙도로 각각 분산 압송해서 차례대로 심판받고 있다.

잡혀간 각자의 영(생령과 사령)들이 지옥도, 천옥도, 적화도, 한빙도에서 참혹한 고문 형벌의 심판을 받으면 이 땅에 살아 있는 각자들 인간 육신의 삶이 갑자기 뒤집어져서 세상의 온갖 풍파란 풍파는 모두 받고 살아가게 된다.

그러니까 이 땅에는 죗값을 가져와서 전생의 죄를 뉘우치고 진정으로 용서 빌면 구원받을 수 있는 죄인들만 남아 있는 셈이다. 천상에서 역모 반란군 죄인들을 추포하기 전에 지구로 도망쳤던 용서받지 못할 대역 죄인들을 전원 추포하여 지옥도, 천옥도, 적화도, 한빙도로 분산 압송되어 심판대기 중이다.

천상에서 역모 반란에 가담하였다가 1차 심판받고 죄가 경미하여 지구로 유배된 죄인들에게 천상으로 돌아갈 수 있는 기회를 주시었다. 죗값을 가져와서 전생의 죄를 진심으로 용서 비는 죄인들을 구원해 주시기 위해 저자 육신으로 천상의 3천황 폐하께서 친히 하강 강림하시어 지상에 천황국 태상천궁 대법정을 천기 18년 9월 9일(구구절) 여시었다.

죄인들이 전생의 죗값을 어딘가에 바치긴 바쳐야 구원받는다고 마음으로 느꼈지만. 그곳이 어디인지 몰라서 기존의 종교(귀신교)에 몽땅 바치고 있었는데, 천황국 태상천궁 대법정에 들어와서 천상에서 지은 죄를 용서 빌고, 전생의 죗값을 하늘이신 3천황 폐하께 바쳐야 구원을 받는다.

천상의 3천황 폐하께 전생의 죗값을 바치기 싫은 마음이 드는 사람들은 굳이 이곳에 들어오지 않아도 된다. 각자들이 살고 있는 집이나 회사에서 즉결 심판하여 윤회, 소멸(사형), 지옥도, 천옥도, 적화도, 한빙도로 압송하는 판결을 속전속결로 내리기 때문에 도망갈 곳도 없고 숨을 곳도 없다.

이런 파멸의 심판을 받기 싫고, 죗값을 치르고 구원받아 천상으로 돌아갈 사람들만 천황국 태상천궁으로 들어오면 된다. 3천황 폐하 앞에 인간들, 신들, 영들 모두가 죄인들이기에 반드시 죗값을 바쳐야 한다. 전 세계를 향하여 대대적인 심판이 선포되었기 때문에 죗값을 3천황 폐하께 바치지 않고는 살아갈 수 가 없다. 죗값을 바치지 않으면 자신과 가족, 가문, 기업의 멸망으로 이어진다.

아무리 큰 대기업이라도 예외가 없다. 독자 여러분을 구원받게 해서 살려주려고 하는 것이지 겁주려고 하는 말이 아니다. 심판이 전 세계로 선포되었음을 올 여름의 유례없는 전 세계적인 이상 기후와 지구 탄생 이래 최악의 장기간 폭염, 시속 305km의 무서운 태풍, 인도네시아의 지진과 쓰나미로 인한 인명 피해와 천문학적인 재산 피해, 일본열도를 강타한 태풍으로 25미터 높이의 불상이 무너지고, 중국에서 4,000개의 교회와 종교시설을 폐쇄하는 일들은 하늘과 땅의 심판이 전 세계적으로 시작되었음을 알려주는 증표이다.

전생의 죗값을 바칠 수 있고, 받아주는 천황국 태상천궁이 대한민국 땅에 탄생하였음에 세계 인류 모두가 감사해야 할 일이다. 왜냐하면 귀신들이 전생에 무슨 죄를 지었는지 세계 인류는 전혀 모르고 있지만, 대법정이 열리면 천상의 태상천궁에서 태상천황 폐하의 명을 받은 태솔 수석신명이 하강하여 전생에 지은 죄목을 상세히 알려주며 죄를 빌게 한다.

죄가 경미하여 용서받을 죄인들은 즉시 천상궁전으로 입천되는 영광을 누리고, 죄가 무거워서 용서받지 못할 죄인들은 윤회, 소멸(사형), 지옥도, 천옥도, 적화도, 한빙도로 압송되어 가혹한 고문 형벌을 받게 된다.

여기서 중요한 것은 영들이 전생의 죄를 심판받은 결과에 따라서 인간 육신의 삶에 길흉사가 좌우된다. 영들이 중형을 선고받으면 인간 육신들도 기운 따라 고통의 세상이 열리고, 영들이 인간 육신과 함께 전생의 죄를 3천황 폐하께 용서 빌어 구원받으면 인간 육신의 삶도 활기를 띠고 살아난다.

전생에 천상에서 지은 죗값을 천상의 3천황 폐하께 바치지 않고 살아가는 사람들은 이제 행복 끝 고생 시작의 문이 활짝 열렸다. 인류에 대한 대대적인 심판이 천기 18(2018)년 10월 7일을 기점으로 전 세계에 선포되었기 때문이다. 이제까지는 아무 탈 없이 잘 먹고 잘살며 부귀영화 누리고 살아왔으나 인류에게 심판이 선포된 시점부터는 세상이 바뀌어 돌아간다.

종교(귀신교)에서 행하는 모든 구원 행위는 천상의 3천황 폐하를 더욱 분노케 하는 일이고, 종교(귀신교)를 다니는 자체가 스스로 자신과 가족, 가문, 가게, 기업의 멸망을 자초하는 무서운 일이란 것을 현실의 삶에서 실감나게 체험할 날이 눈앞으로 다가온 것이다.

종교(귀신교)를 다니면 안 되는 이유!

천상의 3천황 폐하를 시해하려다가 실패하여 지구로 도망쳐 내려온 역천자들이 하늘께 대적하기 위해서 세운 곳이 종교(귀신교)라는 엄청난 진실이 밝혀졌기 때문이다. 그래서 종교(귀신교)에 시주, 헌금, 정성금으로 바치면 바칠수록 여러분의 인생길은 암흑길 인생으로 변할 것이고 자연적으로 구원 대상에서 제외된다.

생령과 사령들을 창조하신 부모님이 천상의 3천황 폐하이신데, 부모님을 시해하려다가 도망친 역천자 죄인들이 종교적 숭배자들이다. 이들을 받들어 섬긴다고 천상으로 올라갈 수 있을 것이라고 생각하는가? 지구상에 5,500,000만 개의 종교(귀신교)가 존재하는데 이들이 올리는 구원은 3천황 폐하께서 거절하시기 때문에 종교(귀신교)를 통해서는 일평생 또는 자자손손 대를 이어서 받들고 섬겨도 구원을 받지 못하는 것이다.

전생과 현생의 죄를 심판하는 천지대공사!

신계, 영계, 귀신교(종교)를 대청소하기 위해 인간, 신, 영(생령, 사령), 악귀, 잡귀, 사탄, 마귀, 요괴, 원귀들에 대한 대대적인 심판이 천기 18(2018)년 10월 7일을 기점으로 전 세계에 선포됨과 동시에 수천수만 년의 세월 동안 종교적인 숭배대상자, 교조, 창시자, 교주, 지도자들과 추종자들의 신들과 영들을 전원 추포하여 지옥도, 천옥도, 적화도, 한빙도로 분산 압송하는 경천동지할 대역사가 이루어졌다.

지구상에 존재하는 5,500,000개의 모든 종교는 태어나지 말았어야 할 귀신교였음이 밝혀졌다. 그동안 선천세상은 종교를 꽃 피우는 번창기였다면, 후천세상은 종교의 꽃이 떨어져 시들고 멸망하는 쇠퇴기이다.

종교적인 숭배대상자들을 열심히 받들어 섬기면 천국, 천당, 극락, 선경세상으로 갈 수 있다고 믿어서 종교세계가 파죽지세로 발전하며 번창하였는데, 이제는 종교를 믿으면 구원을 받지 못하고 멸망과 심판만이 기다린다. 3천황 폐하께 죄를 용서 빌어 구원받을 사람들은 이제라도 늦지 않았으니 최후의 결단을 내려야 한다.

종교에 다닌 사람들은 종교귀신들이 우글거리기 때문에 여러 종류의 암이나 잘 낫지 않는 불치병 같은 질병에 걸려 있는데, 이들 독한 악귀, 잡귀, 사탄, 마귀 귀신들을 퇴치하려면 3천황 폐하의 무소불위하신 빛과 불로 소멸해야지 종교인들과 일반 퇴마사들로는 절대로 퇴치할 수가 없다.

심판자와 심판받을 자!

그리고 누구나 한 번쯤은 죽는데 왜 사람으로 태어났을까? 수많은 가축, 짐승, 개, 고양이, 뱀, 지렁이, 벌레, 조류, 어류, 곤충 등의 수많은 만생만물의 생명체가 존재하는데 하필이면 사람으로 이 땅에 태어나서 고생하며 힘든 인생길을 살아가고 있는 것인지 원망하며 많은 궁금증을 갖고 있을 것이다.

정답은 천지인의 세 하늘이신 천상의 3천황 폐하께서 전생에 지은 반란 역모 죄를 빌라고 사람으로 태어나게 해주신 것이었다. 사람으로 태어나야만 전생의 죄를 빌 수 있기 때문이다. 한세상 성공하고 출세해서 부귀영화 누리며 잘 먹고 잘살라고 사람으로 태어나게 해주신 것이 아니라고 말씀하셨다.

나는 인류의 심판자와 구원자 역할을 하기 위해서 이 땅에 사람으로 태어났고, 독자 여러분과 세계 76억 5천만 명의 인류 모두는 나를 만나 심판받기 위해 이 땅에 사람으로 태어난 것이라고 천상의 3천황 폐하께서 밝혀주시었다.

아무리 성공하고 출세한 유명 인사들이라도 전생에서는 하늘을 시해하려다가 지구로 도망치고 쫓겨난 대역 죄인들임이 밝혀졌기에 인류 모두는 죄인들의 신분이다. 그런데 이들 중에서 용서받을 죄를 지은 죄인들은 구원해서 천상으로 돌려보내 주시려고 천황국 태상천궁 대법정을 여신 것이다.

산 자들은 물론 죽은 자들도 모두 다시 불러 심판하는데 상식적으로 황당할 일이다. 죽은 자들을 무슨 수로 심판한다는 것이냐고 의문을 가질 것인데, 죽은 자들의 조상 혼령들은 내가 소환 명령을 하달하면 사자들이 1초 안에 데려다 대법정에 세워 놓기에 얼마든지 심판할 수 있다. 독자 여러분 자신과 선대 모든 조상들도 심판대상자들 명부에 올라가 있다.

전생의 대역죄를 빌라고 만생만물 중에 사람으로 태어나게 해주신 것인데, 죄를 빌지 않는 것은 하늘이 마지막으로 주신 기회를 포기하는 것이기에 현생과 내생의 삶은 지옥도, 천옥도, 적화도, 한빙도에서 참혹한 고문 형벌을 받게 되어 있다.

천황국 태상천궁에 들어와서 천상에서 지은 전생의 죄를 빌어야한다. 죄를 빌지 않는 자들은 구원을 받지 못하기 때문에 좋은 곳으로 갈 수 없고, 살아있는 자체가 지옥세계 삶인데 죽어서는 지금보다 수천 배의 모진 고통이 끝없이 이어진다.

죽어서 왜 귀신이 되어 허공중천을 떠돌아다니고, 사람들 몸으로 끊임없이 들어오는 것일까? 매우 궁금할 것인데 하늘이 내리시는 천상입천의 명을 받지 못해서 하늘의 백성(선남선녀, 신선선녀)이 아닌 귀신의 신분으로 머물러 있기 때문이다.

산 자들이든 죽은 자들이든 하늘이 내리시는 입천의 명을 받지 않는 이상 귀신의 신세를 피할 길이 없고, 춥고 배고픔을 면할 길이 없음을 무수히 보았다. 이제 본격적으로 산 자와 죽은 자들에 대한 무서운 심판의 황명이 하달되어 수시로 생사령에 대한 심판이 인간 육신들도 모르게 집행되고 있다.

일단 천황국 태상천궁에 들어오는 자들은 대법정에서 심판 후에 구원받을 수 있는 행운아에 속한다. 육신이 안 들어오면 영들만 잡아들여서 심판을 집행하니까 서둘러 와야 한다.

사람으로 태어나서 사명을 완수하는 길은 천황국 태상천궁에 들어와서 전생의 천상에서 하늘을 시해하는 반란에 직간접적으로 가담하여 지은 죄를 비는 일이다. 죄를 빌 수 있는 기회를 주시고자 사람으로 태어나게 해주시었다고, 천상의 3천황 폐하께서 밝혀주셨는데 이런 진실을 알고도 죄를 빌지 않으면 이 땅에 사람으로 태어난 의미를 상실한 것이기에 살아서 존재할 이유가 없어지니 이는 곧 죽음뿐이다.

또한 천상의 3천황 폐하와 천상에서 약속한 것을 배신하는 행위이기에 살아서나 죽어서나 참혹한 심판을 피할 길이 없다. 이 땅에 인간으로 태어나게 해주시면 심판자(황태자)를 찾아와서 전생의 죄를 빌고, 황태자에게 충성하고 황명을 받들겠다며 3천황 폐하께 굳은 약속을 하고, 인간 육신으로 태어났다는 천상의 비밀이 밝혀졌다.

심판받아 살아날 자들은 바쁜 일을 뒤로 미루고 하루빨리 찾아와서 인간으로 태어난 사명을 완수하는 전생의 죄를 빌어야 한다. 나는 인류의 심판자이자 구원자 역할이지 귀신들을 쫓아주는 퇴마가가 아니므로 착각하면 이 또한 천상지상 3천황 폐하께 큰 죄를 짓는 일이다.

자신을 모르고 살아가는 인생길

인생이 하루도 조용할 날 없이 엎어지고 뒤집어지는 이유를 세상 사람들 아무도 모른 채로 살아가고 있다. 그 존재는 바로 자기 자신이다. 진정으로 자기 자신을 아는 것 같지만 자기 자신이 누구인지? 무엇인지? 정확히 알고 있는 사람들은 이 세상에 단 한 명도 없다는 진실을 인류 최초로 밝힌다.

인간 육신의 몸에 들어와 여러분 육신을 죽이려 하고 못살게 방해하며 인생을 뒤집어지게 하는 존재가 바로 자기 자신의 몸 안 구석구석과 마음 안에 있다. 자기 자신이 누구인지 안다는 것은 인간의 능력으로는 절대 불가능한 일이다.

각자의 마음이 진정으로 자기 자신의 것인지 남의 것인지도 모르고 살아간다. 마음, 정신, 생각, 영혼, 생령, 신, 사령, 혼령, 조상, 귀신, 악귀, 잡귀, 사탄, 마귀, 요괴, 악신, 악령, 원귀라고 불리는 영적 존재들이 자기 자신 안에 들어와서 함께 동고동락하며 살아가고 있는데 이 세상 어느 누가 영적 존재들을 구분하여 내 것과 남의 것을 가려내 줄 수 있겠는가?

귀신들이 자기 자신 안에 들어오면 그 귀신도 여러분 자신이 되는 것인데 이것을 느끼는 사람도 있고 느끼지 못하고 살아가는 사람들도 있다. 내 자신이 내가 아닌 경우를 체험하며 살아가는 사람들이 엄청 많지만 어떻게 해야 하는지는 아무도 몰라보고 살아간다.

외형상으로는 축생들과 구별되는 만물의 영장인 인간의 모습이지만 인간 육신의 모습 안에는 엄청난 영적 존재들이 함께 동고동락하며 살아가고 있다.

그런데 각자들의 인생에 도움을 주는 영적 존재보다는 훼방놓거나 인생을 자빠뜨리는 존재가 더 많다는 점을 알아야 하는데 그들이 흔히 말하는 귀신들이다. 자기 자신의 진짜는 자신의 영혼인 생령과 신이고, 나머지는 조상, 사령, 혼령, 귀신, 악귀, 잡귀 사탄, 마귀, 요괴, 악신, 악령, 원귀, 병귀들이다.

그러니까 사람들의 몸과 마음이 귀신들의 집이라는 뜻이다. 귀신들이든 동물령이든 인간 몸 안에 들어오면 만물의 영장이 되는 것이다. 육신을 잃어버린 귀신들이 가장 좋아하는 존재가 인간 육신 사람이기에 다른 영(귀신)들이 끊임없이 들어온다.

귀신들은 사람들이 잘되는 것을 박수 치는 것이 아니라 망가져서 고통스러워하는 것을 바라보며 즐기고 박수 치며 좋아하고 질병, 사건사고, 자살, 급살당해서 고통받으며 죽는 것을 원하고 바란다는 사실을 알아내었다.

사업이 안 되게 하는 것도, 매사 일들이 꼬이게 하는 것도, 재수가 없는 것도 귀신들의 기운으로 일어나는 것인데 세상 사람들은 이런 진실을 몰라보고 운수타령, 운세타령, 사주타령, 팔자타령, 이름타령, 경제만 탓하고 몸 안의 귀신들에 대해서는 아예 문외한이고, 관심조차 안 갖고 살아가면서 기껏 해봐야 귀신교를 믿거나 부적 몇 장 지니는 것이 고작이다.

귀신들을 대청소하는 곳!

퇴마, 병굿, 안수기도라는 것이 있는데 잠시 잠깐은 변화가 있을지 모르지만 귀신들의 숫자가 너무나 많아서 인간의 능력으로는 불가능한 영역의 일이기에 천상의 주인들이신 3천황 폐하와 도법천존 3천황 폐하의 빛과 불로 소멸시키는 방법 이외에는 없을 것이다.

지구가 탄생하고 이 땅에 사람들이 태어났다가 죽어서 귀신들이 된 숫자가 얼마나 많겠는가? 경 단위를 넘어서 최하 해 단위는 될 것이다. 귀신 없는 곳이 없고, 병이 있든 없든 귀신이 들어와 있지 않은 인간 육신들은 존재하지 않는다.

즉 몸이 아프지 않은 사람들이 없고, 정신적으로 고통받지 않고 사는 사람들이 하나도 없다. 이 모두가 귀신들로 인해서 일어나는 일들이지만 아무도 생각조차 못하고 그냥 살아가면서 몸이 아프면 병굿, 퇴마, 인수기도, 약국, 병원에만 의지하다가 세상을 떠나버리는 경우가 일반적이다.

귀신들을 빼내서 나아질 질병들이 99%이지만 이런 것을 해주는 곳을 찾기란 쉬운 일이 아니다. 불치병으로 알려진 질병들이 참으로 많은데 이것은 인간의 능력으로도 고치지 못하니 천상의 3천황 폐하와 저자(도법천존 3천황)의 빛과 불의 천지 기운밖에는 그 어떤 치유 방법이 없다.

귀신들은 자기 육신이 죽었는지도 모르고 살아 있다고 생각하는 귀신들이 무수히 많다는 진실들이 일요일마다 밝혀지고 있다. 세상천지가 온통 귀신들 천지이고 독자 여러분도 모두가 미래의 예비 귀신들이다. 인간 육신이 살아 있으니까 사람이고 인간 육신이 갑자기 죽으면 사람에서 귀신이 된다.

귀신이란 무엇인가?

사람이 살아 있을 때는 생령, 정신이라고 하는 영혼인데 사람이 죽으면 인간 육신을 시신, 시체, 송장, 사체라고 하듯이 몸 안에 있던 생령은 사령으로 신분이 바뀌어 혼령, 조상, 원귀, 귀신, 악귀, 잡귀, 사탄, 마귀, 악신, 악령이 된다.

하늘이 내리시는 명을 받아 천인의 관명을 하사받지 못하면 사람들은 누구나 죽어서 귀신이 되어 이 땅에서 추위와 배고픔으로 고통받으며 살아가거나 말 못하는 천지만생만물로 태어나는 형벌을 받게 된다. 물론 지옥세계로 들어가서 생전의 지은 죄를 심판받는 혼령들도 많다.

그래서 이곳 태상천궁에서 인류 최초로 행하고 있는 천인합체 의식이 귀한 것이다. 인간 육신들이 살아 있을 때 책을 읽고 이곳에 들어와서 하늘이 내리시는 명을 받들어 천인합체를 행하고 죽으면 육신의 숨이 멎는 순간 생령들은 천상 태상천궁으로 올라가게 된다.

그래서 하늘 사람인 천인으로 다시 태어나는데 이때 인간 육신이 죽을 당시의 나이가 아니라 15세~25세의 나이로 변신하여 기쁨과 행복, 즐거움과 쾌락의 무릉도원 세계에서 장생을 누리며 살아가게 된다.

죽어서 귀신이 안 되는 유일한 길과 지옥세계의 무서운 형벌의 심판을 받지 않게 해주는 곳은 지구상에서 태상천궁 한 곳뿐이다. 천인의 관명을 하사받으면 살아서 심판을 미리 받기에 지옥세계에 들어가서 심판받지 않고 천상 태상천궁으로 직행하는 면책 특권이 주어진다.

이곳은 기존의 귀신교에서 밝혀내지 못한 고차원적 영적 세계를 다루는 곳이기에 육신이 살아생전 영들에게 천상 태상천궁으로 입궁을 보장해 주어서 인간 육신의 죽음 이후 세계를 대비해 주는 곳이다.

인간 육신들과 영들의 목표가 완전히 다르다.

육신들은 하루하루 잘 먹고 잘사는 것이 꿈이자 희망이지만 영들은 오로지 하늘이 내리시는 명을 받아서 영들의 고향인 천상 태상천궁으로 올라가는 것이 유일한 목적이자 소원인데 세상 사람들은 이런 진실을 몰라보고 살아간다.

육신들은 인간세계에서 출세하여 돈 많이 벌고, 높은 권력을 잡고, 명예를 누리며 잘 먹고 잘사는 것이 유일한 목표이지만 영들은 천상세계 신명정부에 출사하여 고위관직에 오르고 싶어 한다. 육신들은 인간세상 정부에서 출세하고 싶고, 영들은 천상세계 신명정부에서 출세하는 것이 목표이다.

귀신들의 심판과 구원

천기 18년 9월 16일 42차 천상도법주문회를 개최하면서 귀신들로 인한 경악을 금치 못하는 상상초월의 질병에 대한 어마어마한 진실들이 밝혀져 입이 다물어지지 않는데, 사람들의 몸이 아픈 그 원인을 자세히 알아내었으니 인류의 질병에 혁명을 일으킬 대발견이다.

질병에 걸리게 하는 병마 귀신들을 불러내어 그들의 전생과 현생의 삶을 추적하여본 결과 천상 태상천궁에서 반란군에 직간접적으로 가담하였던 자들이고, 모든 질병의 뿌리는 귀신들이었다는 것을 밝혀내었다.

그리고 육신이 죽어도 영들은 생전의 아픈 고통을 그대로 간직하며 통증을 호소하고, 아픈 것을 고치려고 멀쩡한 사람들 몸에 들어가 자신이 생전에 아팠던 부위를 다시 아프게 하여 병원으로 치료받으러 다닌다는 인류 최초의 경천동지할 진실이 밝혀졌는데 독자들이 어디까지 믿을지 그것이 문제이다.

그러니까 죽으면 그만이 아니라 죽어서도 살아생전 통증의 고통이 이어진다는 무서운 진실들을 알아내었다. 육신이 없는 영들이 무슨 통증을 느끼느냐고 모두가 의아해할 것인데 질병을 앓다가 죽은 귀신들과 사고로 다쳐서 죽은 귀신들은 그 당시의 아픈 통증을 그대로 갖고 있다는 무서운 귀신교의 숨겨진 비밀을 찾아내었다.

사람은 걸어 다니는 종합병원 그 자체임을 증명하였는데 사람 몸이 아픈 부위는 모두 귀신들이 들어와 있다는 것을 자세히 알려주는 표시였다. 그런데 사람들은 몸이 아프면 약국과 병원으로 달려가는데 그것은 귀신들이 살아생전의 아팠던 질병을 고치려고 가는 것이다.

귀신들민 가면 약시나 의사가 눈에 보이지 않아서 몰라보고, 치료도 해주지 않기 때문이고, 또한 귀신들은 돈이 없기 때문에 혼자서는 병원에 가봐야 치료도 받을 수 없다. 그래서 인간 육신의 형체를 가진 사람 몸에 들어가서 치료받아 통증을 해소시키려는 것이다.

그러나 아주 중요한 것은 귀신들의 질병을 고쳐주는 것은 이 세상의 의사와 약사가 아니라 빛과 불의 하늘이신 천상과 지상의 3천황 폐하의 대도력, 대천력, 대신력의 천지기운 하나 뿐이라는 사실을 알아야 한다.

일단 사람이 죽어서 귀신이 되면 가장 큰 고통이 추위와 배고픔이고, 귀신이 살아생전 질병으로 인한 통증과 죽을 당시의 고통을 그대로 간직하며 느끼고 있기에 가장 힘들어한다. 그래서 사람이 죽으면 그만이라는 말이 맞지 않는다.

또한 죽은 부모조상들에게 도와달라고 빌고 비는데, 귀신이 되어버린 당사자들은 춥고 배고파서 허기지고, 생전의 통증과 사고로 죽을 당시의 아픈 고통 때문에 정신이 하나도 없는데 무슨 재주로 자식들의 인생을 도와줄 수 있다는 말인지 도무지 이해가 안 된다.

부모조상들이 자식이나 후손들을 도와줄 수 있는 능력이 생기려면 일단 가장 고통스러운 추위와 배고픔을 면하게 해주는 일이 제일 급하고, 부모조상들이 살아생전에 앓았던 질병을 하늘에게 의뢰하여 치료해 주어야 하는데, 이 모두를 한 번에 해결해 주는 의식이 천상입천제이다.

[1] 차○옥의 질병 증세

① 7세 때 바닷가 빠졌던 충격으로 매일 밤마다 악몽에 시달려 살 수가 없었고, 그 충격으로 뇌가 정지되어 저능아 지적장애 발생. 기억력 장애, 집중력 저하, 무기력하고 아무런 느낌 생각이 떨어져 멍해지며 무슨 말을 했는지도 모를 정도로 바보가 되어버림.

② 머리는 커다란 무언가 누르고 있는 것 같고, 머리 위로 무언가가 스물스물 기어가는 느낌이 와서 갑자기 신경질을 부리면서 머리를 박박 긁기 시작하면 얼굴, 목, 온몸이 가려워서 힘듦. ③ 속 쓰림 증세.

④ 오른쪽 눈은 잘 안보이고 빠질 것 같이 아프고 눈물을 많이 흘림. ⑤ 귀도 안 들림. ⑥ 뒤통수 뒷목은 무언가 꽉 잡아 누르고, 잡아당기는 느낌. ⑦ 알레르기 비염. ⑧ 감기가 오면 콧물 나고 편도가 심해 목소리가 안 나옴. ⑨ 기침을 심하게 하면 피가 섞여 나옴.

⑩ 목 디스크 증세로 앞뒤 좌우로 고개 돌리기가 힘듦. ⑪ 또한 척추협착증, 척추측만증으로 골반이 틀어져 앞으로 굽히거나 오래 앉아 있으면 상체가 감각이 없어 너무나 아프며 고개를 앞으로 숙이는 것도 힘듦.

⑫ 양쪽 어깨, 등, 척추 아래쪽이 쏙 들어가 굉장히 아파서 오래 앉고 서있으면 무리가 오고, 상체 쪽은 등짝 어깨 목이 많이 아픔. ⑬ 골반이 틀어져 다리 쪽으로 내려와 오른쪽 다리가 휘어지고 있음.

⑭ 통풍도 심함. ⑮ 폐경 증세로 수시로 열이 오르며 양쪽 겨드랑이로 땀이 흠뻑 젖어 옷에 배면 창피할 때가 많음. ⑯ 왼쪽 어깨 왼팔이 뒤로 잘 안 넘어가며 어깨가 많이 아픔. ⑰ 오른쪽 무릎에 어혈이 뭉쳐 쑤시고 열이 남.

⑱ 발목 발뒤꿈치, 발이 잘 접 질려 넘어질 때가 많음. ⑲ 발에 힘이 없어 주저앉고 싶으며 계단 오르고 내리고 할 때도 몹시 힘이 듦. ⑳ 무릎 통증, 무지외반증이 심하여 걸을 때 통증이 심하고, 앞으로 쏠리는 느낌이 듦. ㉑ 손가락, 발가락 통증 심함.

㉒ 어지러움. ㉓ 속이 메스꺼움. ㉔ 잠이 쏟아짐. ㉕ 가슴이 답답하고 터질 것 같으며 숨도 차고, 가슴이 벌렁거리며 진정이 안 됨 ㉖ 태상천궁으로 안 가고 싶어지며 감정 기복도 심하고 미친년 같음.

㉗ 살고 싶은 마음이 없을 정도로 힘이 들고 이 글을 올리는데도 머리는 아무런 생각이 나지 않음. ㉘ 정신 혼돈과 글에

대한 공포 압박감 무서움증이 심함.

㉙ 혈관주사 놓을 때 한두 번 실패하면 무섭고 두려우며 혈관주사 놓기가 두려움. 어떨 땐 놀리는 느낌도 듦. ㉚ 요실금 증세 있음. ㉛ 머리에서 넌 바보 멍청이라고 하면서 글도 못 쓰는 바보야! 약 오르지 하면 머리가 터져 화가 치솟아 욕을 함.

악귀, 잡귀 심판

1) 시어머니가 무속인이었는데, 차○옥 몸에 자칭 산신이라는 잡귀신이 들어와서 자신이 최고라고 주장하며 나에게 손가락질을 하며 무릎을 꿇으라는 어이없는 짓거리를 하고 있어 죽여도 시원치 않을 것인데, 천상에서 짐승으로 윤회시켜 죄의 대가를 치르게 했는데 차○옥의 귀를 막고 눈을 가려놓았다. 하늘 말씀 듣기 싫어서 자신이 신이라고 주장한 귀신- 소멸

2) 가슴 치는 답답한 귀신. 사이비 교주라고 비난, 험담하면서 가지 마! 가지 마! 가지 마! 하는 남자 귀신 3명과 여자 귀신 2명은 한도 끝도 없이 도살되는 돼지로 윤회시켰다. 죽을 때의 고통스런 비명이 계속되는 벌을 받는다.

3) 무당 귀신이 들어와서 할아버지 귀신에게 손님 많이 들어오게 해달라고 비나이다, 비나이다, 하면서 손을 비비며 빈다. 마음속으로 하늘의 자리를 노렸고, 도통천존 도솔천황 폐하를 욕하였다. 무당질 하다 소송 들어오고 잘 안 되어서 자살하였는데, 전생에 하늘에 대적한 죄가 커서 바퀴벌레, 지렁이, 돌로 영원히 윤회하라는 명을 내렸더니 이들로 윤회한 모습들을 차례대로 보여주었다.

4) 여기서 2008년도에 발행한 책을 읽고 비난하고 험담하다가 천벌을 받아 56세에 사망하였는데, 주위 사람들에게 거지 같은 책이라고 험담하며 욕을 하여 5개월 후에 사고 나서 입이 찢어지는 벌을 받았는데, 이빨이 모두 부러져 하나도 없어 말도 제대로 못하는데 마누라도 3년 뒤 사망하였다고 알려주니 오열하였다. 지옥세계로 입문하여 30년 동안 입을 찢기는 고문 형벌을 받고 나서 축생으로 윤회 판결.

인터넷의 페이스북, 블로그, 카페에서 비난하며 험담을 선동하고 있는 모든 자들은 정신적, 육체적, 물질적으로 아주 처참한 고통을 받으며 생지옥의 삶을 살고 있으며 차라리 죽는 것이 낫겠다는 말이 절로 나올 정도로 최악의 벌을 받고 있다는 말을 천상에서 하강한 태솔 수석 신명이 알려주었다.

5) 차○옥의 몸에 하늘로부터 버림받아 구원받지 못할 악독한 귀신들만 불러내고 심판해서 소멸, 윤회, 지옥도, 천옥도, 한빙도, 적화도로 보내는 판결을 내리고, 나머지 수십 명의 귀신들은 모두 천상 도솔천궁으로 올려 보내서 살려주었다.

– 심판 결과 –

머리는 조금씩 맑아지사옵고 무언가가 스멀스멀 기어가는 느낌과 신경질 내고, 가려움 증세는 싹 사라졌으며, 눈도 잘 보이고 귀도 아주 잘 들리옵나이다.

뒤통수 쪽이 항상 짓눌려 있는 듯한 통증이 있었는데 다 나았고, 소신이 제일 걱정했던 부분은 척추 쪽인데 "세상에 이런 일이" 기적이 일어났사옵나이다.

목 디스크가 있어 왼쪽으로 뼈가 살짝 튀어 나왔는데 가운데로 자리를 잡고 뼈를 마사지하면 통증이 심해 자지러질 때가 많았으나 이제는 완쾌되어 가고 있으며 척추협착증, 척추측만증이 있어, 요추 쪽 위로 척추가 함몰된 상태라 육안으로 보이고 골반이 틀어져 왼쪽 어깨 팔 쪽은 통증이 심해 팔을 뒤로 돌릴 수가 없었사옵나이다.

함몰된 척추를 누르면 통증이 심했는데, 폐하께옵서 악귀잡귀 퇴치해 주신 이후에는 꾹꾹 눌러봐도 통증이 전혀 없고, 반대로 시원하게 풀어주고 있으며 틀어진 골반은 왼쪽 끝에서 살살 풀어주며 뼈를 교정해 주는 듯이 살이 떨리며 아주 시원한 느낌이고 오른쪽 끝도 똑같사옵나이다.

척추 쪽 가운데서부터 틀어진 부분을 찾아가선 그 부위를 집중적으로 뼈를 교정하는 느낌이고 그전에는 아픈 부위가 참을 수 없는 고통이었는데 지금은 아픈 게 아니라 살살 풀어주며 시원하옵나이다.

3천황 폐하! 기적은 계속 일어나고 있사옵나이다. 소신의 왼쪽 어깨는 내려앉아 가방을 들지도 메지도 못한 지가 8년이 넘었는데 상상을 초월하는 기적이 일어났사옵나이다. 무거운 가방을 어깨에 멜 수가 있게 되었사옵나이다.

전에는 가벼운 가방을 메면 바로 어깨가 떨어져 나갈듯이 아프며 팔 쪽으로 내려와 마비 증세를 일으켜 팔을 올리고 내릴 수도 없었는데, 이젠 반대가 되어 팔도 뒤로 젖혀지며 전보다 통증이 덜하옵나이다.

목은 앞뒤 좌우가 불편했는데 이젠 앞으로 굽혀도 뒤로 잘 넘어가며 좌우 아픔 없이 정상으로 돌아왔으며, 오른쪽 무릎에 어혈이 딱딱 뭉쳐서 만지면 통증이 심하고, 쑥쑥 아리며 열도 났는데 살 것 같사옵나이다.

소신의 증세는 완쾌되어 가는 느낌이고, 발뒤꿈치가 아직까진 접질려지지 않았으며 무릎, 목, 속 쓰림, 가슴 답답함, 가슴이 벌렁거림, 손 발 통풍 증세가 많이 좋아지고 있사옵나이다.

앉기나 서 있을 때 간가이 없었는데 전보다 훨씬 덜하옵나이다. 소신은 폐하께서 빛과 불로 악귀, 잡귀 퇴치해 주신 이후 증세가 너무 좋아지고 있으며 도법천존 3천황 폐하! 하해와 같은 크나크신 사랑과 은혜에 황은이 망극하옵나이다.

통쾌하고 보람된 일이라 기쁘다!

무소불위하신 천상의 3천황 폐하의 천지기운을 받아서 도법천존 3천황이 빛과 불로 악귀, 잡귀들을 심판하여 척결한 결과, 너무나도 기적같은 신비한 일들이 일어나 나 역시 어리둥절하면서도 통쾌하며 보람되고 신 난다. 질병은 병마 귀신들이란 진실이 다시 한 번 입증된 것이다.

악귀, 잡귀 퇴치 안 하고 살아가는 독자들은 어서 빨리 신청하여야 목숨을 보전하고 질병의 고통에서 벗어날 수 있다. 차○옥은 걸어 다니는 종합병동이었는데 이렇게 이적과 기적이 매일같이 현실로 즉시 일어나고 있으니 이보다 더 좋은 일들이 세상천지에 어디 있겠는가?

유쾌 통쾌하고 결국 이곳에서 집행하고 있는 인류에 대한 모든 심판과 구원의 천상지상 공무집행은 모두 현실이 된다는 것을 현실로 입증해서 보여주는 증거이다. 또한 천상의 3천황 폐하께서 저자의 육신으로 하강 강림하시어 인류를 구원해 주고 계시다는 것을 생생히 보여주고 계신 것이다.

하늘을 찾아 구원받으려고 귀신교에 들어가 있는 사람들과 영(생령과 사령)들, 신명, 귀신들은 헛다리 짚은 것이었다. 지구에 존재하는 수백만 개의 귀신교를 통해서는 그 어느 누구도 구원받을 수가 없다는 진실이 낱낱이 밝혀지고 있으니, 살고자 하거든 병원과 약국에 가지 말고, 3천황 폐하이신 하늘께서 저자 태상도인 육신으로 내리신 천황님의 나라 태상천궁으로 들어와야 살길이 열린다.

[2] 이○순의 질병 증상

가슴과 목까지 올라오는 신트림과 신물이 올라옴. 밥을 먹고 난 후 소화가 안 되고, 음식물이 가슴 안에 꽉 차 역류 현상을 일으키는 증세.

악귀, 잡귀 심판

1) 버스터미널에서 가슴과 명치에 따라 붙은 할망구. 하늘의 가슴에 못을 박은 역천자는 칼에 찔려서 죽음. 믿었던 충신이었는데 하늘을 배신하고 반란군 편에 가담하였다가 지구로 도망친 귀신- 소멸.

2) 아이, 추워! 배고파! 천상 태상천궁에서 태상황후 폐하의 궁녀였는데 배신하여 반란군 편에 가담하여 황후 폐하의 가슴

을 찢어지게 했다가 지구로 쫓겨나서 춥고 배고픈 거지로 살았던 여자 거지 귀신- 소멸.

– 악귀, 잡귀 심판 결과 –

첫 번째 효과 본 것은 머리와 귀에 꽉 막혀 있는 연기인지 안개인지 모를 증세가 사라졌고, 귀에 꽉 차 있는 무언가가 사라지면서 귀 주변이 맑아지고 있사옵나이다. 왼쪽 귀에 무언가 꽉 차 있을 때는 귀 주변이 아프기도 했으나 지금은 가볍고 귀가 아픈 증세가 없어졌사옵나이다.

두 번째 좋아진 증세는 목과 가슴 밑 명치에 밥을 먹으면 소화가 안 되고 속이 쓰리고 신물이 올라오며 신트림이 나고 음식물이 역류현상으로 괴롭고 힘들며, 항상 가슴속 안에 꽉 막혀 음식이 내려가지 않아 속이 아팠는데, 지금은 그 증세가 싹 없어져서 너무 좋사옵나이다.

세 번째는 돌아다니는 담 증세가 없어졌는데, 담이 가슴 명치로 들어오면 숨을 쉴 수가 없고 가슴이 조이는 증세가 목으로 귀까지 올라올 때는 정말 힘들었고, 갈비 쪽과 등 쪽으로 돌아가면 아프고 여기저기로 돌 때마다 아픈 증세가 심했었는데 악귀, 잡귀 퇴치 후에 완전히 없어졌사옵나이다.

등과 허리, 목, 어깨가 다 좋아졌고, 발이 저리고 화끈거리는 증세도 좋아졌으며, 위가 아프고 배가 살살 아프던 증세도 없어졌사옵나이다.

남편도 악귀, 잡귀 퇴치를 해주셨는데 발등이 화끈거리며 저리고 괴로웠던 증세가 좋아졌다고 말하고, 병원에 약을 안 받아 먹어도 된다고 하옵나이다. 이 모든 것은 다 3천황 폐하의 대도력, 대천력, 대신력의 기운으로 이루어진 악귀, 잡귀 퇴치 효과이옵나이다.

정말, 정말 감사드리옵나이다. 대단하신 3천황 폐하만 계시면 병원은 필요치 않으며 소신들에게 "천황님의 나라 태상천궁"이 병원이옵나이다. 악귀, 잡귀만 퇴치하면 모든 병은 다 소멸되었사옵나이다.

저자 역시 이런 일을 하면서 신비하고 보람을 많이 느낀다. 환자 몸에 악귀, 잡귀 귀신들을 비서실장 몸으로 잡아들여 손가락 하나 대지 않고 빛과 불의 천지기운(3천황 폐하의 불호령 어성=저자의 육신을 통해 하시는 말씀)으로 심판한다.

명을 내리면 비서실장 몸으로 심판받아야 할 악귀, 잡귀들이 명이 떨어짐과 동시에 실리니 저자 역시 참으로 신기하다. 심판할 자는 소멸, 윤회, 지옥도, 천옥도, 적화도, 한빙도로 압송 판결을 내리고, 구원해서 살려줄 귀신들은 천상 도솔천궁으로 입천을 윤허하여 보내주는 천지대공사를 매주 일요일마다 천상도법주문회에서 하늘과 땅이 집행하고 있다.

전생(천상 태상천궁, 천상 도솔천궁, 천상 옥황천궁)과 현생(지구)에서 죄를 지었어도 용서해 줄 죄가 있고, 빌어도 용서가 안 되는 무거운 죄가 있기에 하늘(천상의 3천황 폐하)과 땅(도법천존 3천황)이 심판하는 것이다.

귀신(기존 종교)교에서는 상상이나 생각조차 못한 공상과학 영화, 만화, SF급 소설 같은 일이기에 세상에 그런 일이 어떻게 가능하냐고? 무슨 말도 안 되는 황당하게 귀신 씨나락 까먹는 소리를 하느냐고 반문할 것인데 사실이다.

무속프로(엑소시스트, 토요미스테리, 이야기 속으로) 방송에서 종종 보여주고 있는 유명 무속인들과 퇴마사, 신부, 목사, 승려, 법사들의 악귀, 잡귀 퇴치 의식과는 감히 비교 자체도 할 수도 없고, 천상과 지상의 3천황 폐하께서 친히 하강 강림하시어서 진생과 현생의 죄를 국문하시는 심판이며, 하늘의 법정이 지상으로 내린 곳이 지상 태상천궁이다.

인간세상의 일은 우연히 일어나는 것이 아니라 영들의 전생이었던 천상 태상천궁에서 일어났던 일들과 직결되어 현생에서 일어나고 있음이 수많은 귀신들의 전생을 통해서 확인되고 있는데 신기하다.

귀신들조차도 자신이 전생에서 지은 죄를 전혀 모르기에 심판할 때마다 귀신들이 전생에 지은 죄를 천상에서 하강한 태상천황 폐하를 보좌하는 태솔 수석신명(황룡)이 자세히 가르쳐주는데, 귀신들조차도 전생의 기억이 안 나기 때문에 죄목을 들려주어도 난 몰라! 몰라! 모른다고 소리 지르며 고개를 저으면서 아니라고 부정하며 울부짖는다.

죄인에 대한 심판 역시 천상에서 심판하는 대로 집행하는데 소멸, 만생만물로 윤회, 얼음지옥 한빙도 압송, 불지옥 적화도 압송, 지옥도 압송, 지옥보다 천 배 무서운 천옥도 압송 등 천상과 지상에서 동시에 실시간으로 집행한다.

[3] 강○호의 질병 증상

유아회춘 천수장생 의식을 행하기 직전에 귀신 소멸!

1) 전생에 천상에서 황태자 머리 꼭대기 위에 올라가려던 귀신인데 황태자를 질투하였고, 지구로 쫓겨나 인간의 삶에서는 우울증으로 살다가 투신자살하여 머리가 박살나서 죽었다.

육신이 죽은 귀신이 머리가 어지럽다며 집에 가고 싶다고 말하는데 영들은 이처럼 육신이 죽었어도 생전의 아픈 통증을 그대로 느낀다. 정신없고 산만하며 치매가 있는 귀신인데 불지옥 적화도 압송하는 판결을 내렸다.

2) 일하다가 사고로 오른 팔이 잘려진 귀신.

전생의 죄를 살펴보니 처음에는 옥황천황 폐하 궁전의 충성스런 내시였는데 계속해서 명을 안 받고 간신배들을 주동하여 뒤통수를 치고 배신하다가 쫓겨났다.

가난한 집에 태어나 학대받다가 가출하여 떠돌이로 전전하다가 입에 풀칠하려고 일하다가 팔이 잘려 51세에 농약 먹고 자살한 귀신이다.

황태자를 배신해서 쫓겨난 자들은 큰 고통 겪으며 죽는다. 후회하면서 자살한다. 배신하면 큰일 나고 살아서나 죽어서나 끝장이다. 다음 생에도 구원 없고, 영원히 지옥세계에서 윤회 반복하여 고통받을 자들이다.

천상과 지상의 3천황 폐하를 비난하고 험담하여 가슴에 못을 박은 자들은 가문 멸망, 사업 실패, 우울증, 자살, 교통사고, 화재, 익사, 타살, 강도, 암, 불치병, 단명, 귀머거리, 봉사, 팔다리 병신, 장애자로 살아간다고 가르쳐주시며, 전생에 용서받지 못할 죄를 지어 현생에서 사건사고로 팔 다리 잘린 자는 구원 못 받는다고 한다.

3) 내가 누구지? 하는 귀신. 도통하려고 도를 닦던 귀신인데 전생에 천상 도솔천궁에서 하늘을 능멸하는 죄를 지었는데 도솔천황 폐하께서 절대로 용서 안 한다고 하신다. 도, 도, 도하며 산에서 도만 닦다가 원과 한으로 죽었다. 고아로 버려져 학교도 못 다니고, 평생 거지처럼 떠돌다가 거지처럼 죽었다.

도를 닦다가 돌아버렸고, 도를 닦을 때 산에 있던 온갖 잡귀신들이 몸으로 들어와서 정신 이상자가 되어 77세에 죽었고 이름이 정○권인데 도솔천황 폐하께서 반란군에 가담한 자라고 하신다. 쥐새끼로 환생의 명을 내렸다.

4) 언어 장애자로 태어나 놀림받았던 남자 귀신인데 전생의 죄는 하늘을 비난하고 험담하여 하늘께 가슴의 상처를 준 죄로 인하여 언어 장애자로 태어났고 버려져서 고아원에서 자라면서 형들에게 성폭행당했다. 천상에서 죄를 빌 기회를 주었는데 버렸다. 증산도 다닐 때 따라 붙었다.

5) 무릎 아픈 할매 귀신. 어머니가 돌아가시기 전에 병원에 다녔는데 강○호 몸에서 빛이 나서 달라붙었다고 한다. 할매 귀신 전생의 죄는 반란 주동자 수석궁녀가 하라는 대로 따라

했는데, 태상황후 폐하께서 가슴이 아프셔서 너무 많이 우셨다. 하수인 하다가 지구로 쫓겨나 남편에게 맞고 살았다.

남편에게 얻어터지고 쫓겨나 두 번 이혼, 술주정뱅이 남자와 재혼했는데, 그 남편한테서도 얻어터졌고 재산은 배다른 자식들이 가져갔고, 고통받다 61세에 자식과 함께 물에 빠져 죽은 귀신은 태상황후 폐하께서 기회를 주시려고 책 광고 보게 하셨는데 구원받을 기회를 잃어 식용 개로 윤회를 명하였다. 하늘을 시해하는 독초를 제조하는 일에 가담하였다.

6) 강○호의 몸에 하늘로부터 버림받아 구원받지 못할 악독한 귀신들만 불러내고 심판해서 소멸, 윤회, 지옥도, 천옥도, 한빙도, 적화도로 보내는 판결을 내리고, 나머지 수십 명의 귀신들은 모두 천상 도솔천궁으로 올려 보내서 살려주었다.

[4] 역천자 조상들 심판

장애자로 살아가는 것은 우연히 일어나는 일이 아니라 천상의 전생과 모두 연결되어 있다. 천상에서 역천자가 주도하였던 반란군에 가담하였던 자가 반란이 일어나기 전에 천상의 주인이신 하늘 태상천존 자미 천황태제 폐하의 존영을 구해서 발로 차고 짓밟고 저주하여 그가 현생에서 한쪽 다리를 절단하는 천벌을 받았지만 당사자들은 전혀 모른다.

수많은 사람들이 갑자기 큰일을 당하면 푸념하며 내가 전생의 무슨 죄가 이리도 많으냐고 탄식하면서 살아가는데, 한 치의 오차도 없이 실제 그대로 전생에 천상에서 지은 죄가 현생으로 이어져 내려오고 있다.

각자들의 아픔, 슬픔, 고통, 불행, 비운의 사연이 많은 사람들은 자신의 조상들과 자신이 지은 전생의 죄를 먼저 풀어야 인생도 풀리고 질병의 고통에서도 벗어난다. 반란군에 가담하였던 역천자 죄인들이 죽어서 악귀, 잡귀가 되어 여러분 몸 안에 들어와 있으면 인생사 되는 일이 없고 몸이 많이 아프며 단명하거나 장애자로 살아간다.

역천자들의 조상들은 천상 태상천궁과 천상 도솔천궁에 입천한 조상들 모두 삭탈관직하고 파멸시켜 얼음지옥 한빙도 압송! 가문 멸문지화의 명이 내려졌다. 천상에서 반란군에 가담하였던 역천자들은 지구로 쫓겨 나와서도 하늘 무서운 줄 모르고 잘난 척을 하고 살아간다.

5,000년 동안 모래알로 윤회하다 그다음 축생으로 윤회, 천옥도에 갇혀 심판하고 또 윤회하게 된다는 명이 떨어졌다. 가문은 멸문하고 손주들은 외손주들까지 모두 단명한다고 말해주었더니 손주들만은 살려달라고 빌었지만 불허하였다. 자손과 후손들이 앉은뱅이가 되어서 거지동냥 다니게 된다고 알려주었다.

[5] 박O순의 질병 증상

머리가 어지럽고 무거우며, 고혈압, 고지혈증, 두통, 허리통증, 손발 저림, 무릎 관절 통증, 요실금, 기관지, 목, 기억력 감퇴, 온몸 떨림 통증, 위장장애, 용종 2개, 종양 1개가 발견되었다. 다리에도 힘이 없고 떨리며 온몸이 안 아픈 곳이 없고 종합병원 그 자체라고 한다.

악귀, 잡귀 심판

1) 머리 어지럽고 무겁게 하는 귀신이 억울해! 억울해하면서 소리 지른다. 형에게 3억 2천만 원의 돈을 빌려주고 못 받게 되어 농약 먹고 자살했는데 형을 죽여버릴 거야, 하면서 억울해하였다.

전생의 죄를 알아보았더니 천상 태상천궁에서 여러 사람들에게 큰돈을 빌려서 떼어 먹고 안 갚았던 죄가 있었는데, 그 죗값으로 형에게 큰돈을 떼어 먹힌 것이었으니 한 치의 오차도 없이 각자들이 뿌리고 행한 대로 거두게 하신다. 또한 천상에서 반란군들에게 숙소를 마련해 주고 식사를 제공하는 도움을 주었던 역천자 죄인이었다.

오래전에 박○순 머리에 들어가 있었고, 육신이 죽었어도 살아생전 고통이 귀신에게 그대로 이어지고 있었다. 즉 귀신들이 아프다고 하는 것이 질병이었는데 인간 육신도 함께 따라서 아픈 것이다. 천옥도 입문하여 고문 형벌을 받은 뒤에 다시 매미로 윤회의 명을 내렸는데 즉시 나무에 달라붙어 맴~ 맴~ 거리며 울고 있는 모습을 보여주고 있다.

2) 26살에 죽은 처녀 귀신은 애인과 결혼하기로 약속하였는데 다른 여자와 바람나서 결혼하여 자살한 귀신이다, 전생에는 궁녀였는데 반란군에 가담하여 태상황후 폐하를 모함하고 배신하였다. 천상에서 반란군 주동자와 제일 친했기에 지옥세계 입문을 명하였다.

구원받지 못할 귀신들과 함께하고 있으면 인생이 갑자기 멸망하거나 비명횡사당하니 하루라도 빨리 찾아와서 심판을 받아서 구원받지 못할 귀신들이 자신과 함께 살아가고 있는지 확인해 봐야 한다.

3) 여자 무당 귀신인데 웬 황금 용들이 이리도 많으냐고 소리 지르며 놀란다. 전생에는 천상 도솔천궁에서 남자였고, 도솔천황 폐하의 충성스런 신하로 장군이었는데 배신하여 하늘을 뒤집는 역모 반란에 가담하여 도솔천황 폐하의 가슴을 찢어지게 하고 너무 아프게 하였다. 도솔황후 폐하께도 비수를 꽂았던 죄인이다. 도끼로 온몸을 쪼개는 고통의 형벌로 소멸시키는 명을 내렸다.

4) 천상 도솔천궁에서 역모에 가담할 자들을 모아 연명부에 서명날인 받으러 다녔던 역천자인데 지구로 쫓겨나서 양손이 마비되는 증상으로 고통만 겪다 죽었으며, 지옥세계에서 손목이 잘리는 형벌 1,000년을 당한 후에 소멸하는 명을 내렸다. 이런 귀신이 들어와 박○순도 수시로 실제 손가락 마비 증세가 자주 일어났다.

5) 박○순 몸에 하늘로부터 버림받아 구원받지 못할 악독한 귀신들만 있고, 구원받을 자가 한 명도 없어서 나머지 6명의 귀신들은 불지옥 적화도로 압송하는 명을 하달하였는데 모두가 천상 태상천궁에서 역모 반란군에 가담하였던 역천자 대역죄인들이었다.

이런 독한 귀신들이 박○순 몸에 들어와 있으니 온몸이 아프고 천상도법주문회에도 참석하지 못하게 다른 일들을 만들어

바쁘다는 핑계로 하늘과 멀어지게 하여 75일 만에 천상도법주문회에 참석하였다.

- 악귀, 잡귀 소멸 후 결과 -

2일 전에 일요일 천상도법주문회에서 악귀, 잡귀 소멸해 주었는데 마음이 편안하고, 위에 아픈 증상들이 모두 사라져서 하나도 아프지 않다고 신기하다며 문자를 보내왔다.

[6] 김○수의 질병 증상

30년 전부터 눈이 아리고 빼근하며 눈알이 빠질 것 같은 증세로 오랜 세월 고통스런 삶을 살아왔음. 뒷목과 어깨가 항상 무겁고 혈압과 당뇨 수치가 좀처럼 떨어지지 않고, 다리 관절이 좋지 않았는데 병마 퇴치를 하고 난 결과.

악귀, 잡귀 심판

눈알이 빠질 듯한 통증 귀신-소멸

고혈압 귀신-소멸, 당뇨 귀신-소멸

뒷목 귀신과 어깨 당김 귀신은 투신자살한 귀신-소멸

무릎 관절 귀신-소멸

소주 3병 병나발 부는 귀신-소멸, 아기 귀신-소멸

- 악귀, 잡귀 심판 결과 -

1) 눈은 장님이 눈을 뜬 거 같고, 2) 뒷목과 어깨는 상당히 가벼워졌고, 3) 다리 관절도 좋아졌고, 4) 예상치 못한 술 귀신이 술을 마시게 한 것도 소멸 이후에는 술을 마셔도 아주 조금 마심.

질병은 귀신들이 들어와서

모든 질병의 원인은 귀신들에서부터 시작된다.

건강하게 멀쩡하던 사람이 어느 날 갑자기 아프고, 어디 다녀와서 병을 얻고, 병원에 병문안 갔다가 병에 걸리고, 상갓집이니 예식장, 칠순 잔치, 등산, 야유회, 여행 갔다 와서 병에 걸린 사람들이 많다.

천상도법주문회를 매주 일요일마다 열면서 질병과 귀신의 연관 관계를 두 달 동안 집중적으로 파헤쳐 질병의 원인을 확실하게 알아내었다. 사람 몸에 귀신들이 얼마나 많은지 세상 사람들은 아무도 모른 채 살아가고 있다.

원래 사람 육신이 그냥 아픈 것이 아니라 질병으로 죽은 귀신들이 몸에 들어옴으로써 건강하던 사람이 갑자기 아파서 병원에 다닌다는 귀신교의 엄청난 진실을 알게 되었다. 사람이 죽으면 그만이라고 생각하고 살아가는 사람들이 전부다.

인간 육신이 죽으면 고통이 없을 것이라고 모두가 생각하기 때문인데 그것이 아니었다. 육신 자체는 죽었으니 고통이 없지만 몸 안에 있던 영혼들이 살아생전 자신이 앓던 질병을 고치려고 건강한 사람들 몸으로 들어가서 함께 병원으로 데려가서 아픈 부위를 치료받으러 다닌다는 충격적인 귀신교 진실을 자세히 알아내었다.

귀신들이 아픈 부위의 질병을 치료할 수 있는 것은 병원이나 약국이 아니라 지상 태상천궁 한 곳뿐이다. 그 이유는 조상들과 더불어서 귀신들을 천상으로 보내줄 수 있는 신비한 능력이 있기 때문이다.

질병이 약이나 주사로 치료되지 않는 이유가 질병 자체가 귀신들이기 때문에 치료가 안 되는 것이었다. 불치병이든 흔한 암이든 그 질병을 일으킨 존재가 외부에서 들어온 귀신이 대부분이고, 돌아가신 자신의 부모, 형제, 조상들 중에서 자신이 앓고 있는 질병으로 죽었다면 자신의 조상귀신이 들어와서 질병이 발생한 것이다.

그러니까 질병의 원인이 귀신인 것은 분명히 밝혀졌는데, 자신의 부모 형제 조상이냐 아니면 남의 조상들인 갈 곳 없는 떠돌이 귀신이냐 이것이 문제이다. 인류가 탄생 이후 처음으로 밝혀지는 충격적인 귀신교 진실이다.

암에 걸린 환자들과 불치병에 걸린 환자들도 귀신 문제부터 해결하고 치료를 해야 효과가 빠르다. 귀신들만 퇴치하여도 질병이 낫는 경우도 많고, 병원이나 약을 함께 복용해야 하는 경우도 있는데 사람들마다 다르기 때문에 단정 지을 수는 없다.

일단 귀신들부터 퇴치하고 살아야 한다.

아픈 곳 없는 건강한 사람들도 귀신들이 들어와 있는 사람들이 전부이기 때문에 귀신 점검부터 해야 한다. 귀신들도 질병으로 죽은 귀신들과 멀쩡하게 죽은 귀신들이 있는데 건강하게 죽은 귀신들은 몸에 들어와 있어도 아무런 증상을 못 느끼고 살아가는 것이고, 질병으로 죽은 귀신이 들어와 있으면 귀신이 앓던 질병을 그대로 앓게 된다.

무릎 아픈 사람을 불러내어 귀신을 빼내서 퇴치하니까 바로 멀쩡해지는 신기한 일들이 일어나고 있다. 다른 부위에 있는 귀신들도 마찬가지이다. 수많은 체험 사례가 이 책 내용에 있으니 참고하면 된다.

이제 귀신과의 전쟁이다.

귀신들과 전쟁에서 지느냐 이기느냐가 질병의 고통에서 벗어나는 관건이다. 저자의 몸 안에는 80여 명과 수천 마리의 동물령, 물고기, 두더지, 쥐새끼, 뱀, 살쾡이, 반달곰의 영들을 한꺼번에 퇴치하였다. 일반 사람들은 상상조차 못할 영화나 소설 같은 일이라 할 것이다.

인간 육신들 자체가 귀신들의 집이다.

그래서 인간 자체가 걸어 다니는 무덤, 걸어 다니는 납골묘, 걸어 다니는 납골당, 걸어 다니는 공동묘지, 걸어 다니는 공원묘지라고 하여도 과언이 아니다.

눈에 안 보여서 모르고 살아갈 뿐이지 사방천지가 온통 귀신들이고 각자들의 몸 자체가 귀신들의 집이니 사람들 자체가 인간+귀신들이다. 즉 반은 귀신, 반은 인간인 반귀반인(半鬼半人)의 상태이다. 인류 최초로 밝혀지고 있는 귀신교의 진실을 이 책을 통해서 알고 산다는 자체가 행운이다.

몸 아픈 사람들은 그것이 바로 귀신들임을 증명하는 것이고, 도박, 술, 마약 중독에 걸린 사람들 역시 살아생전 그런 것에 중독된 귀신들이 사람들의 몸 안에 들어와서 똑같이 하고 있는 것이라고 보면 틀림없다.

사업이 실패하는 것, 매사 되는 일이 없는 것, 매사 짜증나는 것, 매사 신경질적인 것, 상대방과 언성을 높이며 싸우는 것, 폭력을 행사하는 것, 고소고발 사건이 일어나는 것, 교통사고가 나는 것, 화재가 발생하는 것,

익사 사고가 일어나는 것, 자살하는 것, 심장마비가 일어나는 것, 병원에 입원할 중증의 병에 걸린 것, 가정불화가 일어나는 것, 교통사고가 자주 일어나는 것, 우울증에 걸려 자살충동이 일어나는 것, 불면증에 걸려 잠을 못 자는 것,

속이 쓰린 것, 두통이 자주 발생하는 것, 뒷목이 당기는 것, 뒷골이 깨질 듯 아픈 것, 앞골이 쏟아질 듯 아픈 것, 어깨가 결리는 것, 허리 아픈 것, 무릎관절이 붓고 아픈 것, 속이 미식거리는 것, 각종 암에 걸린 것, 불치병에 걸린 것,

식물인간 상태로 죽을 날만 기다리며 누워 있는 것, 뇌사상태에 빠진 것, 치매에 걸린 것, 희귀병에 걸린 것, 메르스에 감염된 것이 모두가 귀신들이 들어와 있다는 증거를 인간 육신들이 알아보게 표시해 주고 있는 것이다.

귀신들도 병원에 치료받으러

멀쩡한 사람이 갑자기 아픈 것은 귀신들이 들어와서 살아생전 자신이 아팠던 것처럼 똑같은 부위를 아프게 만들어 자신의 아픈 병을 귀신이 고쳐보려고 멀쩡한 사람 몸에 들어가 병원으로 함께 데려가 치료받기 위해 다닌다는 충격적인 진실이 난생처음 밝혀졌다.

귀신들이 아픈 것은 병원이나 약국을 통해서는 치료가 안 되고 천상으로 보내는 것이 유일한 길이기에 이곳에 들어와서 자신의 질병이 귀신으로 인하여 발병했다는 것을 아픈 부위에 들어와 있는 귀신을 불러내어 확인해 봐야 한다.

세상에 불치병으로 알려져 잘 낫지 않는 질병들은 일반 귀신들이 아니라 그만큼 오래되고 독한 악신들과 악령들이 여러 명 들어와 있다는 것을 말한다. 귀신들도 높고 낮음의 등급이 있기에 영성이 강한 악신과 악령급의 귀신들은 병원이나 약국에서 지은 약으로도 잘 낫지 않는 특성을 갖고 있다.

불치병으로 알려진 암, 당뇨, 고혈압, 통풍 종류가 악신과 악령들이 들어와서 그런 것이고, 사람으로 살다가 죽은 귀신들만 질병을 발생시키는 것이 아니라 동물령, 조류령, 어류령, 곤충령, 파충령, 양서령 등 모든 생명체로 태어났다가 사람들에게 죽임을 당한 귀신들이 원한에 맺혀 복수하기 위해서 사람 몸으로 들어온 경우가 많다.

뉴스 중에 노루 사냥으로 잡은 노루 피가 정력에 좋다고 마신 사냥꾼들이 비명횡사로 죽은 사례가 많고, 사냥 도중에 노루인 줄 알고 동료가 쏜 총에 맞아 죽었다는 뉴스가 가끔 실린다. 노루는 구렁이, 사슴, 자라, 거북이와 함께 영성이 매우 강한 동물이기에 사람이 죽이면 반드시 해코지를 한다.

사람이든 짐승이든 자연사로 죽은 귀신들과 살해당해서 죽은 귀신들은 비교할 수 없을 만큼 원과 한이 맺혀 복수심에 불타 있다. 사람에게 살해당한 귀신들이 몸에 들어오면 희귀 질병에 걸리고, 잘 낫지 않으며 그 사람이 죽으면 또 다른 사람 몸으로 옮겨가서 복수한다.

일단 죽은 귀신이 원과 한이 커서 악신, 악령급으로 등급이 강해져 복수심에 불타 있으면 사람들이 졸지에 큰 불행을 당한다. 사람으로 태어나서 자기 수명대로 살다가 천수를 다하고 자연사로 죽은 사람들이 얼마나 될까?

대다수가 벌을 받아 죽었거나 질병, 사건사고, 자살로 죽는 경우가 대부분이다. 이들은 또다시 원귀가 되어 허공중천 구천세계를 떠돌다가 아무 사람 몸에 들어가서 자신이 죽었던 것처럼 다른 사람들을 똑같이 죽게 만들고 있다는 사후세계의 무서운 진실이 생생히 밝혀지고 있다. 귀신들은 자신이 죽은 것에 매우 억울해하고 살아 있는 사람들을 경멸하고 저주하여 하루빨리 자신처럼 죽어서 귀신이 되는 것을 원하고 바란다는 무서운 사후세계 진실을 수많은 귀신들을 불러 대화를 통해서 알게 되었다.

그래서 이제는 귀신들과 싸워서 이겨내야 하는데 인간 육신과 몸 안에 생령들이 함께 단결해서 귀신 문제들을 우선적으로 해결해야 세상을 살아가는 데 편하다. 원 많은 귀신, 한 많은 귀신들이 여러분 몸 안에 수십 명씩 들어와서 여러분 인생을 엎어지도록 뒤집어버려 비명횡사당해 죽게 하거나 회사와 가정을 무너뜨려 고통스런 인생길이 되도록 만들고 있다.

귀신으로부터 해방시켜 주는 곳은 지구에서 단 한 곳 태상천궁 하나뿐이다. 귀신들을 구원해 천상으로 보내주거나 심판해서 소멸하는 것은 천상의 3천황 폐하와 지상의 도법천존 3천황 폐하의 빛과 불의 고유권한이다.

귀신들과 함께 살아가고 있으면 언제 죽을지 모르는 시한폭탄을 안고 살아가는 것과 똑같다. 죽은 귀신들도 살아생전에는 여러분과 똑같이 "사람은 죽으면 끝이다, 죽으면 그만이다"라고 소리쳤던 사람들이다.

그런데 막상 죽어보니 살아생전에 아팠던 질병의 통증, 사고의 통증을 그대로 간직한 채로 아팠던 질병을 치료해 보고자 자손이나 다른 사람 몸에 들어가서 똑같은 부위를 아프게 만들어 병원에 가서 치료받게 하고 있다는 사후세계 진실이 밝혀졌다. 그러니까 죽으면 그만이라는 말이 안 맞다. 생령이었던 영들이 죽어서 조상귀신 사령이 되어도 살아생전 아팠던 고통의 통증을 그대로 갖고 이 사람 저 사람 몸으로 옮겨 다닌다. 질병이나 사고로 죽으면 가족들도 똑같이 그렇게 죽게 되고 생전의 아팠던 통증들이 그대로 이어진다.

질병을 가족력 또는 유전이라 하는데 자신의 부모형제 조상들이 죽어서 자신의 몸 안에 들어와 있다는 증표가 질병으로 나타난 것이지 결코 가족력이나 유전이 아니었다. 첨단과학 시대를 살아가고 있지만 의사들도 귀신에 대해서는 아는 것도 없고, 치료할 수 있는 방법도 모른다.

살이 찢어져서 꿰매는 수술 말고는 의사들이 질병을 치료할 수 있는 것은 사실상 아무것도 없다. 의사들의 주사와 수술, 약사들의 약으로 귀신들의 앓고 있는 질병을 낫게 해줄 수가 없기 때문이다. 병을 고치러 병원에 갔다가 더 많은 다른 귀신들이 달라붙어 따라온다.

귀신들의 특징은 남이 잘되는 꼴을 절대로 그냥 놔두지 않는다. 즉 살아 있는 인간들을 저주하여 죽게 만들고 가정과 회사를 망하게 하는 역할이 귀신들이 하는 일이다. 그래서 귀신은 백해무익하고 자신의 핏줄인 조상귀신들이라 하더라도 하루빨리 구원해서 천상으로 보내주어야 한다.

살아생전에는 사랑하는 가족들이기에 잘 보살펴줄 것 같지만 조상들이 보살펴줄 수 있는 힘이 없고, 죽는 순간부터 추위와 배고픔으로 덜덜 떨고 허기져서 고통스럽기에 살아 있는 핏줄들이 조상의 힘든 기운을 받아 세상 살기가 어려워지기 때문에 자신의 삶을 위해서, 조상의 편안한 사후세계를 위해서 천상으로 보내주는 것이 가장 현명하다.

달마도 귀신, 치매 귀신 퇴치

나의 큰형(86세)이 5년 전에 동네에 있는 구달정사란 곳에서 달마도 그림을 구해 집으로 가져왔는데, 형수가 그림을 보고 놀라 병석에 누웠다. 형수(84세)의 말에 의하면 달마도 그림 속에서 누군가 자신의 몸으로 쑥 들어오더라고 나에게 말한 적이 있었지만 당시에는 그런가 보다 하면서 대수롭지 않게 생각하며 그냥 넘어갔다.

5년 전만 하여도 나에게 귀신을 퇴치하는 특별한 능력이 조금은 있었으나 내세울 정도는 아니기에 말하지 않았고, 가족이라 나의 능력이 있다 하여도 믿지를 않을 것이기에 그냥 잊고 지내며 살아왔다.

그러나 올해 7월 1일부터 천상의 3천황 폐하께서 나에게 빛과 불의 대도력, 대천력, 대신력의 무소불위하신 천지기운을 내려주시어 수많은 악귀, 잡귀들을 매주 일요일마다 천상도법 주문회에서 두 달 넘도록 퇴치시켜 주고 있는데, 정말 신통방통할 정도로 신기하고 신비하게 귀신들이 퇴치되고 있었다.

오늘 천기 18년 9월 13일인데 큰형에게 병문안 전화를 걸었더니 형수가 너무 아파해서 병원에 데려갔는데 아무 이상이 없다고 하여 방금 집으로 돌아왔다고 하면서 형수가 치매 기운이 있다고 말해 주어서 그것이 귀신이라고 말해 주며 귀신을 퇴치하러 가겠다고 하였다.

형수 아픈 것이 달마도 귀신과 연관이 있는 조화가 분명하다고 말해 주고, 형수를 바꾸어 달라고 해서 통화를 하니 형수가 아무 소리도 안 들린다며 휴대폰 전화를 끊어버렸다.

다시 전화를 걸어 형과 통화한 뒤에 바꾸어주어 형수와 통화하였는데 또 아무 소리가 안 들린다며 형에게 휴대폰을 넘겼다. 형이 나의 목소리가 확인되어 다시 바꾸어주었지만 역시 아무런 소리가 들리지 않는다고 형에게 휴대폰을 넘기자, 내일 오후 3시경 찾아가겠다고 약속하고 전화를 끊었다.

내가 귀신 퇴치하러 가겠다고 형과 통화하는 목소리를 옆에서 달마도 귀신이 들었던 것 같다. 그래서 전화 목소리가 안 들린다고 끊어버렸는데, 그 정체가 달마도 귀신이었다. 형과 형수가 대화할 때는 별 다른 지장 없이 의사소통이 잘되고 있는데 유독 나하고 통화하면 안 들린다고 전화를 끊었다.

몇 달 전 천상도법주문회에서 권○혁 몸에 있는 귀신을 퇴치해 주려고 앞으로 불러내었더니 말이 떨어지기 무섭게 쏜살같이 줄행랑치듯 밖으로 도망쳐 나갔던 적이 있었다. 그 이후 그는 귀신의 밥이 되어 이곳에 찾아오지 못하는 불행하고 비참한 신세로 전락하였다.

나의 형수 몸에 있는 달마도 귀신은 자신의 정체가 탄로 나자 전화 목소리가 안 들린다며 끊어버리는 잔꾀를 썼다. 왜냐하면 나의 목소리만 들어도 귀신들은 오금이 저리고 빛과 불에 의해서 소멸된다는 것을 알고 있기 때문이다.

천상지상 3천황 폐하의 빛과 불로 심판하여 소멸시킬 귀신들도 있고, 구원해서 천상 도솔천궁으로 보내 줄 귀신들도 있기에 일단 불러내어 심판을 해봐야 알 수 있다. 죄가 많고 큰 자들은 천상에서도 안 받아주신다. 죄도 용서받을 죄가 있고 용서받지 못할 죄가 있다.

오늘 시골 큰형님 댁에 오후 3시 6분에 도착하여 달마도 귀신, 치매 귀신, 좌골 뼈를 부러뜨린 귀신, 말귀를 못 알아듣게 하는 귀신 등 20명을 퇴치해 주었는데 그중에 달마도 귀신이 가장 기운이 강해서 10분 정도 악을 쓰고 괴성을 지르다가 결국 소멸되었다.

일반 귀신은 1분이면 소멸되는데 달마도 귀신은 많은 자들로부터 기운을 받아서 기운이 아주 강했다. 20명의 악귀, 잡귀 귀신을 퇴치해 주고 나니까 앉아서 일어서지도 못하고 한 걸음도 못 걷던 형수가 일어나서 여러 걸음을 걷는 이변이 일어났다.

오늘 이렇게 악귀, 잡귀들을 퇴치해 주고 돌아가시어 천상 도솔천궁으로 올라가신 할아버지, 할머니, 아버지, 어머니, 누나, 큰형수, 당숙모, 형수의 친정어머니를 불러서 큰형과 형수를 상봉하게 해주었다.

내가 13년 전 천상 도솔천궁으로 입천해 드리기 전까지는 형과 형수의 꿈에 가끔 나타나시곤 했었고, 입천해 드린 이후에는 한 번도 꿈에 나타나시지 않았다고 하면서 그리워 보고 싶었다는데 오늘 마침내 그 소원을 이루어주었다.

천상 도솔천궁으로 입천되신 나의 조상님들은 모두가 편안하게 잘 계시고 아버지는 제후(왕)의 자리에 오르시었고, 어머니는 왕비가 되시었다고 자랑하시었다.

그러시면서 천상 도솔천궁에서 아주 편안하게 잘 지내고 있으니까 차례와 제사는 앞으로 절대 지내지도 말고, 산소도 모두 화장하라고 신신당부하시었다.

명절과 제사를 지내는 것은 천상 도솔천궁에 오르지 못한 조상귀신들에게나 지내는 것인데 우리들은 모두 천상에 올라가서 추위와 배고픔의 고통, 옷 걱정 없이 무릉도원 세계에서 기쁨과 행복 누리며 잘 지내고 있으니 안 지내도 된다고 하신다.

천상 도솔천궁으로 입천이 되면 여자들은 11~19세 전후의 소녀, 남자들은 21~29세 전후의 청년의 모습으로 살아가고 있다고 자랑하시며 제사와 차례를 지내도 내려오지 않기 때문에 다른 집 조상귀신들이 찾아와서 받아먹는다고 하시었다.

몸에 붙은 귀신들과 동물령들

저자(도법천존 3천황)의 몸 안에 들어와서 오랜 세월 동안 동고동락하였던 수많은 귀신들과 동물령들, 물고기 영들인데 인류가 탄생하고 난생처음 밝혀지는 어마어마하고 경천동지할 일이었다. 발끝에서부터 머리끝까지 붙어 있던 갖가지 귀신들의 종류와 형태이다.

1) 발톱무좀을 발생시킨 3명의 귀신들은 옛날 재래식 화장실에 있다가 달라붙었다고 한다.

2) 발바닥의 감각을 무디게 하는 5명의 귀신들은 강에서, 차에서, 산에서 기도할 때, 형상에서, 고기 파는 가게에서 각기 달라붙었다.

3) 발등에 달라붙은 7명의 귀신들은 30년 전에 내 몸에서 발산되는 빛의 기운을 보고 따라 들어왔다고 하였다.

4) 통풍을 발생시킨 귀신들은 동물령들이었다.

살쾡이, 물고기, 반달곰의 영들이었는데 여기에는 사연이 있다. 16살 때 눈이 많이 내리던 한겨울의 어느 날, 산토끼 사냥을 한다고 작대기를 들고 동네 친구들 4명과 야트막한 뒷동산에 올라가서 토끼 발자국을 발견하고 따라갔다.

그런데 산꼭대기에서 시작된 발자국이 산 밑으로 이어져 한 강물과 맞닿은 곳에서 발자국이 끊어졌는데 마침 깊숙한 굴이 보였고, 그 안에 반짝이는 눈빛이 보였지만 작대기를 휘둘러도 굴이 깊어 미치지 않기에 작대기 끝에다가 짚을 묶어 불을 붙여 굴 안으로 들이밀자 뜨거움을 견디지 못하고 앞으로 뛰쳐나와 강물에 빠진 것을 작대기로 내리쳐서 잡고 보니 산토끼가 아니라 살쾡이(고양잇과의 산 고양이로 맹수)였다.

4명 중에 내가 작대기로 내리쳐서 잡았기에 나의 집으로 함께 와서 빨래줄에 묶어놓고 가죽을 벗기는데, 실패하여 내다 버렸다. 그리고 바로 다음 날 아침에 일어나 보니 닭장에서 키우던 20마리의 닭들 중에서 5마리가 살점이 파 먹혀 죽는 사고가 발생하였다.

50여 가구가 모여 사는 작은 시골동네였지만 난생처음 일어난 희귀한 일이었다. 다른 집에서도 닭들을 많이 키우는데 유독 나의 집에서 키우던 닭들이 밤 사이에 5마리가 처참하게 죽었다. 전날 죽은 살쾡이가 암놈이었는데 짝을 잃어버린 수놈 살쾡이가 찾아와서 복수를 한 것이었다.

이런 일이 있고 나서 18년 후에 바람결만 스쳐도 극심한 통증이 따르는 통풍이란 질병을 얻어 30년째 고생하고 있는데 그 통풍의 발병 원인이 38년 전에 죽은 살쾡이의 복수였다는 사실을 살쾡이가 영매자 역할을 하는 비서실장(3황후 역할 겸직) 몸에 실려서 말해 주어 알게 되었다. 살쾡이 영혼은 “복수할 거야~” 하며 원통해했다.

영매자 역할을 하는 비서실장 몸에 실린 귀신들은 통상적으로 부르면 직전 전생이 사람이었다가 죽었기에 말을 까먹지 않고 묻는 대로 말을 하는데 통풍 질병을 발생시킨 귀신을 부르자 말을 못하고 야옹거리며 입을 가리키자, 고양이 영이 들어온 줄 알고 말을 할 수 있는 천지기운을 내려주었더니 48년 전에 나에게 죽었던 살쾡이라고 밝히면서 복수하려고 통풍 질병을 발생시켰다고 말하였다. 참으로 놀라운 일이었고, 살쾡이에게 미안하다고 말해 주고 죗값으로 천상으로 보내주었다.

그리고 이어서 실린 또 다른 존재는 말을 못하고 입 모양을 빠끔빠끔거려서 대번에 잉어인 줄 알아보고 말할 수 있는 천지기운을 내려주니 곧바로 사람처럼 말하기 시작하였다.

한강에서 낚시할 때 잡혀서 죽은 잉어 대표라고 자신의 존재를 밝히며 그 이외에 메기, 쏘가리, 빠가사리(동자개), 꺽지, 모래무지, 불거지, 피라미, 뱀장어, 눈치, 접비, 준치, 향어, 붕어, 피라미 등 어려서 강가에 살았기 때문에 물고기들을 참으로 많이도 잡아 매운탕과 회를 떠서 먹었는데 이들의 영들이 복수하려고 나에게 통풍 질병을 발생시켰다고 말해 주었다.

그다음은 통풍에 좋다고 하여서 반달곰의 웅담(쓸개)과 오소리를 잡아 쓸개를 먹었는데 곰과 오소리의 영혼들이 들어와 있었고, 천상으로 입천시켜서 사람으로 환생시켜 주었다.

5) 종아리 퉁퉁 붓게 한 귀신은 여러 곳에서 달라붙었다. 종아리에 들어온 지는 조금 되었는데 춥고 배고파서 오고갈 데가 없어서 할머니 귀신, 아저씨 귀신 등 총 15명이나 되었다.

6) 무릎에 들어와 붙어 있는 귀신은 오른쪽 무릎 1명, 왼쪽 무릎 2명이고 모두 할머니 귀신들이었다.

7) 생식기에 붙어 오줌발 약하게 하고 정력 떨어지게 하는 귀신은 할아버지 귀신 1명이었다.

8) 담배 많이 피우는 귀신은 남자 귀신 4명, 여자 귀신 1명이었다.

9) 위장에 남녀 귀신 3명이 붙어서 위염, 위궤양, 위암을 발생시키는데 귀신들이 위장은 자신들의 집이라고 한다.

10) 대장에 아기 귀신이 1명 붙어 있는데 자기 아빠 같아서 들어왔다고 말하는데 불러내었더니 춥다고 하며 대장암을 발생시킨다고 한다.

11) 항문에는 재래식 화장실에서 2명의 귀신이 달라붙었다.

12) 쓸개에는 50대 여자 귀신 1명과 아가씨 귀신 1명이 붙어 있었다.

13) 신장(콩팥)에는 1명의 남자 귀신이 붙어 있었다.

14) 심장에는 우울증에 걸려 심장을 칼로 찔러 자살한 귀신이 1명 달라붙어 있었다.

15) 폐는 오래전에 들어온 3명의 귀신이 달라붙어 있었다.

16) 허리엔 좋은 곳으로 가고 싶어 하는 귀신 2명이 빛을 보고 들어와 달라붙어 있었다.

17) 등에는 4명의 귀신들이 달라붙어 있는데 책을 읽을 때 붙은 귀신과 골프 치러 다닐 때 붙은 귀신, 물컵에 붙어 있다가 따라 들어온 귀신들이었다.

18) 뒷목에는 춥고 배고파 갈 곳 없는 2명의 귀신들이 달라붙어 있었다.

19) 양쪽 어깨에는 오래전에 산기도 다닐 때 산신 1명이 올라타고 있었다.

20) 목에는 1명의 할머니 귀신이 달라붙어 있었다.

21) 편도선에는 4명의 귀신들이 달라붙어 있었다.

22) 팔꿈치엔 2명의 귀신이 살고 싶어서 달라붙어 있었다.

23) 코에는 1명의 귀신이 달라붙어 있었다.

24) 눈에는 억울하게 죽은 처녀 귀신 2명이 달라붙어 있었다.

25) 귀에는 귀신이 없었다.

26) 이마에 1명의 귀신이 달라붙어 있었다.

27) 머리카락 빠지게 하는 귀신을 불렀더니 남자 귀신 1명이 었는데 스트레스를 너무 많이 받아 화가 난다며 머리카락을 움켜쥐며 쥐어뜯고 있었다.

28) 머리에 들어와 있는 귀신들은 남자 귀신 4명, 여자 귀신 2명으로 뛰어노는 아이들 귀신도 달라붙어 있었다.

이렇게 총 79명의 남녀 귀신들과 2마리의 동물령들과 물고기 수천 마리의 영들이 나의 몸에 들어와서 함께 동고동락하며 원과 한에 맺혀서 저주를 퍼붓고 있으니 어찌 질병에 걸리지 않을 수 있겠는가? 인간 육신 자체가 영들과 귀신들의 집(거처)이란 진실이 생생히 밝혀졌다.

나에게 왜 이렇게 많은 귀신들이 들어와 있는지 진실을 가르쳐주셨는데 이것이 하늘세계, 신명세계, 영혼세계, 사후세계, 조상세계, 인간세계, 동물세계, 만생만물의 영들에 대한 공부를 시키기 위한 과정이라고 하셨다.

이들이 전생에 어떤 죄를 지어 천상 태상천궁에서 지구로 도망치거나 쫓겨나 인간으로 태어나지 못했는지 원인을 밝혀내어 세상에 알리라는 메시지였다. 나의 몸을 아프게 하는 귀신들도 불러서 그 사연을 모두 밝혀내는 공부의 일환이었고 살려줄 자와 심판해야 할 자들을 선별해야 한다.

이제 귀신들과의 싸움에서 어떻게 살아남느냐가 관건인데 귀신종교에서 안수기도, 퇴마, 병굿, 천도재를 하고 있는데 눈에 보이지 않는 그 많은 귀신들을 귀신교주들의 능력으로는 감당할 길이 전혀 없다. 귀신을 쫓는다고 해봐야 오히려 해코지만 하고 쫓아내준 귀신교주들이 더 불행해진 경우가 비일비재하다. 이제는 귀신들을 쫓아내는 것이 아니라 원 맺히고 한이 맺혀 죽은 귀신들도 구원해 주어야 한다.

원과 한이 맺혀 죽은 귀신들까지 모두 구원해 주시려고 천상의 3천황 폐하와 3황후 폐하께서 천기 18년 9월 9일 존영봉안식 때 공식 하강 강림하시어 존재를 밝히시었다. 사람 몸에 붙어 있든, 천지만생만물에 붙어 있든 모든 영들은 대우주와 삼라만상의 천지만생만물 창조주이신 하늘 태상천존 자미 천황태제 폐하와 태상천존 자미 황후태제 폐하께서 창조하신 영들이었음이 밝혀졌다.

그러니까 세상의 모든 영(생령과 사령)들에게 영혼의 어버이 되시는 하늘 태상천존 자미 천황태제 폐하와 태상천존 자미 황후태제 폐하께서 도법천존 3천황(저자)과 도법천존 3황후(비서실장)의 육신으로 공식 하강 강림하시었다.

현재 영으로 머물고 있는 존재가 생령인가 사령인가는 육신이 살아 있느냐 죽었느냐의 차이일 뿐 영들은 육신이 없어도 사후세계에서 천지만생만물 속에 그대로 존재하고 있다. 동물로 태어난 영들도 많고, 미물, 식물, 무생물, 세포, 바이러스, 세균으로 태어난 영들도 많다.

생령이든, 사령이든, 귀신이든, 축생이든 영들이 구원받으려면 인간 육신들을 데리고 태상천궁으로 들어와서 하늘이 내리시는 명을 받들어 봉행하여야 한다.

나에게 죽은 축생들 구원

어린 시절부터 나에게 죽임을 당하였던 수많은 생명체들 중에서 쥐새끼, 참새, 송충이, 뱀, 메뚜기, 잠자리, 매미, 개구리, 지렁이, 구더기, 가재, 게, 미꾸라지, 물고기, 파리, 모기, 하루살이에 이르기까지 모두를 천상으로 보내주었는데, 사람의 모습으로 환생되었다. 이들도 직전 전생에는 사람이었었다는 위대한 진실을 인류 역사상 처음으로 밝혀내었다.

그런데 생명체에만 귀신들이 있는 것이 아니고 풀, 식물, 나무, 돌, 모래, 흙, 바위, 온갖 종류의 물건, 수저, 숟가락, 볼펜, 이쑤시개, TV, 냉장고, 선풍기, 에어컨, 시계, 액자, 장롱, 책상, 의자, 컴퓨터, 프린터, 지갑, 안경, 거울, 화장품, 모든 생활 집기류에도 무수히 많은 귀신들이 달라붙어 살아가고 있음을 확인하였는데 헤아릴 수 없이 너무나도 많다.

인류는 귀신교에서 무수히 많은 귀신들과 함께 동고동락하며 살아가고 있는데 이들 귀신들의 모습이 사람 눈에 안 보이기에 무서운 줄 모르고 살아가고 있는 것이다. 내 집의 온갖 사물의 집기들에 붙어 있는 귀신들이 무려 300,000명이나 되어서 모두 천상으로 입천시켜 주었다.

그리고 태상천궁의 집기류들과 의식할 때와 천상도법주문회할 때 따라 들어온 귀신들이 5,000,000명이 훨씬 넘었는데 이들 모두도 천상으로 입천시켜 주었다.

나(도법천존 3천황)는 하늘, 신명, 생령, 사령(조상), 귀신, 악령, 악귀, 잡귀 사탄, 마귀, 원귀, 악신, 요괴, 동물령, 곤충령, 파충류, 양서류, 어류, 조류, 식물류, 나무, 바위, 돌멩이, 모래알, 흙, 외계인 등 삼라만상의 생명체와 비생명체를 막론하고 그 어떤 존재든지 대상만 있으면 대화가 가능한 신비의 영적 능력을 갖고 있다.

이들을 구원함에 있어서 왜 그들이 그런 존재로 태어났는지 그 원인을 밝혀낸 다음에 구원해 준다. 대다수가 영들의 고향인 천상 태상천궁에서 죄를 짓고 쫓겨났거나 도망친 존재들이고, 전생의 죄를 유일하게 빌 수 있는 만물의 영장인 사람으로 태어나게 해주었더니 하늘이 내리신 명을 거역하고 하늘의 존재를 무시하며 찾지 않아 말 못하는 천지만생만물로 다시 태어났다는 영계와 천계의 진실을 확인하였다.

지금 이 땅에 태어난 인류에게 전생의 죄를 빌 수 있는 천재일우의 기회를 내려주신 것인데 영과 육들이 모두 귀신종교의 귀신교주들에게 세뇌당하여 하늘이 인류에게 내려주신 금쪽같은 시간을 허송세월하며 아무 의미 없이 보내고 있다.

영들의 고향인 천상 태상천궁에서 지은 전생의 죄를 천상의 3천황 폐하께 빌어서 유일하게 사면받을 수 있는 곳은 지구에서 여기 한 곳뿐이다. 만생만물의 영들에 대한 생사여탈권을 쥐고 있는 영과 육의 3천황 폐하이시다.

육신의 죽음 이후 땅바닥을 기는 뱀과 지렁이로 환생하는 경우는 귀신종교를 세워 하늘이나 천자를 사칭한 죄인들이고. 하늘을 무시하고 부정하며 욕한 자들이다.

내 집안의 가재도구 등 모든 집기에 붙어 있던 30만 명의 영들을 천기 18년 9월 11일 0시에 천상으로 모두 입천시켜 주었다. 생명체로만 영들이 태어나는 것이 아니라 모든 사물로도 태어났음을 확인하였다. 살아생전 3천황 폐하를 알현하지 못하면 축생, 곤충, 사물로 수천수만 번 기약 없이 윤회한다.

나에게 죽임을 당한 모든 생명체들을 모두 천상으로 보내주었더니 이팔청춘의 선남선녀로 태어나서 아무런 근심걱정 없이 기쁨과 행복 누리며 살아간다고 자랑하였다.

오소리 대표

통풍 약재로 쓰려고 얻어온 오소리는 장군으로 환생하였다.

쥐새끼 대표

쥐는 백해무익하여 초등학생 시절 숙제로 쥐꼬리를 잘라 학교에 가져간 적이 있고, 쥐약을 놓거나 쥐창을 놓아서도 많이 잡아 죽였다. 왜 그리 쥐새끼들이 바글바글하였던지 참으로 많기도 많았다. 온갖 곡식들을 갉아먹어 피해가 이만저만이 아니었고 전국적으로 쥐잡기 운동까지 있었다. 쥐새끼들을 모두 천상으로 올려 보냈더니 14살 선녀로 환생하였다.

구렁이 대표

20년 전 산소에서 벌초하다가 예초기 칼날에 죽은 뱀을 매부에게 뱀술 담가주었던 누나를 3일 만에 급살로 죽게 하였던 구렁이와 어머니 살아생전 약재로 쓰인 구렁이는 15살 처녀로 환생하였다.

지렁이 대표

물고기 먹이로 쓴 지렁이들은 12살, 13살 소년으로 환생

구더기 대표

견지 낚시할 때 물고기 밥으로 주었던 수십만 마리의 구더기들을 3천황 폐하께서 11살 소녀로 환생시켜 주셨다.

개구리 대표

개구리들은 천상 태상천궁에서 죄를 짓고 쫓겨나서 개구리로 태어났는데, 나에게 어린 시절 잡혀서 죽었던 수많은 개구리들을 천상으로 입천시켜서 13살 소녀로 환생시켜 주었다.

매미 대표

굼벵이에서 매미로 태어났는데 어린 시절 잡았던 매미들이 천상에 올라가서 다시 태어나 17살 소년이 되었다.

집게벌레 대표

초등학생시절 집게벌레(사슴벌레)를 많이 잡았는데 15살 소년으로 환생시켜 주었다.

송충이 대표

초등학생 시절 송충이들을 많이 잡아서 죽였는데, 이들은 전생에 살인강도이자 천상천하 유아독존이었기에 송충이로 태

어났지만 다시 살려주어 천상으로 보내서 사람으로 환생시켜 주었는데 20살 청년으로 환생되었다.

메뚜기 대표

어려서 논두렁에서 메뚜기 잡아 볶아먹기도 하였는데 모두 천상으로 입천시켜 주어서 14살 소녀로 환생시켜 주시었다.

잠자리 대표

나에게 잡혀서 죽은 잠자리들은 천상에서 15살 소년으로 환생하였는데 전생에 하늘을 무시하고, 부모조상을 구해 주지 않고 박대한 죄로 인하여 잠자리로 환생하였다,

두더지 대표

오른 팔꿈치가 아파서 어떤 귀신이 또다시 들어왔는지 불러내어 확인하였더니 두더지 영이었다. 말을 하지 못하고 끙끙거리기에 축생이라고 판단되어 말할 수 있는 천지기운을 내려주자 말하기 시작하였는데, 천상의 3천황 폐하께서 두더지가 천상세계 신명정부의 대신(장관)으로 있을 때 지은 전생의 죄를 밝혀주시었다.

두더지 가족이 4명 있었는데, 어제 천상으로 못 가고 남은 것은 가족과 함께 가고자 그대로 팔꿈치에 있었다고 말한다. 그래서 두더지 가족 3명을 더 불러주어 상봉시켜 주었더니 서로 만나 울고불고 난리였다. 산에서 함께 죽었는데 전생에 사람이었냐고 물으니 기억이 없다고 말한다.

천상 태상천궁에 대신(장관)으로 있을 때 천상의 주인(태상

천존 자미 천황태제 폐하)과 황태자(현재의 도법천존 3천황)에게 자신의 의견과 다르면 마음속으로 욕을 하고 사사건건 대적했으며 탐욕이 심해서 황태자를 질투했다가 2,000년 전에 지구로 쫓겨나서 인간으로 환생 없이 두더지, 잠자리, 바퀴벌레, 개미, 바위, 지렁이, 풀, 나무, 돌 등 온갖 천지만생만물로 환생하였다고 말한다.

딱 한 번만 죄를 빌 수 있게 다시 인간으로 태어나게 해달라고 두 손 모아 용서해 달라며 “잘못 했습니다” 하면서 싹싹 빌고 있기에 언제 인간으로 다시 태어나 짐을 만날 수 있겠는가 하면서 지금 당장 빌라고 가르쳐 주었다.

천상에도 아직 가족이 남아 있다고 말한다. 아직 더 빌어야 하고, 지엄하신 천상의 3천황 폐하께서 두더지에게 축생으로 더 윤회하여야 한다고 가르쳐주시며, 다음 축생으로는 뱀으로 태어난다고 하신다. 자신의 탐욕을 이루려고 하늘을 시해하려는 반란군 무리에 가담하였던 죄가 크다고 한다.

지구에서 살아가는 전 세계 인류를 만생만물의 영장인 인간 육신으로 태어나게 해주신 것은 천상 태상천궁에 있을 때 전생의 죄를 빌 수 있는 기회를 주시고자 함이라는 진실이 두더지 전생을 통해서 또다시 밝혀졌다.

하늘로부터 복을 받으려고 비는 것이 아니라 천상에서 지은 전생의 대역죄, 역천자의 무거운 죄를 빌어야 한다. 아무리 인자하시고 대자대비하신 하늘이라 하시더라도 전생의 죄인들에게 끝없이 관용을 베풀지는 않으신다는 진리를 알았다.

말로 비는 것은 비는 것이 아님도 알았고 반드시 죗값(돈)을 가져와서 3천황 폐하께 빌어야만 받아주신다.

태상천궁에 들어와 있는 영혼들, 사물과 집기에 붙어 있는 영혼들 모두 오라고 했더니 김치 냉장고 위에 올라가 있던 남자 귀신이라며 26살 때 교통사고로 죽었다고 한다.

주방에 있는 음식을 먹고 싶어서 있었고, 천궁 경내에 5백만 명이 넘는 귀신들이 있어 모두 불러 모아 천상으로 보내주었더니 그중에서 문 앞에서 서성이던 10살짜리 어린 소녀 귀신이 대표가 되어 다시 내려와서 전해 주었다.

이 어린 소녀는 전생에서 악랄한 대갓집 마님이었는데 살아생전 종들을 너무 심하게 학대하고 구박하여 죽어서 학대하는 부모 밑에서 태어났다가 구박과 매를 맞고 어린 시절에 죽었다고 한다.

그러면서 최근에 종업원들에게 갑질 행위를 일삼아 사회적 물의를 빚고 있는 ××그룹 A×× 회장과 일가들도 죽어서 비참한 가정에서 태어나 학대받다가 죽은 다음에는 축생으로 윤회할 것이라는 말을 지금 어느 분이 들려주신다고 어린 소녀가 말해 주었다.

두들겨 맞으며 학대당한 뒤에 만생만물로 끝없이 윤회한다고 전해 주며 살아생전 죽기 전에 3천황 폐하를 알현하여 종업원들을 학대 구박한 죄를 빌어 구원받아야만 사후세계의 불행에서 벗어난다고 전해 주었다.

나의 승용차에 붙어 있는 귀신들은 모두 들어오라 명을 내렸더니 터널 안에서 숨어 있다가 들어온 아기귀신, 노인귀신, 여자귀신, 남자귀신 등 총 15명이 차 안에서 함께 살고 있었다고 말하는데 모두 천상으로 입천시켜 주었다.

영(천상)과 육(지상)의 3천황 폐하를 만나서 이번 생에 구원받지 못하면 이 세상에 구원이란 존재하지 않는다는 사실이 현실로 입증되었다.

네 머리에 들어와 있는 존재들 모두 나와라. 2018년 9월 11일 오후 1:30분. 할머니 귀신인데 어젯밤 늦게 나의 머리로 들어왔다. 머리가 아파서 두통으로 죽었다. 다른 아파트 계단에는 수많은 귀신들이 꽉 차 있어서 내가 사는 아파트 1층 계단에 앉아 있다가 나의 몸으로 들어왔는데 5살 아기도 함께 들어와서 천상으로 보내주었다.

우측 종아리에 붙어 있는 남자 귀신은 눈도 침침하다고 말하는데 역시 천상으로 입천시켜 주었다. 또 다른 귀신이 들어왔는데 말을 하지 못하고 혀를 날름거리고 있어 말할 수 있는 천지기운을 내려주자 아파트 앞 땅에 묻혀 있었던 뱀의 영혼이라고 말하였다.

아파트가 생기기 전에 사람에게 죽임을 당하여 땅 속에 묻혔는데 종교를 만들어서 악덕 교주로 군림하고 행세한 죄로 인하여 벌을 받아 뱀으로 태어났다. 귀신 신도들한테 자신의 말을 듣지 않으면 죽는다고 겁주고 현혹하며 수많은 돈을 갈취하였던 것이 죄였다.

사람도 죽였고 자신이 하늘이라며 사칭한 죄라고 한다. 그러면서 지금 천자를 사칭하고 있는 자들은 죽어서 뱀으로 한도 끝도 없이 윤회한다고 알려주었다.

전생에 귀신교의 교주였는데 죽어서 뱀으로 환생했다는 뱀 영혼은 다시 뱀으로 환생되어 혀를 날름거리며 기어 다니고 있는 모습을 보여주시니, 이 땅에 종교를 세워 성인성자를 숭배하는 귀신 창시자들, 귀신 교주들, 귀신 종교, 귀신 지도자들, 무속인들, 귀신 신도들은 전부가 죽어서 뱀이나 지렁이, 구더기로 환생한다고 천상의 3천황 폐하께서 알려주시었다.

천지만생만물로 태어난 영들의 사후세계 실상을 알면 지금 태평스럽게 마음 편히 세상을 살아갈 수 없다. 자신의 죽음 이후 세계를 모르기에 무사안일하게 보내고 있다. 영들의 생사여탈권을 집행하시는 하늘이신 3천황 폐하의 무서운 존재를 모르며 아무렇게나 살아가고 있는데 정신들 차리고 하루바삐 달려와서 살려달라고 빌고 빌어야 한다.

영들이 아픔과 슬픔, 고통과 불행으로 힘이 들면 인간 육신들도 똑같이 그렇게 힘든 인생길을 살아가게 되므로 육신의 삶이 편안하려면 영들부터 구해 주어야 한다. 영들은 생령과 사령이 있고, 악귀, 잡귀, 사탄, 마귀, 악신, 악령, 원귀 등 남의 조상귀신들도 모두 포함된다.

영들의 방해를 전혀 받지 않고 사는 길은 없지만 최대한 줄일 수 있는 방법은 있다. 그러니까 인간 육신만 편안하게 사는 길은 없다는 진실을 알고, 영들부터 구원해 주어야 한다. 약은

체하며 사람 눈에 안 보이고, 귀에 안 들린다는 이유로 하늘, 신명, 조상, 생령, 귀신의 존재를 무시하고 부정하며 이기주의자로 살아가는 사람들이 대다수이지만 그것은 오히려 가장 어리석은 바보짓이다.

인간 육신을 지배하는 존재는 바로 영들인 하늘, 신명, 조상, 생령, 귀신들이다. 여러분 육신은 자동차에 불과하고 자동차를 운전할 수 있는 것은 사람인 것처럼, 여러분의 인간 육신을 지배통치하고 움직일 수 있는 존재는 인간 육신이 아니라 하늘, 신명, 조상, 생령, 귀신들이란 사실을 알아야 한다.

하늘, 신명, 조상, 생령, 귀신들과 싸워서 이길 자들은 이 세상에 하나도 없고 엎어터지고 인생이 풍비박산만 난다. 서로가 원하고 바라는 것을 들어주고 상부상조하며 공존공생하는 것이 최선의 인생길이다. 귀신들 중에서도 살려주어 구원할 자가 있고, 심판해서 소멸할 자가 있는데 이것 역시 천상의 3천황 폐하의 고유권한이시다.

모친의 악귀, 잡귀 퇴치

천황님의 나라(천황국) 태상천궁의 빛과 불이신 도법천존 3천황 폐하의 천상세계 신명정부 신하 3황후/ 비서실장 보라 신왕/ 무곡성주 태윤/ 선관부대신(선관위원장)/ 대전광역시장/ 국회의원/ 천인/ 도인 이○율 문후 올려드리옵나이다.

빛과 불이신 도법천존 3천황 폐하!!!

2018년 9월 9일 소신의 모친 몸 안에 있는 악귀, 잡귀 퇴치 이후, 일어난 신기한 일들에 대해 큰 감사의 글을 올려드리옵나이다. 소신이 서울로 올라오고 나서 한참 동안 부모님 뵙지 못해 현재 모친의 건강 상태가 어떠한지 알 수가 없었고, 다만 여동생한테서 간간이 오는 문자로 모친의 상태를 알 수 있었사옵나이다.

모친이 올해 66세이신데, 몇 달 전부터 건강이 급격히 안 좋아지셔서 신장 기능은 40% 남아 있어 음식에 주의해야 하고, 왼쪽 무릎 연골은 반이 남아 있고, 반은 없는 상태로 관절염 말기라 병원에서 인공관절 수술하라고 권유받았다고 하였사옵나이다.

'생로병사의 비밀' 제작진 측에서 모친에게 신장 검사를 다시 해보라고 하여 재검사하였다는데, 원래 다른 병원에서 처음 검사받았을 때는 신장 기능 40% 남았다고 했었는데, 어제는 50%라는 결과가 나와 모친 스스로도 놀랬고 정말 신기하다는 말을 하였사옵나이다.

소신은 어떻게 이런 놀라운 결과가 일어났는지 잘 알고 있기에 마음속으로 도법천존 3천황 폐하! 만세! 만세! 만만세!를 외쳤사옵나이다. 또 현재 관절염 말기로 걷기도 힘들 정도라는 말을 전화로 듣고, 너무나 가슴 아팠사옵나이다.

그런데 막상 만나니 모친이 생각보다 그렇게 느린 보행이 아니고 건강했던 시절처럼 걸어 어떻게 된 것이냐고 물어보니 사실 집에서는 화장실 가기도 힘들어 지팡이를 짚는데, 오늘 아침에 일어나니 이상하게도 다리에 힘이 나서 이렇게 걸을 수 있다고 하는 것이 아니겠사옵나이까?

정말 기적 같은 일이었사옵나이다! 이 모두가 도법천존 3천황 폐하께옵서 악귀, 잡귀 퇴치 이후로 내려주신 기운으로 가능한 것이었음을 잘 알고 있기에 진심으로 깊은 감사함을 재차 올려드렸사옵나이다!

소신의 모친은 '생로병사의 비밀'(만성 신부전증 편)에 맞추어, 오늘부터 3주 동안 병원 영양사가 권장해 준 식단에 맞추어 생활한 후 결과를 본다고 하였고, 10월 초에는 '생로병사의 비밀' 제작진 팀에서 다시 모친 집으로 찾아가서 몸의 상태가 어떻게 변화되고 있는지에 대한 부분도 인터뷰를 하게 된다고 하였사옵나이다.

도법천존 3천황 폐하께옵서 소신 모친의 몸에서 40여 명의 악귀 잡귀들을 퇴치하여 주신 이후로 이렇게 좋은 일들이 생겼사옵나이다! 그리고 생각해 보니 소신이 모친의 악귀, 잡귀 퇴치 신청을 하려고 퇴공을 올리려 했을 때 마음 안에서 모친 악귀, 잡귀 퇴공을 얼마로 올리라는 느낌이 너무도 강렬히 느껴져 무조건 올려드렸사옵나이다.

바로 퇴공을 계좌 이체하는데, 올려드리고 나자 소신의 얼굴이 갑자기 일그러지면서 이상한 괴성의 소리가 입에서 나오고 몸이 움찔거렸사옵나이다. 그때 드는 생각이 모친 몸속 악귀 잡귀들이 이제 자기들의 존재가 들통 날 것을 알고 발악하는 것 같았고, 이런 내용을 메일로 보내드리자 신기하게도 메일 보낸 시간이 4시 14분이었사옵나이다.

도법천존 3천황 폐하께 모친에 대한 내용을 메일로 보내드리자 네이버 메일에 보낸 시간이 일부러 맞춘 것도 아닌데, 어떻게 4시 14분일까? 이런 것으로도 정말 한 치의 오차도 없으심을 보여주시는구나!! 또 한참 감동, 감탄하였사옵나이다. 왜냐하면 소신 모친의 생신이 4월 14일이시기 때문이었사옵나이다.

그리고 방금 전 또 신비한 일을 겪었사옵나이다. 소신이 이 글을 쓰는 중, 전화가 와서 받으니 어떤 여자가 "거기가 천황님의 나라 맞나요?"라고 묻는 것이 아니겠사옵나이까?

소신은 "네, 맞아요."라고 대답하였는데, 알고 보니 포털 사이트 '다음'인데, 지도로 위치 검색할 때 태상천궁 주소와 위치가 맞는지 확인차 전화하였다는 것이었사옵나이다.

'다음' 직원이 "거기가 천궁 맞나요?"라고 물어볼 수 있는데, 어떻게 "천황님의 나라" 가 맞느냐고 물어볼 수 있는지 참으로 신기하옵나이다. 도법천존 3천황 폐하께옵서 지난 주 천상도법주문회에서 말씀 내려주셨듯이 10년 전에 '천황님의 나라'로 간판을 크게 했었다는 얘기를 들려주셨사옵나이다.

도법천존 3천황 폐하께 포털 사이트 다음에서 전화 온 내용을 말씀 올리자 "천황님의 나라"가 맞다는 것을 천상의 3천황 폐하께서 실시간으로 가르쳐주시고 보여주시는 천지조화에 감탄하였사옵나이다.

빛과 불이신 도법천존 3천황 폐하! 소신의 모친은 일단 '생로병사의 비밀' 제작진 측에서 마련해 준 실험에 참가하여 몸 상태에 맞는 식단과 관리법대로 실행한 뒤 3주 후에 신장 상태의 결과를 보게 되었사오니 이러한 행운을 안겨주신 도법천존 3천황 폐하께 다시 한 번 더 깊은 감사의 인사를 올려드리사옵나이다!

수많은 악귀 잡귀들이 달라붙어 모친의 몸에 병마를 일으키고, 평생을 몸 고생, 마음고생하게 하였사온데, 소신의 가족에게 기쁜 희망을 안겨주셨사옵나이다. 모친이 관절염 말기로 얼마 전부터는 지팡이를 짚고 다니셨다는데, 어제의 모습은 작년에 만났을 때처럼 정상의 모습으로 걸으셨사옵나이다.

정말 도법천존 3천황 폐하의 대도력, 대천력, 대신력의 위력은 상상을 초월하는 경이로움 그 자체이오며, 진심으로 고개 숙여 너무나도 감사드리옵나이다.

나의 팔꿈치에 들어와 있는 귀신

저자가 아침에 자고 일어나니 오른쪽 팔꿈치가 아파서 하루 종일 불편하여 어떤 귀신이 들어왔는지 불렀더니 교통사고로 몇 년 전에 죽은 남자 귀신이었다. 팔꿈치에 들어와 있는 남자 귀신은 사고로 팔이 부러졌고 내장이 터져서 죽었다.

어떤 죄를 지어 그렇게 처참히 죽었는지 물어보자, 모른다고 하더니 갑자기 위에서 누가 자신의 죄를 얘기해 주고 있다면서 말하였다. 형제간에 이간질했고, 남의 가슴에 피멍 들게 하고, 남 험담하고, 저자가 낸 신문광고를 보고 비방하고 험담하였던 벌로 인하여 교통사고로 죽었다고 한다. 살아생전에 자신의 사상에 안 맞으면 비방, 험담, 욕하는 귀신이었다고 말한다.

자신도 지은 죄가 무엇인지 모르자 3천황 폐하께서 이 귀신이 지은 죄를 알려주시면서 몇 년 전에 53세로 사망하였다고 밝혀주셨다. 저자가 발행한 책을 보고 또는 인터넷에서 글을 읽고 저자를 비방한 자들 중에는 이처럼 교통사고로 비참하게 비명횡사당하여 죽은 자들도 많다고 오늘 이 귀신을 통해서 처음으로 말씀 내려주셨다.

이미 발행한 책 내용에도 실시간으로 하늘과 땅이 지켜보고 계시기 때문에 비방, 험담하면 불행을 당한다고 경고 내용을 수록해 두었었다. 졸지에 갑자기 사건사고로 죽은 자들은 자신들이 저자를 비방, 험담해서 죽었다는 것은 생각하지도 못하고 있다며 천상의 3천황 폐하께서 가르쳐주시었다. 비방 전화를 한 자들은 죽어서 명부전에서 심판받고, 천옥도에 갇혀서 고통받고 있다고 한다.

그동안 비방한 자들이 엄청 많이 죽었다고 하며 가문이 멸문지화당한 가문도 있다고 한다. 하늘을 몰라보고 까불었던 자들은 이미 세상을 떠나 고통받고 있다. 출간된 책을 읽고 비방한 자들 중에서도 죽은 자들이 많고, 벌을 받아 지금 암에 걸려 사경을 헤매는 자들이 엄청 많다고 비명횡사당한 귀신을 통해서 들려주셨다.

이 책이 출간되고 나서 책을 읽고 비방하든 신문광고를 읽고 비방하든 언젠가는 반드시 비명횡사당한다고 귀신이 경고 메시지를 전했다. 이 귀신을 천상으로 보내주려 하였더니 더 고통을 받아야 한다며 천상의 3천황 폐하께서 불허하시고, 가족들을 데리고 들어와서 천상입천제를 행하고 사죄의식을 올려서 입천 윤허 여부를 여쭈어보라고 하신다.

교통사고 나서 뼈가 부스러지고 배가 터지고 내장이 쏟아져 엄청 고통스럽게 죽었다고 하였다. 비명횡사당해 죽은 귀신이 하는 말인즉, 사고 전날 밤 부인의 꿈에 검은 옷을 입은 저승사자 2명이 찾아왔다고 말해 주었다며, 아침에 부인이 오늘 교통사고 조심하라고 알려준 날 대형트럭에 깔려 만신창이로 배가 터져 죽었다고 사고 경위를 자세히 말하였다.

자신은 서울에 살고 있었는데, 본인이 사고로 죽고 나서 가정이 풍비박산 났다고 한다. 이 책이 출간되고 나면 가족들로 하여금 책을 읽게 하여서 태상천궁으로 데리고 들어오겠다고 약속하였다.

진짜 하늘이 저자 몸으로 하강 강림하셨는데 몰라보았다며 엄청 후회하고 닭똥 같은 눈물을 흘리며 살려달라고 잘못을 용서 빌었지만 아무 소용이 없었고, 책을 읽게 하여 가족들 중에 어느 하나를 데리고 들어오는 것밖에는 다른 희망이 없다.

이 책 내용의 글을 읽고 사이비라고, 허황된 황당한 글이라며 자신의 마음이나 생각, 혼잣말 또는 주위 사람들에게 험담하며 가지 말라고 말린 사람들, 저자를 가짜라고 소문내고 대마왕이라 험담한 자들, 이곳에 전화 걸어 비방하고 욕설하는 독자들은 반드시 사건사고로 죽게 된다는 사후세계 진실을 확인하는 순간이었다.

책에 경고는 하였지만 저자를 비방하고 험담하다가 벌을 받아 죽었다는 진실을 확인한 것은 오늘이 처음이다. 그동안 까마득히 잊고 있었는데 나의 팔꿈치에 들어온 귀신을 불러내서 교통사고로 죽은 원인을 처음 알게 되었다.

저자가 죽은 귀신에게 말해 주었다. 하늘이신 천상과 지상의 3천황 폐하께서는 각자들이 "이 땅에서 뿌리고 행한 대로 한 치의 오차도 없이 거두게 하신다"고 알려주었다.

죽은 귀신들은 자신조차도 왜 어떤 연유로 죽었는지 알 수가 없기에 이렇게 천상의 3천황 폐하께서 가르쳐주셔야 그때서야 후회하고 대성통곡하며 살려달라고 빌어보지만 하늘이신 3천황 폐하의 심판은 한 치의 오차도 없이 지금도 실시간으로 집행하시고 계신다는 무서운 진실을 이 책을 읽어보는 많은 독자들은 알아야 한다.

유럽 쪽의 성당에서는 귀신 쫓는 퇴마식을 구마식이라 하는데, 유명한 사례들을 보면 자기네들도 어찌하지 못해 귀신들린 자들을 굶기며 고문하다가 죽여서 신부나 수녀, 가족들 등 관련자들이 살인혐의로 형을 받는 것이 대부분이라 한다.

그런데 이곳에서는 굶기고, 고문하며, 두들겨 패는 폭행, 고춧가루 물을 콧구멍에 붓는 행위, 무당들처럼 칼로 찌르며 죽이는 시늉, 물리적 압박 행위, 부적을 태운 물을 먹이는 행위, 부적을 지니는 행위, 신주단지를 모시는 행위, 성주대신을 모시는 행위, 대감단지를 모시는 행위, 경전을 읽는 행위 등 일체의 귀신교 행위를 하지 않는다.

손가락 하나 대지 않고 오직 천상과 지상 3천황 폐하의 무소불위하신 천지기운인 대도력, 대천력, 대신력의 빛과 불로 구원과 심판을 집행할 뿐인데 효과는 상상초월로 나타난다. 그리고 사명자 1명만 들어오면 질병을 치료할 아픈 가족들은 굳이 이곳에 오지 않아도 치료가 가능하다.

빛과 불의 천지기운으로 병마 귀신들을 원격으로 소멸해 준다. 즉, 환자의 몸에 있는 귀신들을 거리에 상관없이 즉시 불러서 구원할 귀신과 심판할 귀신들을 가려내서 척결할 수 있다.

평생 아프던 고통에서 벗어나

천황님의 나라(천황국. 천신국) 태상천궁의 빛과 불이신 도법천존 3천황 폐하의 천상세계 신명정부 신하 정보부대신(국정원장)/ 국회의원/ 황해북도지사/ 천인 홍○환 문후 올려드리옵나이다.

불가능이 없으시고 천상과 지상의 모든 생사령들을 구원하시고 소멸시키시는 대도력 대천력 대신력과 대능력을 가지신 보이시는 하늘이신 도법천존 3천황 폐하!!!

인간 육신이 아픈 것은 병마(病魔)인 귀신이 몸속에 들어와 살고 있기 때문에 아프다는 것을 알아내시고, 소신 몸에 있는 많은 악귀, 잡귀를 퇴치해 주셔서 아프던 소신을 살려주셨기에 이제는 병원과 의사가 필요 없고 빛과 불이신 도법천존 3천황 폐하만 계시면 되옵나이다.

이 세상이 귀신 천지이고 만생만물 모든 곳에 붙어 있다고 하시며 눈에 보이지 않으니 인간들이 살아가지 눈에 보인다면 살아갈 수가 없다고 하셨사옵나이다. 이 많은 귀신들이 사람들이 살아가면서 어떤 생각을 하느냐에 따라 귀신과의 주파수가 맞으면 육신으로 치고 들어온다고 하셨사옵나이다.

사람들이 살아가면서 매사에 긍정적인 생각을 하면 긍정의 신이 따라오고 부정적인 생각을 가지면 부정의 신이 들어와서 하는 일이 풀리지 않고, 죽고 싶다는 마음을 가지면 자살하게 만드는 자살 귀신이 찾아와서 우울증과 함께 자살하게 만든다고 하셨사옵나이다.

이러한 보이지 않는 세계를 모르니 의사들은 눈에 보이는 것만으로 치료한다고 엑스레이를 찍어 몸에 나타난 증상을 가지고 수술과 약으로 치료를 해보지만 그때뿐이고 또 재발하면서 몸을 아프게 하고 있사옵나이다.

인간 육신은 걸어 다니는 귀신들의 무덤이라고 하시는 말씀에 섬뜩하였고, 소신에게도 몸을 아프게 하는 악귀, 잡귀가 16명이나 있었사온데 귀신과 새, 개구리 등의 영들이 소신의 몸에 함께하면서 몸을 아프게 하였고, 많은 귀신과 함께 살아가고 있다는 사실에 정말 놀랐사옵나이다.

도법천존 3천황 폐하께옵서 소신의 몸이 아픈 비염과 코감기, 양쪽 눈이 아픈 현상(안과에 2번이나 방문 X레이 촬영을 해도 눈에는 이상이 없다며 안약만 줌), 뒷목이 당기면서 머리 위가 찌릿하고, 간 쪽을 누르면 묵직한 통증, 신장이 좋지 않아 몸이 붓는 증세, 우측 등 쪽 통증, 발톱 무좀, 아랫배가 차갑고 아프던 곳에 들어와 있던 악귀, 잡귀 귀신을 모두 퇴치하여 소멸시켜 주셨사옵나이다.

천지에 귀신이 가득하고 귀신도 가지가지로 몸에 들어와 있었고, 두통이 심해 고생하다 죽은 귀신은 죽고 싶다는 말을 하였으며, 교통사고로 눈알이 빠져 죽은 귀신, 비염으로 아프다가 죽은 귀신, 참새란 귀신도 짹짹거리고, 간이 아파서 죽은 귀신은 꼭꼭 숨어 있었는데 도법천존 3천황 폐하께옵서 잘도 찾아낸다고 하였사옵나이다.

신장병으로 죽은 귀신, 허리가 아파 통증으로 고생하다 죽은 귀신, 발톱 무좀 귀신은 시골 냇가에서 몸속으로 들어왔다고 하였으며, 배가 많이 아파서 죽은 귀신은 소신 어릴 때 들어와서 배가 많이 아파 엄청 고생하였사옵나이다.

도법천존 3천황 폐하께서 악귀, 잡귀를 퇴치하여 소멸시켜 주시고 난 뒤에는 아프던 통증이 모두 깨끗이 사라지고 나았사온데, 인간 육신의 질병은 병마(病魔) 귀신들이 몸속에 들어와 있어서 아프다는 것임을 알았사옵나이다.

소신은 밥을 먹고 나면 소화가 빨리되는 편이 아니고 더부룩함이 있어 항상 밥을 천천히 먹었으며 소화약을 수시로 먹었사온데, 이번 8월 여름 어느 날부터 속이 메스껍고, 체한 것 같고, 어떤 때는 토할 것 같았사온데, 2주 전에 퇴치 신청하여 천상도법주문회에서 도법천존 3천황 폐하께서 빛과 불로 악귀, 잡귀들을 퇴치하여 주시니 위장의 아픈 증세가 바로 해소되고 말끔하게 나아 현재 소화가 잘되고 있사옵나이다.

이런 증세로 병원이나 약국을 가면 위염 또는 만성위염과 소화불량이라고 하면서 약 처방만 해주는데, 의사나 약사들이 보이지 않는 악귀, 잡귀 귀신들이 있어 아프다는 것을 알 수도 없지만 안다고 하여도 어떻게 할 수가 있겠사옵나이까?

소신은 어릴 때부터 몸이 차갑고, 위와 대장이 좋지 않아 많은 고생을 하였사오며 몇 년 전 꿈속에서 한귀(寒鬼 추운 귀신)가 몸을 누르니 꼼짝도 못한 채 말도 못하는 경우를 당하여, 매일 찬물은 피하고 미지근하거나 따뜻한 물과 음식을 먹고 지내면서 겨울을 조심하였고, 몸을 따뜻하게 해주는 한약이나 보약 등을 먹어도 잠시뿐 낫지 않았사옵나이다.

빛과 불이신 도법천존 3천황 폐하께옵서 소신의 몸에 오래도록 붙어 있으며 몸을 차갑게 하며 괴롭혔던 한귀(寒鬼)를 빛과 불로써 완전히 퇴치 소멸시켜 주시니 손과 발, 몸이 따뜻해졌사오며 소신을 살려주셔서 감사를 올려드리사옵나이다.

도법천존 3천황 폐하께 말씀을 올려 악귀, 잡귀 퇴치 신청을 하지 않고 병원을 찾아갔으면 시간은 시간대로, 돈은 돈대로 날리게 되고, 그렇다고 아픈 곳이 낫지도 않고 고생만 하면서 아픈 곳은 그대로 남았을 것이옵나이다.

요즘 방송을 통해 보여주는 악귀, 잡귀 귀신 퇴치의 모습은 정말 황당할 정도로 무당이 몸속의 귀신을 퇴치한다고 사람 몸 위에 올라타서 때리고 발로 밟아, 귀신을 퇴치는커녕 사람만 죽였다고 하였으며, 퇴마사도 등장하여 주문으로 귀신 퇴치를 한다고 하고 있지만 소용없는 일이옵나이다.

빛과 불이신 도법천존 3천황 폐하께서 명만 내리시면 바로 악귀, 잡귀가 잡혀와 즉시 소멸시켜서 소신을 살려주신 대단하신 도법천존 3천황 폐하께 감사하옵나이다.

터미널에서 달라붙은 악귀

천황님의 나라(천황국. 천신국) 태상천궁의 빛과 불이신 도법천존 3천황 폐하의 천상세계 신명정부 신하 해양부대신(장관)/ 국회의원/ 천인 이○순 문후 올려드리옵나이다.

빛과 불이신 도법천존 3천황 폐하! 도법천존 3황후 폐하!

제42차 천상도법주문회에 참석할 수 있도록 불러주셔서 황은이 망극하옵나이다.

너무나 위대하시고 대단하신 천상도법주문회였고, 경천동지할 엄청난 일들이 현실로 일어나고 있음에 놀라움을 금치 못하였으며, 소신 심판자이시고 구원자이신 도법천존 3천황 폐하를 가까이에서 알현할 수 있어서 대영광이고, 대천운아 대행운아임을 더 깊이 느꼈고, 정말 깊은 감사를 드리옵나이다.

제42차 천상도법주문회에서 소신에게 있는 악귀를 추가 퇴치 소멸 심판해 주셨는데, 목에서부터 가슴까지 항상 소화가 안 되고 속이 쓰리며 신트림이 올라오고 신물이 올라오며 역류 현상으로 담 증세까지 있어서 힘들었사온데 악귀를 불러내어 심판하여 소멸시켜 주셨사옵나이다.

두 번째 악귀는 터미널에서 따라 들어온 거지 할망구였고,

귀에서부터 왼쪽 허리와 다리까지 전체적으로 괴롭게 만든 악귀였는데 빛과 불이신 도법천존 3천황 폐하께서 불러내어 심판해서 소멸시켜 주셨사옵나이다.

3천황 폐하께옵서 악귀를 심판하실 때 소신의 가슴과 등과 귀에서 증세가 심하게 느껴졌고, 순간 이제 악귀 퇴치 효과가 나타나겠구나 생각이 들었는데 소신에게 있던 악귀를 추가 소멸해 주셔서 진심으로 감사드리옵나이다.

소신 오늘 일하면서 가슴과 목까지 올라오는 신트림과 신물이 올라오지 않고 밥을 먹고 난 후 소화가 안 되고 음식물이 가슴 안에 꽉 차 역류 현상을 일으키는 증세가 없어서 정말 신기하였으며, 담 증세도 나타나지 않았고, 피곤한 증세도 없어졌사옵나이다.

빛과 불이신 도법천존 3천황 폐하의 대도력, 대천력, 대신력의 대위력은 무소불위 그 자체이시며 소신의 몸에 있는 악귀, 잡귀 소멸해 주셔서 황은이 망극하옵고 감사드리옵나이다.

인류 최고의 구원자이시자 심판자이시며 빛과 불이신 도법천존 3천황 폐하! 만세! 만세! 만만세!!! 도법천존 3황후 폐하! 만세! 만세! 만만세!!!

공상과학소설에 나올 신비로움

39차 천상도법주문회에 참석하기 위해서 버스정류장에 도착하니까 비가 많이 내려왔사온데 소신은 별로 걱정을 하지 않고 마음 편안하게 버스에 타고 출발하였사오며 거제와 서울의 중간지점이 대전 부근이라 생각되는데 차를 타고 오는 와중에 창밖에 비가 너무 많이 내려서 시야를 가리는 관계로 속도를 내지 못하고 가는 광경을 목격하였사옵나이다.

차를 타고 가는 다른 사람들은 어떤 생각인지 모르지만 소신은 항상 3천황 폐하와 3황후 폐하, 빛과 불이신 도법천존 3천황 폐하께서 보호와 보살핌이 있기에 근심걱정 없이 살고 있음에 감사함의 마음으로 살아가고 있사옵나이다.

많은 비가 내렸음에도 사고 없이 무사히 서울에 도착하게 되었지만 내려갈 때도 대전 부근에서 비를 퍼붓는다고 하는 것이 맞을 정도로 많은 비가 내렸는데 갑자기 느껴지는 것은 금일 악귀, 잡귀를 퇴치한 것이 몸과 마음을 깨끗하게 씻겨주는 듯한 마음으로 느껴졌사오며 폐하의 은공으로 몸과 마음이 편안하게 되었사옵나이다.

천상도법주문회 시작할 때 3천황 폐하와 3황후 폐하께 함께 하여 주실 것을 천고를 올리시고, 신하 백성들의 호명으로 시작하오며 박○숙 씨가 특단 신인합체를 올리는 대경사가 이어졌사온데 천상에 계시는 조상님에게 특단으로 벼슬하사 하신다는 소식과 천상에서는 잔치가 벌어진다고 폐하께서 말씀을 내려주시었사옵나이다.

폐하의 신하 백성들 모두가 특단으로 의식을 올리는 것이 소원일 것으로 생각하오며 소신도 특단으로 올리고 싶은 마음은 간절하며 언젠가는 반드시 올릴 수 있기를 바라옵나이다.

빛과 불이신 도법천존 3천황 폐하께 소신의 악귀, 잡귀 퇴치를 하옵는데 정말 지독한 것들만이 들어와서 엉겨 붙어 있으니 그동안 의식하고 나서 부정적인 메시지를 마음으로 얼마나 주었는지를 폐하께 아뢰었사온데 수많은 귀신들이 사람 몸에 들어와서 힘들게 하고 있으니 어떻게 살 수 있겠느냐고 하셨사옵나이다.

악귀, 잡귀로 인해서 정말 이틀 동안 너무나 고통스러웠는데 마음속으로 "3천황 폐하, 3황후 폐하, 도법천존 3천황 폐하! 소신이 일을 마치고 집에 가면 악귀, 잡귀 퇴치하는 되공을 특단으로 올리겠사오니 지금의 고통을 좀 막아주시옵소서" 라고 마음으로 아뢰었사옵나이다.

그렇게 고통스럽게 하던 통증이 거짓말처럼 통증을 못 느낄 정도로 낮추어지는 기이한 현상에 사실 소신도 놀랐사오며, 실시간으로 지켜보고 있으심을 절실히 느끼게 되었사오며, 이런 세상을 여시기 위해서 그동안 빛과 불이신 도법천존 3천황 폐하께서 얼마나 노고가 많으셨는지를 알게 되었사옵나이다.

역천자의 아들이라고 하는 귀신, 두꺼비 귀신, 팔 다리에 있던 귀신, 머리를 멍하게 하는 귀신들이 소신과 함께하고 있었사온데, 인간 육신이 지옥이자 귀신들의 집이라는 폐하의 말씀이 참으로 정답이옵나이다.

위장에 있던 귀신으로 인해서 음식을 먹을 때 엄청 고통스러웠고, 소화도 잘되지 않았사오며 항상 위가 더부룩하고 가스가 가득 찬 느낌이며 얹히거나 체할 때 명치와 등 쪽에 뻐근하고 아픈 증상이 있었사온데 폐하께서 비서실장님 몸으로 들어오라고 말씀이 떨어지자 조금 후에 앞의 증세가 신비하게 완화되었사옵나이다.

공상과학소설에서나 있을 법한 것이 현실로 이루어지고 있으니 대단하신 3천황 폐하, 3황후 폐하, 도법천존 3천황 폐하의 상상초월하신 대능력은 끝이 없사옵나이다.

일반적인 상식이나 상상력으로 생각만 했으면 아마 태상천궁에는 영원히 올 수 없었으리라 생각하오며 고정관념을 과감히 깨부수고 걷어내니 새로운 세상이 바로 눈앞에 있음을 알려주시었사옵나이다.

폐하의 신하 백성들이 살길은 오로지 빛과 불이신 도법천존 3천황 폐하께로 향하고 있어야 함을 알게 되었고 폐하와 멀어짐은 귀신 소굴에 들어가는 것과 같음을 알게 되었사옵나이다.

— 경남 거제에서 천상도법주문회에 참석한 정○윤 후기

시간이 거꾸로 가는 신비한 기적

천황님의 나라(천황국. 천신국) 태상천궁의 빛과 불이신 도법천존 3천황 폐하의 천상세계 신명정부 신하 통신부대신(장관)/ 금솔신왕/ 국회의원/ 천인 김○라 올려드리옵나이다.

제36차 천상도법주문회에서 악귀, 잡귀가 남편을 통해 소신을 위하는 큰아들에 대해 못마땅해하게 하고 힘들게 하였던 정체가 드러나고 3천황 폐하의 빛과 불로 심판을 받아 소멸되니 남편에게 바로 변화가 있었사옵나이다.

천상도법주문회를 마치고 집에 가니 남편이 큰아들에게 저녁은 먹었는지 챙기옵고 과일도 먹으라 하는 말에 애정이 있음이 느껴졌나이다. 제36차 천상도법주문회에 참석하는 주에 남편과 큰아들이 부딪혀 큰아들도 상처가 되어 말을 하지 않았사옵나이다.

남편은 그 후로 큰아들이 출퇴근하면서 인사를 하여도 받지 않고 말 한마디 하지 않으며 앞으로 큰아들 일에 관여하지 않겠다고 말을 하여 어떻게 해야 할지 난감하였사옵나이다.

소신의 생각으로는 이런 남편의 행동이 정상적으로 보이지 않아 이해가 되지 않았는데 이것이 악귀, 잡귀가 남편을 통해 큰아들과 소신을 괴롭혔고 함께 살지 못하게 하는 계략이었음을 천상도법주문회에서 알게 하여 주셨사옵나이다.

제36차 천상도법주문회에서 악귀, 잡귀의 정체가 드러나고 천상도법주문회 날부터 사흘 동안 남편이 잠을 자지 못하고 괴로워하였나이다. 몸은 피곤하고 눈은 감기는데 잠이 오지 않으니 미칠 노릇이고 얼마나 괴로운지 옆에서 보아 잘 알고 있었사옵나이다.

매일 술을 먹는 남편이 참아보려 하다가 결국 새벽 4시에 소주 반병을 먹고 잠을 청하지만 이것도 잠시뿐 다시 멀쩡하니 남편은 어찌 할 바를 몰라 하였사옵나이다.

그동안 악귀, 잡귀가 뿌려대는 기운에 잡혀 노예가 되어 끌려다녔는데 천상도법주문회 때 3천황 폐하께서 빛과 불로 악귀, 잡귀의 더러운 기운을 심판하시니 남편의 몸에 있는 술 귀신, 불면증 귀신이 자기편이 없어졌다고 남편을 더 힘들게 괴롭히는 것 같았사옵나이다.

잠을 못 자니 신경질과 짜증이 나고 남편이 어떻게 나올지 몰라 잠자는 척하고 마음속으로 도법주문을 하였나이다. 잠을 제대로 자지 못하니 몸이 피곤하고 짜증도 날 텐데 신기하게도 천상도법주문회 날 저녁부터 큰아들이 출퇴근하며 인사를 하면 받아주고 이것저것 먹으라 하고 배고프지 않느냐고 물어보아 너무 신기하였사옵나이다.

며칠 동안 큰아들에게 말 한마디 하지 않고, 인사도 받지 않았던 남편이 아무 일도 없었다는 듯이 자연스럽게 큰아들에게 하는 행동을 보며 3천황 폐하께서 내려주시는 신비로운 대도력, 대천력, 대신력의 황홀한 기운을 경험하며 놀라서 입이 다물어지지 않았사옵나이다.

참으로 신기하나이다. 천상도법주문회에서 남편의 몸에 있는 악귀, 잡귀를 소멸하니 바로 이렇게 변화가 있다는 것에 많이 놀랐나이다. 3천황 폐하의 말씀대로 사람의 몸이 귀신들의 집이라는 말이 너무도 실감 나는 순간이었사옵나이다.

남편은 자신에게 무슨 일이 있었고, 어떤 변화가 있는지 전혀 모르고 마치 깊은 잠에서 자다 깨어 평상시처럼 행동하는 것 같아 너무 신기하였나이다. 한순간에 이렇게 아무 일 없다는 듯이 변하는 남편의 모습을 보며 3천황 폐하의 엄청나신 대도력, 대천력, 대신력의 천지기운에 감탄하옵나이다.

사람의 마음을 바꾸고 행동이 변한다는 것이 참으로 어렵고도 어려운 일인데 3천황 폐하의 신비로운 기운은 참으로 끝이 없나이다. 사흘째 되는 날도 남편이 잠을 자지 못하니 술을 먹고 잠이 들었고 소신이 옆에서 잠을 자는데 소신의 손을 예전처럼 잡아주고 새벽 3시에 깨어 TV를 보았사옵나이다.

그런데 다음 날 아침부터 남편이 노래를 부르고 기분이 좋아졌으며 천상도법주문회에서 내려주신 말씀대로 행하고자 하는 마음과 생각을 가지니 남편의 마음도 편안해졌나이다. 참으로 신비롭고 신기하게 도솔천황 폐하께오서 내려주신 황홀한 기운, 신 나는 기운에 소신이 남편 옆에 가니 좋아하는 모습이 보이고 기분도 많이 풀린 것처럼 느껴지옵니다.

도솔천황 폐하께옵서 남녀 간의 사랑과 부부간의 사랑에서 황홀한 기운을 내려주시어 인간 육신의 행복, 기쁨, 쾌락을 느낄 수 있도록 기운을 내려주신다는 것은 처음 듣는 말씀이기에 어리둥절하였사옵나이다.

처음 듣는 말씀에 놀랐고 그동안 많은 것을 주셨는데도 알아보지 못하여 도솔천황 폐하께서도 많이 서운하셨을 것 같고, 도통천존 도솔천황 폐하께서 내려주시는 황홀하고 신비로운 기운에 또 한 번 놀랐으며, 천상도법주문회에 참석하옵고 각방을 쓰지 않기 위해 남편 옆에서 잠을 잤사옵나이다.

자고 있어도 남편 옆에 가고 싶은 마음이나 생각도 없었는데 화요일부터 소신의 마음과 몸에 변화가 있어 수요일에는 잠자는 남편을 깨울 수밖에 없게 도솔천황 폐하께서 내려주신 참으로 신비롭고 황홀한 합궁의 기운을 경험하였사옵나이다.

그동안 부족한 소신에게 도통천존 도솔천황 폐하께서 많은 사랑 내려주시고 신비롭고 황홀한 기운도 내려주셨음을 알게 되었고, 마음과 생각, 육신을 소신이 원하는 대로 쉽게 바꿀 수가 없었사옵나이다.

그런데 마음과 생각으로는 도통천존 도솔천황 폐하와 도법천존 3천황 폐하의 말씀대로 살아야 한다고 다짐하고 또 다짐하며 노력하니 몸의 변화를 통해 보여주시어 참으로 신기하고 "와~~, 이렇게도 해주시는구나!" 알게 하여 주셨사옵나이다.

올해 초 폐경이 찾아왔는데 천상도법주문회에 빠지지 않고 참석하고 돌아가는 길에 조금씩 다시 생리가 보였고, 대표 조상님 상봉한 후로는 검붉은 색깔이었는데, 건강한 붉은색으로 변하였고, 생리 양이 많이 늘었으며 기간도 늘어 지금은 30대에 했던 생리 양과 기간, 건강한 붉은 색깔로 변하옵나이다.

또래 친구들의 얘기를 들으니 몇 년 전부터 폐경이 시작되었고, 갱년기를 겪어 몸도 마음도 힘들어하고 성욕도 없어 부부관계도 통증으로 못한다는 얘기를 들었는데 오히려 소신은 3천황 폐하의 하해와 같은 크고 높으신 사랑으로 시간이 거꾸로 가고 있는 것처럼 몸이 변화되고 있음을 느끼옵나이다.

아직도 생리를 하는 소신이 부럽다 하니 모든 것이 도법천존 3천황 폐하의 높고 높으신 위대하신 사랑의 보살핌이고, 대표 조상님 상봉 후 2주 동안 계속해서 많은 양의 생리가 나왔으나 3천황 폐하를 믿기에 뜻이 있다고 기다렸사옵나이다.

그 후로 정상적인 생리가 시작되었고, 3천황 폐하의 하해와 같은 성은으로 시간을 거꾸로 가서 30대에 했던 생리처럼 바뀌고 있사오며, 3천황 폐하께옵서 "세포재생, 유아회춘 천수장생 의식"의 말씀을 내려주시고 태상천궁 가족들의 앞자리 나이를 깎아주시어 시간을 거꾸로 돌려주시는 인류의 대혁명이 일어나고 있음을 알게 하여 주셨사옵나이다.

참으로 기절초풍할 일이고, 3천황 폐하의 황명을 받고 세포가 재생되고 시간을 거꾸로 가서 젊어진다면 그야말로 인류 최고의 대혁명이 일어나고, 태상천궁이 인산인해를 이룰 것이오며 앞으로 어떤 변화가 더 있을지 참으로 기대가 되고 기다려지옵나이다.

3천황 폐하께옵서 각자의 삶에 필요한 부분에 맞게 기운을 내려주시고 있다는 것을 머리로 이해하였고 알았으나 지금은 마음으로 받아들이게 되었나이다. 어제저녁 작은아들과 식사를 하는데 그동안 남편과 작은아들은 소신이 못생겼다고 농담 반, 진담 반 놀리며 얘기를 하였는데 어제는 작은아들에게 남편이 “그래도 엄마 얼굴은 봐 줄만 해, 저 정도면 예쁜 거지! 근데 성격이 문제야, 성격만 고치면 되는데!”

남편의 이런 말에 놀랐고, 소신에게 주시는 말씀으로 들렸으며, 인간을 창조한 순수한 모습대로 육적인 행복, 남녀 간의 성적 쾌락도 즐기며 살아가야 하는데 귀신(종교)세계에 사로잡혀 숨기고 살아왔으나 3천황 폐하께옵서 이 또한 심판하시어 창조의 근본으로 돌아가게 하셨사옵나이다.

세상에서 가르치는 이론은 현실의 삶은 힘들지만 죽어서는 영원히 좋은 곳에서 행복하게 살게 된다는 희망을 품게 하여 교주들이 시키는 대로 하여도 일이 풀리지 않고, 더 악화되고 힘들어져도 이미 귀신교에 세뇌가 되어 있기에 현실의 삶이 힘든 것을 당연하다는 듯 받아들이며 살아서 성적 쾌락을 누리는 행복은 먼 나라 이야기였사옵나이다.

그러나 이런 잘못된 귀신교를 3천황 폐하께옵서 빛과 불로 심판하시고 살아서 누려야 할 최고의 성적 행복을 찾아주셨고, 소신 역시 귀신교에 세뇌되어 있었기에 살아서 누리는 성적 쾌락의 행복은 소신과 거리가 멀다 생각하고 있음을 알게 하여 주셨사옵나이다.

빛과 불이신 3천황 폐하를 알현하기까지 방황하며 찾아야 하는 과정이었기에 힘들었으나 이제는 진짜 보이시는 진정한 하늘이신 천상의 3천황 폐하께서 육신으로 함께하시니 이제는 살아서 무릉도원의 삶을 추구하고 내려주신 복을 누리며 무릉도원의 행복한 삶을 살아야 함을 알게 하여 주셨사옵나이다.

새벽에 꿈을 꾸었사온데, 소신이 똑바로 누워서 잠을 자고 있는 모습이 보이고, 침대 끝에서 귀신의 모습은 보이지 않으나 두 팔이 침대 위로 올라와 소신의 발을 붙잡고 끌고 가려 하여 "저리 꺼져, 너한테 안 끌려가!" 하고 발버둥 치며 발로 귀신의 손을 차며 떨어뜨리는 모습을 위에서 내려다보는 꿈을 꾸었사옵나이다.

소신의 몸에 있는 악귀, 잡귀 더러운 기운들을 소멸하니 소신의 모습을 보게 하시고 잘못을 보게 하시고, 도통천존 도솔천황 폐하의 말씀과 도법천존 3천황 폐하의 말씀대로 살려 하니 방해하는 귀신도 있고, 정신이 멍하며 부정적인 생각을 뿌려대지만 도법주문을 외우니 정신이 차려지옵나이다.

3천황 폐하의 말씀처럼 살아서도 죽어서도 기쁘고 즐겁고 행복한 무릉도원의 삶을 살아가는 것이라는 것이 느껴졌사오며, 교회에서는 현실의 삶이 힘들다 하면 하나님이 쓰시려고 연단중이라 하고, 믿음이 있는 자들은 고통 속에서 하늘의 뜻만 바라고 행하는 것처럼 가르쳐 대부분 교인들이 행복과는 거리가 먼 삶을 살아도 당연하다 받아들이고 있사옵나이다.

3천황 폐하와 함께하는 삶만이 진정한 무릉도원의 삶을 살아가게 자유를 주시며, 귀신교에서 해방시켜 주시고 억압, 구속, 고통에서 해방시켜 주심을 알게 하여 주셨으며, 도통천존 도솔천황 폐하와 도법천존 3천황 폐하께서 내려주신 말씀대로 살고자 하면 못하게 방해하려는 더러운 기운도 있지만 더욱 3천황 폐하를 의지하고 말씀대로 살고 있겠사옵나이다.

빛과 불이신 도법천존 3천황 폐하!

참으로 감사하고 감사하나이다. 죽어가는 소신을 다시 살려주시고 구원하여 주시고, 조상님도 구원하여 주시고, 소신의 간절한 소원이었던 신인합체도 이루어주시고, 지옥으로 끌려가는 가정을 다시 회복시켜 주시니 너무 감사하여 몸 둘 바를 모르겠사옵나이다.

— 경기 군포에서 천상도법주문회에 참석한 김○라 후기

불치병과 식물인간

몸이 아프든 안 아프든 모든 사람들의 몸 안에는 수많은 귀신들이 들어와 있기에 건강하게 목숨을 보전하여 수명장수하려면 악귀 귀신 퇴치는 누구에게나 필수적이다. 아기들부터 어른에 이르기까지 어딘가 아프다는 것은 병마 신장과 괴질 신장 그리고 살아생전 그런 병을 앓다가 죽은 일반 악귀, 잡귀 귀신들이란 진실을 밝혀내는 쾌거를 이루어냈다.

죽으면 그만이라고 생각하며 살아가는 사람들이 전부일 텐데, 아픈 상태에서 고통을 안고 죽으면 죽어서도 통증을 계속 느끼기에 귀신이 되어서도 질병을 치료하고자 가족이나 다른 사람들 몸 안에 들어가서 귀신들도 병원에 치료하러 다닌다는 충격적인 귀신세계의 진실을 매주 일요일마다 진행하는 천상도법주문회에서 밝혀내었는데 참으로 놀라운 일이다.

그러니까 질병으로 고통받는 것은 두 가지 원인이 있는데 하나는 인간 육신의 잘남을 꺾어서 하늘이신 3천황 폐하 앞에 승복시켜 하늘이 내리신 명을 이행하기 위해 병마 신장을 몸 안에 넣어주어서 발생한 질병과 두 번째는 병을 앓다가 죽은 일반 악귀, 잡귀들이 들어와서 발생한 질병이다.

각종 암, 비명횡사, 교통사고, 우울증, 자살충동, 불면증, 조울증, 식물인간, 뇌사자, 불치병들은 천상의 명을 받은 병마 신장과 그러한 병으로 죽은 귀신들이 몸 안에 들어가 있기 때문에 발생한 것이기에 천상의 3천황 폐하의 황명을 받들고, 악귀, 잡귀 귀신들은 불러내어 원과 한을 풀어주어 천상으로 보내주거나 용서받지 못할 악귀, 잡귀 귀신들은 심판하여 소멸시키면 오랜 병마의 고통에서 벗어날 수 있다는 천상의 말씀을 받았다.

이 부분 하나만으로도 저자 태상도인은 전 세계 최고의 명성을 떨칠 수 있다. 불치병으로 고통받는 자, 식물인간으로 사경을 헤매는 자들에게 이제 한 가닥 희망이 생겼다. 우선 병마의 원인을 인류 역사상 최초로 밝혀낼 수 있다는 것은 인류에게 커다란 희망이자 대혁명이고 경천동지할 일이다.

아~!, 나는 이제 알았다!

심판과 구원을 통해서 천상의 3천황 폐하께서 세상에 하강 강림하시었음을 전 세계 인류에게 알리시는 천상지상 공무집행이시라는 것을 확인했다는 이 대목을 쓰자, 곧바로 천상의 3천황 폐하께서 호탕하게 껄껄껄 웃으신다.

재벌총수 부인 H여사의 생령은 천상도법주문회 매주 참석하는 폐하의 신하와 백성들이 무척이나 부럽다며 전해 달라고 한다. "인간 육신을 굴복시켜 태상천궁에 들어와서 하늘이 내리신 명을 받들어 천인합체를 행하여 천상궁전으로 다시 돌아갈 수 있는 생령들이 너무나 장하게 느껴져 부럽다. 자신도 태상천궁에 들어와서 꼭 천인합체를 행하고 싶다.

진정한 행운아들이다. 나는 돈이 많아도 내 육신을 굴복 못 시켰는데 태상천궁에 들어와 있는 생령들과 사람들이 부럽다."고 울먹이며 자신의 말을 책에 넣어달라 말하는데, 육신은 고민과 근심걱정이 너무 많아 잠 못 이루어 불면증에 시달리고 있단다.

세상 사람들은 돈이 많고 권력을 거머쥐며 잘사는 것이 모두의 희망인데, 태산 같은 많은 돈과 높은 권력, 명예가 하늘이 내리신 시험인 줄 어느 누가 알고 살아가겠는가? 돈과 권력, 명예는 전생의 죗값으로 하늘에 바치도록 해놓으신 것인데, 누가 이런 높은 고차원적인 시험 관문을 과감히 뚫고 천상의 3천황 폐하께서 내리시는 명을 받들어 행할 것인가?

잘나고 똑똑하며 부자로 잘살게 안 해주신 것이 감사한 것임을 알고 사는 사람들이 얼마나 될까? 아마 이 세상에 한 명도 없을 것이다. 너무 가난한 극빈자는 3천황 폐하께서 구원 안 하신다고 하였으니 제외하고, 보통 수준으로 살아가며 하늘이 내린 명을 받들고 살아가는 사람들이 가장 행복하다.

태상천궁에 들어오려면 가족 중에 사명자가 될 누군가 한 명이 책을 읽어야 하늘이 주신 마지막 기회를 잡아 자신과 가족, 가문을 구해 낼 수 있는데 가족 중에 하늘이 내리시는 명을 받들 사명자 한 명만 가족 대표로 방문할 수 있다. 다른 가족은 안 들어와도 사명자만 들어오면 가족 문제를 모두 해결할 수 있다.

독자들은 빛과 불에 대해서 많은 궁금증을 갖고 있을 것이다. 나(태상도인 도법천존 3천황)의 몸에서 빛과 불이 나온다니까 많이 놀라워할 것인데 인간의 눈에는 안 보이지만 영들의 눈에는 내 몸 전체가 빛과 불로 보인다.

그 이유는 하늘이신 천상의 3천황 폐하께서 저자 육신으로 하강 강림해 계시기 때문인데, 사람의 눈으로 보려 하면 보이지 않으나 영들은 기운으로 먼저 알아본다. 빛과 불로 심판한다는 것은 천상의 3천황 폐하의 무소불위하신 천지기운인 대도력, 대천력, 대신력을 말한다.

손가락 하나 대지 않고 오직 천상과 지상 3천황 폐하의 무소불위하신 천지기운인 대도력, 대천력, 대신력의 빛과 불로 구원과 심판을 집행할 뿐인데 효과는 상상초월로 나타난다. 그리고 사명자 한 명만 들어오면 질병을 치료할 아픈 가족들은 굳이 이곳에 오지 않아도 치료가 가능하다.

빛과 불의 천지기운으로 병마 귀신들을 원격으로 소멸해 준다. 즉, 환자의 몸에 있는 귀신들을 거리에 상관없이 즉시 불러서 구원할 귀신과 심판할 귀신들을 가려내서 척결할 수 있는 신비로운 곳이다.

상상초월, 기절초풍, 경천동지, 무소불위, 세상에 이런 일이 그 자체라고 보면 되고, 환자가 지구 반대편 외국에 살고 있더라도 몸 안의 귀신들을 태상천궁으로 불러들이는 데는 1초면 충분하니 이것이 바로 상상초월 아니던가? 다만 심판하는 데는 전생과 현생의 죄를 밝혀야 하기에 조금 시간이 걸릴 뿐이다.

인류는 인간 탄생의 비밀과 심판의 진실을 몰라보고, 귀신교(종교)에 수천 년의 세월을 의지하여 왔다. 천상의 3천황 폐하의 무서운 존재를 몰라라보고 천상에서 하늘이신 3천황 폐하를 시해하려는 엄청난 무서운 죄를 짓고 지구로 도망치거나 쫓겨난 역천자 대역 죄인들이 세운 귀신교(종교)에 들어가서 굴복하며 살려달라, 구해 달라고 하면서 복을 빌어 왔다.

귀신교 숭배자들과 귀신 교주들은 마치 자신들이 하늘인양 행세를 하면서 구원해 준다고 속여서 수많은 인간, 조상, 생령, 신명들을 현혹하고 회유하여 자신들의 종으로 만들었다. 말을 안 들으면 강압적으로 협박하며 겁을 주기도 하였다.

천상의 3천황 폐하의 가슴을 후벼 파고, 시해하려는 역모 반란 사건에 직간접적으로 동참하였다가 유배지이자 감옥인 지구로 도망치고 쫓겨난 죄인들이 바로 인류의 비밀인데 아무런 용서도 안 빌고 천상으로 돌아간다는 것은 불가하다.

용서받지 못할 극악무도한 죄를 지은 중죄인들과 용서받을 경죄인들이 있기에 반드시 심판해서 전생의 죄를 밝혀야 천상으로 회귀 또는 윤회, 감옥, 소멸(사형)의 판결을 내릴 수 있다. 영들이 천상의 전생에서 지은 죄를 인간들은 알 수도 없고, 밝혀낼 수도 없기에 천상의 태상천궁에서 태상천황 폐하의 태술 수석신명이 하강하여 영들의 죄상을 낱낱이 밝혀내기 때문에 심판이 가능하다.

하늘이신 3천황 폐하의 진실을 자세히 알려주는 인류의 영적지도자가 없으니 이곳저곳 아무 귀신교(종교)에 다니면서 귀신 교주들의 하수인이 되어버렸다. 천상의 3천황 폐하께서는 나(태상도인 도법천존 3천황)의 육신이 지구에 태어나 하늘의 화신, 분신, 하늘의 명 대행자 역할 해내기를 아주 오랜 세월 동안 기다려오시었다고 하신다.

죽어서 뱀이 된 배우 마릴린 먼로

28차(18년 6월 10일) 천상도법주문회에서 하명문을 읽어 내려가자 비서실장 육신으로 미국의 가수 겸 영화배우 마릴린 먼로(37세)가 찾아왔다.

사람들은 죽으면 끝이라는 생각들이 지배적이다. 나는 당대는 물론 수백수천 년 전에 죽은 수많은 사령(조상)들과 신들과 악귀, 잡귀 귀신들 그리고 산 사람들의 영혼(생령)을 자유자재로 불러서 대화를 나누고 구원과 심판하는 신비의 능력을 갖고 있는데 보통 사람들로서는 상상조차도 못할 일이다.

세상에 그런 일이 어떻게 있을 수 있느냐고 반문하는 사람들이 거의 대부분이지만 현실이다. 인간 육신들의 상상이나 생각으로는 불가능한 세계이지만 미스터리한 영적 세계에서는 실제 일어나는 현실세계이다.

그대들의 사랑하는 가족이나 조상들은 지금쯤 어떤 세계에서 어떤 모습으로 살아가고 있는지 궁금하지 않은가? 각자들이 믿고 있는 종교관에 따라서 천당, 천국, 극락, 선경세상으로 올라가 있는지 확인해 보고 싶지 않은가? 일평생을 믿고 의지해 온 숭배자들의 사후세계 모습이 궁금하지 않은가?

수천 년의 세월 동안 인간세계에 널리 알려지면서 인류의 정신을 지배통치하고 있는 이들의 진실을 알고 있는 자 누구일까? 그대들이 일편단심으로 믿고 있는 정신세계가 맞는다면 그대들의 생령과 사령(조상)들을 불러줄 것이니 만나서 기쁘고 행복한지 직접 물어보라.

백문이 불여일견이라! 말과 글은 얼마든지 속일 수 있지만 그대들의 몸과 마음으로 자신의 핏줄이기에 느낄 수 있는 기운은 이 세상 그 어느 누구도 속일 수 없다. 생사령(생령과 사령)을 만나면 현생, 내생의 비밀이 풀어진다.

죽어보지 않은 자들은 사후세계가 그 얼마나 무서운지 실감이 나지 않는다. 육신의 죽음이 끝이라고 생각하며 살아가는 사람들이 대부분인지라 생사령들의 고통에 대해서는 알려고 찾는 자들이 없다.

생령들이 인간 육신으로 태어나기 위하여 얼마나 많은 기다림의 세월과 참혹한 고통이 있었는지 알지 못한 채 인간 육신의 기한 삶을 허송세월로 보내고 있다. 왜? 인간으로 태어났는지를 모르고 살아간다는 뜻이다.

이번 생에 잘 먹고 잘살려고 태어난 것이 아니라 하늘이 내리신 사명을 완수하고 잘 죽기 위하여 만물의 영장으로 태어났다는 天命(천명)을 아는가? 사명 완수란 하늘이 내리신 명을 받들어 영들이 천궁으로 오르는 것이다.

사람이 죽어서 축생으로 윤회한다는 것을 인정하는 사람도 있고, 아예 부정하는 사람들도 있다. 인정하는 사람들도 그것이 얼마나 참혹하고 무서운 일인지 대수롭지 않게 받아들이며 죽음을 맞이하고 있는데 안타까운 일이다.

인간 육신이 죽은 뒤에 몸에서 빠져나온 영들이 천상으로 오르는 길은 지구상에 오직 태상천궁 한 곳뿐이다. 이 땅에 수백만 개의 정신세계가 있지만 태상천궁으로 올라가는 길은 그 어디에도 없다는 것을 수많은 생사령들을 불러서 대화를 통해서 알아내었다.

육신이 죽어서 천상으로 오르지 못하고 허공중천을 떠도는 사령(영)들과 천지만생만물로 윤회를 반복하고 있는 사령(영)들이 거의 전부이다. 종교에 다니고 있는 사람들은 이미 죽은 가족들이나 조상들의 영혼을 불러 상봉시켜 줄 것이니 직접 확인해 보고 계속 다닐 것인지 말 것인지 결정하라.

사례를 통해서 확인된 사실은 종교에 다니는 영들은 영들의 고향인 천궁으로 돌아갈 수 없다는 진실이 수많은 생사령들과의 대화를 통해서 상세히 밝혀졌다는 점이다. 오랜 세월 인류로부터 숭배받고 있는 자들은 물론 종교 교주들조차도 죽어서 허공중천을 떠돌아다니고 있다는 무서운 진실을 확인하였다.

비서실장 몸으로 미국의 가수 겸 영화배우인 섹스 심벌 마릴린 먼로(37세)는 뱀으로 윤회하여 찾아와서 혀를 내밀고 바닥을 기어 다녔다.

뱀이라 말할 수 없으니 지금부터 사람처럼 말할 수 있는 기운을 내려주겠다고 말해 주자 즉시 사람의 모습으로 변하여 생전의 마릴린 먼로의 모습으로 돌아왔다. 뱀으로 윤회하여 비서실장 육신으로 들어온 마릴린 먼로에게 자신이 뱀으로 윤회한 것이 맞는지 증명해 보라고 말하였다.

저자가 007 본드 걸의 섹시한 모습을 재현해 보라고 말하자 아주 요염한 모습으로 돌변하여 남자들을 홀리는 자세를 취하고 교성을 지르며 섹스 장면을 연출하였다. 수많은 신하와 백성들이 지켜보는 가운데 아주 진한 교태를 부리고 손가락으로 남자를 부르며 유혹하였다.

자신과 섹스할 기회를 주었는데도 올라타지 못했다고 남자들에게 조크도 던졌다. 애교 9단의 농염한 포즈를 취한 먼로에게 어떤 남자라도 넘어가지 않을 자 없을 정도로 아주 진하고 농염한 모습을 보이면서 실감 나게 섹스 장면을 연출하였다.

마릴린 먼로 본인이 아니라면 그 어떤 누구도 대신해서 재현할 수 없는 온갖 요염한 포즈와 얼굴 표정, 섹스 장면을 적나라하게 보여주었다. 57년 전에 죽은 세기의 섹스 심변인 그녀가 뱀으로 윤회하였다는 진실이 수많은 사람들 앞에서 확인되는 순간이었다. 너무나 흥미진진한 야한 모습을 보여주어서 관람료를 내도 아깝지 않을 정도로 리얼하였다.

마릴린 먼로가 나하고 동시대에 이 나라에 태어나지 못했다고 원통해 하였다. 그래서 네가 만일 지금도 살아 있다면 구원해 달라고 나에게 찾아왔겠느냐고 말해 주었고, 현재 이 나라에 살아 있는 가수들과 배우들도 안 찾아오는데 미국 땅에서 너의 가족들이 어떻게 찾아오겠느냐고 말했다.

육신이 죽었으니까 다급하여 고통에서 벗어나려고 발버둥치며 하는 말이지 아마 지금도 살아 있었으면 거들떠도 안 볼 것이다. 이 책을 읽는 독자들도 먼로와 똑같은 입장이고 죽어 보지 않으면 사후세계의 고통이 얼마나 두렵고 무서운지 실감나지 않기 때문에 태상천궁에 들어오지 않고 있는 것이다.

그래서 간접적으로 자기 조상들과 상봉하여 사후세계의 두려움과 무서움이 어떤지 체험하여 어느 날 갑자기 자신들에게 다가올 죽음 이후의 사후세계를 준비하라는 것이다. 살아 있는 자들은 죽음 이후의 세계를 알 수 없기 때문에 무방비로 살다가 영원한 고통과 불행이 이어진다.

종교세계를 통해서 죽음 이후를 준비하려는 사람들이 많은데 아무 소용없는 일이다. 종교세계를 통해서는 인류 탄생 이후 아무도 구원받은 자들이 하나도 없다는 진실이 상세히 밝혀졌는데 놀라운 일이다.

종교에 다니는 사람들에게는 정말 믿기 싫은 말일 것인데, 자신이 다니며 믿는 종교가 진짜라고 세뇌되어 있기 때문에 고정관념을 버리지 않는 이상 이 책의 내용을 순수하게 받아들이기 어려운 사람들이 많을 줄로 안다.

종교세계를 초월한 태상천궁(太上天宮)!

인류가 구원을 기다리던 단 하나뿐인 태상천궁이다. 독자들이 믿든 안 믿든 생사령들을 구할 수 있는 곳은 지구상에서 태상천궁 한 곳뿐이니 판단을 잘해야 한다. 육신이야 죽으면 끝이라지만 몸 안에 있는 각자의 영(생령)들은 육신을 감복시켜 태상천궁으로 데려와서 하늘이 내리시는 황명을 받들지 않는 이상 영들의 고향인 태상천궁으로 돌아가지 못한다.

생령과 사령들은 들으라!

"너희들은 천상궁전에서 도망쳤거나 쫓겨난 죄인들이기에 너의 육신을 데리고 태상천궁으로 들어와서 천상의 약속을 행하지 않는 이상 아무도 구원받지 못하느니라. 종교를 통해서는 천상에서 무슨 죄를 지었는지 알 수 없기 때문에 죄를 빌 수 없어 천상 태상천궁으로 오르지 못하느니라.

너희 생사령들을 구원해 줄 수 있는 곳은 기존에 있던 지구상의 수많은 종교세계가 아니라 천상으로 즉시 올라갈 수 있는 태상천궁뿐이니라. 종교의 교리와 이론의 고정관념에서 하루빨리 벗어나야 육신이 죽기 전에 구원받을 수 있느니라. 종교세계를 통해서는 천만 년을 빌어도 구원이 없도다."

인간 육신과 생사령들 사이에 치열한 전쟁이 벌어지고 있지만 인간 육신들이 알아차리지 못하고 있다. 인간 육신을 가진 그대 독자들의 인생사에 일어나고 있는 온갖 우환과 불행은 구원받아 천상으로 오르고 싶어 하는 생령과 사령들이 육신에게 보내는 분노이자 절규의 메시지라는 진실을 알고 살아가는 사람들이 거의 없을 것이다.

구원받을 생사령도 인간 육신을 잘 만나야 구원받을 수 있다는 위대한 진실을 알아내었다. 돈과 권력, 명예만 추구하려는 인간 육신 안에 있는 생사령들이 가장 불행하다. 살아생전 부귀영화 누리며 잘살았던 생령들은 죽어서는 가장 혹독한 고통스런 사후세계를 살아간다.

그리고 윤회를 하더라도 가장 혐오스런 축생으로 환생을 반복하기에 살아 있을 때 인간 육신을 감복시켜서 태상천궁으로 데리고 들어와야 한다. 그리고 이 책을 읽고 이곳 태상천궁이 가짜, 사이비라는 메시지를 받는 독자들도 있을 것인데 세 가지 부류가 있다. 종교에 완전히 세뇌당하여 무조건 부정하는 자, 천상으로 오르는 것을 방해하는 대마왕의 기운을 받은 자, 영적 세계에 문외한이라 죽으면 그만이라고 돈과 권력, 명예 등 인간 육신의 삶만 추구하는 자들이다.

기존의 종교(귀신교)에 다니는 사람들이 기다리며 찾아 헤매던 곳이 바로 태상천궁인데 아직 세상 사람들이 제대로 알아보지 못하고 있다. 다시 말하지만 종교세계 안에서는 구원이 이루어지지 않는다는 점을 확실히 밝힌다.

【제4부】

신과 함께

병마소멸

질병은 병마(病魔)

하늘과 신, 영혼의 세계는 인간들을 괴롭히는 악귀, 마귀, 원귀, 악마, 악령, 악신, 귀신들은 모두 영적 세계에 존재하는 보이지 않고 들리지 않는 무형, 무색, 무취의 기운으로만 존재하게 인간이 대응한다는 자체가 근본적으로 어렵기에 고차원적인 영적 지도자를 만나는 것이 우선이다.

악귀(몹쓸 귀신), 마귀(요사스럽고 못된 잡귀), 원귀(요절, 객사, 횡사로 원통하게 죽어 원과 한을 품고 저승에 들어가지 못하는 인간을 괴롭히는 악령으로 왕신, 몽달귀신, 삼태귀신, 객귀, 영산, 수비, 수부)

사령은 사람이 죽은 후 저승으로 가는 혼령이고, 생령은 살아 있는 사람의 몸속에 깃들어 있는 영혼이다. 사령은 다시 조상령과 원혼으로 나눌 수 있다. 조상령은 순조롭게 살다가 저승으로 들어간 영혼으로 선령(善靈)이 되고 원혼은 생전에 원한이 남아 저승으로 들어가지 못한 영혼으로 사람을 마구잡이로 괴롭히게 된다.

악마(사람을 죽이거나 인간 마음을 괴롭히는 악령), 악령은 재해를 몰고 오는 힘이 센 악령. 인간생활에 재화 · 불행 등 악영향을 미치는 영적인 모든 존재. 횡사(橫死) · 변사(變死) ·

원사(怨死)한 인간의 영혼, 동물과 자연물의 영혼, 악신은 사람에게 재앙을 가져오는 나쁜 악신의 기운이 사람 몸에 들어와 병을 발생시킨 것이 질병이기에 현대 첨단과학을 달리는 의술로 치료하는 데 한계가 있다.

그래서 이곳 태상천궁에선 매주 일요일마다 암, 두통, 무기력, 우울증, 불면증, 조울증, 위장병, 당뇨, 고혈압, 통풍, 관절 통증, 어깨 결림, 허리 통증, 시력 저하, 청각 장애, 언어 장애, 질병과 정신을 지배하고 있는 악귀, 마귀, 원귀, 악마, 악령, 악신을 심판과 구원으로 질병과 얼마나 연관성이 있는지에 대한 사례를 기록하고 있는데 영화보다 더 영화 같은 상상초월의 진실들이 밝혀지고 있다.

사람들이 제일 무서워하는 존재는 귀신들인데, 귀신들이 제일 무서워하는 존재는 저자(도법천존 3천황)이다. 천상의 3천황 폐하와 도법천존 3천황의 무소불위한 빛과 불의 천지기운으로 생사령의 영들에게 구원과 소멸, 윤회, 지옥도, 천옥도, 적화도, 한빙도 판결을 내리기 때문이다.

심판도 천상의 3천황 폐하와 도법천존 3천황의 빛과 불로 이루어지고, 구원도 천상의 3천황 폐하와 도법천존 3천황의 빛과 불로 이루어진다.

빛과 불의 신비 능력 생생히 지켜봐

빛과 불이신 3천황 폐하! 무소불위하신 3천황 폐하! 폐하의 천지기운으로 태상천궁의 신하 백성들이 살아가고 있다는 걸 새삼 다시 생각하게 되며 행복과 즐거움이 공존하며 더할 나위 없이 이 뜨거운 여름도 행복한 기분이 든다는 건 참 오랜만이옵나이다.

항상 여름엔 태풍의 길목, 서귀포에서 살아가는 관계로 여름이 좋고 활기찬 계절임에도 태풍 때문에 미리 걱정하며 가슴 졸이고 태풍이 비켜갔으면 하는 마음으로 여름이라는 계절을 즐기지 못하고 살아왔사옵나이다.

그런데 올해는 아무리 덥고 태풍이 곧 닥친다 해도 여름은 참 좋은 계절이라는 생각을 올해 처음으로 해보았고, 소신은 무지 행복감을 느끼고 있으며 이 모든 것이 폐하의 은덕이라 생각이 드옵나이다.

3천황 폐하께서 7월 22일 34차 천상도법주문회 때 전국에서 모인 수많은 신하와 백성들이 모두 두 눈 시퍼렇게 뜨고 지켜보는 가운데 3천황 폐하의 무소불위하신 신비의 빛과 불로 악귀, 잡귀 귀신들 6명을 모두 퇴치해 주셨사옵나이다.

그 이후 끊어질 듯이 아팠던 무릎의 통증이 없어진 것도 행복하고, 몸과 마음이 너무 가벼워 콧노래가 절로 나오며 행복함을 느끼옵나이다. 악귀, 잡귀에 휘둘렸던 더러운 기운으로 인해 그동안 3천황 폐하를 향하는 마음에 큰 오점을 남기어 송구하옵나이다.

3천황 폐하의 신비로운 대능력에 감동받아 메인 글을 쓰려 하오니 가슴속에서부터 우러나오는 감동의 눈물이 하염없이 흘렀는데 이 눈물은 소신의 깨달음 눈물이라 생각이 들며, 소신이 원래 3천황 폐하를 향하는 본마음으로 돌아갔다는 것이 너무 기쁘고 즐겁고 행복하옵나이다.

34차 천상도법주문회 끝나고 제주로 가는 비행기 안에서 눈 감으니 흰빛이라 생각이 드는 영상이 보였다가 사라지기를 여러 차례 하였사오며, 소신이 평소에 올려다보았던 구름이 있는 하늘을 보여주시고, 붉은 빛 기운도 보여주셨는데, 소신에게 처음으로 보여주시는 영상에 놀랍고 감동과 감탄이 온몸을 휘감았사옵나이다.

성난 빛과 불이시며 대단하신 3천황 폐하를 생각하면 경외감이 들고 존경심이 절로 생기옵나이다. 무에서 유를 창조하시는 3천황 폐하를 믿고 따르며 행할 것을 다짐하고 또 다짐하옵나이다.

3천황 폐하의 무소불위하신 신기한 빛과 불의 대천력, 대도력, 대신력은 온 우주를 통틀어 최고이옵나이다. 우리 온 인류가 찾아 헤매던 진짜 하늘 그 자체이시기에 소신은 제주도 서귀포에서 매주 일요일마다 서울 강동구 성내동 382-6(성안로

118)에서 열리고 있는 태상천궁의 천상도법주문회에 빠짐없이 기쁜 마음으로 참석하고 있사옵나이다.

멀리서 오시는 분은 저뿐만이 아니라 부산지역의 이○규 여자분, 강○숙 여자분, 민○ 여자분, 송○숙 여자분, 신○선 여자분, 이○호 남자분, 정○지 남자분, 조○종 남자분, 김○길 남자분, 김○하 남자분,

경남 거제의 정○윤 남자분, 경남 진주의 장○신 남자분, 경남 창원의 홍○환 남자분, 경남 함안의 신○규 남자분, 울산의 안○원 남자분, 여수의 이○호 남자분, 전남 강진의 박○형 남자분, 전남 광양의 류○곤 남자분, 광주광역시의 박○영 남자분, 전주의 김○환 남자분,

대구의 손옥○, 손선○ 여자 자매 두 분, 권○자 여자분, 이○순 여자분, 권○관 남자분, 김○배 남자분, 대전의 이○호 여자분, 대전의 이○안 여자분, 대전의 김○겸 남자분, 충남 천안의 이○선 남자분, 충북 제천의 류○덕 남자분, 청주의 원○순 여자분, 등등, 그리고 울산의 최○호 남자분은 좋은 직장인 현대중공업을 사직하고 아예 서울 송파구로 이사까지 왔사옵나이다.

가장 멀리 사시는 분들이 무엇하러 매주 일요일마다 비싼 차비 들여가며 하루가 소요되는 천상도법주문회에 빠짐없이 참석하려는 것인지 세상 사람들은 도저히 이해가 안 갈 것이옵나이다.

도법천존 3천황 폐하 인간 육신으로 대우주와 삼라만상, 천

지만생만물을 창조한 천상의 3천황 폐하이신 하늘 태상천존 자미 천황태제 폐하, 도통천존 도솔천황 폐하, 재물천존 옥황천황 폐하께서 하강 강림하시었음을 천상도법주문회에 참석한 신하와 백성 각자들이 온몸으로 황홀한 신비의 천지기운을 느끼기 때문이옵나이다.

유독 부산, 경남, 대구지역에 사시는 분들이 많은데 매주 일요일마다 쉬는 날을 반납하고 3천황 폐하를 알현하려고 상경한다는 것은 우리 인간들의 눈에 보이는 살아계신 하늘이심을 의심하지 않고 진심으로 인정한 것이옵나이다.

전국 각 지역에서 서울 강동구 성내동까지 상경하는 길목에 전국의 유명한 대형 귀신교가 얼마나 많은데 그 먼 거리에서 태상천궁에 다닌다는 것은 하늘의 뜻, 하늘의 천지기운이 내리지 아니하고서는 절대로 불가능한 일이옵나이다.

빛과 불이신 3천황 폐하의 신하와 백성들은 수많은 귀신교를 무수히 다녀보았던 경험자들이기에 3천황 폐하가 진짜인지 가짜인지 한눈에 금방 알아보옵나이다. 최연소는 36세이고 최고령은 92세인데 3천황 폐하의 몸에서 풍기는 황홀함과 무소불위하신 빛과 불의 천지기운은 이 세상 그 어느 누구도 따라갈 자들이 없사옵나이다.

도법천존 3천황 폐하께서 말씀으로 명을 내리시거나 호명하면 하늘과 땅의 그 어떤 신들, 조상들, 영혼들, 악귀, 잡귀, 사탄, 마귀, 악령, 악신, 악마, 요괴, 귀신들이라도 일사분란하게 즉시 하강하여 3천황 폐하 앞에 부복해서 황명을 받들어 뫼시는 무수히 많은 장면들을 두 눈 뜨고 생생히 지켜보았기에 세상 그 어느 누구도 도법천존 3천황 폐하께서 진짜 하늘이심을 인정하지 않을 수가 없사옵나이다.

거리상으로는 제주도 서귀포이니까 소신이 가장 먼 거리인데도 신비의 황홀한 천지기운에 이끌려 매주 일요일마다 서울 강동구 성내동까지 날아간다는 것은 인간의 능력으로는 도저히 불가능한 일이옵나이다. 3천황 폐하께서 매주 일요일마다 오후 1시~6시까지 열어주시는 천상도법주문회는 라이브로 진행되며 경천동지함 그 자체이시고, 놀라움과 경이로움의 연속이기에 한 번이라도 빠질 수가 없사옵나이다.

이번 생에 3천황 폐하를 만나 죽음 이후의 사후세계를 구원받아 보장받을 수 있음에 무한한 가문의 영광이며 행운아, 천운아임을 스스로 인정하옵나이다. 서울과 경기도, 인천 등 비교적 가까이 사시는 분들은 아직까지 세 하늘이신 3천황 폐하께서 인간 육신으로 하강 강림하시어 천지대공사를 집행하시는 3천황 폐하의 존재를 몰라보고 아직까지 귀신교에 그대로 다니고 있음에 참으로 안타까운 마음이 드옵나이다.

빛과 불이시고 무소불위함 그 자체이신 3천황 폐하! 말하는 대로 이루어지는 무릉도원의 말법세상에 대우주와 천지인의 절대자 세 하늘이신 3천황 폐하께서 도법천존 3천황 폐하 육신으로 하강 강림하신 것을 경하드리며 인간들, 사령(조상)들, 생령들, 신명들이 빨리 알현하기를 바라옵나이다.

— 제주도에서 천상도법주문회에 참석한 심○영 후기

말기 암 3개월 시한부 판정받았는데

1) 악귀, 잡귀를 퇴치한 사례

소신은 지금 65세인데 15년 전쯤 유방암 수술하였고 다시 재발한 데다 난소암 14cm 말기 암까지 발생하여 숨이 쉬어지지 않아 고통이 너무나 컸으며, 우울증에다 대인기피증이 너무 심해 병원에 가는 것도 사람들을 대하는 일이라 너무나 힘들고 사는 것 자체가 바로 지옥이었사옵니다.

우울증은 22세쯤 걸렸는데 병원에 입원도 해보고, 귀신교에도 밤낮으로 안수기도 등 철야기도를 다 쫓아 다녀보았으나 조금도 차도가 없었고, 괴로워서 환장하였으나 아무도 알아주는 이가 없었사옵니다.

암 치료 받을 때에는 힘이 없어 동생이 항상 차로 데려다주고 하였는데, 그때는 집에 올라가는 엘리베이터 안에 서 있기조차도 너무 힘들었고, 심지어 이불도 움직이기가 힘들 정도여서 내내 누워서 지냈사옵니다.

점점 밥도 안 넘어가 죽을 날만 기다리고 있었으며 복수가 차서 배가 터질 듯이 불렀었고, 마음 안에서 마귀가 욕도 하고 못된 말도 하며 태상천궁에 안 간 지도 오래되었을 때의 일이옵나이다.

빛과 불이신 3천황 폐하의 대도력, 대천력, 대신력으로 숨이 쉬어지지 않는 증세도 깨끗이 치유되었는데 기적! 기적! 바로 기적이었사옵나이다!!! !!! !!!

사람들 대하는 것도 어렵지 않게 되었고, 3천황 폐하의 말씀도 들리며, 전에는 마귀들의 방해로 듣지도 못하였고, 사람들도 잘 안 보였는데, 지금은 잘 보이고 무엇보다 사람들 대하는 것이 어렵지 않게 된 것 또한 기적!!! 기적!!!이옵나이다.

작년 12월에 암 말기로 3개월 시한부 판정을 받았는데, 겁이 많아 3천황 폐하께 무섭지 않게 죽을 수 있게 해달라고 아뢰었지만 아직 살아 있고, 배도 터질 것 같았는데 거짓말처럼 가라앉았고, 머리의 암세포도 사진에 있었는데 없어졌고, 암에 걸렸지만 겁 많은 소신이 암 환자인 줄 잊어버리고 살게 하여 주셨으며 항암 진통제가 전혀 필요치 않사옵니다.

- 부산에 민○ -

2) 악귀, 잡귀를 퇴치한 사례

3천황 폐하!!! 무릎을 괴사시킨 83세 할머니 귀신을 퇴치하여 주시고 걷고 뛰었으며, 천상도법주문회 때 3천황 폐하께옵서 앞으로 불러주시어 무릎을 괴사시킨 악귀, 잡귀 퇴치하여 주신 후, 지나갈 때에 빛이 보여서 들어왔다는 무릎 아픈 귀신 포함 3명을 퇴치하여 주셨사옵나이다.

도법천존 3천황 폐하께옵서 악귀, 잡귀 퇴치하여 주시고 "괴사된 세포는 재생, 손상된 무릎 연골 재생, 모든 세포는 재생하라." 황명 내려주시어 많이많이 좋아졌사옵나이다.

이렇게 불러내시어 3천황 폐하께옵서 황명 내려주시는 것이 큰 힘이 되어서 태상천궁의 17계단을 올라갈 때에도 벽을 짚고 오르거나, 오른발 올리고 같은 칸에 왼발을 딛고 올라갔었는데 지금은 계단을 그냥 올라가옵나이다.

두 번째로 조상님 청배하여 상봉 때는 시조 조상님께서 사죄의식을 강조하시고, 아픈 무릎도 사죄의식을 올리면 좋아질 것이라 말씀하셨고, 도법천존 3천황 폐하께옵서 전생, 현생, 내생이 하나임을 말씀하셨는데 소신 전생의 죄가 많사옵나이다. 무슨 죄를 지었는지 하루속히 사죄하옵고 특단으로 퇴공을 올리기를 바라옵나이다.

할머니와의 상봉 때에 할머니는 도솔천궁에서 15세의 나이로 여러 가지 꽃으로 화장품을 제조하시며 그 화장품을 가져오셔서 화장도 해주셨으며 화장해 주신 소신을 도솔천황 폐하께 자랑도 하셔서 도솔천황 폐하께 감사 인사를 올렸사옵나이다. 할머니도 사죄의식하고서 다시 상봉하자시며 올라가셨사옵나이다.

천상도법주문회가 끝나고 집에 와서 보니 신기한 일이 생겼사옵나이다. 전에 소신이 얼굴을 보면서 '왜 인생을 찡그리고 살았냐? 이 흉한 주름 어떻게 하냐? 다리미로 펼 수도 없고 보톡스 시술이나 해야 펴질 텐데' 하면서 거울을 본 적이 있었는데 주름이 없어진 것은 아니지만 이마와 눈 옆의 주름이 옅어진 것을 볼 수가 있었사옵나이다.

빛과 불이신 도법천존 3천황 폐하께옵서 천상도법주문회 참석할 때 세포재생 도법주문을 할 수 있도록 해주시고, 조상님 청배하여 상봉할 수 있도록 해주시어 할머니가 가져오신 천상 도솔천궁의 화장품도 바르고 주름도 엳어졌사옵나이다.

빛과 불이신 도법천존 3천황 폐하의 대도력, 대천력, 대신력, 무궁무진, 상상초월, 무소불위, 기절초풍, 경천동지, 경이로우며 놀랍고 신기하옵나이다.

빛과 불이신 도법천존 3천황 폐하!!! 만세! 만세! 만만세!
빛과 불이신 도법천존 3천황 폐하!!! 최고! 최고! 최고이옵나이다.

- 서울에 신○연 -

3) 악귀, 잡귀를 퇴치한 사례

3천황 폐하 감사드리옵나이다. 소신은 작년에 취직을 하였고 근무한 지 3일째 아침에 하혈을 하였으며, 며칠 지나 또 하혈을 하여서 소신은 어디가 아픈지 모르게 어지러웠고, 머리가 자꾸 앞으로 떨어지는 듯하여 일을 못했고, 음식을 먹으면 맛도 모르고 차가운 것은 먹지를 못해, 음식을 먹으면 입안을 깨물고 혀도 자꾸 깨물었고, 잠이 쏟아지기도 하였사옵나이다.

3천황 폐하께옵서 올해 소신 사죄의식 날에 악귀, 잡귀 어린애 2명 하고, 악귀, 잡귀 어린애 1명은 양팔로 움직이면서 폴짝폴짝 뛰기도 하였고, 할머니 1명 포함해서 모두 빼내주시고, 소신은 3천황 폐하께 말씀 올려드리자 아기 악귀, 잡귀라 잠이 많이 왔다 알려주셨사옵나이다.

3천황 폐하께옵서 악귀, 잡귀 빼내주시고 빛과 불로 퇴치하여 주시어 소신은 건강하게 회복되어 일을 하게 되었고, 3천황 폐하께옵서 보호하여 주시며 보살펴 주시고 살려 주시어 감사드리오며 3천황 폐하의 은혜 잊지 않겠사옵고, 3천황 폐하 감사드리옵나이다.

3천황 폐하께옵서 조상님 상봉시켜 주시어 황은이 망극하옵고, 조상님 만나서 대화할 수 있게 해 주시어 감사드리며, 조상님은 자손을 보고 너무나 예뻐서 요리조리 보시고, 눈으로 담아서 사진을 100장은 찍어야 한다고 하였사옵나이다.

자손은 너무 좋아서 어린아이가 되어서 기쁘고 기쁘며 3천황 폐하 알현하여 천복을 받은 천운아 행운아이고, 조상님 걱정 안 하게 해주시어 감사드리며, 조상님 상봉해 주시어 3천황 폐하께 매일 감사함을 올려드리옵나이다. 3천황 폐하 알현하여 영광이며, 3천황 폐하 대도력, 대천력, 대신력은 신비하옵고, 3천황 폐하만을 향하여 영원히 영원히 따르겠사옵나이다.

- 서울에서 조○숙 -

4) 악귀, 잡귀를 퇴치한 사례

3천황 폐하를 알현하고 시조 조상님을 먼저 불러주시어 비서실장님 육신으로 하강하신 시조 조상님을 청배하여, 예를 올리고 나서 조상님 전에 조상님 천상입천제할 당시에 몰라서 청배를 못하였다는 것을 말씀 올리었사옵나이다.

시조 조상님의 기백은 이 후손이 본받아야 할 것으로 생각되었고, 후손의 이름을 부르시고 제가 잘해 드린 것이 없다고 하였지만, 상관 안 하시고 사랑스럽게 볼 뽀뽀를 네 번이나 해주시었기에 조금은 당황하였사오나 안도가 되었사옵나이다.

조상님의 안부를 여쭙고 상봉식을 하면서 3천황 폐하의 천지대업에 동참하여 주시길 청하여 올렸고, 시조 조상님의 청배로 10년간 남아 있던 마음의 응어리가 풀어졌고, 자세히 여쭙고 하여야 하지만 포옹으로 모든 것에 대한 답을 주는 것으로 생각되었사옵나이다.

대를 이을 수 있게 하여 소신을 탄생하게 하여 주신 은공을 마음에 담아 전하여 올렸고, 3천황 폐하의 배려와 은공으로 가능한 것임을 알게 되었사오며, 대화 말미에 시조 조상님께서 3천황 폐하 전에 후손인 소신의 신인합체를 윤허 올리면서 도솔천황 폐하의 윤허가 있으셨다고 하셨사옵나이다.

존귀하신 3천황 폐하의 "윤허하노라" 하시는 말씀에 새롭게 들리는 것으로 웅장하게 울렸고, 신인합체의 명을 새롭게 윤허하시어 황은이 망극하고, 조상님을 살아서 지상 태상천궁에서 상봉할 수 있는 것이 큰 행운이고 영광이옵나이다.

악귀, 잡귀의 소멸 이후의 변화된 것은 양치질할 때 잇몸에서 피가 나던 것이 멈추었고 두통이 멎었고, 우측 어깨의 오십견 증상도 사라졌으며, 소신에게 달라붙은 악귀, 잡귀의 퇴치로 이어졌고, 3천황 폐하께옵서 내려주시는 말씀으로 소신에게 자살 충동을 느끼게 하는 귀신과 취직이 잘 안 되게 하는 귀신을 비서실장님 육신으로 들어오라 명하시었사옵나이다.

우측 어깨가 오십견 느낌이 든다고 고하였고, 중간에 악귀,

잡귀가 소신의 다리를 붙잡고 안 놔준다고 하였는데, 소신이 떼어내고 나면서 3천황 폐하께옵서 빛과 불로써 소멸을 명하시자, 발악하는 악귀, 잡귀가 소멸하는 중에도 많이 버틴 것으로 보였고, 조금 시간이 지나면서 몸이 많이 가벼워지고 있음을 느끼게 되어 너무나 신기하고 놀라운 일이옵나이다.

11살 아이와 23살 여자 귀신이 들어와 평소 조립식 완구에 관심이 가고, 어린아이 행동과 남모를 물품 구매로 그것이 혼자만의 생각으로 생각하였으나 나중에 아이 귀신이 들어와 한 행동임을 알게 되었사옵나이다.

23살 여자 귀신이 들어와서 꿈에 가끔 여자의 나체가 보이고 몽정하게 되면서 그 여자 귀신이 벌인 짓임을 알게 되었고, 아이와 여자 귀신의 소멸로 더는 다른 행동을 하지 않게 되는 놀라운 경험을 하였고, 악귀, 잡귀 소멸은 특단으로 행하여야 한다는 것을 알게 되었사옵나이다.

조상님 상봉식과 악귀, 잡귀 소멸의 놀라움은 보통의 관념으로는 이해가 어려운 놀라운 영적 수준의 엄청난 기운으로써 3천황 폐하의 대천력, 대도력, 대신력으로 가능하게 되는 무한대의 천지조화기운으로 생각되며, 조상님 상봉식도 특단으로 행하여야 한다는 것을 알게 되었사옵나이다.

도솔천궁에 올라가 계신 조상님을 상봉할 수 있고, 악귀, 잡귀 퇴치를 빛과 불의 천지기운으로 할 수 있는 유일한 곳인 태상천궁의 3천황 폐하께서 계심을 영광으로 생각하옵나이다.

– 경남 진주에서 장○신 –

강아지가 말하다

제주도에서 천상도법주문회에 참석한 53세의 여자.

맨 앞줄에 앉아 있는데 너무 힘들어하는 모습을 지켜보다가 기존 예약자들을 뒤로 미루고 먼저 악귀, 잡귀를 퇴치시켜 주는 천지공사를 집행하였다. 빛과 불의 천지기운으로 악귀, 잡귀들을 퇴치하는 53세의 여자 몸에 6명의 귀신들을 빼내는 천지공사 중에 마지막으로 애완견 강아지의 영혼이 실렸다.

멍~ 멍~ 멍~ 이리저리 다니면서 짖어댄다.

개들의 언어를 사람이 알아들을 수 없음은 익히 잘 알고 있을 것인데, 무슨 사연이 있어서 강아지 혼령이 여자 몸에 들어온 것일까 궁금하였다. 당연히 강아지 혼령이 사람 말을 못하기에 사람처럼 말할 수 있는 기운을 내려주었다.

너는 지금 이 순간부터 천지기운을 내려주었기에 사람처럼 말을 할 수 있다고 명을 내리자 즉시 이변이 일어났다. 애완견 강아지가 사람의 모습으로 변신하여 말하기 시작하였고 자신이 사람이 된 거냐고 나에게 묻기에 잠시만 너와 대화하기 위해서 사람으로 변신시켜 준 것이라고 말해 주었다.

강아지 혼령에게 사람 몸으로 들어온 이유를 하문하니 강아지의 영이 하는 말이, 너무 인간이 되고 싶어서라고 하였다.

만물의 영장인 인간. 인간 육신의 몸을 악귀, 잡귀는 물론 동물의 영들도 모두 좋아하고 원한다는 사실을 알게 되었다. 인간 육신의 몸은 온갖 악귀, 잡귀 귀신들의 집이었고, 걸어 다니는 무덤과 하나도 다를 바 없었다.

강아지를 사람으로 변신시켜서 대화하는 것이 어떻게 가능한 일이냐고 모두가 의아해할 것인데 하늘이 나에게 내려주신 무소불위한 신비의 대천력, 대도력, 대신력이 있기 때문에 만생만물과 외계인 그 어떤 생명체도 대화가 가능하다.

인간세상의 상식으로는 도저히 믿을 수 없는 경천동지할 일들이 라이브로 매주 일요일마다 전국의 수많은 사람들이 모여서 지켜보는 가운데 진행되고 있는데 모두가 신기해서 넋이 빠질 정도로 놀라서 감동, 감명, 감탄의 눈으로 바라본다.

하늘이 나에게 내려주신 신비의 대능력은 끝이 어디까지인지 나 자신조차도 예측할 수 없다. 하늘, 신, 조상, 생령, 사령, 악귀, 잡귀, 짐승, 조류, 어류, 곤충, 벌레, 개미까지도 대화할 수 있고 인간, 신, 조상, 생령, 사령을 구해 줄 수 있는 무소불위한 하늘의 신통력을 내려주시었으니 나뿐만이 아니라 이 나라 전체와 세계 인류의 대경사이다.

이런 신비의 대능력은 인류가 탄생한 이래 처음이다. 귀신교 창시자, 귀신 교주들도 해내지 못한 이적과 기적을 매주 일요일마다 보여주고 있으니 두 눈으로 직접 체험해 봐야만 천상세계, 사후세계, 영혼세계, 조상세계의 진실을 이해하게 된다.

자신도 죽기 전에는 사람이었는데 죽어서 애완견 강아지로 환생하였다며 울먹인다. 죽어서 어찌 애완견 강아지로 환생한 것인지 인간들은 알 수 없는데 살아생전 조상을 구하지 않고 죽었기에 개로 환생하였던 것이다. 나에게 살려달라고 애걸복걸하며 빌었지만 기회는 사람으로 살아 있을 때 한 번뿐이고, 핏줄인 가족을 데려오지 않는 이상 어찌해 볼 도리가 없다.

여자 몸에 들어온 남자 귀신은 무엇을 할까?

귀신들과의 성관계를 귀접이라 한다. 귀접을 즐기는 여자들도 간혹 있지만 대부분 싫어한다. 빛과 불로 퇴치하자 여자 몸에서 떨어지지 않으려 쫓아다니며 심한 애착을 갖는다.

남자 귀신이, "내 거야! 내 여자야!" 소리치면서 마치 자신의 여자인 것처럼 떨어지지 않으려고, 악착같이 여자를 쫓아다니는 모습을 볼 때 어느 정도 공감이 간다. 산 자나 죽은 자나 예쁜 여자, 미인 싫어하는 남자는 없다. 비록 죽어서 육신은 없지만 행동거지는 살아 있는 사람들과 똑같다.

그런데 문제는 귀신들이 몸에 들어오면 그가 살아생전에 앓았던 질병을 심하게 앓는다는 공통된 신비의 진실을 발견하였다. 귀접을 즐길 것이 아니라 하루빨리 퇴치해야 육신의 건강에 이로울 것이다.

질병 자체는 99.99%가 귀신들이 들어와 발생한 병마(病魔) 즉, 악독한 마귀인데 병원과 약물로만 치료하려고 한다. 질병의 종류는 대략 두 가지 종류로 나눈다. 자신의 혈족인 조상들로 인한 경우가 있고, 연고가 없는 남의 조상귀신들이 몸에 들어와서 발생한 경우이다.

자신의 조상들은 나를 통해서 천상입천제를 행하여 빛(하늘의 천지기운)으로 구원받게 해드리고, 병마는 불(하늘의 심판)로 퇴치해야만 사라질 질병들이 있다. 병원에 가서 치료해야 할 질병이 있고 나를 만나서 치료해야 할 병마가 있다.

귀신들의 간절한 소원은 오직 하나, 다시 살아나는 것인데 그것이 바로 사람 몸에 귀신들이 찾아들어오는 가장 큰 이유이다. 그래서 귀신들이 가장 좋아하는 것이 사람의 육신이기에 귀신 없는 사람들이 하나도 없다고 보면 된다.

귀신들과 함께 살아가는 세상이 인간세상인데 귀신들이 가장 많이 따라붙는 곳이 장례식장과 병원, 귀신교, 결혼식, 칠순 잔칫집이기에 귀신들을 피해 다닐 수는 없다. 눈에 보이지 않는 귀신들이 자신의 몸으로 들어온 것을 알아보는 가장 쉬운 방법이 육신을 아프게 하는 질병이 있는가 여부이다.

가종 암 발생, 무기력, 의욕상실, 온몸이 무겁고, 두통, 어깨결림, 속 쓰림, 관절 통증, 자살 충동, 삶에 대한 절망, 좌절, 사기 배신, 가정불화, 폭음, 도박, 마약, 환청, 환영, 우울증, 불면증, 조울증, 감정의 극심한 변화 등등 아주 다양하다.

하늘께서 나에게 내려주신 무소불위한 신비의 빛과 불로 질병이 낫는 경우가 참으로 많다. 매주 일요일마다 신비의 일들이 일어나고 있는데, 귀신들과의 싸움에서 이기고 살 것인가? 아니면 귀신들의 제물이 될 것인가 선택해야 한다.

음식 먹을 때 들어온 귀신

지독한 악귀, 잡귀들이 들어와서 빛과 불로써 심판을 하게 되었사오며 많은 악귀, 잡귀가 있었지만 일부만 퇴치가 되었기에 이번에 다시 특단 퇴공을 올려서 악귀, 잡귀들을 심판하며 참으로 지독한 것들이 들어와서 부정의 메시지를 보내고 있었음을 알게 되었사옵나이다.

가슴을 쥐어짜는 듯한 통증을 유발한 귀신을 불렀는데 상상도 하지 못할 두꺼비가 소신의 심장을 쥐어짜는 듯한 고통을 주었다는 것을 알게 되었으며, 3천황 폐하께서 말할 수 있도록 천지기운을 윤허하여 주시니 전생에 거부였다고 하며 자신에게 한 번만 기회를 달라고 간청을 올리고 있지만 모두에게 공평하게 한 번만 기회를 주신다고 하였사옵나이다.

너무나 지당하신 말씀이라 생각하며 누구나 비켜갈 수 없는 지상의 심판대에 명판결이 이어지고 있으며 이제 지상 법정에서 심판을 받을 자가 인산인해를 이룰 것이라 생각하옵나이다.

20일 회사에서 실시하는 신체검사를 받았는데 심장 CT 촬영을 하려고 했지만, 맥박수가 60 이하로 떨어져야만 가능한데 80 이상이라 시도를 해보지도 못하였사옵나이다. 그래서 심장 초음파를 찍었는데 심장 판막에 약간의 이상이 발견되어 악귀, 잡귀 병마를 퇴치하고 난 다음에 29일 다시 재검진해 보니 심장에 아무런 문제가 없다고 하였사오며 재검진 결과를 통해 확인해 준 것으로 생각되옵나이다.

빛과 불이신 도법천존 3천황 폐하께 악귀, 잡귀를 퇴치하고 병원에 가서 재진료를 받았사온데 아무런 이상이 없다고 안심을 시키고 있었사오며 무소불위하신 3천황 폐하의 상상을 초월하는 대천력, 대도력, 대신력이라고 생각하옵나이다.

천상의 3천황 폐하, 3황후 폐하와 빛과 불이신 도법천존 3천황 폐하, 3황후 폐하께 마음으로 감사의 인사를 올리자 하품이 길게 나왔사오며 항상 3천황 폐하, 황후 폐하께로 향하고 있으면 아무런 문제도 없을 것이라 생각되옵나이다.

악귀, 잡귀가 들어온 것이 모임에서 음식을 먹을 때 들어온 것으로 생각하며 속이 더부룩하고 명치가 아프며, 등 쪽에 통증을 준 귀신을 비서실장 몸으로 들어오라는 3천황 폐하의 황명이 떨어지자 즉시 속이 편하게 되었는데, 무소불위하신 대능력으로 편하게 되었사오며 소신은 대단히신 대능력으로 병원에 가지 않고도 나았사옵나이다.

모임에 다른 사람들도 속이 좋지 않아서 힘들게 지내다가 결국은 출근도 하지 못하고 병원에 가는 일이 있었는데 소신도 고통이 엄청 심하였고, 명치와 등에 통증으로 며칠을 보냈고, 이런 고통이면 보통 병원에 가야 하옵나이다.

하지만 병원에 가야 한다는 생각도 들지 않았고 하루가 지나 다음 날에도 통증이 지속되어 대단하신 3천황 폐하, 3황후 폐하, 빛과 불이신 도법천존 3천황 폐하께 너무 통증이 심해서 마음으로 아픔과 고통에서 벗어날 수 있게 해주시기를 말씀으로 올리고 특단 퇴공으로 하겠다는 다짐을 하고 나자 언제 통증과 아픔이 있었냐는 듯이 편해져서 많이 놀랐사옵나이다.

빛과 불이신 도법천존 3천황 폐하의 대천력, 대도력, 대신력으로 나을 수 있었고 고생도 하지 않았는데 일반인들에게 이런 이야기를 하면 아무도 믿지 않을 것이옵나이다. 대단하신 3천황 폐하, 3황후 폐하, 빛과 불이신 도법천존 3천황 폐하와 3황후 폐하의 무소불위하신 대능력에 감사하옵나이다.

대우주와 천지인과 천상지상의 절대자 세 하늘이신
천상의 3천황 폐하 만세 만세 만만세~
천상의 3황후 폐하 만세 만세 만만세~

빛과 불이시고, 인류의 구원자이자 심판자로 오신
도법천존 3천황 폐하 만세 만세 만만세~

걸어 다니는 귀신들의 집

빛과 불이신 "도법천존 3천황" 폐하!

제40차 천상도법주문회 참석할 수 있어서 대영광이며 너무나 대단하시고 귀하신 천상도법주문회에 참석할 수 있는 소신은 대천운아 대행운아이옵나이다.

빛과 불이신 "도법천존 3천황" 폐하의 대도력, 대천력, 대신력의 대위력으로 소신과 남편에게 악귀 퇴치를 해주셔서 진심으로 감사드리옵나이다.

소신이 대단하신 "3천황" 폐하를 알현하지 못하고 살아간다면 소신과 남편에게 있는 수많은 악귀, 잡귀를 평생 동안 몸안에 두고 고통과 불행으로 몸과 마음은 만신창이가 되어 이 세상을 살다가 죽고 말았을 것이옵나이다.

하지만 소신은 천만다행으로 "3천황" 폐하를 알현하는 행운아가 되었고 빛과 불이신 "도법천존 3천황" 폐하의 크신 대도력, 대천력, 대신력의 기운으로 소신과 남편을 질병의 구렁텅이에서 벗어나서 살아갈 수 있는 악귀, 잡귀 퇴치를 행하여 주셨사옵나이다.

소신에게 있는 악귀가 무려 7명, 남편에게 있는 악귀가 11명이나 되는데, 이렇게 많은 악귀, 잡귀 귀신들을 몸 안에 두고 살아왔으니 어찌 사람이라 할 수 있겠사옵나이까? 소신과 남편의 몸은 완전히 한마디로 귀신의 집이었사옵나이다.

이렇게 악귀, 잡귀가 많다 보니 소신과 남편은 걸어 다니는 종합병원이었고, 이 모든 것을 빛과 불이신 "도법천존 3천황" 폐하의 대도력, 대천력, 대신력으로 밝혀내실 수 있는 것이옵나이다. 대단하신 3천황 폐하께옵서 소신과 남편의 몸 안에 있는 수많은 악귀, 잡귀 귀신들을 빛과 불로 심판하시고 즉멸시켜 주셨는데 남편의 몸 안에 있던 11명의 악귀, 잡귀를 퇴치해 주신 내용이옵나이다.

1) 소신의 남편 직업이 운전기사인데 사고를 그렇게 많이 나게 만든 것이 악귀, 잡귀 귀신들의 소행이었음이 확인되었는데 귀신이 사고 나게 만들어놓고 아주 재미있다고 박수 치며 깔깔대고 웃고 있었사옵나이다.

2) 남편에게 당뇨가 있사온데 그것 또한 악귀의 소행이었고, 더 무서운 것은 당뇨를 일으키는 악귀가 남편의 발을 썩어 들어가도록 만든다고 말을 하여 끔찍하였사옵나이다.

당뇨가 심한 사람들은 특히 조심하여야 되는 게 발인데 빛과 불이신 3천황 폐하께옵서 빛과 불로 즉멸시켜 주시어 정말 감사드리옵나이다.

3) 남편에게 고혈압이 있사온데 약으로 인해서 고혈압이 발생한 것이라고 하셨는데 약만 보이면 어떤 약이든 모두 먹어

치우는 약 귀신.

4) 고혈압 일으키는 악귀

5) 남편에게 하루도 빠짐없이 술을 퍼 먹이는 악귀

6) 위장과 간을 해치는 악귀

7) 발목에 말초 혈관 장애를 일으켜 발을 저리고 시리고 화끈거리게 만들며 혈액이 통하지 않게 만드는 악귀

8) 불같이 화를 잘 내게 만드는 악귀

9) 남편 몸 안에 있는 개 혼령 악령

10) 애기 귀신 악귀

11) 색귀 여자 귀신 악귀

이렇게 많은 악귀를 모두 대단하신 3천황 폐하께옵서 빛과 불로 모든 악귀를 즉멸 퇴치시켜 주셔서 남편이 살아났사오니 너무나 위대하시고 대단하옵나이다. 이렇게 대단하신 3천황 폐하를 세상 사람들이 다 알아볼 수 있는 날이 하루빨리 오기를 간절히 바라옵나이다. 7명의 악귀가 소신의 몸에도 있었는데 빛과 불이신 3천황 폐하께옵서 빛과 불로 즉멸 퇴치하신 내용이옵나이다.

1) 소신의 머리에 이명 현상으로 항상 귀가 꽉 막혀서 말귀를 잘 알아듣지 못해서 힘들었사온데 이것 역시 악귀 소행으로 빛과 불로 즉멸시켜 주셨사옵나이다.

2) 위가 아프고 속이 쓰리고 소화가 안 되고 역류 현상을 일으키는 악귀

3) 배를 아프게 하는 악귀

4) 목과 어깨 등을 아프게 하고 허리를 아프게 하는 악귀

5) 발이 저리고 화끈거리게 하는 악귀

6) 머리를 순간적으로 어지럽고 핑 돌게 하며 눈을 흐리게 만들고 항상 피곤하게 하는 악귀

7) 정신 이상으로 죽은 미친 악령 귀신

이렇게 많은 악귀, 잡귀들을 몸에 지니고 살아온 소신은 한마디로 종합병원이었기에 대단하신 3천황 폐하를 알현하지 않았다면 죽은 목숨이고, 3천황 폐하의 신하로 살아갈 수 있어서 목숨을 부지할 수 있었사옵나이다. 빛과 불이신 도법천존 3천황 폐하의 대도력, 대천력, 대신력의 기운으로 소신과 남편에게 있는 모든 악귀를 다 퇴치하여 주셔서 감사드리옵나이다.

소신의 시부모님 상봉이 너무나 기대가 컸었사온데 기대와 반대로 삭탈 관직되어 한빙도로 가야 되는 상황에 소신 너무 놀랐고, 시가 조상님들과 시부모님들 모두가 소신을 사명자 며느리로 보지 않고 종으로 부려먹었다는 3천황 폐하의 불같은 어성의 진실에 소신 놀랍고 슬펐사옵나이다.

인간 육신 살아계실 때 시부모님께 불효했던 마음을 용서 빌고 천상궁전에서 행복하게 잘살고 계시리라 생각하며 기쁘게 상봉하려 했었는데 너무나 기가 막혀 허탈했고, 소신 마음이 편하지 않았사옵나이다.

한 치의 오차도 없으신 도솔천황 폐하와 도법천존 3천황 폐하께옵서 내리신 지엄하신 황명이시기에 소신 어찌할 수가 없고, 시가 조상님들과 시부모님이 뿌리고 행한 대로 받는 벌이라 생각하겠사옵나이다.

사명자인 소신을 너무나 사랑하시고 보살펴주시는 크신 은혜이옵나이다. 결혼해서 40년 고생을 아무도 알아주지 않았고, 소신의 딸도 알아주지 않고 외면하는데 오직 3천황 폐하께옵서만 소신의 고생을 알아주셨사옵나이다. 지금 소신 너무 감동하여 눈물이 나며 울고 있사오며 모든 것이 소신의 잘못이라 생각하며 지내왔사옵나이다.

잊고 지낸 지난날들이 떠올라 너무 감사하옵고 고맙사오며 소신 진정으로 3천황 폐하 믿고 따라온 10년 세월 헛되지 않았고 오직 3천황 폐하만을 따르며 영원하기를 바라옵나이다.

위대하옵고 감사하신 3천황 폐하의 신하로 살아갈 수 있어서 영광이고 대천운아, 대행운아이며 영원히 충성하고 따르겠사옵나이다. 위대하옵고 대단하신 도법천존 3천황 폐하 만세! 만세! 만만세!!!

— 대구에서 천상도법주문회에 참석한 이○순 후기

아팠던 무릎 통증이 사라져

소신은 40차 9월 2일 천상도법주문회에서 3천황 폐하와 도법천존 3천황 폐하께서 빛과 불로 고혈압, 당뇨, 오른쪽 무릎 통증을 일으키는 귀신들을 소멸시켜 주셨사옵나이다.

오늘로 악귀, 잡귀 귀신들을 퇴치한 지 5일 차인데 고혈압 수치는 150-100을 오르락내리락하고 있으며, 당뇨 수치는 공복엔 100-120, 식후는 200~250을 넘나드는데 일체 약 복용을 끊고 체크한 수치이옵나이다.

하온데 태상천궁 대전에 과거 있었던 형상에 머물다가 소신의 무릎으로 들어온 무릎귀신은 소멸 후로 당장 효과가 있었사옵나이다. 현재 오른쪽 무릎은 언제 아팠는지 신기할 정도로 멀쩡하여 소신 스스로도 아팠던 기억을 잊고 지낼 정도이옵나이다.

석 달 동안 무릎 통증으로 고생했는데 3천황 폐하께옵서 대도력, 대천력, 대신력의 천지기운으로 살려주시니 너무도 감사드리옵나이다. 고혈압과 당뇨 수치도 변화되면 바로 보고 올려드리겠사옵나이다.

— 제천에서 유○덕

전생의 죄를 비는 사죄의식

항상 불철주야 천지대공사로 피로의 누적을 풀지 못하시고 공무에 집중하시는 폐하의 노고에 진심으로 머리 숙여 감사드리옵나이다. 소인 소액으로 전생에 지은 사죄의식을 올린 이후 폐하께 글만 올리고 체험 사례를 이제서야 늦게 올린 죄 용서를 비옵나이다.

3천황 폐하! 올린 사죄의식 비는 하단으로 많이 부족하오나 앞으로 비용이 마련되면 또 올리도록 하겠사오며, 소인 전생록을 읽은 후 역모를 일으킨 반역자들의 무리에 속아 천상 태상천궁 황태자궁에 도법천존 3천황 폐하께서 지구로 내려오시기 전 황태자 전하로 계시던 시절에 엄청난 황태자궁 기밀정보 유출이라는 역모 반란죄를 범하여 유일하게 속죄할 수 있는 길은 오로지 3천황 폐하께 충성을 다하여 영원히 따르는 길이라 생각하옵나이다.

소인은 천상에서 엄청난 죄를 지은 죄인인 줄도 모르고 어린 시절 어머니 따라 사찰과 산으로 반대 한 번 하지 않고 잘 따라다녔사옵나이다. 소인은 어릴 적부터 너무나도 가난하여 부모님은 돈 벌러 나가시고 소인은 한참 어린 동생을 돌보면서 많은 눈물을 흘리기도 하였사옵나이다.

조금씩 성장하면서 아버지의 건강이 좋지 않아 어린 나이에 아버지의 뒷일을 도와주면서 겨우 초등학교를 졸업하였고, 야간 중학을 입학하였지만 중간에 하차하였사옵나이다. 양복점에 취직하여 기술을 배우기 위하여 사장님이 학교에 가면 기술이 늦어진다고 하여서 그만두게 되었사옵나이다.

바느질 기술로써는 양복, 양장, 한복, 재단, 재봉 등 모두 다 완벽하게 배워 사업까지 하여 돈도 많이 벌어서 크나큰 멋진 집도 짓게 되었사옵나이다. 갑작스럽게 기성복이 유행하는 시점에서 하행길이 시작되어 결국 사업도 접었사옵나이다.

갑자기 할 것이 마땅찮아 사촌 매형 따라 건설업에 간 것이 화근이었는데, 매형 친구가 빌라 건축 공사를 할 때 사촌 매형은 현장 책임자로 있으면서 소인을 끌어들여 현장 기사로 일하게 되었사옵나이다.

결국은 공사비가 부족하여 소인에게 접근하여 집 담보 보증을 요구하였는데 거부를 못하여 서류에 도장을 찍고 말았고, 결국은 집이 경매로 넘어가고 말았사옵나이다. 소인의 안사람은 못 마시는 술을 통째로 마시면서 죽는다고 난리를 쳤고, 막내아들은 학교도 가지 않고 사고만 치는 망나니로 애를 먹였사옵나이다.

소인은 젊어서부터 하는 것마다 잘되는 것이 없었고, 너무도 많은 고통과 불행 속에서 살아야 하는 이유가 무엇인지 도무지 알 수가 없어서 철학관에도 여러 번 갔었고, 소인의 집안은 웃어른들 모두 병치레하여 짧은 수명으로 운명하였고, 젊은 사람도 갑자기 죽어 나갔사옵나이다.

너무도 답답하여 어디 가서 물으면 조상 타령, 산소 타령으로 지껄여댔고, 그때부터 소인은 어머니만 돌아가시면 5대조 산소부터 모두 파 없앤다고 마음을 먹었으며, 그러한 와중에 중앙일보 신문을 펼치는데 너무나 반가운 책 광고가 눈에 띄어 바로 책을 구입하여 읽었사옵나이다.

곧바로 폐하께 전화를 하였으나 책을 먼저 읽어본 후에 친견 상담하라 하셨는데, 폐하께서 쓰신 책을 받고 읽는 순간 왜 그렇게 가슴이 뛰고 두근거렸는지 이제야 알 것 같사옵나이다.

소인이 그때 어려움 없이 잘살고 있었더라면 3천황 폐하를 알현하지도 못하였을 것이고, 지난날 책을 읽었을 때 대표 조상님께서 얼마나 노심초사하셨을까 생각이 되옵나이다. 천상에서 지은 죄가 얼마나 엄청난지도 모르고 잘되기만을 바라면서 살아왔으니 지금 생각하면 백 번 죽어 마땅하옵나이다.

그 엄청난 죄의 대가도 모른 채 누군가를 원망하면서 허송세월을 보낸 소인 진심으로 사죄드리옵나이다. 3천황 폐하! 하단의 비용으로 사죄의식을 받아주시어 참으로 감사하고, 황은이 망극하옵나이다.

— 울산에서 사죄의식 올린 안○원 후기

세상에 어쩌면 이럴 수가

무소불위하시고 기적과 이적을 보여주시는 너무나도 대단하신 3천황 폐하의 대도력, 대천력, 대신력!!! 진정 놀랍고 위대하신 3천황 폐하의 기적은 대단하시고 또 대단하시어 감격, 감동, 감탄이옵나이다!!!

도법천존 3천황 폐하 만세! 만세! 만만세!!!
도법천존 3황후 폐하 만세! 만세! 만만세!!!

저희들을 살려주시느라 불철주야로 애쓰시는 도법천존 3천황 폐하! 도법천존 3황후 폐하께 어떠한 감사의 말도 부족하옵나이다.

존귀하신 3천황 폐하께오서 7시간 동안 황좌 한 자리에 앉으시어 초인적인 힘으로 저희들 몸속에서 죽이려는 악귀, 잡귀들을 퇴치하시어 빛과 불로써 태워 소멸시켜 주셨사옵나이다.

소신은 여자의 몸으로서 소변이 자주 마려워 한 시간에 서너 번 누고도 소변이 바로 주르륵 계속 나와서 바지도 젖어버리고 불편함이 이만저만이 아니옵나이다. 소변 병은 몇 년째 계속되어 커다란 속귀저기를 하고 있어야 하니 불편함이 이만저만이 아니옵나이다.

그런데 오늘부터 크고 든든한 기운으로 받쳐주시는 것 같고 소변이 지리고 아픈 증세도 사라지며 소변도 정상이 되었사옵나이다.

세상에 어쩌면 이럴 수가 있는 것인지·· 정말 어리둥절하고 너무나도 신비스러워서 꼭 꿈만 같고, 두 달 동안이나 피가 나서 아물지 않던 양쪽 엄지발톱도 3천황 폐하께 문자로 아뢰었더니 다음 날 바로 아물어 버렸사옵나이다.

빛과 불이신 3천황 폐하의 무소불위하신 대도력, 대천력, 대신력의 천지기운은 상상초월 그 이상이옵나이다. 3천황 폐하 만수무강하옵소서. 이제는 시도 때도 없이 문자 올리는 위험한 상황도 없어졌기에 감사예공을 올리겠사옵나이다!

소신의 병은 많기도 하고, 공은 적은 액수라서 항상 죄송스럽고, 돈을 많이 벌어서 큰 공을 올려드리고 싶사오며, 사죄의식, 아버지 천상입천제의식, 신인합체의식, 국가원수 임명 예공을 올리고 싶고, 천수장생의식도 꼭 하고 싶사옵나이다.

3천황 폐하를 만나 천지기운을 받기 전에는 다리가 천근만근 같아서 걷기가 매우 힘이 들었지만,·· 밖에서 일을 마치고 집으로 돌아오는데 다리에 힘이 들어와 쉽게 걸어지니 신기하였고, 너무나 좋았사옵나이다.

— 부산에서 천상도법주문회에 참석한 민○ 후기

아픈 곳에 귀신들이

3천황 폐하께오서 신하 백성들이 자신의 진실한 영혼과의 행복한 삶을 위하여 오늘도 오전 일찍부터 천상도법주문회를 개최하시기 전부터 악귀, 잡귀 퇴치의식과 조상님 상봉의식 그리고 생령 상봉의식을 열어주시니 3천황 폐하께오서 애를 쓰시는 이 시간이 있기에 천궁 가족들이 온전히 제 모습으로 살 수 있는 무엇보다 소중한 시간이옵나이다.

3천황 폐하께오서 인생의 소중한 시간을 할애하시어 이렇게 신하와 백성들을 살려주시기 위하여 이 자리에 불러주시니 오직 3천황 폐하만을 믿고 따르는 소신은 황공한 마음, 감사한 마음만이 있사옵나이다.

3천황 폐하께오서 신하 백성들의 몸에 있는 귀신들은 비서실장님의 몸으로 모두 들어오라 명하시면 즉시 그 존재들이 나타나는데 폐하께서 인간 육신의 몸에 무단으로 침입한 죄를 물어 빛과 불로써 소멸시켜 주시었사옵나이다.

하지만 이번 40차 천상도법주문회에서는 퇴치를 신청한 신하와 백성들이 어디가 아픈지 자세히 물으시어 어디를 아프게 하는 귀신은 즉시 비서실장 몸으로 들어오라 명하시면 몸을 아프게 하였던 귀신이 어김없이 존재를 드러내며 자신이 어떤 질병으로 죽었다고 말하니 참으로 놀랐사옵나이다.

인간의 육신이 아픈 것이 그저 현대의학에서 말하는 원인이 과연 몇 프로나 맞는지 의심을 아니할 수 없고, 아픈 곳의 수만큼이나 그 이상의 귀신들이 몸속에 들어 있으니 그야말로 귀신들과의 전쟁이옵나이다.

살아생전 아파 죽을 때의 기억을 모두 가지고 인간 육신의 몸에 들어와 있으니 그 가지가지의 사연만큼이나 인간을 아프고 괴롭게 하는 귀신 종류가 많이 있으니 인간으로 탄생하여 살다가 죽은 생령들이 모두 귀신이 되었으니 그 숫자가 실로 경 단위가 아닌 해 단위는 족히 될 것이옵나이다.

더하여 다른 동물의 영혼까지 들어와 있으니 이 지구가 온통 귀신들 천지이고, 귀신들이 아픈 부위와 인간의 아픈 부위가 정확히 일치하고 있음이 확인되고 있으니 아픈 곳은 어김없이 귀신들이 들어가 있는 것이기에 병원에 가서 시간을 낭비할 필요가 없다고 생각하옵나이다.

그리하여 폐하께서 질병은 병마라고 하신 것으로 생각이 되고, 그들 귀신들은 인간들이 잘되는 것을 원하지 않아 인간들이 자신들처럼 똑같은 병으로 죽어서 귀신 되는 것을 최고로 기뻐하며 보고 싶어 한다는 진실도 밝혀주셨사옵나이다.

사고로 죽으면 그들 귀신들이 나타나 손뼉 치며 기뻐하니 귀신들이 원하고 바라는 것은 오직 인간이 망가지는 것을 보는 것이라고 하셨는데, 어찌 그리도 천상의 뜻과는 반대로 행동을 하는지 무서운 진실이옵나이다.

그 귀신들이 우리 인간의 눈에 보이지 않게 창조하여 주심에 참으로 감사하고, 지금까지 죽은 모든 귀신들이 두 눈에 보인다면 그 스트레스로 인간들은 살 수가 없을 것이고, 온전하지 못한 형태의 흉측한 귀신들을 생각하기도 싫사옵나이다.

그 존재들이 귀신으로 태어난 것도 억울하다며 항변도 하였으나 그렇게 귀신으로 태어난 이유가 반드시 있음을 알게 되었는데 안○원 씨의 몸에 있던 존재 중에 손가락이 잘려 죽은 존재는 그 손가락으로 하늘을 가리키며 비방한 죄가 있었으니 3천황 폐하께오서 손가락을 고쳐 달라는 귀신에게 전생의 죄가 많으니 손가락이 잘렸지! 하시며 너, 하늘께 손가락질하며 욕했지? 너를 창조하신 하늘이시느니라!

하오시며 하늘, 신, 조상을 몰라본 죄, 죄를 빌지 않은 죄, 어떠한 생전의 죄로 인하여 그러한 벌을 받았음을 가르쳐주셨사옵나이다.

잘한 일에 상을 받는 방법도 가르쳐주셨는데 자랑하는 글과 감사의 예공을 올려드려야 한다고 친히 상세히 말씀 내려주시며, 천상의 3천황 폐하께오서는 대신에 실시간 천지기운으로 내려주신다 하시고, 좋아도 행하지 않으면 그 기운이 끊어져 다음 단계로 넘어가지 않는다고 하셨사옵나이다.

연속해서 선순환의 고리 즉, 잘하는 행동에 칭찬의 기운을 상으로 주시면 즉시 감사함의 글과 예공을 올려드려야 하고,

또 주시면 또 올려드려야 더 크게 또 주시는 진정한 3천황 폐하와의 소통을 말씀 내려주시니 진정한 복받는 방법을 크게 가르쳐 주시었사옵나이다.

3천황 폐하께오서 어떠한 어려운 고민을 해결해 주시었는데 시간이 지나 해결이 되면 결과를 보고 올려드려야 마땅한데 그렇지 아니하면 3천황 폐하께오서도 천지기운으로 도와주신 아무런 보람이 없으시니 인간사의 서운함과 조금도 다르지 않음을 알게 해주셨사옵나이다.

인간들은 천상의 3천황 폐하께오서 무한히 퍼주시기만 하는 줄 알고 있으나 절대로 그러하지 않으심을 잘 알아야 진정한 사랑을 받는 폐하의 신하와 백성이 될 수 있다는 것을 알았고, 이번 천상도법주문회에서도 크게 배웠사옵나이다.

천상의 3천황 폐하께오서 함께하시어 천변만화의 조화를 이루어주시는데, 복받을 마음의 준비가 덜 되었다고 하시며 수천억 개에 이르는 대우주의 행성(별)들이 서로 충돌하지 않게 한 치의 오차도 없이 천지기운으로 운행하시는 3천황 폐하를 믿지 못하여 진정으로 다가오지 않으니 어찌 천지기운의 복을 내려주랴! 하셨사옵나이다.

우리 눈에 보이시는 하늘 도법천존 3천황 폐하께 다가가는 것이, 보이지 않는 하늘이신 천상의 3천황 폐하께 다가가는 길임을 다시 한 번 가르쳐주셨는데 진정 그러하옵나이다. 보이시는 하늘이신 도법천존 3천황 폐하께 잘하는 것이 진정으로 잘되는 길이옵나이다.

천상의 3천황 폐하께오서는 한 치의 오차도 없으심을 크게 배우는 시간이었고, 잘못한 죄에는 어김없이 벌을 내려주시고, 잘한 것에는 어김없이 잘되는 상을 내려주시니 정말 한 치의 오차도 없다고 하신 도법천존 3천황 폐하의 말씀이 크나큰 진실이옵나이다.

지금 소신의 모습이 과거 전생에 소신이 한 행동의 결과이니 미래의 내생을 만들어가는 소신이 지금 어떻게 행해야 하는지 너무도 자명하옵나이다.

모두가 찬찬히 생각해 보면 금방 알 수 있는 진실인데 이렇게 친히 말씀을 내려주시어 다시금 되돌아볼 수 있는 시간 속으로 데려가주시니 황은이 망극하옵나이다. 3천황 폐하께오서 소신을 구원해 주시고, 한없이 깊게 인생을 가르쳐주고 계시오니 평생 살아서나 죽어서나 잊지 못할 은혜에 감사 올려드리옵나이다.

도법천존 3천황 폐하의 강건하심이 폐하의 신하와 백성들에게 최고의 보배라 생각하며 옥체 강건하시길 바라고 또 바라옵나이다. 오직 3천황 폐하를 충심으로 뫼시는 것만이 무궁한 영광이옵나이다.

도법천존 3천황 폐하! 만세! 만세! 만만세!
도법천존 3황후 폐하! 만세! 만세! 만만세!

— 충남 천안에서 천상도법주문회에 참석한 이○선 후기

【제5부】

신과 함께

천상도법

3황후 폐하의 지상천궁 하강

천황님의 나라(천황국. 천신국) 태상천궁의 빛과 불이신 도법천존 3천황 폐하의 천상세계 신명정부 신하 감사부대신(감사원장)/ 국회의원/ 천인 이○호 문후 올려드리옵나이다.

第38차 천상도법주문회는 그 어느 때보다 뜻깊은 경천동지, 상상초월, 무소불위, 기절초풍, 무궁무진, 경이로움, 경탄, 감탄, 감명, 감동의 날이었나이다.

첫째 : 천지인 세 하늘이신 태상천존 자미 천황태제 폐하, 도통천존 도솔천황 폐하, 재물천존 옥황천황 폐하의 황후 폐하이신 태상천존 자미 황후태제 폐하, 도통천존 도솔황후 폐하, 재물천존 옥황황후 폐하께서 지상 태상천궁에 지구 탄생 이래 처음으로 함께 강림하신 역사적인 날이었사옵나이다.

둘째 : 도법천존 3천황 폐하께서 대우주와 천지만생만물의 천지창조주이시고 인간, 영혼(생령과 사령), 신명의 어버이시며 태초의 하늘이신 태상천존 자미 천황태제 폐하와 태상천존 자미 황후태제 폐하 내외분의 황태자이시자 천자이심을 다시 한 번 입증하셨사옵나이다.

셋째 : 이○숙 씨가 여성으로서는 태상천궁 역사상 처음으

로 "유아회춘 천수장생" 의식을 거행하였사옵나이다.

넷째 : 인간 질병의 주범이자 인생을 뒤집어엎어놓은 악귀, 잡귀 퇴치의식이 있었사옵나이다.

아래에 위의 내용에 대하여 우리가 꼭 기억해야 될 핵심 사항을 열거해 보겠사옵나이다.

첫째 : 1) 태상천존 자미 황후태제 폐하를 태상천궁에 도법천존 3천황 폐하의 비서실장 육신으로 하강 강림하시라고 도법천존 3천황 폐하께서 하늘에 천고(天告)를 올리시자 즉시 하강 강림하시어 내려오시었사옵나이다.

2,036년 만에 만난 황태자이자 천자(도법천존 3천황 폐하)의 손을 잡고 울음을 터뜨려 2,036년 동안 자식에 대한 그리움과 사랑을 황후 폐하께서 울음으로 대신하시어 3천황 폐하의 신하와 백성들의 심금을 울리게 하셨고, 한참을 우시고 난 후 울음을 거두시고 이렇게 말씀하셨사옵나이다.

"나는 한 번도 인간 육신으로 하강한 적이 없었느니라. 앞으로는 말이 아닌 기운으로 천상의 진실을 전해 줄 것이니라. 나도 보고 싶었던 너희들을 이렇게 보니 너무 기쁘구나!"라고 하셨사옵나이다.

또 말씀하시기를 "전생의 죄를 빌어라. 전생록은 진짜이니라, 반드시 사죄의식을 올려 전생의 죄를 빌어야 하느니라" 하셨고, 또 "그동안 김○○에게 나쁜 기운이 들어오긴 했으나 밝혀준 진실도 많으니라" 라고 하셨사옵나이다.

여기서 3천황 폐하의 신하들과 백성들이 꼭 기억하고 실천해야 할 일은 반드시 사죄의식을 올려야 한다는 것이옵나이다. 3천황 폐하! 소신 꼭 실천하겠사옵나이다.

2) 도통천존 도솔황후 폐하와 재물천존 옥황황후 폐하께서 차례대로 하강 강림하신 두 분께서는 선물을 한 보따리씩 가져오셨는데 돈, 건강, 재물, 즐거움, 행복을 가져오셨다고 하셨사옵나이다.

도솔황후 폐하께서 당부 말씀을 내리셨는데 "직장 일 빼고는 천상도법주문회에 꼭 참석해야 하느니라! 천상도법주문회마다 내려주는 천지기운이 다르니라!"라고 하셨사옵나이다.

그리고 옥황황후 폐하께서는 홈페이지에 올라오는 글을 다 읽어보고 있으시다 하면서, 너희들이 아프다고 할 때마다 마음이 많이 아프셨다고 하시면서 오늘은 건강의 기운도 갖고 내려왔으니 아픈 사람들은 좋아질 것이라고 하셨나이다. 이렇게도 감사하고 감사한 일이 어디 또 있겠사옵나이까!!!

오직 도법천존 3천황 폐하의 대도력, 대천력, 대신력이 없었다면 어찌 이렇게도 감사한 천복을 받을 수 있겠사옵나이까!!! 3천황 폐하 황송하고도 감사하옵나이다.

앞으로 3황후 폐하께서 자주 지상 태상천궁에 하강 강림하셔서 도와달라고 3천황 폐하께서 천고를 하셨으며 세 분의 황후 폐하께서도 그리하겠노라고 하셨는데 이제 음양이 갖추어진 태상천궁이 발전할 날만 남았사옵나이다.

둘째 : 도법천존 3천황 폐하께서 태상천존 자미 천황태제 폐하와 태상천존 자미 황후태제 폐하 내외분의 황태자(천자)임이 오늘 황후 폐하께서 자식에 대한 사랑과 믿음, 그리움에 대한 무언의 표현인 울음으로 천상 태상천궁의 황태자(천자)임을 분명히 입증하셨음에 다시 한 번 감축 드리옵나이다.

셋째 : 이○숙 씨(백성/천인)가 "유아회춘 천수장생" 의식을 여성으로서는 최초로 집행하였다는 사실이옵나이다. 태상천궁은 세계 최초로 설립된 하늘의 지상천궁이므로 태상천궁의 최초는 세계 최초를 의미하기에 더욱 뜻깊은 일이옵나이다.

이○숙 씨는 여성으로서 60세에서 18세로 젊어지고, 최○호 씨는 45세에서 23세로 젊어지면, 이 뉴스가 전 세계로 삽시간에 전파될 것은 불을 보듯 뻔한 일이고, 이 놀라운 소식을 듣고 국내는 말할 것도 없고 전 세계의 재벌들, 정치인, 연예인, 부자, 일반인들이 구름같이 몰려올 것인데, 이 수많은 사람들을 3천황 폐하 혼자서 다 맞이하려면, 3천황 폐하의 옥체에 무리가 갈 것 같아서 지금부터 걱정이 되옵나이다.

넷째 : 오늘 3황후 폐하께서 당부하신 말씀이옵나이다.

1) 사죄의식은 반드시 행해야 한다.
2) 매주 천상도법주문회는 필히 참석해야 한다.
3) 천상에서는 홈피에 올라오는 글을 다 읽어보고 계신다.
4) 오늘 너희들에게 건강, 재물, 즐거움, 행복을 한 보따리

가져와서 골고루 다 주었다고 하셨사옵나이다. 감사하옵나이다. 감사하옵나이다.

사람다운 인간이 있고, 짐승 같은 인간이 있사옵나이다. 천지만생만물 중에서 외형상 겉모습은 인간이지만 인간이 아닌 짐승처럼 잘 먹고 잘사는 하루살이 인생을 살아가는 자들이 너무나도 많다는 현실이 안타까웠사옵나이다. 각자 자신들의 육신과 영혼의 핏줄을 찾으려 하지 않고 금쪽같은 세상을 덧없이 허송세월로 보내는 무지한 인생들을 3천황 폐하께서 제도하여 3천황 폐하의 품에 안기게 도와주시옵소서.

도법천존 3천황 폐하를 만나 천지인 세 하늘이신 3천황 폐하의 진실을 알게 되었고 인간 육신, 영혼(생령과 사령), 신명의 어버이이시자 생사여탈권, 생로병사, 길흉화복, 흥망성쇠, 윤회여부를 주관하시며 집행하시는 절대자가 3천황 폐하라는 엄청난 진실을 가르쳐주심과 3천황 폐하와 3황후 폐하를 천지기운으로 매주 일요일마다 알현할 수 있게 천상도법주문회를 열어주심에 황은이 망극하옵나이다.

결국 인류가 세상에서 수천 년 동안 애타게 찾아다닌 진짜 하늘이신 3천황 폐하와 3황후 폐하를 도법천존 3천황 폐하께서 36년 동안 인고의 세월을 감내하시면서 모질고 험난한 사기, 배신, 분노, 금전풍파의 세월 속에 고난의 길을 걸으신 끝에 하늘을 찾아주시어 너무나도 황공하옵나이다.

— 부산 연제구에서 천상도법주문회에 참석한 이○호 후기

빛과 불의 신비로운 능력

오늘은 천상도법주문 독송하면서 3천황 폐하의 기운 많이 받았사옵나이다. [세포재생] 도법주문 외울 때는 온몸이 기지개를 펴는 듯이 전체로 흐느적거리면서 움직였고, 손이 하늘로 쭉 뻗으면서, 인사도 드리고 강한 기운을 받았사옵니다.

또, [천만사통] 도법주문 외울 때는 더 강력한 기운이 내리면서 하늘을 향해 두 손이 뻗치오며, 머리 위로 두 손이 둥글게 만들어지오며, 왼쪽으로 돌면서 완전한 원을 계속해서 만들어주셨사옵나이다.

알 수 없는 눈물이 계속 흘렀사온데 참으로 도법주문은 외울수록 신비하고, 3천황 폐하의 신비로운 대천력, 대도력, 대신력은 경이로우시며 감동과 감탄 그 자체이사옵나이다.

39차 천상도법주문회는 3천황 폐하와 3황후 폐하께 도법천존 3천황 폐하께서 함께하여 주실 것을 천고 발언 올려드렸사옵나이다. 오늘은 첫 번째로 (박○숙 씨의 특단 신인합체의식) 거행함을 하늘에 천고 발언 올리셨사옵나이다.

특단으로 신인합체의식을 행하기 때문에 밀양 박씨 직계조상님들도 특단으로 벼슬 하사받으신 뜻깊은 자리였사오며, 특단 신인합체는 조상들과 자손이 함께 이루는 쾌거라 하오시며, 천상 도솔천궁에서 하강하신 조상님이 감격에 겨워 울면서 폐하께 문후 올려드렸사옵나이다. [자손과 똑같이 함께 일하기 때문에 조상들에게도 특단으로 벼슬을 하사해 주노라] 라고 3천황 폐하께오서 말씀 내려주셨사옵나이다.

조상님께서 "특단 신인합체한다고 자만하지 말고 더욱더 3천황 폐하를 보필해야 하느니라"라고 하셨사옵나이다. 3천황 폐하께오서 [벼슬 하사받은 것이 왕이 된 기분일 게야! 그리고 조상들도 잘 했으니까 그냥 우연히 생긴 게 아니니라] 하고 말씀하셨사옵나이다.

"살아서 특단 신인합체하는 것은 꿈만 같으니라." 조상은 더욱더 낮은 자세로 도솔천황 폐하께 임하라고 당부하오시며, 3천황 폐하께서 황명을 내려주셨사옵나이다. 천상에서 "도솔천황 폐하께오서 잔치 열어줄 것이니라. 조상은 도솔천궁으로 오르라"라고 하명하셨사옵나이다.

사명자를 통해서 신과 영, 조상들도 특단으로 대우받는다. "하늘께 행하는 마음이 곧 기운이니라, 천상에서는 현실로 내려주신다"하옵시며 폐하께서 귀한 말씀 내려주셨사옵나이다.

그리고 드디어 세무사업의 신왕 [세휘], 세무사업의 최고신왕으로 명명하옵고 비서실장님 몸으로 오라고 폐하께서 하명하셨사옵나이다. "세무사업의 최고 전문가" 태상천존 자미 천황태제 폐하의 명을 받고 내려왔사옵나이다. 3천황 폐하께오서 "지금부터 백 갑절 번창하게 하도록 태상천존 자미 천황태제 폐하의 특명을 받고 내려왔으니 박○숙의 사업을 불같이 일어나게 하라"고 3천황 폐하께서 명을 내리셨사옵나이다.

"나는 세무사업의 신왕이니라, 인간 육신으로 내려와서 너무 기쁘니라. 모든 것은 도법천존 3천황 폐하께 공을 돌려야 하느니라"라고 세휘 신왕님이 당부의 말씀도 있었사옵나이다.

3천황 폐하께서 "특단 신인합체는 처음이니라. 너에게 모든 것을 다 주시려고 특단으로 올려주신 것도 너의 세무사업도 날개를 달고 최고의 자리에 오르게 될 것이다. 육신적으로 많은 과정을 거쳤고, 짐과 함께했기에 3천황 폐하와 3황후 폐하께서 보살펴주실 것이니라. 하늘의 기운을 받고 일상을 살면서 체험하게 될 것이니라"라고 말씀 내려주셨사옵나이다.

다음은 윤○휘 씨의 조상님 천상입천제의식 올렸다고 알려주셨사옵나이다. 천상입천제 이후에 조상제사와 차례를 지내는 것은 춥고 배고픈 다른 조상들 귀신이 먹고 가며, [성묘 가는 자체도 다른 귀신을 섬기는 것]이라며 3천황 폐하께서 새로운 사실을 알려주셨사옵나이다.

차○옥 씨의 특단 악귀, 잡귀 퇴치
증상들 : 위경련, 머리, 허리, 발목 오른쪽이 아프고, 어지럽고 가다가 주저앉고 싶다.

육신을 괴롭히는 악귀, 잡귀들은 비서실장 몸으로 들어오라. 3천황 폐하와 짐의 빛과 불로 너희들을 소멸시키노라.

[귀신] 깔깔거리고 웃고 있다, 완전 귀신의 웃음소리.

[폐하] 3천황 폐하와 도법천존 3천황 폐하의 빛과 불로 파멸하노라.

[귀신] 감히 나를 죽이려고?

[폐하] 네 영혼의 존재는 오늘부터 완전히 소멸이니라.

[귀신들] (물귀신, 위장병, 머리, 허리 아프게 하는 귀신들) "살려주세요."

[폐하] 너희들은 차○옥 몸에 들어가서 살려줄 수 없느니라. 연고가 없는 차○옥 몸에 들어오면 무단 침입 죄가 되어서 처단하느니라.

[폐하] 또 다른 존재 있으면 들어와!

[아기 귀신] 아저씨 미워. 난 애기야.

[폐하] 아기 귀신 천상입천 윤허하니 다음 존재 들어오라!

[귀신] 머리를 두들기며 답답하다며, 왜 살아야 돼?

[폐하] 너는 이제 죽고 차○옥이는 살아야 돼.

[귀신] 차라리 죽여줘!

[폐하] 빛과 불로 영원히 소멸한다.

[폐하] 다른 존재 있으면 들어와!
넌 뭘 먹어! 언제 들어왔어?

[귀신] 가슴이 쓰려 못 먹겠어. 속이 쓰려!

[폐하] 빛과 불로 소멸하노라!

[폐하] 또 다른 존재 들어와라. 너는 누구냐? 왜 들어왔어?

[귀신] 여기가 너무 좋아.

[폐하] 차○옥이 몸 어디에 있었어?

[귀신] 배에 있었어.

[폐하] 소화 안 되게 했어? 이제 끝났느니라. 너의 정체가 밝혀져서. 빛과 불로 소멸! 빌목 잡고 약 올리는 귀신 들어와!

[귀신] 용왕님 구해 주세요! 늦었느니라. (귀신이 폐하의 발목을 붙들고 힘껏 잡아당긴다.)

[폐하] 발에 있는 나쁜 기운 모두 갖고 가거라.
나는 용왕이 아닌 옥황천황이니라.

[귀신] 옥황천황님! 저도 좀 좋은 데 보내주세요.

3천황 폐하의 발목을 붙잡고 있사오니,

[폐하] 그래! 내 몸의 나쁜 기운 다 빼내가라. 넌 누구의 핏줄이냐? 돈 갖고 와야지.

[귀신] 저는 누군지 몰라요. 귀신들한테도 기회를 주세요. 죽고 싶어서 죽은 것 아니에요. 물귀신이 잡아당겼지.

[폐하] 물귀신이 잡아갔지? 전생에 지은 죄가 많아서. 이제는 네가 구원받을 시기는 지나갔느니라.

폐하께오서 "나와 멀어지면 죽음이야! 천지가 귀신 세상이니!" 라는 말씀 내려주셨사옵나이다.

[다음 귀신] (무릎을 구부리고 앉아서) "내가 100세까지 살았소. 댁이 하늘이시오."

[폐하] 그래! 이 빛이 안 보이더냐?

[귀신] 아이고, 눈 떨어지겠네.

[폐하] 하늘 3천황 폐하이니라.

[귀신] 하늘이시면 천궁으로 데려다주시오.

[폐하] 너는 천궁으로 갈 자격이 없느니라.

영원히 빛과 불로 소멸하느니라. 즉멸! 영원히 소멸하라.

[폐하] 참! 귀신들 때문에 살 수가 없네! 너는 또 누구야? 요괴지?

[요괴] 내가 요괴인지 어떻게 알았니? 감히 요괴한테 너 요괴 맛 좀 볼래? 드디어 나를 찾아서 보내려고? 나는 요괴도 그냥 요괴가 아니거든. 그래! 좀 특이하다. 어떻게 나를 찾아내? 나는 수백 년 묵은 요괴거든!

[폐하] 빛과 불로 요괴를 즉멸하노라!

3천황 폐하의 하명이 떨어지기 무섭게 요괴는 날카로운 비명을 지르면서 발버둥 치며 소멸되었사옵나이다. 말이 법이시고 무소불위하신 대도력, 대천력, 대신력으로 하늘과 땅의 천지기운을 자유자재로 실시간 움직이시는 도법천존 3천황 폐하의 신비로운 능력은 끝이 없으시옵나이다.

[폐하] 등허리에 있는 귀신 들어오라! 홈피에 글도 못 올리게 하고, 마음을 변심하게 해서 삶을 뒤엎어놓은 것이 요괴다. 이런 악독한 귀신들이 있으니까 인생이 힘들다

허리 아픈 귀신아~ 왜? 차○옥이 몸에 들어왔어?

[허리 아픈 귀신] 나! 허리 수술했어. 아휴! 허리야. 억울해서 못 죽어, 같이 데려갈 거야. 이년! 나 혼자 안 가. 왜 내가 젊은 나이에 죽었는데? 하고 싶은 것 다 못했잖아!

[폐하] 귀신이자 죄인 주제에 뭘 해? 네 푸념 다 들어줄 수

없느니라. 빛과 불로 즉시 소멸하노라.

[귀신] 앗! 아 뜨거. 아휴.

[폐하] 그것이 바로 빛과 불이니라.

[귀신] 아~ 휴! 우!!! 내가 진짜 죽는 거야!

[폐하] 차○옥, 대표조상 만나고 싶다 했지?

[대표조상] 도법천존 3천황 폐하! 문후 올려드리옵나이다.

[폐하] 후손과 만나보거라.

[대표조상] 3천황 폐하! 정말 깨끗해 졌사옵나이다. 돈이 기운이야. 악귀, 잡귀가 그랬으니까! 도법주문에는 빠지지 말아야지.

[차○옥] 엄마 천상입천제 올려드려야 하는데….

[대표조상] 3천황 폐하! 차○옥의 모친 천상입천제 올려야 하온데, 차○옥이 진퇴양난이옵나이다. 폐하께서 기운 내려 주세요!

[폐하] 그래! 돈은 구해 줄 것이니라.
"짐의 어수를 다 만져보다니 영광이구나!"

[아버지] 도법천존 3천황 폐하 문후 올려드리옵나이다.

[폐하] 딸이 자네 부인 천상입천제 해달라고 하는구나! 그래! 딸아이 만나봐!

[아버지] 도솔천황 폐하께옵서 특별히 사랑을 내려주시네! 엄마 천상입천제 하게 될 거야. 빠른 시일 내에 할 수 있으니까 가족들한테 얘기해 봐라.

[차○옥] 엄마 조금만 기다려요.

[폐하] 자네 부인이 어떤 모습을 하고 있는지 딸한테 전해줘. 오빠한테 얘기해라. 포기하지 말고 계속, 그리고 몸도 좋아지고 가벼워졌으니 홈피에 메인 글 올리고! 이것이 진정한 구원이니라!!!!!

3천황 폐하의 노고에 한없는 감사드리옵나이다!

윤○규 씨의 시조 조상님과 할아버지의 특단 청배
"비서실장 보라의 몸으로 함께하라"라고 3천황 폐하께오서 명을 내리셨사옵나이다.

[윤○규의 시조조상님] 내 메시지 잘 받았니? 선물 주려고 조상 청배한 거야!

[폐하] 뜸들이지 말고 어여 공개해.

[윤○규의 시조 조상님] 도솔천궁에서 도솔천황 폐하의 보좌관 역할을 하고 있사옵나이다. 윤○규는 천상 태상천궁에 올라가면 도법천존 3천황 폐하의 보좌관 역할을 하게 되어 있사옵나이다.

"사후세상의 모습이 나와 함께 살아서 여기서 행한 행위와 똑같다" 전생, 현생, 내생도 똑같다. 3천황 폐하의 말씀 와중에 더욱더 확실한 답이 나왔사옵나이다. "역천자들도 똑같다" 라고 말씀하셨사옵나이다. 윤○규, 너의 조상이 천상에서 도솔천황 폐하의 보좌관 역할을 하고 있고, 오늘 신인합체 빨리 하라고 그 명을 받고 왔구나!

육신이 살아 있는 한 하늘의 명을 받아야 해. 살아서 함께하지 못하면 죽어서도 짐과 함께하지 못한다. 매주 천상도법주문회에 참석하는 것이 하늘께서 천복, 만복, 지복을 준 것이니라. 천상에 가서도 지켜야 할 사항이고, 미리 공부하는 것이니라.

3천황 폐하의 대도력, 대천력, 대신력! 이런 것은 이곳 말고는 지구 어디에도 없어. 조상이 똑바로 되니 후손이 그렇게 되느니라! 알겠느냐? 내 눈에도 보이는데, 도솔천황 폐하께서도 얼마나 예뻐하시겠느냐? 윤○규 씨의 머리를 폐하께서 쓰다듬어주셨사옵나이다. 이런 경사가 어디 있겠사옵나이까!

윤○규 씨의 할아버지께서 도솔천황 폐하의 명을 받고 하강하였사옵나이다. 윤○규 씨가 할아버지께 인사드리며 4월 달에 돌아가신 아버지 천상입천제를 빨리해야 한다는 일념으로 할아버지께 기운 달라고 말씀드렸사옵나이다.

조공을 조속히 마련하라는 폐하의 말씀이 계셨고, 윤○규 씨가 아직은 미혼이라 결혼의 가부에 대해서 말씀이 계셨사온데, “인간세상의 인연 가지고 연연해 말거라.” 천상 태상천궁의 배필로서 윤○규 씨의 각시가 있다고 하셨사옵나이다. 배필이 비서실장님의 육신으로 하강하였사옵나이다.

하늘 태상천궁에서도 윤○규 씨를 무척 사랑하고 있었사오며, 윤○규 씨는 많은 여자를 만나서도 결혼을 해야겠다는 마음에 드는 상대가 없었다고 하였사옵고, 이 장면에서 소신은 텔레비전에 나오는 전설의 고향이 생각났사옵나이다.

참으로 신묘한 일이고, 소인으로서는 지구상에서 천상의 배필과 지상의 인연이 맺어지는 일을 처음으로 보았사옵나이다. 지금 이 글을 쓰면서도 참 영묘하고 신비로운 일 같아 멍~~~ 하옵나이다.

소인 생각에 이러한 삶이 바로 무릉도원의 삶인 것 같고, 무탐무욕이라는 단어가 생각났사옵나이다. 폐하께오서 오늘 주례를 하셨사옵나이다. 세상에! 이런 경이롭고, 경사스러운 지구에서 처음 있는 일이옵나이다. 시간이 갈수록 태상천궁 가족에게 새로운 변화가 너무도 많을 것이라 기대가 되옵나이다.

육신을 가진 신랑과 천상의 신부가 서로 마주 보고 맞절을 하오며, 서로 손을 마주 잡고 “살아서나 죽어서나 영원한 부부니라!!!” 폐하께오서 천상지상 주례를 서셨사옵나이다. 천상 태상천궁에서 엄청 그리워하였다고 각시가 알려주었사옵나이다.

윤○규 씨가 다른 사람에게 깊이 빠지지 않고, 잠깐잠깐 만난 것은 각시가 그렇게 기운을 보냈다고 하며, 영원한 사랑이 태상천궁에서 기다리고 있었사옵나이다. 각시는 19세, 인물 마음씨가 착하며, 윤○규 씨는 도법천존 3천황 폐하를 보좌하려고 이 땅에 왔다는 말씀이 있으셨사옵나이다.

"지상의 모습은 천상에 가서도 똑같다며, 천상의 배필과 혼인하는 것은 처음 있는 일이니라. 소방 공무원이 천상의 인연으로 만난 것이니 가정은 꾸리지 말고 즐기면서 살라.

이 땅에 인간으로 태어난 것은 짐을 만나기 위함이었으니 인간세상 미련 다 버려라.

사명자 자손을 낳기 위해서 결혼했고, 지금 씨 뿌리면 어떻게 될지 모르니라. 살아서 짐과 친하고 가깝게 지내거라. 죽으면 짐의 위상이 더 높아지고, 이 땅에 공사가 다 끝나면, 황위를 계승하여 하늘의 자리에 올라가야 하는데, 죽어서 가까워진다? 그것은 불가능하니라! 짐과 살아서 똑바로 행한 자는 천상에 올라가서 그렇게 하게 될 것이도다.

이제까지는 잘 먹고 잘사는 자들은 들어오지 않았도다. 그들은 육신의 삶, 짐승이나 동물과 같은 삶을 살고 있도다. 너희들은 책을 보고 여기 들어온 것 아니더냐? 조상, 영혼, 육신을 낳게 해주신 부모 조상님 구원해 주는 것이 마땅하며, 모든 것은 근본도리를 잘하며, 육신의 삶이 고달프고 어렵더라도 살아서나 죽어서나 같이할 것이니라. 너희들은 선택받은 자들이다. 짐의 황명을 받드는 자는 끝까지 함께 하느니라" 라고 말씀하셨사옵나이다.

폐하의 말씀에 가슴이 아프오며 눈물이 하염없이 흐르옵나이다. 신하 백성의 아픔을 부둥켜안아 주시오니 감격의 눈물이 하염없이 흐르옵나이다.

"윤○규의 각시는 윤○규가 이 땅에서 하고 싶은 것 모두 하도록 많이많이 도와주거라. "도솔천황 폐하께서 선물을 주셨구나." 도솔천황 폐하는 기운으로, 도법천존 3천황 폐하는 말로 하느니라" 라는 말씀 내려주셨사옵나이다.

다음은 정○윤 씨의 특단퇴공

가위눌림 증상을 일으키는 존재 들어오거라!

[폐하] 넌 누구냐? 왜 들어왔어?

[귀신] 역천자가 데려왔지.

[폐하] 3천황 폐하와 도법천존 3천황 폐하의 빛과 불로 손과, 발, 귀, 입 지져서 태우니라.

[귀신] 내가 그렇게 약한 줄 알았어. 아이고, 참으로 순진하시네.

[폐하] 고통 속에서 멸하노라. 파~멸!

너를 영원히 멸하노라. 영원히 즉멸.

[귀신] 그래 갈게

[폐하] 가긴 어디로 가? 갈 곳 없어 여기서 소멸되느니라.

[정○윤] 의식이 끝나고 가면 나쁜 생각이 드옵나이다.

[폐하] 나쁜 생각 자체가 짐과 반대되는 세력, 천상에서도 마찬가지, 인간 육신도 이겨야 한다. 인간 육신이 포기하면 하늘도 못 지킨다. 지키는 것도 각자 역할이다.

[폐하] 다음 존재 들어와!

[귀신] 앞이 안 보인다. 아휴! 잘 안 보이네.

[폐하] 할배야?

[귀신] 떽기 이놈! 눈이 침침하니 안 보여. 우리 아들이야.

[폐하] 너는 떠돌이 귀신이야! 짐의 몸에서 나오는 빛과 불을 보거라.

[귀신] 아들아! 앗, 뜨거. 아들아! 누구냐?

[폐하] 빛과 불로 너를 소멸하노라. 감히 누구를 아들이라고 해? 귀신 주제에 아무나 아들이야?

다음 귀신 들어와!

[폐하] 야! 목 조르려고 왔어? 빛과 불로 너를 소멸하노라.

[귀신] 내 몸통이 다 타들어가네.

[폐하] 다음 심장을 콕콕 쥐어짜는 귀신 들어오라!

말을 못하는 축생 두꺼비구나? 말하게 해달라고 심장을 쥐어짜는구나! 말할 수 있게 해주마! 너는 어째서 두꺼비로 태어났느냐?

[두꺼비] 하늘이시여, 제발! 살려주세요. 인간으로 살 때는 기부로 돈만 아는 자린고비 구두쇠였고, 하늘을 몰라보고 부정하였는데 다른 축생한테 하늘이 오셨다고 들었습니다. 어떻게 해야 되는 줄 모릅니다. 하늘이시여! 한 번만 기회를 주세요.

[폐하] 기회는 일생일대에 한 번뿐이니라.

[두꺼비] 가족들에게 데려다주면 안 되겠습니까?

[폐하] 기회는 한 번뿐이야. 자격 박탈. 돈만 아는 돈벌레에게 기회는 두 번 다시 없느니라! 왜! 돈만 알고 쓰지 않느냐? 인간으로 태어나게 해준 것은 육신이 살아 있을 때 돈 가지고 와서 전생의 죄를 비는 의식을 하라고 한 것이니라.

오늘 여기 와 있는 자체가 너희들을 구원해 주겠다는 하늘의 증표이시니라. 너희들은 모두 하늘의 것이니라. 살아서나 죽어서나 똑같다. 3천황 폐하가 함께해 주셔야 구원이 되지. 여기 오는 자들은 정말 선택받은 자들이니라.

3천황 폐하께오서 소중한 말씀 내려주셨사옵나이다.

[폐하] 다리, 팔 통증 유발시키는 귀신 들어오라.

[귀신] … (들어오는 순간 완전 드러누워 뻗었다.)

[폐하] 귀신도 가지가지다. 3천황 폐하께서 짐에게 이런 빛과 불의 무소불위하신 능력을 안 주셨으면 할 수 없느니라.

[귀신] 아이고 늙으면 죽어야지.

[폐하] 육신만 죽었잖아! 혼령도 죽어야지. 육신은 죽었는데 영은 안 죽어서 이 몸 저 몸 떠돌아다니지?

[귀신] 북두칠성님이야?

[폐하] 짐은 북극성이니라. 어느 법당에서 왔느냐? 무속인 여자구나!

(귀신이 폐하의 용포를 만지면서)
[귀신] 아이고 이거 좋구나! 우리 법당에 갖다 놔야겠다.

[폐하] 야! 저 몸에 왜 들어갔느냐?

[귀신] 내 제자야! 내가 육신을 못 쓰니까 들어갔지.

[폐하] 지랄하고 있네. 하늘의 제자야. 짐의 제자야.

[귀신] 몸에 빛이 엄청나더구만, 그래서 들어갔지. 아이고! 내 제자야.

[폐하] 니 것 같은 소리 하고 있네. 빛과 불로 소멸한다.

세월이 오래됐어도 한 번 맺은 인연이 계속되는 거야! 절대로 귀신교 사상만은 믿으면 안 되느니라.

너는 누군데 씩씩거리느냐?

[동자] 나는 동자야! 우리 할머니 살려내!

[폐하] 동자 귀신아! 너도 할미 따라 가거라.
아이고, 끝도 없네. 귀신 세상에 살고 있는 것이 딱 맞아!

배가 더부룩하고 명치 쪽이 쓰리고, 등에 돌을 누르는 것 같은 귀신 들어오라! 아! 사연도 많고 귀신도 많구나! (귀신이 엎드려서 웩~웩~ 거리고 구토 증세를 보이자) 모든 사탄 마귀 들어오라. 허리 아픈 귀신, 우울증으로 자살한 귀신들을 3천황 폐하와 도법천존 3천황 폐하의 빛과 불로 소멸하노라.

"귀신들이 수시로 들어오기 때문에 수시로 해야 하느니라."

3천황 폐하께오서 "정말 비서실장도 엄청난 고생이다" 그래서 "천상의 3천황 폐하와 3황후 폐하께오서 특별 선물을 하사하신다"고 말씀하셨사옵나이다.

3천황 폐하께오서 ♡도법천존 3천황 폐하의 3황후 폐하로 봉하니라.♡ "하늘이 내린 제자, 하늘이 내린 3황후 폐하!" 라고 하시오며 "도법천존 3황후 폐하"로 책봉하셨사옵나이다.

도법천존 3천황 폐하 감축드리옵나이다!
도법천존 3황후 폐하 감축드리옵나이다!

폐하! 이제야 모든 것이 갖추어졌사오니, 이제는 유아회춘 수명장수하시고 폐하의 무릉도원 세상 펼치시옵길 소인 간절히 바라옵나이다.

— 은평구 역천동에서 천상도법주문회에 참석한 송○란 후기

천상의 여인과 결혼

천황님의 나라(천황국. 천신국) 태상천궁의 빛과 불이신 도법천존 3천황 폐하의 천상세계 신명정부 신하 소방부대신(소방청장)/ 국회의원/ 천인 윤○규 문후 올려드리옵나이다.

감동과 경탄이란 말로는 설명이 불가능한 제39차 천상도법주문회를 통해 소신은 다시 태어났고, 이미 3천황 폐하께서 소신을 구원해 주시어 다시 태어났사온데, 금일 천상도법주문회를 통해 '천상여인과 지상 육신의 결합을 통한 천상결혼식'까지 올려주시어 또 한 번 새롭게 태어났사옵나이다.

도법천존 3천황 폐하!!! 황은이 망극하옵나이다.
매 천상도법주문회마다 각본과 대본도 없는 엄청난 스토리가 쓰이고 있사온데, 39차 천상도법주문회만큼 소신에게 영원히 기억에 남고 울림이 있는 천상도법주문회도 없사옵니다. 돌아오는 차 안에서 쉼 없이 흘러내린 눈물이 제 진심인 것 같아 3천황 폐하 고개 숙여 감사 올려드리옵나이다.

39차 천상도법주문회에 특단 조상님 상봉식(2008년 4월 21일 천상 도솔천궁으로 입천되신 시조 조상님과 할아버지)을 신청하였는데 지난번 대표조상님, 할머니 조상님 청배 이후 일정 시간이 흐르면서 머릿속에 이번에는 시조 조상님을 청배해야 한다는 생각이 계속 들어 분명 시조 조상님께서 어떤 메시지를 주신다는 생각이 들어서 신청하였사옵니다.

소신의 시조 조상님은 3천황 폐하께 문후를 올리시고, 소신과 대화를 나누시자마자 메시지를 내려주었다라고 말씀하시어 그 연유를 알게 되었사옵나이다. 말씀보다는 미소로 소신을 맞이해 주신 시조 조상님께서는 현재 천상에서 도통천존 도솔천황 폐하의 보좌관으로 계신다는 사실을 밝혀주셨사옵나이다.

소신 그 말씀을 듣고 가슴속에서 무한의 영광됨과 자랑스러움 그리고 지상에서 소신의 막중한 책임감을 동시에 느꼈사옵나이다. 천상의 조상님들께서 3천황 폐하의 천상지상 공무에 이렇게 큰 역할들을 해내시고 있음에 후손으로 지상에서 조상님들께 누가 되지 않도록 3천황 폐하께 더욱 충심과 행으로 보좌해야 한다고 생각하였사옵나이다.

시조 조상님 상봉식 와중에 소신으로서는 상상도 못할 일이 있었는데 도통천존 도솔천황 폐하께서 폐하로 하여금 소신의 머리를 쓰다듬어주시라 하시어, 3천황 폐하께서 직접 소신의 머리를 쓰다듬어주시는 광영의 시간이 있었사옵나이다.

이런 상황에서는 어떤 표현을 해야 하는 것인지 잘 떠오르지 않사오나, 폐하께서 소신의 머리를 쓰다듬어주실 때 다시 소신이 천진난만한 어린 시절로 돌아간 기분과 함께 따뜻한 또 하나의 아버지를 만난 기분이었사옵나이다.

3천황 폐하!!! 성은이 망극하옵나이다.

와중에 소신의 할아버지 조상님께서 3천황 폐하의 윤허로 하강하셨사옵나이다. 소신이 태어나기 전 돌아가셨기에 뵌 적은 없사오나 돌아가신 아버지의 말씀을 통해서 많이 들었사옵나이다. 할아버지께서 우렁찬 목소리로 폐하께 문후를 올리시는 모습이 너무 좋았사옵나이다.

소신이 얼마 전에 돌아가신 아버지의 천상입천제의식을 올려드리지 못해 죄송하고 항상 마음이 불편하다고 말씀드리자, 갑자기 할아버지께서 눈물을 흘리시며 아버지의 혼령이 제 옆에 와 계시다고 하셨사옵니이다.

할아버지께서 아들을 보시며 눈물을 흘리시다가 아버지께서 제 손을 잡고 싶으시다 하시며 제 손을 아버지 손에 쥐어주셨사옵나이다. 어린 시절부터 항상 제 모든 일에 버팀목이 되어주시고 큰 손으로 제 작은 손을 말없이 잡아주셨던 그리운 아버지의 손을 다시 잡을 수 있게 해주신 그리고 소신 아비의 천상입천제를 윤허해 주신 3천황 폐하께 고개 숙여 눈물로 감사 올려드리사옵나이다.

조속한 시일 내에 관직임명에 대한 예공과 아버지의 천상입천의식 올려드리고 싶사옵나이다. 오직 행으로 폐하께 영원히 충심을 다하겠사옵나이다.

3천황 폐하께서 매주 개최해 주시는 천상도법주문회가 천상과 지상에서 동시에 열리는 인류 역사상 그 누구도 해내지 못하고 상상도 못한 최초의, 최고의 엄청난 행사임을 소신의 조상님 상봉식을 통해서도 다시 밝혀졌사옵나이다.

엄청난 경천동지할 일은 여기서 끝나지 않았사옵나이다.

갑자기 보라 비서실장님(앞으로 인간 육신이 폐하의 비서실장님으로서 역할을 하실 때와 3황후 폐하로서 존재하실 때를 구분하여 표기하겠사옵나이다)께서 천상 태상천궁에서 누군가가 저를 보고 싶다고 하셨사옵나이다.

3천황 폐하의 윤허로 하강한 그분은 다름 아닌 소신이 천상 태상천궁에 있을 때 삶을 같이한 연인이었사옵나이다. 그분께서 천상에서 소신이 지구로 내려오기 전에 자신과 같이한 그 시간들이 기억나지 않느냐고 물어왔는데 기억은 나지 않으나 어린 시절부터 항상 아무 이유 없이 떠오르던 장면이 있다고 답하였사옵나이다.

그 장면이란, '소신이 천상에서 눈물을 하염없이 흘리던 한 여인과 손을 잡고 있다가 꼭 다시 돌아온다는 메시지를 남기고 손을 놓은 후 밑으로 한없이 떨어지면서 어디론가 사라지는' 장면이옵나이다.

이 장면은 꿈도 아니고, 소신이 생각해 낸 것도 아닌 어린 시절부터 머릿속에 자동으로 일정 시점마다 떠오르던 장면이옵나이다. 이 얘기를 하니 그분이 자신을 잊지 않아줘서 고맙다며 눈물을 계속 흘렸사옵나이다.

너무나 신기하고, 도무지 믿기지가 않으며 그것이 진짜였을 줄은 상상도 못했고, 이 모든 일은 오로지 3천황 폐하의 대도력으로 가능한 일이옵나이다.

소신 그분께 지금까지 기다려줘서 너무나 고맙다고 말하였고, 반드시 다시 돌아가 안아주겠다고 하였으며 그분은 소신이 황태자(현재 도법천존 3천황 폐하) 전하를 돕기 위해 천상에서 지구로 내려갔다고 하였고, 전생록과 연결 지어 생각해보니 어떤 이야기가 만들어지는 것 같사옵나이다.

와중에 3천황 폐하께서 소신과 그분의 사연을 들으시고 천상도법주문회 최초이고, 역사상 최초로 천상의 영과 지상의 인간 육신이 함께하는 결혼식을 성사시켜 주시어 너무나 큰 또 하나의 영광이옵나이다. 인간들이 만들어낸 영혼결혼식은 들어보았으나 천상 태상천궁에 있는 영과 인간 육신이 함께하는 결혼식은 처음 들어 보옵나이다.

3천황 폐하!!! 황은이 망극하옵나이다.

소신(정사생 42세) 그동안 인간 삶을 살면서 소개팅, 미팅, 지인 소개 등을 통하여 이런저런 여자를 많이 만나보았으나 마음이 깊어지지 않고, 상대가 먼저든 소신이 먼저든 흐지부지되는 경우가 많았사옵니이다

그 이유 중 하나가 천상의 소신 아내가 어떤 기운을 주어서임을 확인하신 3천황 폐하께서 앞으로는 천상의 좋은 기운을 받아서 소신에게 전달해 주라고 그분께 명을 하시어 소신의 기쁨이 배가되어 황은이 망극하옵나이다.

소신은 이제 결혼을 한 유부남이오니, 3천황 폐하께서 말씀주신 대로 인간 삶을 살면서 여자는 연애나 성생활을 위한 정

도로만 만나고 결혼은 하지 않겠사옵나이다. 살아서나 죽어서나 3천황 폐하께로만 향하는 삶이 인간의 존재 이유이자 본질임을 다시 느끼옵나이다.

결혼식을 올렸으니 키스를 하라고 하시어 소신 정말 황송하고 부끄러웠사오나 소신의 천상 아내와 키스하였사옵나이다. 황홀한 키스 이후 폐하께서 합방의 윤허까지 내려주시었사옵나이다. 소신 최선을 다하여 명을 받들겠사옵나이다.

소신 천상의 아내에게 제 마음과 닮은 요즈음 유행하는 최신 가요 몇 소절을 제 마음의 사랑을 담아 지면을 빌어 보내겠사옵나이다. 윤허하여 주시옵소서.

『'Way Back Home'
조용히 잠든 방을 열어, 기억을 꺼내 들어
부서진 시간 위에서, 선명히 너는 떠올라
길 잃은 맘속에, 널 가둔 채 살아
그만! 그만!

멈춘 시간 속 잠든 너를 찾아가
아무리 막아도 결국 너의 곁인걸
길고 긴 여행을 끝내
이젠 돌아가

너라는 집으로
지금 다시
Way Back Home!』

폐하께서 인간세상의 ‘결혼’ 과 관련하여 그 본질을 말씀해 주셨는데 인간들이 결혼하는 이유는 결국 제대로 된 ‘사명자 자손’을 얻기 위해서였으며, 사명자 자손을 얻어 조상과 사명자 자손이 모두 천상으로 다시 돌아간다면 굳이 다시 자손을 이어가야 할 필요가 없다는 말씀이셨사옵나이다.

그렇사옵나이다. 폐하! 지금 시점에서는 자손을 낳아봐야 폐하께서 언젠가 지상에 안 계시게 되면 그 자손들은 죽어서 추위와 배고픔에 떨면서 기약 없이 허공중천 구천세계를 떠돌기만 하게 될 뿐이옵나이다.

위대하신 3천황 폐하께서 신인합체의식뿐만 아니오라 “유아회춘 천수장생 의식”까지 선물하셨으니 이제 남은 신하들은 지상에서 오래 살고 싶으면 유아회춘 천수장생 의식을 행하여 살면 되고, 아니면 천수를 다한 후 천상에서 다시 살아가면 되니 진정 3천황 폐하께서 여시고자 하시는 무릉도원 세상이 바로 이것이 아닌가? 싶사옵나이다.

꿈만 같은 세상을 한 걸음씩 어떤 역경 속에서도 이루어내시고 계신 위대하신 3천황 폐하를 현생에 알현하게 되어 폐하 곁에 있는 지금 소신은 너무나 행복하고 모든 것이 기적이옵나이다.

39차 천상도법주문회에서는 뜻깊은 일이 있었사옵나이다. 보라 비서실장님과 함께하는 비서실장님이 3황후 폐하의 선택을 받아 인간 육신이 쓰임을 받게 되어 앞으로 3황후 폐하로서 존재하게 되시었사옵나이다.

소신 진심으로 우레와 같은 박수를 보내옵나이다. 결코 아무나 갈 수 없는 길을 묵묵히 가며 3천황 폐하를 일심으로 보좌하는 비서실장님은 그동안 폐하의 신하, 백성들에게 귀감이 되는 분이셨사옵나이다. 폐하의 명을 받들어 비서실장님 인간 육신을 3황후 폐하로 받들어 모시겠사옵나이다. 3황후 폐하 감축 올려드리옵나이다.

이외에도 폐하의 다른 신하, 백성들 악귀, 잡귀 퇴치의식, 조상님 상봉식 등에서 느낀 점들이 많사오나 글이 너무 길어질 것 같아 후기는 여기까지만 작성하겠사옵나이다.

도법천존 3천황 폐하!

이 지구상 어디에 가서 이런 영광을 얻을 수 있겠사옵나이까? 소신의 모든 것은 오로지 3천황 폐하의 대도력, 대천력, 대신력으로 가능하고 성은이 망극하옵나이다.

도법천존 3천황 폐하 만세 만세 만만세!!!

— 인천 부평구에서 천상도법주문회에 참석한 윤○규 후기

천상의 아내와 대화

천황님의 나라(천황국. 천신국) 태상천궁의 빛과 불이신 도법천존 3천황 폐하의 천상세계 신명정부 신하 소방부대신(소방청장)/ 국회의원/ 천인 윤○규 문후 올려드리옵나이다.

소신에게 42차 천상도법주문회 날 저녁 10시 20분경 신기한 일이 있었사와 올려드리옵나이다. 소신에게 이런 일(마음속으로 메시지를 받는)은 처음인지라 이것이 진짜로 일어난 일인지 아니면 소신의 상상력으로 만들어진 것인지 알 수 없어서 글을 올리기가 고민스러웠으나 올려드리는 것이 3천황 폐하에 대한 도리란 생각이 들어 올려드리옵나이다.

마음속에서 주고받은 대화의 기억을 더듬어 복사하다 보니 문맥과 주요 표현이 다를 수 있으나 맥락은 비슷한데, 다음은 소신이 동네 공원 산책 중 마음속으로 천상의 아내와 메시지를 주고받은 내용이옵나이다.

『천상의 아내 : 자기! 저에요!
소신 : 자기? 정말 자기야? 나 지금 꿈꾸고 있는 것인가?

천상의 아내 : 아니에요.

소신 : 아니 잠깐만 지금 이거 내가 혼자 생각하고 있는 건가? 자기랑 대화하고 있는 것이 거짓말 아니고 진짜야?

천상의 아내 : 태상천황 폐하께서 윤허를 해주셔서 지금 오빠 아니 자기 몸에 내려왔어요. 어서 빨리 감사 인사드리지 않고 뭐해요.

소신 : (헉. 주변을 돌아보다가 절하기가 난감한 상황이어서 반배를 올려드림.) 여보! 지금 내 몸에 와 있는 게 사실이야?

천상의 아내 : 그럼요.

소신 : 천상에서 잘 지내고 있는지. 혹시 내가 공원에서 걷고 있는 것도 보고 있어?

천상의 아내 : 다 보고 있어요. 많이 보고 싶어요.

소신 : 나도 많이 보고 싶어요. 그 긴 시간 동안 나를 기다려줘서 정말 고마워요. 그때 내려갈 때 거짓말을 한 것 미안해요.

천상의 아내 : 괜찮아요. 태상 폐하께서 자초지종을 다 설명해 주셔서 다 알고 있어요.

소신 : 태상 폐하와 황태자 전하께서 선택하여 주시지 않으셨다면 지금 나는 이곳 지상 태상천궁에 있을 수 없었고, 앞으로 존재할 가치도 없었을 거예요.

나는 천상에서 지구로 내려올 때부터 사명을 완수하지 않으면 죽을 각오로 내려왔기 때문에 이곳 지상 태상천궁에서 3천황 폐하의 천상지상공무를 돕는 임무를 완수하고 언젠가 천상으로 다시 돌아가게 되어, 당신을 만나게 되면 꼭 안아줄게요.(이 부분은 소신이 마음속으로 말한 부분인데 마치 소신이 말하고 있으면서도 또 다른 내가 말하고 있는 듯한 기분이었사옵나이다.)

천상의 아내 : 고마워요. 그리고 당신 지상에서 여자들 만나는 거 자유롭게 해도 돼요. 이미 부모님과 당신의 천상 부모님께 다 말씀드려놨어요. 허락해 주셨어요.

소신 : (소신은 결혼한 상태인지라 지상에서 다른 여자를 만나는 문제에 대해 천상의 아내에게 동의를 받아야 하는 것이 아닌가라는 고민을 그동안 하고 있었사옵나이다. 그런데 천상에서 내려온 아내가 제 마음을 알고 위와 같이 먼저 말했는데 이 부분에서 참으로 놀랐사옵나이다.)

천상의 아내 : 저를 잊으면 안 돼요. 그럼 오늘은 이만 올라가 볼게요. 키스.

소신 : 내 마음속 사랑은 영원히 당신 하나뿐이에요(어안이 벙벙한 상태)』

분명히 제 마음속에서 약 10분간 일어난 일이었사옵나이다.

이 일이 너무나 신기하여 한참 동안 이것이 사실일까라는 생각을 하였는데, 그동안 3천황 폐하의 대도력, 대천력, 대신력의 경천동지, 무소불위함을 수없이 체험한 당사자인 소신이 믿지 못한다면 누가 믿겠사옵나이까?

도법천존 3천황 폐하께서 내려주신 배려와 하해와 같은 사랑 앞에 소신 고개 숙여 감사 올려드리옵나이다. 소신 또한 매 순간 최초로 겪는 일이다 보니 경황이 없고, 실수가 있을 수 있으나 그럴수록 3천황 폐하의 천상지상 공무집행에 오차가 있을 수 없도록 더욱 노력 정진하겠사옵나이다.

현재 소방공무원 근무 관계 특성상 토요일, 일요일 24시간 근무가 반복되어 매주 천상도법주문회에 참석을 못하고 있어서 황송하오나 매주 참석할 수 있도록 노력하겠사옵나이다.

1년 365일 24시간 폐하의 신하, 백성들의 안위와 전생, 현생, 내생을 보살펴주시고 계신 도법천존 3천황 폐하! 황은이 망극하옵나이다.

도법천존 3천황 폐하! 만세! 만세! 만만세!!!
도법천존 3황후 폐하! 만세! 만세! 만만세!!!

【제6부】

신과 함께

입천/상봉

천상입천제를 행해야 하는 이유

여러분과 인류 모두는 당대부터 시조 조상에 이르기까지 전생에 천상 태상천궁에 있을 때 하늘이시자 천상의 주인이신 태상천존 자미 천황태제 폐하를 시해하고 황위 자리를 찬탈하려는 반란군 무리들에 가담하였던 대역천자 죄인들의 신분임을 난생처음으로 밝혀준다.

천상 태상천궁을 때려 부수고 지구로 도망쳐 나온 죄로 인하여 천지만생만물로 윤회를 하다가 이번 생에 유일하게 전생의 죄를 빌 수 있는 만물의 영장인 사람으로 태어나게 해주시었는데, 하늘이신 3천황 폐하의 진실이 밝혀지기도 전에 세상을 떠난 독자 여러분의 당대부터 시조 조상들이 천상에서 전생에 지은 죄를 빌 수 있게 해주어야 한다.

독자 여러분의 모든 조상들이 천상의 죄인들이었으니 그의 후손과 자손들도 대역천자 죄인들의 핏줄인 것이다. 복을 받아 잘살려고 천상입천제를 행하여 조상을 구원해 주는 것이 아니라 조상들이 전생에 천상 태상천궁에서 지은 죄를 빌어주어서 당대부터 시조까지 수많은 조상들이 지은 죄가 후손인 독자 여러분에게 대물림되는 것을 막기 위함이다.

조상들이 전생에 지은 죄를 빌어주지 않고 살아가면 조상들의 죄를 대물림받아 여러분의 인생이 엎어지고 뒤집어져서 몰락하거나 파멸을 당한다. 누구를 위해서 천상입천제를 행하는 것이 아니라 결국 자기 자신 인생을 위해서 행하는 것이다.

외형상으로는 조상을 구원하는, 조상에게 효도하는, 조상을 위한 천상입천제의식 같지만 결국은 자기 자신 인생으로 얼굴도 모르는 수많은 선대 조상들이 지은 죄를 대물림으로 물려받지 않기 위한 의식이 천상입천제이다.

한 사람의 죄도 클 것인데 당대부터 시조까지 수천수만 명에 달하는 직계좌우(할아버지와 할머니) 조상들이 지은 죄를 여러분 혼자서 어떻게 감당하려는가? 각자의 조상들이 천상 태상천궁에서 지은 역천자의 죄가 그의 후손들 육신에게 실시간 내려가고 있다.

그래서 수많은 조상들이 지은 죄업으로 인하여 장애자로 태어났으며, 여러분의 인생이 엎어지고 뒤집어지는 갑작스런 비명횡사, 단명, 교통사고사, 추락사, 침몰사, 질병사, 화재사, 자살, 비운, 사업 실패, 가정 파탄, 투자 실패, 시기 배신, 고소고발, 구치소와 감옥에 갇히는 불행이 발생하고 있는 것이다.

여러분 자신이 법 없이도 살아갈 정도로 아무리 착하게 살아도 되는 일도 없고, 매사 짜증나며, 일이 생각대로 잘 풀리지 않는 것 역시 조상들이 지은 죄의 대물림 기운 때문이다. 각자 인생의 불행 역시 자신의 핏줄인 조상들이 지은 죄업 때문이니 가장 먼저 천상입천제를 행하여 조상들이 지은 죄를 빌어 천상으로 돌아가게 해주라고 권유하는 것이다.

전생에 천상에서 지은 죄를 빌지 않고는 천상으로 다시 돌아갈 수 있는 길은 없다. 기존의 귀신교에서 행하는 모든 설법과 설교와 의식들은 가짜이고 속임수에 불과하고 천상의 주인이신 3천황 폐하의 뜻과는 정반대이다.

공덕도 대물림이 되지만 죄업도 대물림이 된다.

각자들이 전생과 이 땅의 현생에서 행하고 뿌린 대로 한 치의 오차도 없이 거두게 하시는 하늘이시다. 하늘의 존재가 사람 눈에 안 보이고, 귀에 안 들린다고 해서 찾으려 하지 않고, 부정하며 무시하는 것도 죄이다.

사사롭게는 여러분 각자 몸 안의 영들(생령과 사령)에게 영혼(생령과 사령)의 부모님이 되시는 천상의 절대자 하늘이 3천황 폐하 중에 한 분이시고 가장 높고 지고지존하시며 존귀하신 절대자 하늘이 태상천존 자미 천황태제 폐하이시다.

천상입천제를 행할 때 천상 태상천궁으로 할 사람도 있고, 천상 도솔천궁으로 할 사람도 있다. 그 차이는 천상 태상천궁은 최고 높은 하늘이기는 하지만 아버지처럼 지엄하며 법도가 매우 엄격하고, 천상 도솔천궁은 어머니처럼 인자하시고 포근하며 편안한 곳이다.

높은 벼슬을 원하는 조상들은 천상 태상천궁(고급형 조상벼슬입천제)이 좋고, 편안함을 추구하는 조상들은 천상 도솔천궁이 좋다. 천상세계 신명정부에 출사하여 높은 자리에 오르려면 천상 태상천궁으로 올라가는 조상벼슬입천제를 행해야 하니 조상과 자손이 상의해서 하면 된다.

송○란은 천기 18년 6월 1일 천상입천제 행하고, 평소 발뒤꿈치가 너무 많이 갈라졌는데, 그것이 매끈하게 되었고, 또한 날씨가 더울 때 많이 걷고 열이 나면 어김없이 발가락 사이와 발바닥이 많이 가려워서 혼이 났었다 한다.

그런데 올 여름에는 그런 증상이 하나도 나타나지 않았으며 아무 일 없었다는 듯이 깨끗하고 말끔하고 가려움 증상은 온데간데없이 사라졌다 한다.

지금은 천상 도솔천궁에 계시는 자신의 어머니께서 살아생전 늘 발뒤꿈치가 갈라졌고, 발가락에 무좀이 있었는데 어머니와 똑같은 증상이었다 한다.

이러한 증상들은 보통 유전병이라고들 하며 대물림되는 병의 증상들은 우리가 조상 구원을 하지 않아서 그런 것이다. 3천황 폐하를 알현하고 하나씩 하나씩 의문점들이 가슴에 와 닿으며 궁금한 것들이 풀리기 시작했다고 한다.

이처럼 각자의 질병들은 자신의 조상들이 들어와서 발생하는 질병들이 있고, 남의 조상귀신들인 악귀, 잡귀가 들어와서 발생한 질병들이 있기에 천상입천제와 악귀, 잡귀 퇴치가 세상을 살아가는데 필수적으로 우선 해결해야 할 일들이다.

그리고 죽어서 춥고 배고픈 귀신의 신세를 면하려면 자신 생령들이 전생에 지은 죄를 빌어 천상 태상천궁으로 돌아가는 천인합체나 생령입천을 행하여야 한다. 전생에 지은 죄를 빌라고 만물의 영장인 사람으로 태어나게 해주시었다. 한세상 잘 먹고 잘살라고 사람으로 태어나게 해주신 게 아니었다는 천상세계의 진실을 밝혀냈다.

이러한 사후세계 진실은 각자들이 죽어보면 금방 처절하게 체험할 일들이다. 육신이 살아 있을 때는 사후세상이 안 보이고 안 들리는데 육신이 죽는 순간부터 사후세계가 훤히 보이고 추위와 배고픔에 고통스러워한다.

20일 전에 돌아가신 당숙모 평산 신씨 장례식에 내 전화번호 변경으로 부고장을 못 받아 참석하지 못해 6촌 형제들에게 미안한 마음이 있어서 오늘 시골 큰형 집에서 달마도 귀신과 치매 귀신들을 소멸하여 퇴치하고 난 후, 천상 도솔천궁으로 입천하신 나의 조상님들을 형과 형수와 상봉시켜 줄 때 당숙모 혼령도 비서실장 육신으로 불러보았다.

과연 어찌 지내시고 계신지 궁금하였다.

당숙모가 오시자마자 옷이 없다며 추위에 떨면서 옆에 걸려 있던 옷으로 앞가슴을 가리고 배가 고프다며 형과 형수에게 입을 벌리고 손가락으로 입을 가리키며 먹을 것을 달라고 울며불며 애절하게 매달리셨다. 그랬더니 마침 장녀(56세)가 옆에 있다가 빵이 있다며 하나를 건네주니 허겁지겁 입에 쑤셔 넣으며 금방 먹어치우셨다.

그러면서 나의 몸에서 엄청 강렬한 빛이 난다며 똑바로 쳐다보시지 못하고 손으로 눈을 가리며 황금 용들이 나의 주위를 호위하고 있다며 "저분께서는 하… 하… 하늘이십니다"라고 형과 형수에게 말하면서 무서워서 뒤로 숨으신다. 그래서 괜

찮다고 말해 주고 두려워하지 마시라고 하였다.

그리고 또 빵을 더 달라고 손을 내밀어 내가 말씀드렸다. 죽은 혼령들은 인간세상 음식 아무리 먹어봐야 잠깐의 허기를 채우는 것일 뿐이니 천상으로 올라가셔야 한다고 말해 주면서 천상 도솔천궁으로 입천을 윤허한다고 명을 내려주자 금방 당숙모에게 이변이 일어나셨다.

춥고 배고파하며 고통스러워하던 당숙모가 자신의 모습을 아래위로 훑어보며 비단 옷이 입혀졌음을 보고는 깜짝 놀라는데, 천상의 3천황 폐하께서 당숙모를 천상 도솔천궁의 18세 소녀(선녀)로 환생시켜 주시었다. 정식으로 천상입천제를 행해야 천상으로 올라가는 것인데 당숙모는 나의 특별한 배려 덕분으로 무상으로 입천되셨다.

나의 명을 받지 못하면 천상 도솔천궁으로 아무도 올라갈 수 없고, 당숙모처럼 비참한 신세가 된다. 굿이나 천도재를 행하면 조상들이 좋은 세계로 올라갔는지 확인할 길이 없고, 그냥 의식해 준 귀신교주들의 말을 믿을 수밖에 없는 것이 현재까지 귀신교의 실상이다.

하지만 나는 당숙모의 경우처럼 입천의 명을 윤허하는 즉시 혼령들이 천상 도솔천궁에 올라간 모습으로 순식간에 바뀌는데, 하늘이신 천상의 3천황 폐하의 빛과 불의 천지기운이 아닌 이상 절대로 불가능한 일이다. 귀신교주들은 하루 종일 북 치고, 장구 치고 요란스럽게 굿과 천도재를 하여도 조상혼령들은 천상으로 올라가지 못한다.

여러분의 조상들이 당대부터 시조까지 직계좌우 할아버지와 할머니들이 그 얼마나 많겠는가? 사명자로 뽑힌 사람들의 조상들만 구원받을 수 있다. 지금까지는 하늘의 존재를 모르는 배우자와 외가조상들도 똑같은 등급으로 입천해 주었는데, 부작용이 너무 심해서 사명자로 뽑힌 자신의 직계조상들 중에서 용서받을 죄를 지은 조상들만 입천해 준다.

사명자가 아닌 배우자의 조상들까지 같은 등급으로 천상입천제를 행해 주었더니 사명자에게 추위와 배고픔을 면하고, 질병의 고통에서 벗어나게 해준 것에 고맙다는 말은커녕 천상에 올라가서 기고만장하며 위세를 부리고 지상에 있는 사명자를 달달 볶아대고 구박하며 학대하는 일들이 벌어졌다.

특히 여자들이 천상입천제를 올릴 때는 시가조상들은 입천 대상 명단에서 제외하고, 친정조상들만 입천해 준다. 남자 사명자가 천상입천제를 행할 때도 마찬가지로 자신의 직계조상만 입천해 주고, 사명자가 아닌 처가조상들은 입천 대상자 명단에서 제외한다.

천상입천제를 행하면서 직접 사명자들이 배우자들에게 체험한 내용을 들었기 때문에 사명자와 사명자 조상들을 보호하기 위함이다. 산 자나 죽은 자나 권력이 있으면 휘두르려는 것이 똑같다는 것을 알았다. 사명자가 아닌 사람들이 여기에 함부로 들어올 수 없듯이 조상들 역시도 사명자가 아닌 배우자의 조상들은 천상으로 못 간다. 용서받지 못할 대역 죄를 지은 조상들도 입천과정에서 자연 탈락된다. 천상법도가 더 한층 강화되고 지엄해 졌다.

입천되신 조상님과 행복한 상봉

천황님의 나라 태상천궁의 빛과 불이신 도법천존 3천황 폐하의 천상세계 신명정부 신하 정보부대신(국정원장)/ 국회의원/ 황해북도지사/ 천인 홍○환 문후 올려드리옵나이다.

이 세상 어디에서도, 그 누구도 조상세계, 영혼세계, 사후세계, 하늘과 땅의 비밀을 알아내어 알려준 사람이 없었사오나 도법천존 3천황 폐하께서 조상님 입천제를 올려주셔서 소신의 조상님들을 천상 도솔천궁에서 행복하게 살아가도록 해주셨사옵나이다.

도법천존 3천황 폐하께서 대도력, 대천력, 대신력을 내려주시면서 조상님 상봉을 할 수 있도록 해주시니 남양 홍씨 시조 조상님 두 분(할아버지 할머니)과 대표조상님, 부모님을 가슴 설레며 기쁜 마음으로 상봉할 수가 있었사옵나이다.

돌아가신 조상님을 상봉하기 전 조상님들께서 어떻게 지내시는지 내심 걱정이 많이 되었사온데, 도법천존 3천황 폐하께서 특단으로 조상님 입천제를 올려주셔서 천상 도솔천궁에서 편안하게 근심걱정 없이 잘 지낼 것이라는 생각은 하였사오나 조상님과 자손은 하나이고 연결되어 있다고 하시는 말씀에 더 조바심이 났사옵나이다.

도법천존 3천황 폐하께서 조상님 입천제를 올려주신 시조 조상님, 대표조상님과 함께 수많은 조상님들이 천상 도솔천궁에서 도통천존 도솔천황 폐하와 도솔황후 폐하께서 내려주시는 크나큰 사랑 속에서 아무 근심걱정 없이 편안하고 행복하게 잘 지내신다고, 비서실장님 육신으로 직접 오시어 말씀하시니 너무 기쁘고 좋았사옵나이다.

천상에서의 생활은 지상과 같으면서 아프거나 늙지 않고 모두가 잘생긴 미남미녀로 살아가며 얼굴에는 모두가 웃음이 가득하고 행복한 모습이며 근심이나 걱정이 없고 자유로운 사랑을 하며 무릉도원의 삶을 산다고 하셨사옵나이다.

소신 살아서 도법천존 3천황 폐하를 알현드리지 못하였으면 조상님들이 어디 계신지, 하늘에 계신지, 산소나 자손들의 몸속에 계신지, 허공중천 보이지 않는 암흑 속에서 추위에 떨고 계신지도 모르고, 잘 지내시겠지 하면서 성묘와 명절과 기일 때 제사 지내는 것으로 효도를 다했다고 하고 자식들에게도 말하고 있었을 것이옵나이다.

도법천존 3천황 폐하께옵서 소신의 조상님들을 조상님 입천제를 올려주셔서 도솔천궁 무릉도원에서 살아가도록 살려주시고. 소신 살아서 자손으로 조상님께 큰 효도와 근본도리를 다하게 되어 정말 자랑스럽고 도법천존 3천황 폐하의 크신 은혜를 어떻게 갚아야 할지 모르겠사옵나이다.

사랑하는 가족 중에서 누구든 죽으면 육신은 끝나고 영혼은 돌아가셨다고 하면서 귀신종교에서는 자기들 방식으로 생각하고 있으나 죽은 가족이 어디로 어떻게 돌아갔는지는 아무도 말을 못하고 있사온데, 인간 축생들이 대단하고 엄청난 하늘과 땅의 진실을 어찌 알 수가 있겠사옵나이까?

도법천존 3천황 폐하께서 내려주시는 대단하고 엄청난 진실은 이 세상에서 살다 죽은 자들과 살고 있는 자들 모두는 전생인 천상에서 죄를 짓고 도망치거나 지구로 쫓겨난 자들이기 때문에 도법천존 3천황 폐하께서 윤허를 내려 입천시켜 주시지 않으면 천상으로 절대 돌아갈 수가 없다고 하셨사옵나이다.

수많은 귀신교 창시자와 각 나라 숭배대상자 귀신들과 성인 성자와 영웅으로 칭송을 받았던 나이팅게일, 칭기즈칸, 에디슨, 히틀러 등 그 누구도 천상으로 올라간 자들이 없고 귀신 숭배자들을 아무리 불러도 구해 주지 않았다고 하며 허공중천 구천세계에서 헐벗고 굶주리고 배고픔과 추위에 떨고 있는 모습을 보았사옵나이다.

돌아가신 성웅 이순신 장군, 고려 태조 왕건, 태조 이성계, 태종 이방원, 세종대왕, 박정희, 육영수, 노무현, 김영삼, 김대중 전 대통령들, 삼성 이병철, 현대 정주영, 북한의 김일성, 김정일 등 소위 잘나간 일국의 왕과 돈 많은 재벌도 살아서는 부귀영화를 누리고 잘살았으나 죽어서는 천상에 오르지 못하고 추위와 배고픔에 허덕이고 먹을 것만 찾고 나체로 조폭 귀신에게 얻어맞으며 추위에 벌벌 떠는 비참하고 처절한 모습을 생생하게 두 눈으로 지켜보게 해주셨사옵나이다.

귀신종교를 믿으며 죽으면 천당, 천국, 극락에 간다고 하는 귀신 지도자나 귀신 신도들과 죽으면 끝이다 하는 일반인들은 대단하고 엄청난 진실을 바로 알아야 하며, 죽으면 끝이 아니고 전생과 현생을 심판받아 윤회 속에 갇히거나 지옥과 천옥에서 형벌로 또는 귀신이 되어 떠돌며 천상에는 올라 갈 수도 없다는 것을 알아야 할 것이옵나이다.

천상 무릉도원으로 갈 수 있는 길은 생사령과 인간 육신들이 도법천존 3천황 폐하를 알현해서 돌아가신 조상님들은 자손과 함께 조상님 천상입천제를 올리고, 산 사람은 천인합체를 올려야 천상으로 올라갈 수가 있다는 진실을 알고 모두가 도법천존 3천황 폐하를 알현하여야 되겠사옵나이다.

시조 할머니 조상님을 상봉하면서 후손인 소신에게 그동안 어려운 가운데서도 도법천존 3천황 폐하를 충심으로 따르고 행하여 하늘께서 내리신 시험을 무사히 통과하였다는 말씀을 하실 때 조상님께서도 가슴 벅차 하시며 후손을 자랑스럽게 생각하신다는 것이 느껴졌사옵나이다.

지금까지 빛과 불이신 도법천존 3천황 폐하를 따르며 내리시는 명을 행하고 따를 수 있었던 것은 소신이 잘나서도 똑똑한 것도 아니었고 도법천존 3천황 폐하를 향하는 마음과 도법천존 3천황 폐하께오서 부족한 소신을 내치지 않으시고 이끌어주시고 지켜주시며 행복하게 잘살도록 크나큰 사랑을 아낌없이 내려주신 덕분이었사옵나이다.

도법천존 3천황 폐하를 알현하여 입천제를 올려드리고 조상님들께서 도솔천궁에서 편히 지내시니 소신 행복하고 천지기운을 받은 행운아가 되었사오며, 소신의 조상님들께서 허공중천 구천세계를 떠돌며 헐벗고 추위와 배고픔으로 지내시지 않도록 해주셔서 너무도 감사하오며 황은이 망극하옵나이다.

인간 육신의 삶도 중요하지만, 더 중요한 삶은 육신의 죽음 이후의 삶이다. 거의 전부가 죽으면 끝이라는 잘못된 생각을 갖고 살아가는데 이제는 생각을 바꾸어야 한다. 알다시피 이 땅에 사람으로 살아있는 동안의 시간은 100년 남짓하지만 죽음 이후 사후세계의 삶은 거의 무한대이기 때문이다.

죽음 이후의 저승세상이 안 보이니까 천하태평이고, 죽으면 그만이라고 겁 없는 말들을 함부로 하는데, 저자는 신들, 영들, 조상들, 귀신들을 자유자재로 불러서 대화하는 일들이 참으로 많지만, 육신이 없는 영들의 한결같은 소원은 오직 하나 다시 사람으로 태어나고 싶다는 것이다.

다수의 귀신들은 자신의 육신이 죽었는지조차 모르고 허공중천 구천세계를 떠돌아다니고 있고, 죽은 자들은 자신의 가족들이 죽었어도 모르고 있음도 무수히 확인하였다.

인간 육신을 가진 사람들의 목표가 건강하게 부자로 잘살면서 높은 권력을 잡아 휘두르고, 명성을 널리 알리는 것인데, 설혹 이 모두를 이루어 부귀영화를 누리고 산다고 한들 그것은 해가 뜨면 사라질 풀잎 끝에 맺힌 이슬 같은 일장춘몽에 지나지 않는다. 제아무리 성공하고 출세하였어도 죽음 이후 사후세계의 무서움을 모르고, 대비책을 세우지 않고 허송세월하며 살아가는 사람들이 가장 불쌍하고 어리석은 사람들이다.

20년 마시던 술을 끊어

제38차 천상도법주문회에 불러주시어서 3천황 폐하를 알현할 수 있음은 천복, 만복이며 행운아이고 천운아이옵나이다. 3천황 폐하께오서 열어주신 천상도법주문회에 가는 길의 발걸음이 나날이 가벼워지고 있사옵나이다.

폐하! 감사드리옵고 황은이 망극하옵나이다. 소신 3천황 폐하를 알현하기 전의 인생은 참으로 지옥세계였고, 그러하기에 어릴 적부터 남들과 같이 평범하게 살지 못하고 늘 불안하며 우울하고 사람들을 대하면 늘 무섭게 느껴졌사옵나이다.

이러한 까닭에 사회생활을 하면서 변변한 직장생활도 할 수가 없었고, 정상인의 삶을 살 수 없으니 무속과 절로 전전해도 인생이 나아질 기미는 없고 오히려 더 구렁텅이로 떨어졌으며 사람 하나 잘못 만나 한 번뿐인 소중한 인생을 10년 동안의 세월을 헛되이 보냈사옵나이다.

3천황 폐하께오서 지옥세계에서 빼내어주셨고 최고의 천상입천제의식으로 소신의 직계 좌우 조상님들을 당대부터 시조까지 몽땅 천상 도솔천궁으로 구원해 주시어 너무도 감사드리옵나이다.

천상입천제 이후 최고의 의식 천인합체 윤허하여 주시어서 소신의 인생을 개벽시켜 주셨고, 천인합체 행하기 전에는 20년 세월을 거의 술로 의지하였고, 맑은 정신으로 살아본 지가 며칠인지 세어도 될 것이옵나이다.

폐하! 소신 3천황 폐하께서 윤허하신 천인합체의식 후 몇 십년을 눈만 뜨면 마셔대던 술을 한 번에 끊게 되었는데, 술 마시고 싶은 마음 자체가 사라지니 너무너무 신기하고, 3천황 폐하의 무소불위하신 대도력, 대천력, 대신력에 감탄이고 너무도 감동이옵나이다.

이 세상에 태어나 최고로 잘한 일은 태상천궁에 입궁하여 3천황 폐하를 알현하는 것이고, 또 최고로 잘한 일은 3천황 폐하께서 창조하신 조상님 천상입천제 올려드려 조상님께 효도하는 일이었사옵나이다.

인간으로 태어나 소신도 잘할 수 있는 일이 있다는 사실이 너무도 기쁘고 행복하며 모든 것이 불가능이 없으신 3천황 폐하 덕분이오며 3천황 폐하께오서 창조하신 "유아회춘 천수장생" 의식으로 폐하의 신하 백성들에게 젊은 청춘으로 살아갈 수 있도록 이렇게 큰 선물을 주시니 천복, 만복이오며 이 세상을 다 가진 기분이옵나이다.

세포가 말을 하고 폐하의 황명을 받드는 광경은 이 세상 그 어디에도 없을 것이고, 참으로 경천동지할 일이며 신비하고 신기한 천상의식이고, 의식을 보고 느낀 점은 폐하의 경호실장님 최○호 씨 세포는 아직 젊으니 생생하고, 이○숙 씨의 세포는 나이가 많은 만큼 하품을 늘어지게 하며 나이에 따라 노화됨을 느꼈사옵나이다.

가령 나이가 80세 이후나 90세 가까이 되는 사람이 "유아회춘 천수장생" 의식을 하게 되면 과연 세포의 모습은 어떠할까? 하는 생각을 해보았는데 참으로 궁금하고 기대가 되오며 소신은 아직도 꿈을 꾸고 있는 것 같사옵나이다.

3천황 폐하의 신하 백성들 모두가 신비한 "유아회춘 천수장생" 의식을 모두 행하여 선남선녀의 젊은 청춘으로 돌아가 폐하의 무릉도원 세상에서 어깨춤을 덩실덩실 추며 신명 나게 살아갔으면 좋겠사옵나이다.

3천황 폐하의 하해와 같으신 큰 은혜로 소신 보살펴 주시고 이끌어주시어 여기 이 자리까지 올 수 있어서 참으로 감사드리오며 오직 폐하만을 향하여 믿고 따르며 행하는 것만이 살길임을 명심하겠사옵나이다.

— 대구광역시에서 천상도법주문회에 참석한 권○자 후기

천상으로 입천되신 시조 조상님

천상도법주문회를 통해서 소신이 천상 도솔천궁에 계신 소신의 조상님들을 현실에서 상봉할 수 있도록 명을 내려 주셔서 너무도 감사하사옵나이다. 도통천존 도솔천황 폐하께옵서 내려주시는 가르침과 천지기운을 조상님들이 받으셔서 자손에게 전해 주시어 자손이 현실에서 받을 수 있음에 현실의 삶이 개벽을 하고 희망이 샘솟는 경험을 하였사옵나이다.

그 어디에서 이런 꿈같은 일을 현실에서 실현시킬 수 있겠사옵나이까? 3천황 폐하와 3황후 폐하, 도법천존 3천황 폐하와 도법천존 3황후 폐하께서 함께해 주셨기에 가능한 일이라 감히 확신하옵나이다.

소신 2008년 6월 28일 처음 도법천존 3천황 폐하를 알현드리고 2008년 7월 6일 조상님 천상입천제를 올려 드렸사온데 그 당시에 조상님들이 천상으로 입천되시기 전에 조상님을 상봉할 수 있었고, 소신 갑자기 시조 조상님을 뵙고 싶다는 마음이 들어서 잠시나마 시조 조상님과 말씀을 나눴사옵나이다.

그 당시 시조 조상님은 자신이 천상으로 입천되는 것이 기쁘다고 하시면서도 아직도 많은 후손들이 구천에서 고통받고 있는 것을 걱정하셨던 기억이 있사옵나이다. 그 날의 조상님 입천제 이후로 소신의 몸에 함께하고 계시던 직계 좌우 모든 조상님들이 입천되시어 그런지 소신의 몸은 날아갈 것 같았사옵나이다. 영적으로 함께하셨겠지만 입천되신 이후, 너무도 가벼워진 몸을 느낄 수 있었사옵나이다.

조상님들께서 그렇게 찾아 헤매시던 천상으로 오르신 이후, 소신은 조상님에 대한 생각이 간혹 들었사오나 무릉도원 세상에서 즐겁고 행복한 삶을 영위하고 계시리라는 확신 및 느낌으로 지내왔사옵나이다.

그러던 중 도법천존 3천황 폐하께옵서 천상 도솔천궁에 계신 조상님들과 자손이 다시 현실에서 상봉할 수 있다는 것을 찾아내시고 실현시켜 주시어, 드디어 소신 제 22차 천상도법주문회를 통해서 2018년 4월 29일 다시 시조 조상님을 상봉할 수 있는 영광을 얻었음에 황은이 망극하옵나이다.

소신은 천상 도솔천궁에 계신 시조 조상님을 지상 태상천궁에서 상봉할 수 있는 대영광을 얻게 되었다는 것이 아직도 꿈만 같사옵나이다.

빛과 불이신 도법천존 3천황 폐하께옵서 소신의 시조 조상님께 비서실장님 육신으로 하강을 명하시자마자 바로 엄청난 기운을 느낄 수 있었사오며, 소신 눈물이 바로 나왔고, 소신의 시조 할아버님이 맞구나 하는 감정이 온몸으로 느껴졌사옵나이다. 어찌 같은 핏줄이시온데 감응이 없겠사옵나이까? 진짜이기에 진짜 기운을 느낀 것이라 확신하옵나이다.

비서실장님 몸을 통해서 소신의 손을 잡아주신 시조 할아버님의 힘과 기운을 느꼈고, 소신의 등을 손바닥으로 대시며 3천황 폐하께 감사를 올려드리자 하실 때도 엄청난 힘과 기운을 느낄 수 있었사옵나이다. 시조 할아버님의 장군 기백을 온몸으로 느낄 수 있었고, 또한 소신이 시조 조상님의 기백을 물려받았다는 것을 알게 되었사옵나이다.

시조 조상님께서 이 후손에게 빛과 불이신 3천황 폐하만을 바라보고 앞으로 나아가라고 일러주셨으며, 소신은 조상님들께서 편안히 천상 도솔천궁에서 무릉도원의 삶을 영위하실 수 있고 모두가 잘되기 위해서 이 한 목숨 바쳐 오로지 3천황 폐하만을 뫼시며 천상의 약속을 이행하겠다고 다짐하옵나이다.

2차 조상님 상봉, (사랑하는 할아버지, 할머니!!!)

빛과 불이신 도법천존 3천황 폐하!!!

소신 친할아버지, 친할머니를 현실의 삶으로 태상천궁에서 2018년 7월 15일 상봉할 수 있게 윤허하여 주심에 너무도 감사드리옵나이다. 아직도 가슴이 따뜻하고 마냥 기쁘옵나이다. 소신 조부모님을 뵌 적도 없고 사진으로도 뵌 적이 없사오나, 기운으로 상봉하게 되고 하강하시자마자 바로 기운으로 소신의 조부모님이 맞다는 것을 느낄 수 있었사옵나이다.

피는 못 속인다는 말, 가슴으로, 기운으로, 온몸으로 느끼고 만끽할 수 있었사옵나이다. 조부모님께서 손자를 얼마나 사랑하시는지 느낄 수 있었사오며, 이런 기회를 가질 수 있었다는 사실이 꿈만 같고, 이 글을 쓰는 이 순간도 바로 기쁨의 눈물이 바로 흐르사옵나이다.

조상님들께서 사명자인 소신을 그리도 만나보고 싶어 하신다는 사실에 놀랐사오며 그럴 것 같았사옵나이다. 소신에게 피를 넘겨주신 조상님이시라면 후손에게 얼마나 좋은 말씀을 해주시고 싶으시며, 손이라도 잡아보고 싶으실까 하는 마음이 들었사옵나이다.

다른 자손 다 필요 없고 오직 사명자 후손에게만 관심이 있으시다는 말씀 너무도 기쁘고, 조상님과 사명자는 떼려야 뗄 수 없는 관계이오며, 한 배를 타고 하늘을 향해 항해하는 것 같다는 생각이 들었사옵나이다. 죽어도 같이 죽고 살아도 같이 살아가야 하는 운명이라는 생각이 드옵나이다.

자손이 바라는 것을 다 아시고 도통천존 도솔천황 폐하께 윤허를 받으셔서 자손이 황금산에 가게 기운 내려주시고, 황금산의 기운받아 3,000억 원을 벌 수 있는 기운 전해 주시니 너무도 감동이옵나이다. 그 기운은 너무도 강렬했고, 도솔천황 폐하께옵서 기운 내려주신다 하시면서 전해 주실 때, 맞잡은 손에서 엄청난 기운이 전달됨을 느꼈사옵나이다.

소신 우리나라에 황금산이 있는 줄도 몰랐사오며, 아들이 유튜브로 황금산과 서해 바다가 만나는 갯바위에서 낚시하는 영상을 보고 가고 싶다고 하였지만, 소신은 별로 생각이 없었사옵나이다. 그러나 황금산이라는 말에 갑자기 마음이 끌렸고, 뭔가가 있음을 느낄 수 있었사온데 아니나 다를까 할아버지께서 기운으로 이끌어주셨다니 놀랍사옵나이다.

소신 자주 느끼는 것이오나 3천황 폐하를 향하면 향할수록

그에 맞는 보상과 같은 뭔가를 현실의 삶으로 주신다는 것을 알고 있사오며, 현실로 매번 일어날 때마다 신기하고 너무도 감사하옵나이다.

3,000억 원을 최대한 빨리 벌어서 3천황 폐하께 바치고 싶다는 일념뿐이고, 3천황 폐하께옵서 이미 3,000억 원을 벌 수 있는 기운을 주셨고, 조상님께서 도통천존 도솔천황 폐하의 윤허도 받아오셨으니 소신은 더 열심히 주식으로 벌어보겠사오며 오직 현실로 실현하는 일만이 남아 있사옵나이다.

이미 모든 것을 걸었기에 사력을 다해서 반드시 이뤄내도록 하겠사오며 어떤 유혹에도 넘어가지 않고 필히 3,000억 원을 벌어 3천황 폐하께 바치겠사옵나이다. 그것만이 3천황 폐하께옵서 베풀어주신 황은에 보답해 드리는 길이라 생각하옵나이다.

소신의 조부모님은 손주를 하나도 보지 못하시고 손주에 대한 사랑을 한 번도 표현해 보시지 못하셨던 것으로 알고 있사온데, 소신보고 어깨 좀 주물러 달라고 하신 것에 손주의 사랑을 느낄 수 있는 아주 확실한 표현을 제시해 주신 듯하옵나이다.

살아계셨을 때 함께한 시간이 있었다면 할아버지와 할머니께 사랑도 받고 어깨도 많이 주물러드렸을 것이고, 부모님을 볼 때면, 항상 어깨며 등 마사지를 해드리는데 어찌 그리도 상봉 시간에 어깨를 주물러달라고 하시는지 참으로 놀랐사옵나이다.

천상 도솔천궁에서 이 후손이 하는 것을 보시고 너무도 후손의 손길을 느껴보고 싶어 하셨다는 생각을 하게 되었사온데 정말 실시간으로 천상과 지상이 실시간으로 연결되어 있음을 알게 되었사옵나이다.

할머니께서 더 바라는 것 없냐 하시어 어머니와 장모의 천인합체를 해드리고 싶다 말씀드리니 이 또한 바로 도통천존 도솔천황 폐하께옵서 윤허해 주셨다면서 기운을 전해 주시니 정말 너무도 감동에 감동이었사옵나이다. 소신의 조상님들을 처음부터 벼슬입천시켜 드렸던 것이 이렇게 좋은 결과로 나타나니 너무도 잘했다는 생각이 들었사옵나이다.

조상님들 중에 장군을 지내신 분이 많을 것이라 확신하사온데, 얼마나 많은 조상님들이 소신에게 충심에 대한 얘기를 해주시고 싶어 하실까 하는 생각을 하게 되사옵나이다. 소신 또한 그런 조상님들의 기운 따라서 목숨을 바쳐 충심으로 주군을 뫼시었던 것 같이 3천황 폐하를 목숨 바쳐 뫼시는 것만이 소신이 가야 할 길이라 생각하옵나이다.

조상님들!!!

일일이 조상님들을 청배해 드리고 싶으나 그렇게 할 수 없음에 시조 조상님을 통해서 말씀 내려주시면 청배할 수 있도록 하겠으며 조상님들 너무도 사랑하고 자랑스럽습니다. 다음 기회에 시조 조상님과 후손을 그리도 만나고 싶어 하시는 조상님 한 분을 청배하여 가르침 받도록 하겠습니다. 도솔천궁에서 도솔천황 폐하 잘 뫼시고 즐겁게 지내시기 바랍니다.

빛과 불이신 3천황 폐하!!!

이렇게 꿈만 같은 조상님 상봉을 이루게 해주셔서 감사드리옵나이다.

3차 조상님 상봉, (충명검 하사!!!)
빛과 불이신 3천황 폐하!!!
2018년 8월 5일 다시금 조상님 상봉을 할 수 있게 윤허하여 주셔서 너무도 감사하옵나이다. 그 어디에서 이런 꿈같은 일을 현실로 이뤄줄 수 있겠사옵나이까? 진정으로 불가능이 없으신 보이시는 하늘이옵나이다.

이전 친조부모님 청배 때, 많은 조상님들께서 이 후손을 뵙고자 하신다는 말씀과 부인이 어느 날부터 갑자기 소신이 늦게 귀가하는 것에 대해 기분 나쁘다는 듯이 물어보는 것이 자꾸 거슬리고 무슨 메시지라는 느낌이 들었고, 부인의 대표조상님도 청배를 해야겠구나 하는 생각이 들었사온데 그리 마음을 먹자 부인이 일체 그런 질문을 하지 않았사옵나이다.

그렇게 해서 소신의 시조 조상님과 부인의 대표조상님을 청배하게 되었사오며, 참으로 뜻깊은 시간이었사옵나이다. 시조 조상님은 장군이신 조상님들과 함께 도통천존 도솔천황 폐하께옵서 하사하신 검을 자손에게 전해 주시며, 소신의 역할을 다시금 일깨워주셨사옵나이다.

고굉지신(股肱之臣) : 팔과 다리에 비길 만한 신하(臣下)라는 뜻으로, 임금이 가장 신임(信任)하는 중신(重臣)을 이르는 말이라는 한자성어를 가르쳐주셨으며 소신이 빛과 불이신 3천황 폐하를 뫼시는 데 있어 취해야 할 자세를 명확히 짚어주셨다는 생각이 드옵나이다.

소신이 빛과 불이신 3천황 폐하의 손과 발이 되어 드리고 지근거리에서 언제라도 목숨을 내놓을 수 있어야 한다는 마음으로 폐하를 뫼시겠사옵나이다.

빛과 불이신 3천황 폐하께옵서 하사받은 검의 이름을 "충명검"이라 내려주셨으며, "황명을 충심으로 받들라!"라는 뜻이라 하시니 명심 또 명심하겠사옵나이다. 내려주신 황명은 곧 법이시며 무조건 따르고 받들겠사옵나이다.

소신 살아서나 죽어서나 이 "충명검"을 가지고 빛과 불이신 3천황 폐하를 뫼시게 될 것이라 하시니 너무도 기쁘고 기쁘며, 이런 대영광이 그 어디에 있겠사옵나이까?

부인(러시아)의 대표조상님께서 하강하시어 한국말을 못하시고 계신 모습을 보시고 3천황 폐하께서 바로 한국말을 할 수 있게 명을 내리시니 그제서야 유창하게 우리말을 하는 것에 놀라웠사옵나이다. 다시 한 번 더 폐하의 대도력, 대천력, 대신력을 현실에서 보여주셨사옵나이다.

소신이 러시아 부인을 만나게 해주신 것도 다 도통천존 도솔천황 폐하께옵서 도법천존 3천황 폐하를 뫼시게 하기 위해서 인연을 맺게 해주셨다니 정말로 하늘께옵서는 한 치의 오차도 없으시옵나이다. 소신이 한국 부인을 얻었다면 소신 이렇게 빛과 불이신 3천황 폐하를 뫼실 수는 없었을 것이옵나이다.

부인과 아들도 다 잘될 것이니 걱정 말라는 말씀도 전해 주셔서 너무도 기뻤으며, 더 한층 빛과 불이신 3천황 폐하를 뫼시는 데 충심을 다해야겠다는 마음이 샘솟고, 또한 조급한 마음 버리고 무릉도원 삶을 살면 다 잘될 것이라 말씀 내려주셔서 큰 기운이 샘솟아 오르옵나이다.

빛과 불이신 도법천존 3천황 폐하께오서 무릉도원의 삶을 추구하시면서 그 기운이 폐하의 신하와 백성들에게도 퍼져나가게 될 것이라는 것을 가르쳐주시며, 빛과 불이신 도법천존 3천황 폐하께옵서 무릉도원의 삶을 추구하시면 하실수록 온 세상의 반대 세력은 빛과 불로써 심판을 받게 되는 이적과 기적 또한 보여주시고 계시옵나이다.

소신 조상님 상봉을 통하여 너무도 많은 것을 얻었고, 조상님과 떼려야 뗄 수 없는 관계이며, 소신의 삶이 빛과 불이신 3천황 폐하를 뫼시는 경호실장의 역할을 하기 위해서 존재함을 절실히 깨닫게 되었기에 영원히 빛과 불이신 도법천존 3천황 폐하를 뫼실 것이옵나이다.

— 서울 송파에서 천상도법주문회에 참석한 최○호 후기

사명자

천황님의 나라(천황국. 천신국) 태상천궁의 빛과 불이신 도법천존 3천황 폐하의 천상세계 신명정부 신하 정보부 대신(국정원장)/ 국회의원/ 황해북도지사/ 천인 홍○환 문후 올려드리옵나이다.

전 우주와 만생만물을 창조하시고 절대자이시며 최고의 하늘이시고 영혼의 어버이이신 태상 폐하!!! 태상황후 폐하!!!

이 부족하고 모자란 소신을 미물과 축생이 아닌 만물의 영장인 인간으로 태어나게 해주셔서 도법천존 3천황 폐하를 알현하고 끝까지 믿고 따를 수 있도록 해주시고, 남양 홍씨 가문의 사명자가 되게 하여 주신 크나큰 사랑과 은혜에 황은이 망극하옵고, 부자로 살지 않게 해주시어 감사하옵나이다.

만일 부자로 잘사는 인생을 살았다면 내가 부자다 하는 거만한 생각으로 자신을 돌아볼 줄도 모르고, 잘난 자존심으로 도법천존 3천황 폐하를 알현하지도 않았을 것이오며, 사명자라는 사실과 대단하고 엄청난 천상과 지상의 귀중한 진실은 알지도 못하고 죽어서 끝없는 윤회의 바퀴 속에 갇히게 되었을 것이옵나이다.

인간으로 태어나게 하시고, 현생에서 부자로 살지 않게 하여 주시고, 아주 못살게 하지도 않으시며, 높은 산이 있으면 깊은 계곡도 있다는 자연의 섭리도 알게 하여 주시고, 깊은 계곡으로의 추락과 많은 일을 겪으며 아픔과 고통도 있게 하여 주시지 않으셨다면 소신은 도법천존 3천황 폐하를 알현하지도 않았을 것이며, 남양 홍씨 조상님들을 구원받게 해드리는 가문의 사명자도 될 수 없었을 것이옵나이다.

축생이 아닌 인간으로 태어난 것은 100살도 살지 못하는 인간 삶을 살면서 잘 먹고 잘 입고 잘살라고 한 것이 아니라 도법천존 3천황 폐하를 알현하여 조상님과 영, 신들을 천상으로 오르도록 구원해 드리고, 죗값을 치를 돈을 많이 벌어 전생에 천상에서 지은 죄를 빌고 빌어 영혼의 영원한 고향인 천상 태상천궁으로 다시 돌아가기 위해서라는 엄청난 진실을 도법천존 3천황 폐하께옵서 가르쳐주셨사옵나이다.

도법천존 3천황 폐하! 대단하고 엄청난 하늘의 귀중하고 보물인 천상세계와 사후세계의 진실을 알 수 있도록 가르쳐주셔서 황은이 망극하옵나이다. 이 세상 어디에서 이렇게 대단하고 엄청난 하늘의 귀중한 진실을 알 수가 있겠사오며, 소신 사명자로 태어나게 되어 너무도 자랑스러운 천운아이오며 대행운과 천복만복을 받았사옵나이다.

인간으로 태어난 사명을 인간 축생들은 얼마나 알고 있겠사옵나이까? 보이시는 하늘이신 도법천존 3천황 폐하를 알현하여 대단하고 엄청난 귀중한 진실을 알고도 인간으로 태어난 사명과 사명자의 본분을 잊고 도법천존 3천황 폐하와 끝까지 함께하지 못하고 떠나는 사명자들이 안타깝사옵나이다.

인간 모두 사명자가 되는 것도 아니고, 사명자 되는 것이 얼마나 어려운데 도법천존 3천황 폐하로부터 멀어지면 눈에 보이지 않는 악귀, 잡귀 귀신들의 밥이 되어 인생사 삶은 더 뒤집어지고, 육신이 명받지 않고 죽으면 영원히 끝없는 고통 속에서 윤회의 수레바퀴 속에 갇힌다는 것을 알았사옵나이다.

자신뿐만 아니라 수많은 조상님과 신, 영들도 함께 고통 속으로 빠진다는 진실을 알았고, 현실이 힘들어도 도법천존 3천황 폐하를 믿고 따르며 함께하면서 멀어지지 않고 내려주시는 명을 행하면서 끝까지 도법천존 3천황 폐하를 따라가겠사오며 가고 또 가다 보면 끝이 있을 것이옵나이다.

부족한 소신 아직 사명자로서의 사명을 다 완수하지 못하였음에도 도법천존 3천황 폐하께서 내치지 않으시며 잘살고 무탈하도록 하해보다 더 큰 사랑을 항상 내려주시며 지켜주시고 보호해 주시니 내려주신 큰 사랑을 살아서 말과 글이 아닌 행으로 실천하도록 하겠사옵나이다.

천상의 3천황 폐하 만세! 만세!! 만만세!!!
천상의 3황후 폐하 만세! 만세!! 만만세!!!

지상의 3천황 폐하 만세! 만세!! 만만세!!!
지상의 3황후 폐하 만세! 만세!! 만만세!!!

독자 여러분은 사명자의 중요성을 알지 못할 것이다.

사명자란 하늘이 내리시는 존귀한 명을 받들어 행하는 자를 말하는데 사명자는 가족 단위 일가족 중에 한 사람밖에 없다. 10~20명의 직계 가족들이 있다 하더라도 단 한 명뿐이다.

독자 여러분의 조상들이 사명자 자손 하나를 얻으려고 얼마나 혈안이 되어 있고, 노심초사하며 천상의 3천황 폐하께 빌고 비는지 잘 모를 것이다.

당대부터 시조 조상에 이르기까지 독자 여러분의 할아버지와 할미니, 이버지와 어머니들이 주야장창 밤낮을 가리지 않고 손발이 닳도록 일심으로 하늘에 빌고 빌어 하늘의 명을 받들어 천상입천제를 행해 줄 사명자 자손을 점지해 달라고 눈물로 호소하고 애간장을 태우며 간절하게 빌고 있다.

조상들이 지은 죄를 하늘에 빌어줄 사명자 자손을 얻기란 하늘의 별따기 만큼이나 어려운 일이다. 기존의 귀신교(종교)에는 자신의 눈높이에 맞으면 아무나 들어갈 수 있지만 천상의 3천황 폐하께서 실시간으로 함께하시는 이곳 지상 태상천궁은 하늘로부터 특별히 선택받아 뽑힌 사명자 한 명만 들어올 수 있는 특별한 곳이다.

가족도 대표가 있듯이 조상들도 대표가 있는데 이들을 하늘이 내리시는 명을 받들어 행하는 사명자라고 한다. 사명자들은 천상입천제를 행하는 데 들어가는 의식비용인 조공(祖貢)을 전혀 아까워하지 않으나 사명자가 아닌 사람들은 속는 것 같고 사기당하는 느낌이라 엄두를 내지 못한다.

그래서 이곳은 기존의 귀신교(종교)처럼 가족들이 동행하여 함께 찾아오는 곳이 아니고 단독으로 혼자 방문해야 한다. 부모, 배우자, 자식, 형제, 애인, 친구, 지인, 동료 등 어느 누군가와 동행하여 함께 찾아온다면 문전박대당하고 친견조차 하지 않고 그냥 돌려보내는 아주 특별한 곳이다.

사명자와 비사명자는 천양지차이다. 책을 읽고 친견 상담하는데 함께 따라온 자들은 축생과 같은 자들이기에 먹고 사는 것에만 혈안이 되어 있지 조상구원이란 것은 생각조차 못하고, 같이 온 상담자에게 나가면서 사이비, 가짜, 사기꾼이란 말을 거침없이 내뱉는 것을 무수히 체험하였다.

사명자들은 부부간이라도 말하지 말고 혼자 방문하고, 혼자 다니는 것이 최선의 방법이란 것을 수많은 사람들을 통해서 아주 절실히 체험하여서 알게 되었다. 절대로 그 누구와도 이곳으로 동행하면 친견 사절이고, 사명자들은 이곳에 대해서 어느 누구와 상의하며 말을 섞는 것을 절대 금지해야 한다.

남 잘되는 꼴을 아무도 못 본다.

동행자와 몸에 있는 귀신들은 사명자가 아니기 때문에 조상구원에는 관심조차 없고 어떤 곳인가? 어떤 사람인가? 알아보고 구경하기 위하여 함께 동행하며 찾아오려는 것인데 일절 사절한다. 이곳에 다녀갔던 다른 사람들의 말을 듣고 판단하려는 자들은 이곳과 인연이 없어 구원받지 못할 자들이다.

조상님 천상입천제 이후의 삶

빛과 불이신 도법천존 3천황 폐하!

제39차 천상도법주문회 참석한 백성 윤○휘 문후 올려드리옵나이다. 소인이 집 안의 사명자로 태어나 조상님 천상입천제를 올려드림에 살아서나 죽어서나 영원한 잊지 못할 대경사이옵나이다.

조상님 천상입천제를 올려드리고 나니 소인의 마음은 무엇이라고 표현할 수 없이 몸과 마음이 가벼워지고 날아갈 듯한 편안함과 황홀함이 느껴지며, 도법천존 3천황 폐하께 영원히 충성할 것을 맹세하옵나이다.

소인은 태상천궁의 책을 읽고 3천황 폐하를 알현하였는데 사실은 처음 읽을 때부터 3천황 폐하를 빨리 알현하고 싶었사옵나이다. 소인은 책도 별로 본 적이 없었는데 왠지 시간이 날 때마다 책을 읽고 싶어졌고, 눈도 침침해서 돋보기안경을 쓰고 열심히 읽었사옵나이다.

지금 생각하니 책에 빠져서 시간 날 때마다 하던 게임도 끊었는데, 사람들이 묻기를 그 좋아하던 게임을 어떻게 끊었느냐고 하였사옵나이다. 몇 달 전 책을 접하면서부터 천지기운이 소인에게도 내려오고 있는 것을 느꼈는데, 주위에서 가게에 손님이 많다고 소문났다는 얘기들을 하였사옵나이다.

오늘은 남편이 매주 서울을 가느냐고 묻기에 그렇다고 했더니 대뜸 차비를 20만 원이나 주는 깜짝 놀랄 일이 있었고, 지금까지 살아오면서 집안 대소사 비용 이외의 돈은 받아본 기억이 없사옵나이다.

심지어 소인의 자식이 나눠 쓰라고 남편 통장에 1억 정도를 입금해 주었는데 2천만 원이 소인의 몫이라고 하였지만 20만 원도 안 주고 남편이 혼자 꿀꺽하였사옵나이다.

소인이 태상천궁에 입문한지 몇 달 되지 않아서 처음에는 아~ 이런 신비 세계도 있었구나! 얼떨떨하였사온데 날이 갈수록 가슴과 피부, 생활할 때 모든 기운이 예전과 너무 달라짐을 나날이 느끼고 있사옵나이다.

태상천궁 가족을 위하여 생방송 라이브로 모든 천상의식을 올려주심에 천궁 가족들이 최고의 행복, 최고의 기적임을 온몸으로 느꼈사옵나이다.

소인은 앞전 주부터는 천상도법주문회 시간이 너무나 기다려지옵나이다. 3천황 폐하께서 말씀 한마디만 황명으로 내리시면 천상지상에서 모든 일들이 일사천리로 즉시 이루어지니 너무나 신기하옵나이다.

소인이 전에는 일요일도 쉬지 않고 영업하였으나 요즘은 평일에 쉬는 날 몫까지 다 채워주고 계시며 태상천궁 가족이 되는 것은 소인 인생 최고의 행복!! 천복!! 만복을 모두 받은 대행운아이옵나이다.

매주 일요일마다 천상도법주문회 시간에 기적 같은 일들만 이루어주심은 인류 역사상 최고의 기적이옵나이다. 천상 도솔천궁에 입천되신 각자의 수많은 조상님들을 비서실장님 육신으로 하강시키시어 자손과 후손들을 만나게 해주시는 일은 인류 역사상 전무후무한 일이옵나이다.

3천황 폐하께서 천상과 지상에 명을 내리시면 모든 신들이 하강하여 부복한 자세로 폐하의 황명을 받들고 천상의 3황후 폐하, 천상신명들, 조상령들, 생령들, 병을 일으키는 병마 귀신들, 악귀, 잡귀들, 사탄, 마귀들, 악신들, 악령들, 요괴들, 온갖 동물령들, 조류, 개, 뱀, 두꺼비, 지렁이, 고양이, 인간 육신의 대표 세포와 천상의 장생 세포와 영생 세포를 육신으로 하강시켜 사람처럼 대화를 나누시는 경천동지할 초인이신 인류의 구원자가 분명하시니 조만간 천지대개벽이 세상을 휘몰아칠 것이옵나이다.

언론과 방송에서는 세계 톱뉴스감인 이런 좋은 화제의 빅 이슈를 취재 안 하고 무엇하고 있는지 이해가 안 되어 조금은 안타까운 마음이 일어나옵나이다.

도법천존 3천황 폐하! 최고!! 최고!!! 최고!!!
도법천존 3천황 폐하! 만세!! 만세!!! 만만세!!!

— 전남 강진에서 폐하의 백성 윤○휘 올려드리옵나이다.

보고파 그리웠던 부모님 상봉

천황님의 나라 태상천궁의 빛과 불이신 도법천존 3천황 폐하의 천상세계 신명정부 신하 환경부대신/ 국회의원/ 천인 강○숙 문후 올려드리옵나이다.

빛과 불이신 도법천존 3천황 폐하!! 소신의 조상님들을 모두 천상 도솔천궁으로 입천시켜 주신 크나큰 은혜!! 황은이 망극하옵나이다. 소신은 지난 5월에 과연 어느 분이 소신을 태상천궁으로 이끌었는지 궁금하여 10년 전 천상 도솔천궁으로 천상입천제를 행하여 입천되신 조상님 상봉을 신청하였고, 먼저 대표 조상님께서 지상의 3천황 폐하께 문후 올리는 모습은 그야말로 사뿐사뿐 예를 올려서 선녀임을 실감하였사옵나이다.

조상님께서는 "그동안 힘들었지?" 하시고 소신에게 메시지를 잘 받는다고 하시며 홈피 글도 잘 올린다 하시고 또 한편으로는 소신에게 황궁예법과 근본도리를 잘 지키라고 다짐을 시키셨사옵나이다.

다음으로 모친이 선녀같이 내려와서 지상의 3천황 폐하께 예를 올려서 잠시 당황하였사오나 나이를 물어보니 방년 17세의 꽃다운 소녀였고, 소신이 아픈 데는 없냐고 물으니 모친은 "3천황 폐하께서 이렇게 천지개벽 시켜주셨다!" 하시고 소녀처럼 기뻐하였고, 또한 소신의 얼굴을 쓰다듬어주시며 “우리 딸이 이렇게 늙었구나!” 하시며 안타까워하였사옵나이다.

아! 30년 만에 만나는 그리운 엄마! 이 땅에서 너무 많이 고생하여 손에 지문이 닳을 정도였어도 항상 자식들 앞에서는 씩씩하였고, 얼굴에도 주름살이 깊어지고, 그 곱던 피부는 푸석푸석해져서 마음 아팠던 엄마!

게다가 나이 60세도 안 되어 중풍으로 쓰러지셔서 돌아가셨으니, 효도 한번 못해 본 내 마음 한구석에 항상 아픔으로 남아 있었는데… 지금 내 앞에 나타난 엄마는 17세 꽃띠 선녀같이 아리땁고 고운 모습으로 상봉하게 되었으니 진정 ‘천지개벽’이었사옵나이다.

이제 엄마(김○숙)는 17세 소녀가 되었고, 소신은 63세 할머니가 되었으니 그야말로 운명이 뒤바뀐 처지였으나 소신의 가슴 깊이 남아 있던 여한은 봄눈 녹듯이 사라졌사옵나이다. 소신 7월에 시조 조상님과 부친을 청배하였사온데, 부친 또한 20대 젊은이가 되어서 음성부터 완전 총각의 목소리여서 소신을 놀라게 하였는데, 선친은 50세부터 당뇨병으로 고생하시다 나중에는 합병증으로 인하여 너무나도 여위고 볼품없는 노인네가 되어서 소신의 마음을 아프게 하였사옵나이다.

선친 강○석은 젊은 시절엔 참으로 인자한 성품으로 여러 사람의 존경을 받았으나 나이 들어 병마 앞에서는 소용이 없었던 부친이 완전히 바뀌어 젊고 건강한 총각의 모습으로 나타났으니 이 또한 ‘천지개벽’이었사옵나이다.

보고파서 그립고도 그리웠던 엄마! 아버지! 두 분이 모두 이팔청춘으로 돌아가서 병마 없는 무릉도원 천상 도솔천궁에서 행복하게 살고 계심에 다시 한 번 감사드리옵나이다.

도법천존 3천황 폐하의 무소불위하신 대도력, 대천력, 대신력으로 천지개벽한 부모님을 뵙고 나니 2008년 9월 27일 행하였던 조상님 '천상입천제'가 얼마나 대단하고도 위대한 의식인지 10년의 세월이 흘러서 확실히 알게 되었사옵나이다.

오늘도 소신의 조상님들은 먹을 것, 입을 것, 잠잘 곳 걱정 없는 무릉도원 세상 천상 도솔천궁에서 살게 해주신 지상의 도법천존 3천황 폐하와 천상의 도통천존 도솔천황 폐하! 도솔황후 폐하께 머리 숙여 감사드리옵나이다. -이상-

천상 도솔천궁으로 천상입천제를 행하여 천상으로 올라간 조상님들이 과연 편안히 잘 계신지 보고파 그리운 부모 조상님들과의 상봉식을 많은 세월이 흐른 뒤 올해 4월 29일부터 처음으로 상봉시켜 주어서 지금 5개월이 되었다.

조상님들이 모두 선남선녀(신선선녀)의 젊은 모습으로 하강하여 자손들과 상봉하는 이적과 기적을 천상과 지상의 3천황 폐하께서 이루어주셨다. 조상 상봉은 말 그대로 대감동이었고 흥분의 도가니였는데 잃어버린 세월을 되찾은 잊을 수 없는 기쁨의 시간이었다.

이제까지 수많은 귀신교에서 행하였던 천도재와 굿, 추도미사와 추모예배로 조상들을 좋은 곳으로 가시라고 비싼 돈을 들여서 보내주었는데, 그 이후 어디 가서 어떻게 지내고 있는지 확인해 주는 곳은 이 세상 천지에 아무 곳도 없었다.

그저 좋은 곳에서 편안히 잘 계시겠지, 라고 스스로 위안하는 수준이지 여기처럼 천상으로 올라가 이팔청춘의 젊은 모습으로 변신한 조상들을 다시 하강시켜서 보고파 그리운 아버지, 어머니, 형제, 남편, 부인, 자식, 할아버지, 할머니, 대표조상님, 시조 조상님과 상봉하게 주는 곳은 이곳 천황님의 나라 태상천궁 이외에는 없다. 지구에 수백만 개의 귀신교가 있지만 천궁 같은 곳은 존재하지 않는다.

천황님의 나라 태상천궁(하늘궁전)에서만 천상으로 입천되신 조상님들을 다시 하강시켜서 상봉시키는 경천동지할 대역사가 이루어지고 있다. 천상의 3천황 폐하께서 저자 태상도인 육신으로 하강 강림하시었다.

2017년 12월 3일부터 천상도법주문회가 매주 일요일마다 열리고, 도법천존 3천황으로 관명을 하사하신 뒤 천지가 개벽하는 천상지상 3천황 폐하와 3황후 폐하의 인류 심판과 구원의 천상지상 공무집행이 시작되었다.

정말 무서운 진실이고, 각자 영들이 지구로 도망치거나 쫓겨나기 전 전생인 천상 태상천궁에 있을 때 역모 반란에 가담하였던 전생록이 천상의 3천황 폐하에 의해서 낱낱이 파헤쳐 밝혀지고 있다. 그래서 구원받을 자들은 전생록을 의뢰하여 전생의 죄를 용서 빌어 사면받아야 천상으로 올라간다.

조상님과 상봉

불철주야로 휴식도 없이 천지대공사로 너무도 노고가 많으신 도법천존 3천황 폐하! 제40차 천상도법주문회는 너무도 감격스럽사옵고 감동하여 그 여운이 쉬이 가시질 않사옵나이다.

지구상에서 도법천존 3천황 폐하께서만이 가능하신 소신의 조상님 상봉을 이루어주시어서 황은이 망극하옵나이다. 지근거리에 있는 가족이나 친척들도 마음 내어서 한 번 만나기도 어렵사온데 머나먼 천상 도솔천궁에 계신 소신의 조상님들을 만나볼 수 있고 대화할 수 있으니 정말 꿈만 같고 모든 것이 폐하의 덕분이옵나이다.

3천황 폐하께오서 윤허하여 주신 소신의 아버지와 대표조상님과 큰오빠를 상봉 신청하여 제일 먼저 아버지를 상봉하였사온데 너무도 기뻐서 눈물이 왈칵 쏟아졌사옵나이다.

아버지께서는 천상 도솔천궁에서 연애 여행만 다니신다고 하니 혹여 지상의 딸은 잊어버리지 않으셨는지 궁금하였으며, 왜 그렇게 일찍 돌아가셨냐고 여쭈니 이 또한 하늘의 뜻이라고 하셨는데 다행히도 3천황 폐하의 천지대공사에는 참여하신다고 하시어 소신은 안도의 숨을 쉬었사옵나이다.

다음에는 대표조상님을 상봉하였는데 소신이 너무 기운이 없다고 하시며 어깨를 쫙 펴게 해주시고, 목소리에도 크게 많은 기운을 주시며 신인합체의식도 빨리 이루게 하여 주신다고 하시어 너무도 기쁘고 즐거웠사옵나이다.

세 번째는 큰오빠를 상봉하였는데 울지 않고 기쁘게 만나려 하였지만 소신도 모르게 저절로 눈물이 났고, 큰오빠께서는 천상 도솔천궁에서 도통천존 도솔천황 폐하의 호위무사로 계신다고 하여 너무도 놀랐고, 한편으로는 큰오빠가 너무너무 자랑스러[illegible]사옵나이다.

큰오빠께서 소신더러 고귀한 학 같다고 예쁘게 봐주고 천상에서 큰오빠의 측근에 같이 계신 분이 소신을 소개해 달라고 하였사온데 천상과 지상이니 안 된다며 "제 동생입니다"라고 매우 뿌듯해하였사옵나이다.

폐하! 소신은 폐하의 크나크신 사랑과 배려로 조상님들을 상봉하여 요즘은 두 다리 쭉 펴고 잠을 잘 수 있고, 이 세상 그 어디에 가서 돌아가신 분의 안부를 물을 수 있으며 그 어느 누가 조상님들을 편안하고 기쁘게 행복한 천상궁전 무릉도원 세상에서 살아가시게 할 수 있겠사옵나이까?

오로지 3천황 폐하의 대도력, 대천력, 대신력의 천변만화 천지기운으로만 가능하오며 아직도 행해야 할 의식이 있지만 이렇게 마음이 편할 수가 없으며 세상을 다 가진 기분이고, 태어나서 처음으로 조상님께 큰 효도를 해드릴 수 있어서 너무너무 기쁘옵나이다.

소신이 처음 태상천궁에 입궁하여 조상님 천상입천제를 올려드리지 못해 정식 백성이 아닌 예비백성으로 몇 년을 지낼 때 혹시나 내치시지나 않으실까 하며 노심초사하며 애간장이 탔사옵나이다. 천상도법주문회에 한 번씩 참석하여 3천황 폐하의 어성이 울려 퍼질 때 천상의 하늘 목소리로 들리어 참으로 감동의 눈물을 많이도 흘렸사옵나이다.

3천황 폐하께오서 소신의 조상님 천상입천제 윤허하여 주시어서 천상 도솔천궁에서 도통천존 도솔천황 폐하의 사랑으로 무릉도원의 삶을 살아가시게 해주시었으니 3천황 폐하의 무소불위하신 대도력, 대천력, 대신력에 무한 감격과 감탄이며 대영광이옵나이다.

소신 어릴 때는 항상 허전하고 세상에 홀로 버려진 것 같아 항상 우울하였고, 남들이 웃고 떠들며 좋아하여도 하나도 즐겁지 않았으며 "이렇게 살아서 뭐 하나!" 하는 생각이 들어서 농약을 마시고 자살하였다가 병원에서 몇 달을 보냈는데 목구멍과 혓바닥이 다 타서 갈라져 먹지를 못해 몸이 말라 비틀어져 미라 상태까지 갔었사옵나이다.

그러던 중 꿈에 돌아가신 작은 아버지께서 보이며 살 수 있다고 하셨는데 그때부터 조금씩 걸을 수 있게 되고, 퇴원하여 간이 된 짠 음식은 먹지 말라 하였지만 가족들이 안 보이면 짠 된장을 마구 퍼먹었사옵나이다.

돌이켜 생각해 보면 소신이 힘들고 어려운 고난 없이 남들처럼 그저 행복하게 살았더라면 하늘이 내리시는 명을 받을 사명자로 선택받지 못했을 것이고, 이렇게 3천황 폐하를 알현하여 하늘의 명을 받은 행운아이자 천운아가 되어 영광스러운 폐하의 신하가 되는 일은 없었을 것이옵나이다.

남들처럼 살 수 없게 외톨이처럼 외롭게 힘든 인생으로 만들어 하늘이 내리시는 명을 받들어 뫼시는 사명자의 길로 인도해 주신 조상님의 메시지인 것 같으며 한 가지 이상한 점은 아버지가 돌아가셔도 슬프거나 눈물이 나지 않았고,

할머니가 돌아가셔도 슬픈 마음 없이 그냥 무덤덤하였고, 큰오빠, 둘째 오빠, 막내 오빠가 돌아가셔도 아무런 감정이 없었는데 아마 소신으로 인해 무릉도원 세상에서 사실 것을 미리 아셨기에 슬픈 감정을 안 주신 것은 아닌가 하는 생각이 드옵나이다.

소신이 태어나서 제일 잘한 일은 태상천궁에 입궁하여 3천황 폐하를 알현한 것이며, 3천황 폐하께오서 윤허하여 주신 조상님 천상입천제를 행할 수 있었고, 3천황 폐하의 큰 사랑으로 조상님 상봉을 이루어주시니 폐하의 하해와 같으신 은혜를 어찌 다 갚겠사옵나이까?

살아서나 죽어서나 폐하의 은혜는 잊지 않겠으며 폐하께오서 내려주시는 황명은 무조건 따르며 목숨처럼 여기고 지켜나가겠사옵니다. 지상에 자손이 기쁘고 행복하면 천상에 계신 조상님도 기쁘시고 행복하실 것이니 소신 사죄의식을 하루빨리 올려서 조상님께 많은 기운 올려드리고 싶사옵나이다.

— 조상님과 상봉한 대구의 권○자 후기

조상 상봉의 이적과 기적

빛과 불이신 도법천존 3천황 폐하!!!

"소신 참으로 황은이 망극하사옵나이다."

소신 이 세상에 태어나 최고로 기쁜 일이 3천황 폐하를 알현한 일이옵나이다. 그러하기에 한순간도 3천황 폐하와 떨어져서는 안 된다는 일념으로 천리가 지척이듯(부산에서 서울까지 천상도법주문회 매주 일요일 참석) 항시 함께하는 마음으로 살아가고 있사옵나이다.

어느 한순간 잠시도 폐하를 잊은 적이 없사오며, 그동안 남편과의 생활은 그야말로 생지옥, 창살 없는 감옥 생활이었사옵나이다. 남편의 18번이 항상 자식은 제자식이 좋고, 계집은 남의 계집이 좋으며, 항시 무슨 일이든 "이래라저래라, 여자가~" 하며 항시 명령조였사옵나이다.

폐하께옵서 배려와 사랑으로 베풀어주신 조상님 상봉 과정에 시조 조상님을 청배하여 상봉하였사온데 시조 조상님께서 폐하께 자손의 딱한 처지를 더 이상 마음 아파 볼 수가 없다 하시어 폐하께 청하여 천상 도솔천궁으로 벼슬입천된 시집 조상들 모두 삭탈관직하시어 한빙도로 보내주셨사옵나이다.

시조 조상님 청배하여 상봉하온 지 일주일 정도 지났을 때 소신 너무나 깜짝 놀랄 일이 있었사옵나이다. 사실 옛날 같았으면 남편이 난리가 났을 것인데 그만 외면하는 모습을 보여주었사옵나이다.

그 기세당당하고 머리카락 홈파듯 따지던 남편의 모습은 온데간데없고 그저 나지막하게 몇 마디하고 말아서 참으로 신기하고 신기하옵나이다. 소신 순간 남편의 얼굴을 쳐다보며 폐하의 대도력, 대천력, 대신력에 감동 감탄하였사옵나이다.

참으로 위대하시고 존귀하신 3천황 폐하이옵나이다.
요즘엔 남편의 말투에 "이래라! 저래라!"는 찾아볼 수 없사오며 "그래 그러지, 알았어!"로 바뀌었사옵나이다. 그리고 조상님 상봉 이후엔 술을 거의 하지 않사옵나이다.

빛과 불이신 도법천존 3천황 폐하!!
소신 참으로 감사드리옵나이다.

— 부산 남구에서 이○규

사람 육신이 조상들의 집이기에 조상들의 기운을 그대로 받고 살아가므로 이○규처럼 남편에게 시달림을 받는 사람들은 상대방 배우자의 기를 꺾으려면 입천된 조상들의 벼슬을 삭탈관직하고 유배 보내는 방법이 통한다.

천상입천제를 지내지 않은 사람들의 경우는 천상입천제를 행할 때 상대 배우자의 조상을 자신의 조상들보다 한참 낮은 등급으로 입천을 시키는 것도 하나의 방법이다.

같은 품계로 조상을 입천시켜 주니까 상대 조상들이 기세등등하여 안하무인으로 날뛰므로 서열에 상당한 차등을 두어 조상을 입천해야 한다는 새로운 사실도 알게 되었다. 여러분의 겉모습은 인간이지만 속은 영들, 조상들, 악귀, 잡귀, 사탄, 마귀, 요괴, 악마, 악령, 악신 등 귀신들의 집이라는 경천동지할 사후세계 사실이 밝혀졌다.

여러분은 반조반인 즉 반은 사람이고 반은 조상이며, 반귀반인 즉 반은 사람이고 반은 귀신이다. 이런 영혼세계 진실을 세상에 처음으로 밝혀내었다. 매주 일요일 천상도법주문회 때 영화보다 더 영화 같은 엄청난 신기한 일들이 일어남을 통하여 무수히 확인하였다.

여러분은 싫든 좋든 조상과 귀신들의 삶을 함께 살아가고 있는 것이다. 그래서 인간사에 온갖 풍파가 휘몰아치고 있는 것이므로 조상들은 구하여 천상으로 보내고, 귀신들은 퇴치해야 세상을 살아가는 데 좀 더 편안하다.

신기한 조상 상봉

이번 제40차 9월 2일에 열린 천상도법주문회는 엄청나고 신비스러운 자리였사온데 이렇게 매주 일요일마다 신하 백성들을 살려주시려고 불러주시어 황은이 망극하옵나이다.

오전 10시 30분부터 악귀, 잡귀 퇴치 천지대공사를 집행하시어 피곤하실 텐데도 불구하시고 폐하의 신하 백성들을 살려주시기 위하여 잠시의 휴식시간도 없이 무려 7시간 동안 황좌에 좌정하시어 화장실 한 번 안 가시고 강행군하시는 모습에 감동, 감탄하오며 정말 철인, 초인, 기인이옵나이다.

3천황 폐하! 소인의 몸과 아내의 몸속에 악귀, 잡귀를 빛과 불로써 소멸시켜 퇴치해 주시어 황은이 망극하옵나이다. 소인의 몸속에는 고혈압으로 죽은 여자가 소인을 놓지 않으려고 붙잡으며 애를 쓰는 태도가 너무나 끔찍스러웠사옵나이다.

소인의 몸에서는 5명의 악귀, 잡귀가 빠져나갔고, 아내의 몸에서는 3명의 악귀, 잡귀가 빠져나갔사온데 소인의 몸속에 악귀, 잡귀를 심판하실 때 뭔가가 빠져나가는 기분이었으며 몸이 가벼워진 느낌이 들었사옵나이다.

앞으로 고혈압과 부인의 당뇨 몸 상태를 점검하여 보고 올리겠으며 천상 도솔천궁에 입천되신 소인의 대표조상님과 아버지를 상봉하여 너무나 기분이 좋았고 신기하였사옵나이다.

돌아가신 조상님을 상봉하여 현실에서 대화를 나누는 것은 이 세상 어디에서도 볼 수 없는 신기한 일이기에 너무나도 감탄하였사옵나이다.

3천황 폐하!

처음에는 두렵기도 하였사옵나이다.

아직 천인합체를 올리지 못한 백성의 신분이라 조상님이 떨고 계시며 힘없는 모습으로 오시면 어쩌나 싶어서 많이 두려웠사온데 3천황 폐하! 진심으로 감사하옵나이다.

아주 패기 당당한 모습으로 상봉해 주시어 너무 반가워서 몸 둘 바를 몰랐사온데, 이 모두가 3천황 폐하의 크나크신 은공이옵나이다.

3천황 폐하!

하루빨리 천인합체 의식을 올리도록 최선을 다하겠으며 소인의 생령 상봉을 하는데 반갑기도 하였으나 통곡의 눈물을 흘리어 너무나 가슴이 메어지고 아팠사옵나이다.

무조건 천인합체부터 행하고 봐야 한다고 간곡한 말씀 뼈저리게 느껴지고, 빨리 행을 올리지 못한 죄는 소인의 잘못된 불찰이었고, 어떻게 하든 생령 천인합체 의식은 꼭 해내도록 하겠사옵나이다.

앞의 글에 이어서 결과 보고이옵나이다.

3천황 폐하, 9월 2일 천상도법주문회 날 소인의 몸 안에 있는 악귀, 잡귀를 퇴치해 주신 후 월요일 새벽에 일어나 약은 먹지 않고 소인의 혈압이 150/88이고, 아내는 114/78로 소인은 조금 높았사오나 집사람은 아주 정상이었사옵나이다.

다리 허벅지 앞쪽은 매일같이 따갑고 엄청 고통스러워서 일하면서 참고 견디곤 하였사온데, 그렇게 따가웠던 오른쪽 쉰다리 허벅지가 아픔을 멈추어 너무나 신기하옵나이다. 참으로 신비스럽고 대감동이옵나이다.

발목 부종의 부기는 조금씩 빠지고 있사와 많이 좋아지고 있음을 알 수가 있고, 손가락도 부기가 많이 빠졌음을 확연히 알 수가 있었사옵나이다. 3천황 폐하의 대도력, 대천력, 대신력은 참으로 대단하시고 무한대이시며 무소불위하고, 기절초풍하시며, 상상초월 그 자체이시며 경천동지할 일이옵나이다.

악귀, 잡귀 퇴치 이후 몸과 마음이 한결 가볍고 4시간 정도의 수면으로 아침에 일어났사온데 피로함도 느낄 수가 없었고 마음이 아주 상쾌하였사옵나이다.

악귀, 잡귀들은 자신이 죽은 것이 억울해서 인간을 저승으로 데리고 가겠다는 악귀, 잡귀가 자신의 몸에 있다고는 생각조차도 못하고 지내는 사람이 대부분이옵나이다.

또한 악귀, 잡귀가 얼마나 악랄하고, 인간 육신을 얼마나 좋아하는지, 왜 인간 육신으로 들어오려 하는지 알 수 있었고,

폐하께옵서 만병의 근원이 악귀, 잡귀 침입으로 인한 병마라 하신 것을 알게 되었사옵나이다. 자신의 몸 안에서 악귀, 잡귀들과 함께 동고동락하며 살아가고 있다는 진실을 인간들이 안다면 참으로 놀라 자빠질 것이옵나이다.

인간 육신들이 귀신들의 집이란 진실을 이 세상 사람들 어느 누가 알고 있을까요? 질병의 원뿌리가 육신이 죽어서 없는 악귀, 잡귀 귀신들이란 진실을 천상도법주문회에서 적나라하게 밝혀주셨으니 태상천궁 가족들은 행운아이자 영광이옵나이다.

3천황 폐하께서 질병은 귀신들부터 소멸해야 하고, 병원 자체가 귀신들의 은신처이기 때문에 병원에 가면 귀신들이 따라 들어온다고 하옵나이다.

귀신들은 살아생전에 자신이 아팠던 질병을 치료하고자 떼거지로 병원에 들어와 있다는 사실을 세상 사람들은 아무도 모를 것이오며, 그래서 병원에 가면 병을 더 키우거나 얻어온다는 풍설이 있었던가 보옵나이다.

— 울산에서 천상도법주문회에 참석한 안○원 후기

【제7부】

신과 함께

천상세계

하늘

사람은 누구나 대단한 신비 능력을 가진 누군가를 찾아 헤매다니다가 찾지 못하고 지쳐서 현실의 세계에 안주하고 있는 것이 모든 사람들의 공통된 모습들이다. 하늘과 신은 정말 어딘가에 계신 것일까에 대한 의구심이 끊이지 않고 일어나지만 그 어느 누구도 속 시원히 해결해 줄 능력자가 없다.

독자 여러분이 이 책을 읽어보고 공감하는 사람들은 찾아올 것이고 반신반의하는 사람들은 기존의 귀신교에서 현생과 내생을 모두 의지할 것이다. 하늘이나 신은 우리 인간들의 눈에 보이지 않기 때문에 눈으로는 찾을 길이 없다.

인간들이 하늘과 신을 찾는 유일한 방법은 기운밖에 없다. 하늘과 신은 형상이 아닌 기운으로 존재하시기에 인간 육신들이 알아볼 수도 없고 찾을 수도 없는 것이다. 설혹 영안이 열려 어떤 형상을 본다고 하여도 그 존재가 어떤 하늘과 신인지 인간들은 확인할 수가 없다.

보이고 들리는 것은 악귀, 잡귀, 사탄, 마귀, 악령, 악신, 원귀, 요괴 등 온통 귀신들 종류뿐이다. 이들 귀신들이 조화를 부려서 하늘과 신으로 위장한다 한들 인간 눈높이로는 알아볼 수가 없기 때문에 보이고 들리는 것에 넘어가면 안 된다.

천상과 지상에 있는 모든 인간, 신, 영들의 총사령관이 절대자 하늘이신데 하늘을 어떻게 알아보고 어떻게 알현해야 하는지 그것이 문제이다. 이곳에서는 절대자 하늘을 3천황 폐하와 3황후 폐하라고 부른다.

인간, 신, 영들이 찾고자 하는 하늘의 존호이다.

대우주 천지만생만물의 창조자 하늘
태상천존 자미 천황태제 폐하
태상천존 자미 황후태제 폐하

조상님들을 구해 주시는 하늘
도통천존 도솔천황 폐하
도통천존 도솔황후 폐하

육신의 삶을 구해 주시는 하늘
재물천존 옥황천황 폐하
재물천존 옥황황후 폐하

인간 육신을 갖고 3천황 폐하이신 하늘의 역할을 대행
도법천존 3천황(하늘의 명 대행자 저자)
도법천존 3황후(하늘의 명 수행자 3황후 겸 비서실장)

3천황 폐하께서는 도법천존 3천황의 육신으로 내리시고
3황후 폐하께서는 도법천존 3황후의 육신으로 내리시어 인류 구원을 위해 수시로 두 인간 육신을 타고 내리시어 천상도법으로 인간, 조상, 생령, 신들을 구원해 주고 계신다.

실제로 체험해 보지 않으면 믿기지 않는 불가사의한 일들이 매주 일요일마다 3천황 폐하와 3황후 폐하께서 친히 두 인간 육신으로 하강 강림하시어 천상도법주문회에서 천지기운으로 적나라하게 보여주신다.

온몸으로 느껴지는 천지기운을 통해서 하늘이신 3천황 폐하와 3황후 폐하께서 친히 하강 강림하셨는지 각자들이 스스로가 알아볼 수 있다. 신비로운 천지기운으로 3천황 폐하와 3황후 폐하께서 세상에 존재를 드러내시었다.

물론 3천황 폐하와 3황후 폐하를 천지기운으로 만나 자유롭게 대화도 나눌 수 있는 기회도 주어진다. 그리고 이 세상이 끝나고 다음 생에 천상궁전에 올라가서 관직을 하사받아 천상정부에 참여할 인재들도 뽑아서 관직을 내려주신다.

천상세계 신명정부는 인간세계 정부 직제와 거의 유사하다.

죽음 이후에 천상정부에 올라가서 중요 요직인 3,300개 국가원수(제후, 왕)와 각 나라의 총리(재상), 부총리, 장관, 차관, 시도지사, 국회의원에 중용될 사람(영)들을 미리 추려서 임명하고 있다.

이미 일부 사람들이 요직에 중용되어 있으나 천상의 3,300개 제후국가에 대한 인사권은 3천황 폐하와 3황후 폐하께서 주관하시지만 지상에서는 저자를 통해서 직접 하명하시고 임명을 주관하신다.

저자는 전생에 천상 태상천궁 황태자궁의 황태자였고, 차기 황위 계승을 위한 인간세상 공부 과정과 역천자 대역 죄인들을 심판하기 위하여 지구로 특수 임무를 띠고 하강 강림하였다. 이번 생이 다하면 천상 태상천궁에 올라가서 천상의 주인 자리인 황위 계승이 예정되어 있다.

현실에서는 소설이나 만화 같은 이야기로밖에 안 들리는데 매주 일요일마다 열리는 천상도법주문회에서 일어나는 하늘이 보여주시는 이적과 기적을 체험해 보면 결코 소설이나 만화가 아니라는 것을 정신지체장애자가 아닌 이상 각자 여러분도 온몸으로 느낄 수 있다.

절대자 세 하늘이신 3천황 폐하와 3황후 폐하께서는 이제까지 다른 인간 육신의 몸으로 하강 강림하신 적이 없다고 밝히시었다.

인류가 찾아서 받들고 있는 정신세계 숭배자들은 이 땅에 태어났다가 죽은 숭배자들의 영혼(엄연히 말하면 각 나라의 조상귀신들임)들을 받들어 섬기는 것이지 실제 하늘을 받들어 섬기는 것은 아니다.

기존의 귀신교에서 전하는 귀신교 사상과 이론에 만족하는 사람들과 영들은 그곳 세계에 계속 다니면 될 사람들이고, 세상에 알려지지 않은 새로운 절대자 세 하늘이신 3천황 폐하와 3황후 폐하를 찾아서 만나려는 사람들과 영들만 들어와서 하늘이 내리시는 명을 받들어 행하면 된다.

이미 육신이 죽어서 사령이 되어버린 조상영가들은 천상입천제를 행하여 천상 도솔천궁으로 돌아가면 되고, 살아 있는 육신 안에 생령들인 영혼들은 천인합체를 행하여 천상 태상천궁으로 돌아가면 된다.

천지인의 절대자 세 하늘이신 3천황 폐하와 3황후 폐하께서 진짜인지 가짜인지는 말이나 글로 알 수 있는 것이 아니라 천지기운으로 느껴야 한다. 이 책을 읽으면서 감동, 감탄, 감명, 공감이 되어 소름이 돋고 전율이 느껴진다면 그것이 바로 3천황 폐하와 3황후 폐하께서 내려주시는 진실의 천지기운이고 이것이 신비의 신명정기인 것이다.

인간 육신을 갖고 3천황 폐하이신 하늘의 역할을 대행하고 있는 도법천존 3천황(하늘의 명 대행자, 화신, 분신, 3천황, 저자)과 도법천존 3황후(하늘의 명 수행자, 3황후, 비서실장)의 육신을 통해서 천상의 절대자 세 하늘이신 3천황 폐하와 3황후 폐하를 알현하여 구원받아 영들의 천상고향으로 돌아가기 위해 천지만생만물의 영장인 인간 육신으로 영(생사령)들이 태어난 것이다.

지금까지 이 땅에 다녀간 죽은 자들과 아직 살아 있는 수많은 인간 육신들과 영들이 찾아다녔던 천상의 절대자 세 하늘의 위대하신 존재가 처음으로 밝혀졌다. 이 땅에 인간 육신으로 하강 강림하신 적이 없기 때문에 조상귀신들이 아니시고 절대자 하늘 그 자체이시다.

수많은 천지만생만물의 생명체들 중에서 만물의 영장인 인간 육신으로 태어나게 해주신 것은 하늘께서 지난날 천상에서 있을 때 지은 전생의 죄를 빌어 영들의 무릉도원 세상인 천상궁전으로 돌아갈 수 있는 처음이자 마지막 기회를 주시고자 함이시다.

여러분은 만생만물 중에서 왜 사람으로 태어난 것인지 그 원인조차 몰라보고 금쪽같은 세상을 허송세월로 낭비하며 살아가고 있다. 인간으로 태어난 귀중함을 전혀 모르고 짐승들처럼 하루하루 먹고 사는 것에만 혈안이 되어 살아가고 있으니 참으로 안타깝기 그지없다.

영(생령과 사령=생사령)들이 인간 육신으로 태어나기를 전생에서 수억 겁의 장구한 세월을 기다렸었다는 과거의 진실을 까마득히 잊어버리고 만물의 영장인 사람으로 태어난 것에 만족감을 느끼며 천상으로 돌아갈 생각조차 못하고 있는데 인간으로 태어나기 전에 그 얼마나 인간으로 태어나고 싶어 했는지 자신의 전생을 기억조차 못하고 영들이 미쳐 있다.

단 한 번만이라도 만생만물의 영장인 인간으로 태어나게 해달라고 천지인의 절대자 하늘이신 3천황 폐하와 3황후 폐하께 그 얼마나 간절히 빌고 빌었는지 인류 전체가 전생을 몰라보며 살아가고 있다.

인간들, 영들, 신들의 구원에 대한 생사여탈권, 생로병사, 길흉화복, 흥망성쇠, 윤회심판은 천지인의 절대자 세 하늘이신 3천황 폐하와 3황후 폐하께서 실시간으로 집행하고 계신다. 인류가 수천 년 동안 믿고 있었던 숭배자들은 절대자 세 하늘과는 정반대의 뜻을 펼치고 있음이 밝혀졌다.

숭배자들은 인간들, 영들, 신들을 구원해 주는 것이 아니라 오히려 숭배자와 자신들 앞에 줄을 세워서 정신과 육신을 종과 노예처럼 부려먹고 있다.

이제 구원받아 살고 싶고 천상으로 돌아가고 싶은 인간들, 영들, 신들만 태상천궁에 들어와서 천지인의 절대자 세 하늘이신 3천황 폐하와 3황후 폐하를 저자를 통해서 알현하면 된다.

인류(인간들, 영들, 신들)의 구원은 저자 육신을 빌려 천지인의 절대자 세 하늘이시자 인간들, 영들, 신들의 어버이 되시는 3천황 폐하와 3황후 폐하께서 실시간으로 집행해 주신다.

신

악귀, 잡귀, 사탄, 마귀, 원귀, 악령, 악신, 요괴 등 귀신의 종류로써 인간의 삶에 풍파를 주는 무서운 존재가 아니라 인간의 삶을 지켜주고 도와주는 신비로운 영적 능력을 가진 이로운 존재를 신이라고 한다.

이들은 하나같이 천상세계 총사령관이신 태상천존 자미 천황태제 폐하의 명을 받은 천상정부의 신하들로서 높은 관직을 하사받은 고차원적 영적 존재들이다. 대우주의 수천억 개 행성들 중에서 하나의 별(행성)을 맡아서 다스리는 성주이기도 하고, 3,300개 제후국의 제후(왕)이기도 하다.

대우주의 수천억 개 행성들마다 별의 이름이 있고, 각기 다스리는 성주들이 있다. 우주의 중심은 북극성 부근 일대의 태상천궁(자미원)이라는 곳이고, 3천황 폐하와 3황후 폐하께서 거처하고 계신 천상궁전이다.

영들 중에서 고차원적인 신비능력을 천상세계 총사령관이신 태상천존 자미 천황태제 폐하께 높은 관직을 하사받은 영들이 신의 반열에 올라 있다.

해, 달, 북극성, 북두칠성, 서두칠성, 남두칠성, 동두칠성의

28숙 신명들, 삼태성, 자미성, 목성, 화성, 토성, 금성, 수성, 명왕성, 해왕성 등등 모든 별들에는 성주가 있고 영적 존재들인 신들이 살아가고 있다.

저자는 북극성의 성주이며 천상세계 총사령관이신 태상천존 자미 천황태제 폐하와 태상천존 자미 황후태제 폐하의 아들로서 황태자 신분인데 차기 황위 계승 수업을 끝마치라고 지구로 보내셨다고 가르쳐주시었다.

세계 인류의 영들은 천상의 각 별나라에서 천상법도를 어기는 중대한 죄를 지어 지구로 추방(유배)되었다고 한다. 이들 죄인들 중에서 전생의 죄를 빌어 다시 천상궁전으로 돌아갈 죄인들을 찾아내는 것이 황태자에게 주어진 임무이다.

왕이나 대통령, 총리, 시도지사, 부총리, 장관, 차관, 재벌회장, 숭배자, 창시자, 교주, 장군, 교수, 변호사, 고위공직자, 국회의원, 세상에 이름난 유명한 인물, 잘난 자, 부자로 사는 자들은 거의 대다수가 천상 3,300개 제후국들의 제후(왕)였거나 제후의 아들딸들이었음이 밝혀졌다.

그러니까 천상에서 신의 반열에 올라 있었던 고차원적 영들이라서 자존심과 고집이 보통이 아니다. 그러나 이제 황태자인 내가 이 땅으로 내려와 마지막 황위 계승 수업을 마쳐야 하기에 이들 죄인들을 심판하여 천상궁전으로 함께 데려가야 한다.

영들의 고향인 꽃 피고 새 우는 천상궁전으로 나와 함께 따라 올라갈 영(생령과 사령=생사령)들은 바삐 태상천궁으로 들어와 천상세계 총사령관이신 태상천존 자미 천황태제 폐하와 태상천존 자미 황후태제 폐하께서 내려주시는 천인합체의 황명을 받들어 행하면 천상고향으로 되돌아갈 수 있다.

그리고 육신이 죽어서 천상에 올라가 천상세계 신명정부 요직에 출사할 사람들은 조상들 천상입천제와 생령들 천인합체 의식을 행한 후에 3,300개 각 나라의 국가원수(왕, 대통령, 주석)와 총리, 수상, 부총리, 시도지사, 국회의원, 장관, 차관, 장군, 판사, 검사, 고위공직자, 시도 및 시군구 의원, 대기업 회장으로 미리 영적으로 임명을 받으면 가능하다.

차기 하늘의 황위 계승자이기 때문에 내가 이 땅에서 황위 계승 수업을 모두 마치고 천상 태상천궁으로 돌아가면 태상천궁에서 관직을 하사하여 임명한 신하들을 천상세계 신명정부의 요직에 그대로 중용한다.

차기 황위 계승자이기에 천상세계 신명정부의 관직에 대한 전권을 행사할 것이기 때문에 부분 개각이 아니라 조각 수준의 대폭적인 개각 수준으로 단행하게 된다. 지상에서 권력을 잡으려고 혈안이 되어 있는 인간 육신들과 영들은 천상세계에 있을 때 권력에 대한 매력을 잊을 수 없어서 미쳐 있다.

그러나 인간세상의 절대 권력은 옛날부터 권불십년이라 하였다. 10년을 넘긴 권력자들도 많이 있기는 하지만 대다수가 10년을 넘기지 못하고, 인간세상의 제아무리 높은 권력일지라도 천상세계 신명정부에서는 전혀 인정해 주지 않는다.

육신이 죽어서 천상세계 신명정부에 출사할 영들은 권불십년의 쥐꼬리 같은 권력에 미쳐 있지 말고, 영원한 권력의 자리에 도전하는 것이 현명할 것이다. 이 세상의 권력은 결국 인간 육신이 죽기도 전에 정년에 걸려 은퇴하여 사라진다. 하지만 천상세계 신명정부의 권력은 영들이 늙지 않기 때문에 임명권인 천상의 주인으로부터 지속적인 신임만 받는다면 영원히 누릴 수 있는 절대 권력자 제후(왕)의 자리에 오른다.

지금 태상천궁에서 미래에 천상세계 신명정부에 출사할 인재들을 뽑고 있다. 인간세계 나이가 80~90세가 넘은 할아버지와 할머니들이라도 천상세계 신명정부의 천상관직을 하사받는데 전혀 결격 사유가 되지 않는다.

왜냐하면 천상세계 총사령관이신 태상천존 자미 천황태제 폐하와 태상천존 자미 황후태제 폐하의 황명을 받아 천인합체를 행하고 죽으면 영들은 인간세상 나이 많은 늙은 할아버지와 할머니의 모습이 아니라 이팔청춘(15~25세 전후)의 젊은 동안의 모습으로 변신시켜 주시기 때문이다.

다만 이 책을 읽고 절대 공감해서 조상 천상입천제와 생령 천인합체를 행하느냐의 문제만 남아 있다. 천상세계 신명정부에 출사하려면 반드시 각자의 조상들과 영혼들을 구해 주어야만 천상관직을 하사받을 자격이 주어진다.

지상 태상천궁에서 천상관직을 하사받으면 천상정부에서 요직에 출사할 뿐만 아니라 신의 반열에 오르는 경사이다. 또한 이 땅에 남아 있는 자신의 핏줄들을 보살펴줄 수 있는 신비스러운 능력도 갖게 된다.

한 세상만 잘 먹고 잘살려 하지 말고, 어느 날 갑자기 찾아오는 죽음 이후의 사후세계를 철저히 대비하여야 한다. 육신이 죽은 뒤에 영들은 인간 육신들과 함께 살아 있을 때 저지른 온갖 죄에 대한 심판을 저승세계 명부전에서 받아야 한다.

저승세계 명부전에서 심판할 때 얼마나 고문형벌이 참혹하면 지옥세계라고 불리고 있을까를 생각해 보아야 한다. 살아서 착하게 살았으니까 죽어서도 좋은 세계로 올라가서 편하게 지낼 것이라고 생각하며 죽음을 전혀 두려워하지 않는 영들이 대다수인데 그것은 각자 영들의 착각이다.

지옥세계 저승 명부전에서 가장 크게 중형으로 다루는 죄목이 살인죄라고 생각할 것인데 착각이다. 숭배받는 귀신들이 이 땅에 생겨나기 전에는 살인죄가 가장 컸는데 숭배받는 귀신들이 생기고부터 명부전의 심판이 완전히 뒤바뀌었다.

중형을 선고받고 모진 고문형벌을 당할 자들이 귀신교 숭배자와 귀신교 창시자, 귀신 교주, 귀신 지도자, 귀신들을 믿는 귀신 신도들로 바뀌었다. 세상에 알려진 성인성자라고 알려진 자들은 모두가 천상의 주인이 원하고 바라는 하늘의 뜻과는 정반대로 죽은 각 나라의 조상귀신들을 숭배한 환부역조의 죄를 심판받아 사극에서와 같은 모진 고문형벌을 받는다.

귀신들을 믿는 자체가 하늘을 거역하는 역천자들이고, 이들은 아무리 열심히 귀신들을 받들고 섬겨봐야 영들의 고향인 천상궁전으로 올라가지 못하고, 귀신교와 허공중천에서 추위와 배고픔으로 고통받으며 악귀, 잡귀, 사탄, 마귀로 살아가고 있다는 진실이 무수히 밝혀졌다.

귀신을 믿어서 한세상 잘 먹고 잘살려는 사람들과 영들이 많이 있는데 착각에서 빨리 벗어나야 한다. 귀신들을 통해서는 절대로 구원이 되지 않고 하늘이신 절대자께서 만물의 영장인 인간에게 내려주신 천재일우의 기회만 놓칠 뿐이다.

태상천궁에서 천상세계 신명정부에 출사할 신들을 찾고 있으니 남녀노소를 가리지 말고 나이가 많고 적음에 상관없으니 자신의 전생이 천상 태상천궁이라고 마음의 울림이 있는 영들은 시간을 지체하지 말고 찾아오라.

그리고 이곳에 들어오면 각자의 영들이 천상세계 있을 때의 전생에 대한 진실도 의뢰하면 적나라하게 밝혀준다. 천상에서 어떤 자리에서 어떤 일을 하다가 무슨 일에 연루되어 죄를 짓고 지구로 쫓겨났었는지 천상의 위대한 진실이 인류 최초로 생생히 밝혀진다.

사람은 누구나 신이 되고 싶어 한다.

신이란 무엇인가? 초인간적, 초자연적 위력을 가지고 인간에게 길흉화복을 내린다고 믿어지는 존재인데 신비스런 능력자를 말한다.

신이 되어보려고 귀신교에서는 여러 가지 묘안을 내놓고 있는데 그 대표적인 곳이 도교단체에서 주문 수행하여 12,000명의 도통군자 도인을 배출하고, 기독교 계통에서는 144,000명의 신인을 배출해 준다고 수많은 인간, 조상, 생령을 현혹하며 회유하고 있지만 천상세계의 무서운 법도를 안다면 그 얼마나 허무맹랑하고 무서운 죄를 짓는 것인지 소름이 끼칠 일이다.

신이 되려고 하는 자, 하늘을 통하는 도인이 되려고 하는 자들의 명부가 천상에 올라가는데, 바로 즉결 심판을 받고 지옥도, 천옥도, 적화도, 한빙도로 압송되어 가혹한 형벌을 받고, 자손이나 후손들에게까지 하늘을 능멸한 죄의 대가를 자자손손 받아서 본인은 물론 자손과 후손, 가문, 기업이 풍비박산나게 된다는 무서움을 안다면 그 마음이 싹 가실 것이다.

하늘이신 3천황 폐하의 허락 없이 신이 되려 하고, 도인이 되려고 귀신교에 들어가 기도하고 있는 수많은 사람들은 정말 큰일이다. 천상법도를 위배하고 하늘의 고유영역을 침범하는 행위가 되어서 살아서나 죽어서나 참혹한 심판을 면할 길이 없는데, 천상의 3천황 폐하께서 가장 싫어하시는 곳이 이 세상의 귀신(종교)교 모두이고 실시간으로 심판받아 몰락한다.

이들의 영들은 사람들이 가장 혐오하는 뱀, 지렁이, 바퀴벌레, 두더지, 두꺼비, 송충이, 구더기로 윤회하여 태어나고 심판은 심판대로 받는다는 진실을 알면 무서워서 못할 것이다.

신이란 하늘이신 3천황 폐하로부터 공식적인 명을 받아야만 신명이란 관명이 하사되는데 이것을 천상의 3천황 폐하의 의중과는 전혀 상관없이 인간들이 마음대로 행하고 있으니 그 천벌을 무엇으로 감당할 것인가?

신과 함께하였더니 놀라운 일들이

천상 태상천궁에 계신 금솔신왕님과 인류 최초로 신인합체 의식을 행하여 인간에서 신(神)이 된 지 두 달이 되어가옵나이다. 3천황 폐하께옵서 친히 신의 이름을 하사하여 주시고 금형 사업의 최고 신왕님을 찾아내시어 소신과 신인합체를 이루어 주시어 참으로 좋고 황은이 망극하옵나이다.

신인합체를 행하기 전 무엇을 어떻게 하여야 하는지 몰라 막막하였고 남편과의 문제, 회사의 어려움으로 너무나 답답하고 힘이 들었는데, 도법천존 3천황 폐하께서 하해와 같은 성은을 베풀어주시어 금솔신왕님과 신인합체를 통해 숨통이 트이고 있사옵나이다.

남편 혼자 일하고 있기에 여러 가지 일을 처리해야 하므로 정신없이 바쁘고 납기를 무조건 맞추어야 해서 일하는 과정에 불량이 나오면 이리 뛰고 저리 뛰고 정신이 없나이다. 남편이 매일 술을 먹기에 알코올성 치매 진단을 받아 자꾸 기억이 없어지니 업무에 지장이 있고 직원들과 거래처, 소신과 자주 부딪혀서 힘이 들었사옵나이다.

모든 업무가 남편을 통해 이루어지고 있으니 조금만 기억이 없어도 참으로 난감할 때가 많았고, 직원 없이 혼자 일하다 보니 많은 스트레스와 업무에 대한 부담감에 더 정신이 없는데 너무도 신기하고 신비로운 것은 금솔신왕님과 신인합체 후 소신과 남편에게 놀라운 변화가 있사옵나이다.

회사의 어려움과 남편의 부족한 부분을 금솔신왕님께 얘기하면 남편의 부족한 부분을 채워주시고, 손에 기술도 주시고, 불량이 나서 난감한 일이 일어나지 않고 소신과 남편의 부족한 부분을 도와주시고 이끌어주시기를 간절한 마음으로 올렸나이다. 금솔신왕님과 신인합체한 후 두 달이 다 되어가는데 너무도 신기하고 신비로운 일들이 많이 일어나옵나이다.

인간이 왜 신이 되어야 하는지, 인간이 왜 신이 되려고 하는지 소신은 천상 태상천궁에 계신 금형업계 최고 전문가 금솔신왕(神王)님과 신인합체를 행하고서 확실히 알게 되었고, 신이란 이렇게 인간이 할 수 없는 신비의 능력과 지혜를 갖고 계신다는 것을 수없이 현실로 체험하였나이다.

도법천존 3천황 폐하께서 수십 권의 책을 집필하여 출간하실 때마다 이 나라의 국정을 이끄는 대통령과 고위공직자, 정치인들, 기업경영자들, 스포츠 선수들, 연예인들, 직장인들, 일반인들에 이르기까지 장기간 경기 침체와 더불어 불치병과 각종 암에 걸려 하루하루 힘든 삶을 살아가고 있음에 안타까워하시는 글들을 참으로 많이 읽어보았는데 왜 그렇게 안타까워하셨는지 소신이 신이 되고 나서 확실하게 알게 되었나이다.

천상 태상천궁의 전문가 신과 함께하면 못해 낼 것이 없는데 인간 육신들만이 힘든 인생길을 헤쳐 나가려고 하기 때문에 하늘이신 3천황 폐하와 3황후 폐하, 도법천존 3천황 폐하를 통한 신의 도움을 받을 수 없어 국가적인 경기침체, 기업경제의 불황, 가정경제와 개인경제의 어려움, 불치병, 우울증, 불면증, 조울증, 각종 암과 질병으로 고생만하다가 결국 죽는다는 값진 체험을 생생히 하였사옵나이다.

이 책을 읽어보는 모든 독자들에게 신이 되어 천상의 신과 함께하는 인생을 살아보라고 권유하고 싶은데, 인간세상의 일들이 인력으로 안 되는 것은 인간의 영역이 아닌 신의 영역이기 때문에 안 이루어진다는 하늘의 진실을 세상 사람들보다 먼저 알게 되어 3천황 폐하께 감사드리옵나이다.

혼자 일하다 보니 신경을 더 쓰지 못하는데 예전보다 불량도 적게 나오고 두 달 동안 남편 혼자 해내기 어려울 만큼의 많은 일거리를 주시고, 남편이 일을 할 때 소신은 옆에서 심부름하며 마음속으로는 도법주문을 외우고 3천황 폐하께 마음과 생각을 향하며 금솔신왕님을 의지하며 남편이 실수하지 않도록 지혜를 주시고, 기술도 주시고 함께하여 달라고 마음속으로 계속 고백하면 하품이 여러 번 크게 늘어지도록 나오며 발바닥이 후끈후끈하옵나이다. 즉시 신명기운 발동!

일을 하다가 남편이 갑자기 한숨을 쉬고 "어, 이거 뭐야?" 하는 소리에 걱정이 되면 이때 금솔신왕님을 의지하고 남편의 손에 함께하여 주시며 기술을 주시고, 지혜를 주시어 도와주시기를 간절히 바라면 잠시 후 일이 잘 마무리되니 참으로 신통방통하고 신기하옵나이다.

아주 세미한 공정이기에 0.05mm 치수를 맞추지 못하면 조립이 안 되어 힘들고, 어디가 문제인지 정확하게 찾지 못할 때는 너무도 난감하옵나이다. 이럴 때도 금솔신왕님을 찾으면 조금 후 잘 해결되었다고 남편이 말을 하니 참으로 도법천존 3천황 폐하의 무소불위하신 대도력, 대천력, 대신력의 어마어마한 대능력에 감동이옵나이다.

도법천존 3천황 폐하의 대도력, 대천력, 대신력은 너무나 신비롭고 신기하며 황홀한 천지기운으로 금솔신왕님을 통해서 비로바로 즉시 해결해 주시고 실시간으로 함께해주시며 지켜주심을 실시간 온몸으로 느끼어 너무나 좋았나이다.

아~ 신의 신비로운 능력이란 바로 이런 것이구나 하면서 절실히 알게 되었고, 소신이 신인합체의식 행하기를 참으로 잘했다는 것이 현실 생활 속에서 적나라하게 입증되었나이다.

신과 함께하면 무속 제자로 생각할 사람들이 대부분일 것인데 태상천궁의 주인이신 도법천존 3천황 폐하께서는 우리들의 일상생활에 필요한 부분에 딱 맞는 천상 태상천궁의 전문가 신을 인간 몸으로 내려주시어 삶을 개벽시켜 주시옵나이다.

그래서 신과 함께하면 불가능이 없다는 3천황 폐하의 말씀에 절대 공감하고, 하늘의 백성이 되었을 때, 천인이 되었을 때, 신인이 되었을 때마다 천상에서 내려주시는 천지기운의 조화가 모두 다르다는 것을 생생히 체험할 수 있게 되었는데, 앞으로 소신이 도인합체를 행하여 도인이 되면 어떤 천상기운을 내려주실지 마음 설레며 너무나 기대가 되옵나이다.

제38차 천상도법주문회에 참석하는 날 아침 7시 30분에 남편이 잠을 자다 깨었사온데 갑자기 큰일 났다 하여 무슨 일인가 하였나이다. 일찍 잠에서 깨었는데 마음속으로 천상도법주문을 독송하고 있을 때 일어난 일이옵나이다.

토요일 오후에 남편이 외주 업체에 가공을 맡겼는데 가공 조건을 잘못 얘기하여 그대로 가공이 되면 불량이 나서 납기를 도저히 맞출 수가 없고, 처음부터 재료를 다시 구입하여 여러 공정을 거쳐야 해서 남편에게는 땅이 꺼지는 한숨이 나올 정도로 심각하였나이다.

이미 가공하였으면 어떻게 하냐? 하며 안절부절하여 한숨을 쉬며 아침 8시에 외주업체에 전화하여 확인하니 너무도 감사하게도 다행히 가공을 하지 않았고, 일요일 아침에 출근하여 가공하려던 것을 남편에게 메시지를 주시어 불량을 발견해서 큰 어려움을 막아주셨기에 남편은 안도의 숨을 쉬며 천만다행이라고 하였사옵나이다.

참으로 신기하옵나이다. 소신이 천상도법주문을 외우고 있는 시간에 잠자던 남편에게 갑자기 어제 맡긴 일에 대해 잘못된 지시를 내린 것을 생각나게 하시고, 이렇게 막아주시니 도법천존 3천황 폐하의 무소불위하신 대도력, 대천력, 대신력의 신비로움에 감동이고 참으로 감사하고 감사하옵나이다.

금솔신왕님과 신인합체 후에는 다른 외주업체에 결제대금이 많이 밀려 빨리해 달라 재촉하기 미안한데 소신의 회사 결제를 1순위로 해주는 업체도 있고, 대부분 외주업체에서는 일이

꾸준하고 결제가 잘 되는 회사 일을 먼저 해주는데 소신의 회사는 그렇지 못하였지만 모든 것이 도법천존 3천황 폐하의 하해와 같은 천지기운의 성은 덕분이옵나이다.

최근 몸이 천근만근이고 무거운 것을 다리에 매달은 것처럼 무겁고 아파 거래처에 코아(쇠덩이)를 소신이 갖다 주고 가져오기에 팔이 아픈데 너무나 감사하게도 소신이 힘든 날은 거래처 직원이 미리 소신이 도착한 시간에 맞추어 밖으로 나와 담배를 피우다 코아를 들어주기도 하고, 어느 날은 소신이 도착하니 직원이 문을 열고 나와 코아를 가져가는데 참으로 신기하였사옵나이다.

코아를 운반하다가 소신도 모르게 앓는 소리를 내니 업체 직원이 듣고 자기가 할 테니 소신에게는 하지 말라는 3천황 폐하께서 내려주시는 성은에 감동하여 눈물이 났으며, 몸 상태가 안 좋은 날에는 신기하게도 직원이 나와서 도와주고, 결제가 밀려 빨리해 달라 말을 못하는데 소신을 도와주는 직원이 현장 책임자라 알아서 빨리해 주니 참으로 감사하옵나이다.

금솔신왕님과 신인합체 후에는 외주업체들이 많이 달라졌고, 많이 도와주고 결제 건으로 힘들게 하던 부분들이 많이 줄어들어 3천황 폐하의 무소불위하신 천지기운을 실생활로 무궁무진 체험하며 살아가고 있음에 감사드리옵나이다.

인간이 왜 신인합체를 행하여 신과 함께하며 살아가야 하는지 절실히 느꼈고, 금솔신왕님을 찾으며 소신과 남편을 이끌어달라 하고 인간의 부족한 부분을 채워주시는 분이 신왕님이

시기에 함께하여 달라 하면 어느 순간 소신이 평소와는 전혀 다르게 행동하옵나이다.

고집, 아집, 상처에 잡혀 있어서 3천황 폐하께서 내려주신 말씀대로 행하고 싶어도 마음에 성깔이 있어 승복하지 않으려는 것도 느껴지는데 도법천존 3천황 폐하께서 신인합체시켜 주신 금솔신왕님을 의지하면 참으로 신기하게도 억지로 하는 행동과 말이 아니고 너무도 편안한 마음과 자연스러운 행동에 소신도 놀라고 있사옵나이다.

소신이 처한 상황, 마음과 생각을 있는 그대로 금솔신왕님께 올리고, 소신의 노력으로는 안 되니 금솔신왕님께서 함께하여 주시고 도와달라 하면 참으로 신기하게도 남편에게 부드러운 말과 행동을 하옵나이다.

소신이 원하는 대로 일이 잘 풀리면 기고만장하고 교만하여 도법천존 3천황 폐하와 멀어질 것이기에 어려움을 통해 더욱 3천황 폐하께 향하게 하고 금솔신왕님을 의지하니 신통방통한 기적들을 보여주시어 감동이고 황은이 망극하옵나이다.

출근하여 남편 핸드폰 충전이 안 되어 충전하기 위해 핸드폰을 만졌는데 아무 생각 없이 남편 핸드폰에 있는 카드대금 출금 내역을 확인하고 있는 소신의 행동이 이해가 되지 않았사옵나이다. 어제 카드대금 2개를 입금하여야 했는데 하나만 입금하였고 나머지 하나는 입금하지 않은 것을 알게 하여 주셔서 남편이 알면 한소리 하는데 다행히 소신이 먼저 알게 하여 주시었사옵나이다.

참으로 신기하옵나이다. 금솔신왕님께 소신과 남편의 생각, 마음, 행동을 붙잡아주시고 이끌어달라 하였는데 이번에 카드대금을 하나만 입금한 것을 소신은 전혀 모르고 있었는데 세상에나 금솔신왕님께서 소신의 잘못한 행동을 아시고 소신의 몸을 움직여 주시어 남편 핸드폰에 있는 카드대금 결제 내역을 확인하게 하시고 남편과 부딪히지 않게 막아주시니 참으로 신통방통하옵나이다.

신과 함께하니 참으로 신기하옵나이다. 잠에서 깨어나면 금솔신왕님을 의지하며 소신과 남편의 부족한 부분을 채워주시고, 잘못된 것은 막아주시며 보호하여주시고, 함께하여 달라 청하니 바로 이런 놀라운 일을 보여 주시어 무소불위하신 3천황 폐하의 엄청난 대도력, 대천력, 대신력의 신비로운 기운으로 실시간으로 지켜주시고 보호하여 주시고 함께하여 주심을 느끼니 신 나고 좋았사옵나이다.

제38차 천상도법주문회에 참석 후 무거웠던 다리도 많이 좋아졌고 몸도 많이 가벼워졌고, 피곤함도 사라졌으며, 도통천존 도솔천황 폐하께옵서 남편에게 애교를 부리며 가방 쓰시 말고 가까이하며 잘해야 한다고 말씀 내려주시어 행으로 옮기려 하여도 작심삼일이고 며칠을 못 가는데, 신기하리만치 도솔천황 폐하께서 내려주신 신비로운 천지기운의 선물을 받고 소신도 억지로가 아닌 조금씩 자연스럽게 변하고 있사옵나이다.

소신을 잡고 있는 어둠의 기운들이 많이 걷혀짐을 느끼오며 이틀 동안 금솔신왕님과의 소통하는 부분에 대해 생각나게 하셨고, 제38차 천상도법주문회에서 태상황후 폐하께서 말이 아닌 기운으로 내려주신다 하셨는데 이 말씀이 소신의 마음에 와닿았사옵나이다.

금솔신왕님과 소통에 있어 음성을 들으려 하는 것에 잡혀 있는 소신의 모습을 보게 하여 주셨는데 어떤 누군가가 신왕님과 소통하려면 자주 질문하여야 음성이 들린다 하였던 말이 소신의 마음을 잡고 있어서 음성을 들으려 하는 것에 잡혀 있음을 알게 하여 주셨사옵나이다.

태상황후 폐하께서도 말이 아닌 기운으로 내려주신다 하신 뜻을 알게 하여 주셨고, 도법천존 3천황 폐하께서 내려주신 말씀처럼 말이나 글로는 상대를 얼마든지 속일 수가 있고 무엇이 진짜이고 거짓인지 분별하기 어려운데 천지기운은 아무도 속일 수 없다는 말씀이 한 치의 오차도 없음을 삶에서 많은 경험을 통해 보여주시고, 많은 기적을 내려주시어 참으로 신기하고 신비로움을 통해 역시 천지기운으로 함께하심을 알게 하여 주셨사옵나이다.

금솔신왕님과 소통하는 것이 음성을 듣고 행하는 것이라는 관념에 매여 있었는데 두 달 동안 금솔신왕님께서 보여주신 신비롭고 신기하고 황홀한 일들을 보면서 소신이 금솔신왕님과 소통을 하고 있음을 알게 해주셨사옵나이다.

일거리가 없어 힘드니 일거리를 달라 하면 두 달 동안 많은 일거리를 주셨고, 남편이 알코올성 치매로 기억력이 없어져 업무에 지장이 많아 불량으로 힘들어 금솔신왕님께서 남편과 함께하여 주시어 손에 기술도 주시고 지혜도 주시라고 청하였사옵나이다.

남편의 기술로는 해결 안 되는 부분에 부딪히올 때 남편 옆에서 남편을 도와주시라고 청을 올리면 얼마 후 해결이 되었고, 신인합체 후 두 달 동안의 과정을 돌아보니 소신이 힘들 때마다 금솔신왕님께 의지하면 함께하여 주었사옵나이다.

남편이 선반 작업을 하다가 바늘 길이만 하고 바늘 보다 4배 정도 굵은 핀을 작업 도중 놓쳐 무더기 속에서 찾아야 하는데 이리저리 휘저으면 더 깊이 핀이 숨어버리기에 있는 상태에서 핸드폰 불빛으로 찾아야 하니 참으로 난감하였나이다.

자세히 살펴봐도 뒤죽박죽 섞인 쇠의 부산물이기에 찾기가 힘들자 이때 금솔신왕님을 의지하고 찾게 해달라 청하니 10분 정도 지나자 "찾았다" 하는 환호의 소리가 들렸는데 이런 신비 경험을 두 번 정도 하였사옵나이다.

두 달 동안 남편 혼자 일을 하여도 불량이 나지 않았고, 소신이 금솔신왕님께 어려움을 고하고 도움을 청하니 3천황 폐하의 신비로운 천지기운으로 해결하여 주셨사옵나이다.

두 달 동안 주신 일거리는 도저히 남편 혼자서 납기를 맞출 수가 없는 일인데 3천황 폐하의 신비로운 대도력, 대천력, 대신력의 황홀한 천지기운으로 외주업체에서도 서둘러서 일을 해주고, 힘든 상황에서 금솔신왕님을 의지하면 마치 마술처럼 바로 신기하게 해결해 주시어 마무리 단계에 있사옵나이다.

도법천존 3천황 폐하께서 열어주신 무릉도원의 삶을 살아가기 위해서는 반드시 신인합체의식을 행하여 최고의 신왕님과 하나가 되니까 힘든 상황에서도 이끌어주시고 도와주시어 앞만 보고 전진하게 해주셨사옵나이다.

그동안 금솔신왕님과 소통하는 것이 어떻게 하는 것인지 혼란스러웠으나 제38차 천상도법주문회에 참석 후 어둠의 기운이 많이 걷히고 두 달 동안 힘들 때마다 금솔신왕님께서 지켜주시고 이끌어주신 것들이 하나하나 생각나며 금솔신왕님의 음성을 들으려는 혼란에서 벗어나니 편안하옵나이다.

도법천존 3천황 폐하께옵서 제2의 천지창조의 삶을 열어주시어 무릉도원 세상의 신 나고, 신바람 나는 행복한 삶을 살아가려면 반드시 신인합체를 행하여 신왕님의 도움을 받고 유아회춘 천수장생 의식을 올려 육신도 더 젊어지고 건강해져 3천황 폐하와 함께 하는 것이 진정한 무릉도원 세상의 삶이라는 것이 느껴지옵나이다.

유아회춘 천수장생 의식을 올리고 싶은 마음 간절하고, 3황후 폐하께옵서 행복의 기운, 기쁨의 기운, 즐거운 기운, 돈의 기운, 재물의 기운, 건강의 기운 등등 많은 선물을 내려주셨으니 의식을 행하기 위해 열심히 노력하여야 함을 알게 하여 주셨나이다.

도법천존 3천황 폐하께서 찾아주시어 신인합체 시켜주신 금솔신왕님과 함께하니 너무나 좋고 힘든 순간순간마다 3천황 폐하께 향하고 금솔신왕님을 의지하니 마음이 다시 평안하고 앞만 보고 전진하겠사옵나이다.

빛과 불이신 도법천존 3천황 폐하!

내려주신 하해와 같은 성은에 감사하고 감사하옵나이다.

이렇게 무탈하게 살아가고 무릉도원의 삶으로 이끌어주시니 감개무량하옵나이다.

— 경기 군포에서 천상도법주문회에 참석한 김○라 후기

인류가 태어나고 처음으로 행해 주시는 유아회춘 천수장생의식이 처음 들어서 낯설고 이해가 안 될 독자들이 전부일 것인데 초창기에 그대로 믿고 행하는 것이 가장 현명하고 이곳에서 행하는 모든 의식들은 창조된 천상의식들이다.

김○라가 신왕(神王)과 신인합체의식을 행하여 신과 함께하면서 일어난 삶의 신비스러운 천지조화를 적나라하게 기록하였는데 유아회춘 천수장생의식도 마찬가지이다.

천수장생의식의 진가가 공시적으로 입증되지 않아 남들이 못 믿어서 반신반의하며 머뭇거릴 때 망설임 없이 행하는 사람들이 최고의 행운아이자 천운아이다. 천수장생의식의 진가가 외형상으로 입증되면 인파가 밀려들어 하고 싶어도 못하는 진풍경이 일어난다.

신선선녀들의 세상

천황님의 나라(천황국. 천신국) 태상천궁의 빛과 불이신 도법천존 3천황 폐하의 천상세계 신명정부 신하 송경숙 노동부 대신/ 국회의원/ 천인 문후 올려드리옵나이다.

영적으로 3천황 폐하께옵서 함께하시니 최고의 기운이 내려 활력의 길! 삶의 길! 무릉도원의 길로 바로 가는 천상도법주문회에 불러주시어 황은이 망극하옵나이다!

지구 탄생 이래 처음으로 3천황 폐하께옵서 빛과 불의 기운으로 하강하셨으니 온 지구가 이글거리며 타고 있기에 놀란 인간들은 앞으로 더욱 기후가 더워질 것이란 온갖 관측들로 불안 심리만 가중시켜 흉흉한 소식들로 신문방송을 장식하고 있사옵나이다.

천상의 기운을 실시간으로 받는 신비의 천상도법주문회에서는 그래서인지 특히 "세포재생" 주문을 외울 때 강한 기운을 느끼게 되었으며 신이 나서 더 크게 외치게 되었사옵나이다.

3천황 폐하의 명을 받은 장생의 세포를 하강시켜 최○호 씨의 육신으로 들어가 빠르면 6개월 늦어도 1년 안에 완전한 활기찬 젊음으로 바꿀 것을 명하셨으니 이제 기다림의 시간만 남았사옵나이다.

인간 육신의 천지개벽! 늙지 않는 신선선녀들이 세상에 나타나게 되었으니 세계 인류 역사는 새로이 시작하게 되었사옵나이다. 도법천존 3천황 폐하의 명을 받은 대표 세포가 폐하의 비서실장님 몸으로 들어와서 말을 하다니 이 얼마나 기가 찬 일이옵나이까? 제 눈앞에서 생생히 진행되어 보고 듣고 함께 하는 동안 매료되어 바짝 긴장하여 지켜보았사옵나이다.

빛과 불이신 3천황 폐하의 대도력, 대천력, 대신력의 천지기운은 영적으로 너무나 강렬하시어 인간 육신의 세포들도 바로 바라보지 못하는 것을 보았는데, 저희들은 아무런 느낌 없이 3천황 폐하를 늘 곁에서 바로 뵈올 수 있으니 인간 육신으로 존재하고 있음에 감사하옵나이다.

창조의 신으로 인류 역사의 장에 새로이 등극하신 도법천존 3천황 폐하! 영생의 세포! 이것을 찾아내시어 불로장생 신선세상을 펼치시어 세상에 빼앗겼던 모든 것을 다시 돌리시어 구원의 길을 열어주시니 앞으로 어마어마하게 지구촌 구석구석까지 소문이 퍼져 몰려들 올 것인데 어찌 감당하시나이까?

폐하께옵서 그리도 힘들게 여러 가지 방법을 시도하시며 수십 권의 책을 집필하시고, 책 신문 광고료만 수십억의 엄청난 금액을 쏟아 부어도 별 반응들이 없었던 지금까지의 연속적인 고난 속 일상이셨사옵나이다.

잘나고, 못나고, 부자, 가난뱅이, 늙은이, 젊은이, 병든 자,

건강한 자, 남자, 여자들도 인류 최초로 신과 함께하는 천수장생 소식에는 모조리 환장하여 달려오고자 모든 교통편이 동날 것이니 이제는 편히 기다리고 계시면 저절로 순식간에 인류를 감동으로 승복시켜 자발적 항복을 받을 수 있겠사옵나이다.

이렇게 천상의 해결책을 찾으시어 일사천리로 진행되어 이루실 천지대공사의 멋진 청사진을 먼저 감상하실 여유의 기쁨도 누리시기를 바라사옵나이다.

두 달간의 한시적 기간을 주고 황명을 완수하라고 잠시 사후세상에서 받던 추위와 배고픔의 고통에서 풀어주시었는데 약속 이행을 어긴 죄로 다시 행복의 기운을 거두라고 하늘께옵서 먼저 한 치의 오차도 없이 명을 내리시니 참으로 대단하신 하늘이옵나이다.

태조 왕건. 세종대왕 이도, 노무현 전 대통령, 이순신 장군, 이병철 회장, 정주영 회장은 모두가 살아서는 만인이 우러러보던 유명한 인사들이었으나 죽어서는 아무것도 가져가지 못한다는 사후세계 진실을 다시금 확실히 알게 해주는 증표이었사옵나이다.

뛰어난 지략과 충성과 용맹으로 풍화등전의 위기에서 나라를 구한 성웅 이순신 장군도 구천을 떠돌며 400여 년 전 정인을 못 잊어 천궁에 찾아온 것인지, 아니면 인연의 끈을 잡고 하소연하여 송○란 씨로 하여금 구원의 길을 찾아달라고 하는 것인지 여러 가지로 생각나게 하는 일면을 느꼈사옵나이다.

인류 탄생의 역사와 더불어 얼마나 많은 생령들이 인간 육신들과 함께 구원을 애타게 찾아 헤매고 다니다가 구천세계 윤회의 길에서 비참하게 돌고 도는 생을 살았겠나이까? 처음으로 선택받아 행운아에서 천운아로 승진한 태상천궁의 신하와 백성들은 천상의 3천황 폐하와 도법천존 3천황 폐하의 너무도 높고 높으신 황은을 살아서는 물론이고 죽어서는 더욱더 잠시 잠깐의 순간까지도 감사한 마음을 잊거나 느슨해서는 아니 됨을 깊이 새겨 간직하겠사옵나이다.

모든 것은 폐하를 통하여 내려주시는 3천황 폐하의 기운으로 이루어지니 천상도법주문회를 매주 빠짐없이 불철주야 고생하시며 구원의 길로 신하와 백성들을 이끌어주시니 망극하신 황은을 어찌 감당하오리까?

너무나 대단하신 도법천존 3천황 폐하! 우러러 만세 삼창을 올려드리옵나이다. 3천황 폐하! 만세! 만세! 만만세!!! 소신 맑고 시원해진 울산 땅에서 폐하께 감사와 사랑을 가득 담아 충성으로 5배의 큰절 올려드리옵나이다.

— 울산에서 천상도법주문회에 참석한 송○숙 후기

조상(사령 死靈)

사람은 누구나 육신이 죽으면 사람과 인간의 신분에서 시신, 시체, 송장, 사체, 주검으로 신분이 바뀌고, 몸에 있던 영들은 생령, 영혼, 정신의 신분에서 사령, 조상, 혼령, 영가, 망자, 망인, 원귀, 악귀, 악령, 악신, 귀신으로 신분이 바뀐다.

조상이란 존재는 살아생전 자신의 핏줄인 부모와 배우자, 자녀, 형제, 낙태영가, 유아영가, 조부모, 증조부모, 고조부모, 현조부모, 시조 조상에 이르기까지 죽은 망자들 모두를 말한다. 살아서는 생령이라 부르는데 육신이 죽음으로 생령에서 사령이란 신분으로 바뀐다.

조상들은 자손이나 후손들에게 4대까지 제사와 차례를 받는 것이 우리나라의 민속풍토이자 관습인데 서양문화가 들어오면서 격변하고 있다. 과거 조선시대까지만 하여도 조상 섬기기를 하늘과 같은 수준으로 대하여 부모가 돌아가시면 장남은 죄인이라면서 3년 동안 산소 옆에 움막을 짓고 시묘살이를 하면서 하루 세끼 상식(밥과 국)을 지어 부모조상님 전에 올리던 시절이 있었으나 이제는 전설 따라 삼천리나 사극 프로에서나 볼 수 있다.

내가 어릴 때만 하여도 대상, 소상의 큰 제사가 있었고, 대

청마루에 상청을 차려놓고 아침저녁으로 상식(밥과 국)을 올려드렸으나 요즈음에는 제사와 차례문화가 많이 바뀌어서 구경할 수조차 없고 삼우재 이후 바로 탈상을 한다.

30~40년 전만 하여도 매장 묘지문화가 대세를 이루었으나 지금은 90% 이상이 화장하고 산소를 만들지 않는다. 가문에 내력이 있는 종갓집과 부유층들만이 매장 묘지를 지금도 선호하고 있고 일반인들은 산소와 납골묘, 납골당조차 만들지 않으려는 문화로 바뀌고 있다.

지금 살아 있는 사람들은 어느 날 육신이 죽으면 누구나 예외 없이 사령, 조상, 혼령, 영가, 망자, 망인으로 신분이 바뀌어 불리는데 대표적인 언어가 조상이다. 그런데 조상은 한 명이 아니라 당대부터 시조까지 엄청 많고 수많은 직계 조상들이 각자들의 몸으로 들어와 있다는 점이 고통스러운 것이다.

자신의 생령이 아닌 부모형제 조상영가들이 각자들의 몸 안으로 들어와 함께 살아가면 인생사에 알 수 없는 풍파가 휘몰이쳐서 금전풍파, 가정풍파, 사업풍파, 관재풍파, 질병풍파로 정신 차리기가 어려워 인생이 파멸로 치닫는 경우가 많다.

그래서 살아 있는 사람들은 돌아가신 자신의 조상님들을 우선적으로 구해 주어야 자신의 건강과 목숨을 지켜낼 수 있다. 이곳에서도 조상을 구하는 천상입천제를 가장 중요시하고 가장 먼저 행하는 것이 조상은 한 명이 아니라 자신의 직계조상이 당대부터 시조까지 엄청 많기 때문에 인생살이에 수많은 풍파를 직간접적으로 주고 있기에 그런 것이다.

살아서는 사랑하는 자손이나 후손이었다 할지라도 3일 굶으면 도둑질하지 않을 사람 없다고 하였듯이 사후세계에서 춥고 배고프면 살아생전에는 사랑하던 자손과 후손이었을지라도 구원해 달라는 메시지를 전하기 위해서는 자손이나 후손들의 인생에 풍파를 주지 않을 수 없는 입장이다.

인생살이가 편안하고 견딜 만하면 조상들의 불쌍한 모습들이 눈에 보이지 않기 때문에 조상을 구하려는 마음 자체가 일어나지도 않는다. 비록 각자 자신들도 막상 죽어서 춥고 배고픔의 고통을 당할지라도 당장 눈에 보이지 않기 때문에 조상을 구하는 데 돈을 쓰고 싶지 않은 것이다.

부모조상들이 물려준 유산이 거대할지라도 당장 눈에 보이지 않는 영적 존재인 조상들을 구하는데 작은 돈이라도 아깝게 생각되고, 헛된 일이라고 생각되기에 무시하고 살아가기 일쑤인데 이것이 현재 각자 잘 먹고 잘사는 것에만 정신이 팔려 있는 축생급에 해당하는 인간들의 못난 모습들이다.

왜 각자의 생령(영혼)들이 만생만물의 영장인 인간 육신으로 태어났는지 이유를 알고 세상을 살아가는 사람들 있으면 손을 들어보라. 또한 육신이 죽으면 어디로 가는지 알고 있는 사람들 있으면 손을 들어보라.

만생만물의 영장으로 살아 있는 동안에만 자신들이 지구에 내려오기 전 천상궁전에 신선선녀로 있다가 천상법도를 어기는 대역죄를 지어 지구로 추방당해 유배생활을 하고 있는데 천상에서 지은 대역죄를 빌어 천상궁전으로 다시 올라갈 수 있는 자격을 주신다는 하늘의 진실을 알아야 한다.

이곳에 들어와서 전생의 죄를 빌어 용서받지 못하고 죽으면 죄의 경중에 따라 지옥세계 명부전에 들어가서 참혹한 고문형벌을 기약 없이 받아야 하고, 형량이 끝나면 말 못하는 짐승이나 가축, 조류, 어류, 파충류, 양서류, 곤충류, 벌레류, 지렁이, 뱀, 두꺼비, 도깨비로 태어나서 살아생전 하늘을 만나 전생의 죄를 빌지 못한 것을 처절하게 후회하며 전생과 현생에서 지은 죄의 대가를 반드시 치러야 한다.

말 못하는 짐승이나 가축, 조류, 어류, 파충류, 양서류, 곤충류, 벌레류, 지렁이, 뱀, 두꺼비, 도깨비도 한 때는 만물의 영장인 인간으로 태어났던 적이 있었지만 황금 같은 한 번뿐인 인간 육신 탄생에 대한 천재일우의 기회를 잃어버리고 죽어서 비참한 신세가 되어 있음이 낱낱이 밝혀지고 있다.

저자는 어떤 생명체든지 대화할 수 있는 신비스런 능력이 있는데 지렁이, 뱀, 두꺼비와 대화를 나누어본 결과 한때 사람이었고 기부였었다는 전생의 진실을 알아내었다. 이들 모두 나를 보자마자 잘못했다고 싹싹 빌면서 제발 한 번만 인간으로 다시 태어나게 해달라고 빈다.

눈물콧물 흘리면서 애걸복걸하고 빌어보지만 인간으로의 탄생은 단 한 번뿐이기에 기회가 박탈되어 어찌할 수가 없다. 다시 인간으로 태어나게 해주어도 전생을 기억하지 못하기 때문에 약속을 이행하지 않는다.

설혹 다시 인간으로 태어나게 해준다고 하여도 나는 일정 기간 동안 황위계승 수업을 모두 마치면 언제든지 천상 태상천궁으로 다시 돌아가야 하므로 나를 만날 수 없다. 인간 육신들이 살아서 만생만물과 사후세계의 이런 진실을 몰라보고 살아간다면 먹는 것이 전부인 개, 돼지와 뭐가 다른가?

각자 자신의 마음은 있지만 인간의 눈에는 보이지 않는 것처럼 하늘, 신, 영, 조상들도 같은 이치로 존재는 하지만 인간의 눈에만 보이지 않을 뿐이다.

살아생전 거부였다가 뱀, 지렁이, 두꺼비로 환생한 모습을 보면서 천상의 3천황 폐하이신 세 하늘께서는 정말 한 치의 오차도 없으심을 다시 한 번 확인하는 계기가 되었다. 이들 모두 돈만 아는 자린고비 구두쇠였고, 하늘과 신, 조상과 영, 천상세계와 사후세계의 존재를 몽땅 부정했던 자들이었다.

그래서 각자들이 살아생전에 뿌리고 행한 대로 한 치의 오차도 없이 거두게 되는 것이다. 우리 인간들, 생령들, 조상들, 신들의 삶에 대해 일거수일투족을 실시간으로 지켜보시며 수시로 심판하고 계신다.

어느 날 갑자기 죽어서 불쌍한 조상귀신 신세되어 통탄하며 슬피 울지 말고, 각자 육신들이 살아 있을 때 영들이 천상궁전으로 돌아가야 할 사후세계를 미리 마련해 놓고 살아가는 자가 가장 현명하다.

영(생령 生靈)

우리 인간 육신의 마음과 생각, 행동을 지배하는 존재가 생령(영혼)들인데 인간 육신이 죽는 순간 사령의 신분이 되어 조상, 영가, 혼령으로 신분이 변화한다. 그러면 각자의 몸에 있는 영들의 고향은 어디일까 그것이 궁금할 것이다.

원래 북극성 부근의 천상 태상천궁이란 곳인데 그곳 궁전에서 신선선녀로 살다가 천상법도를 위반하였거나 천상역모 반란사건에 가담하였다가 형량을 선고 받아 지구로 유배당한 존재들이 생령들이다.

그래서 인간 육신 안에 함께 살아가고 있는 영(생령)들 자체가 모두 하늘 아래 죄인들인데 전생의 죄를 빌 수 있는 천재일우의 기회를 책을 읽고 공감하여 태상천궁에 들어온 자들에게 한시적으로 주고 계신다.

인간 육신 자체는 영(생령)들이 거처하는 집이기에 영(생령)들이 육신의 주인이다. 자동차를 운전하는 운전자가 자동차의 주인이듯이 인간 육신 또한 영(생령)들이 주인이기에 영(생령)들이 어떻게 행하는가에 따라서 인간세상을 어떻게 살아가느냐가 결정되어진다. 인간 육신들도 주인(생령)을 잘 만나야 세상을 살아가는 데 고생을 하지 않는다.

영(생령)들이 하늘을 전혀 몰라보는 저급한 영(생령)들이라면 인간 육신의 삶은 바람 앞에 언제 꺼질지 모르는 풍전등화의 인생으로 전락한다. 잠시잠깐 부귀영화를 누릴 수는 있어도 그것은 찰나의 순간에 불과하고 길고도 긴 고통의 사후세상이 여러분을 기다리고 있다.

인간 육신의 죽음을 가장 무섭고 두려워하는 존재가 바로 여러분 육신의 주인 역할을 하고 있는 영(생령)들이다. 인간 육신을 얻는 것이 수억 겁의 장구한 세월 동안 단 한 번만 주어진 천재일우의 기회이기 때문에 육신이 죽는 순간 영(생령)들의 신분이 사령 즉 조상귀신의 신세로 전락한다.

똑똑한 영(생령)들은 돈과 권력, 명예에 빠져들지 않는데 저급한 영(생령)들일수록 인간세상의 유혹에 넘어가 돈과 권력, 명예에 목숨을 걸고 있다. 이들에게는 전생의 천상에서 제후나 제후의 자녀, 신선선녀로 살았던 기억조차 남아 있지 않다.

그렇기 때문에 이들은 자신들이 천상궁전으로 돌아가야 한다는 마음 자체가 일절 없고, 돈만 아는 돈 벌레, 권력만 아는 권력 벌레, 명예만 아는 명예 벌레로 전락해 버렸기에 인간 육신이 살아 있는 찰나의 순간에만 부귀영화를 누리지만 결국 모든 것이 물거품으로 변하고 준엄한 지옥세계 명부전의 참혹한 심판만이 기다리고 있을 뿐이다.

인간 육신으로 태어난 영(생령)들은 모두가 도망치거나 쫓겨난 죄인들인데 천상궁전에서 지구로 내려올 때 극소수의 영들은 하늘과 어떤 약속을 하고 지구로 내려왔다. 영(생령)들이 천상약속을 전혀 기억 못하고 있어서 누군가 찾아주어야 하는데 천상약속의 기억을 이곳에서 되찾아주고 있다.

나(황태자)를 보좌하기 위해서 내려온 영(생령)들, 나(황태자)를 경호하기 위해서 내려온 영(생령)들, 나(황태자)를 보필하기 위해서 내려온 영(생령)들, 나(황태자)를 도와주기 위해서 내려온 영(생령)들, 나(황태자)를 홍보하기 위해서 내려온 영(생령)들, 나(황태자)를 인류의 구심점으로 세우기 위해서 내려온 영(생령)들,

큰돈을 벌어서 천지대업에 동참하기 위해서 내려온 영(생령)들, 나(황태자)의 명을 수행하기 위해서 내려온 영(생령)들, 천상세계 신명정부를 이 땅에 세우기 위해서 내려온 영(생령)들이 인류인데 지금은 귀신교에 빠져서 나(황태자)의 존재 자체도 몰라보고 있다.

태상천궁에 찾아와서 나와 함께하는 영(생령)들에게는 현생과 내생에 대한 천상관직을 하사하고 있다. 76억 5천만 명의 인류와 이미 이 땅에 태어났다가 육신이 죽은 영(사령)들은 나(황태자)를 알현하여 황명을 받지 않는 이상 천상궁전으로 올라가는 길은 존재하지 않는다.

이 땅에 존재하는 수백만 개의 귀신교를 믿어서는 절대로 천상에 오르지 못한다는 진실이 무수히 밝혀지고 있다. 여러분 각자의 영(생령)들과 실시간 대화도 얼마든지 가능한데 영(생령)들이 떠나 없는 인간 육신들도 많이 있다.

각자의 영(생령)들이 인간 육신을 떠나 있으면 인간 육신의 삶은 초주검처럼 매사 되는 일도 없고, 우울증에 걸려서 세상을 살아가야 하는 목표를 상실하여 자살충동을 느끼고 공허함과 내 자신이 내가 아닌 것을 감지한다.

하늘을 찾으려는 각자의 영(생령)들과는 달리 인간 육신들이 말을 들어먹지 않아서 떠나는 경우가 많다. 일단 영(생령)들이 육신을 떠나면 빈집이라 아무 귀신들이나 쳐들어와서 함께 살아가기에 인생이 엉망진창이 되어 결국 몰락하거나 일찍 죽는 불상사가 일어난다.

살아 있는 사람들이 가장 먼저 해야 할 일들은 자신의 몸 안에 영(생령)들이 있는지 확인해 봐야 한다. 특히 인생 풍파가 많은 사람들은 대부분 영(생령)들이 인간 육신이 말을 들어먹지 않아서 떠난다.

영(생령)들이 없는 인간 육신 자체는 빈집이기에 아무 귀신들이나 들어오게 되어 있다. 악귀, 잡귀, 사탄, 마귀, 귀신들도 들어오고 동물령, 뱀, 지렁이, 두꺼비, 도깨비, 두더지, 이무기들도 마구 들어와서 도무지 정신을 차릴 수 없이 멍한 상태로 인생을 살아가게 된다.

영(생령)들이 안정을 찾는 길은 세 하늘이신 3천황 폐하와 3황후 폐하께서 내려주시는 사랑의 기운을 받고 살아가는 길 하나밖에 없기 때문에 여러분 인간 육신들은 나(황태자)를 만나는 것이 인생을 살아가면서 가장 급한 일이다. 영(생령)들에 대한 생사여탈권이 나를 통해서 실시간으로 집행되고 있음이 무수히 확인되었다.

영혼들의 생로병사. 인간 육신만 생로병사가 있는 것이 아니라 영혼들에게도 생로병사가 있다. 영혼들은 육신이 살아 있는 생령과 육신이 죽은 사령으로 나뉘고 있다. 사령에는 조상과 악귀, 마귀, 원귀, 악령, 악신 등 귀신들이 모두 포함된다.

영혼의 세계를 믿는 사람들도 있지만 전혀 믿지 않는 사람들도 있다. 영혼들이 돌아가야 할 고향은 영혼의 신분에 따라서 달라진다. 육신이 살아서 가는 세상은 천상 태상천궁이고, 육신이 죽어서 가는 세상은 도솔천궁이다.

사람이 죽으면 저승 지옥세계 명부전으로 가서 살아생전에 지은 모든 죄에 대한 심판을 받는 것이 일반적인데 참혹하고 모진 고문형벌을 받는 경우가 대부분이다. 말로만 지옥세계가 아니라 역사드라마 사극에서 보여주는 고문형벌보다 더 심하기에 살아생전 이곳에 들어와서 전생의 죄를 빌어 지옥세계를 면해야 한다.

이곳에 들어와서 천상입천제를 행하고 난 뒤에 하늘의 명을 받아 천인합체의식을 행하여 천인으로 명을 받으면 인간 육신이 죽는 순간 천상 태상천궁에서 신선(청선)과 선녀(홍선)가 천룡을 타고 내려와서 영혼을 천상궁전으로 즉시 데려가기에 지옥세계 명부전으로 가지 않아도 된다.

전생과 현생의 죄를 빌고 하늘의 명을 받아 천인으로 탄생하면 죽어서 참혹한 형벌이 가해지는 지옥세계를 거치지 않고 천상 태상천궁으로 직행하는 특권이 부여된다. 영혼세계를 믿는 사람들은 육신이 살아 있을 때 본인들의 사후세계를 철저히 준비해야 한다.

자신의 사후세계는 자식들에게 맡기지 말고 각자들이 살아서 준비해야 한다. 살아생전 귀신교를 아무리 열심히 믿어도 구원받지 못한다는 진실이 낱낱이 밝혀졌다. 지구상의 그 어떤 귀신교를 통해서도 구원은 이루어지지 않는다는 사후세계 진실을 밝혀냈다.

그래서 오랜 세월 귀신교에 깊게 세뇌당한 사람들은 이곳에 들어오기가 어렵다. 귀신교 이론에 깊게 빠지지 않은 사람들만이 공감하고 찾아온다. 각자들이 가야 할 길이 따로 있기에 이곳에서는 일절 강요하지 않는다. 천상에서 내리시는 기운 따라 들어오는 곳이다.

귀신교는 아무나 받아주지만 이곳에서는 엄격한 잣대 기준이 있기에 귀신교처럼 아무나 받아주지 않는다. 책을 진실되게 정독하면서 감동한 인간, 조상, 생령, 신들만을 뽑는다. 조상구원, 생령구원의 근본도리는 행하지 않고 인간 욕심으로 가득 차 자신의 인생만 편하게 살아보겠다는 사람은 사절한다.

하늘 찾아달라고 울부짖으며 슬피 울고 있는 영들은 안중에도 없고, 오직 자기 자신만 잘 살아보겠다는 것은 이기주의자들이다. 자신의 생령과 대화할 수 있게 해주는 지구상 유일한 영능력자가 저자인데 하루속히 만나보아야 자신의 인생에 도움이 되고 편안해지는 길을 빨리 찾는다.

생령들의 저주와 반란이 상상을 초월할 정도로 무섭다.

독자 여러분이 생령의 존재를 몰라 찾아주지 않으면 인생의 날벼락이란 날벼락은 다 맞는다. 왜냐하면 이들은 하늘이신 3천황 폐하를 만나 이번 생에 구원받아 천상궁전 태상천궁으로 올라가지 못하면 갈 곳 없는 처량한 귀신 신세이다.

구원 못 받으면 정처 없이 허공중천을 추위와 배고픔으로 고통받으며 떠도는 불쌍한 조상귀신 신세가 되고, 결국 많은 세월이 흐른 뒤에 후손이 찾아주지 않으면 악귀, 잡귀와 사탄, 마귀로 변신하여 남을 해코지하는 존재로 둔갑할 수밖에 없다.

그래서 자신의 생령을 빨리 만나보아야 한다. 이들은 지금 예비 귀신들이며 여러분의 육신이 죽으면 생령에서 사령이 되고 결국 귀신, 영가, 혼령, 악귀, 잡귀, 사탄, 마귀가 되어 여러분 가문을 파탄으로 몰고 가게 된다.

자신의 가정과 가문을 구하려면 각자의 생령들부터 만나서 생령이 원하고 바라는 소원을 들어주어야 자신의 인생과 가정이 편안해진다. 생령들은 여러분의 육신이 살아 있을 때만 구원받을 수 있는 자격이 주어지고, 육신이 죽은 뒤에는 자손과 후손의 도움을 받아야 하는데 후손들은 여러분을 절대로 도와주고 구원하지 않는다는 사실을 명심해야 한다.

사명자가 아닌 이상 보이지도 들리지도 않는 영들의 세상이기에 믿지 못해서 돈을 들여 여러분을 구원하려 들지 않기에 자신의 사후세계는 각자들이 살아서 준비해야 한다.

인간

축생들인 네발 달린 영장류, 동물류, 가축류, 조류, 어류, 포유류, 양서류, 파충류, 곤충류, 벌레류와 구별되는 만생만물 중에서 최고 영적 지능을 가진 영장(靈長=영묘한 힘을 가진 우두머리)이 인간이다.

인간이 어디에서 왔는지 유인원(고릴라, 원숭이, 침팬지, 오랑우탄), 아메바 등에서 진화하였다는 진화론부터 외계에서 왔다는 설들이 있지만 아무도 확실하게 말해 줄 수 있는 학자는 인류 역사상 없다.

인간의 탄생은 우주로부터이다.

수천억 개의 별들 중에서 지구와 환경이 비슷한 행성들이 7,000개쯤 되는데 빛의 속도로 달려가도 3경 광년의 거리에 있기에 인류의 문명으로는 접근이 불가능한 지역에 있다. 이곳은 지구 문명보다 5만 년이 앞서 있고, 지구인과 같은 모습들을 하고 있는데 평균 아이큐가 15,000이고, 최고 30,000이나 되는 비상한 행성인도 있다.

최첨단 문명시설에서 살아가고 있으며 평균 수명은 10만 살인데 거의 장생에 가까운 수명을 살고 있다. 각 행성들마다 행성인의 아이큐와 평균수명이 다르다. 현재의 지구인들이 온

곳은 대우주 속의 별나라에서 전쟁을 피해서 지구로 이주해 온 자들이 현재의 인류이다.

우주의 행성인들에 비해서 지구인들의 수명이 100년 미만으로 짧고 아이큐가 낮은 것은 북극성에서 발산되는 원기(元氣)와 자기(紫氣)를 받지 못한 때문이다. 그런데 지금부터 북극성에서 발산되는 원기(元氣)와 자기(紫氣)를 받아 장생 또는 영생할 수 있는 유아회춘 천수장생과 천수영생이 처음으로 태상천궁에서 시도되고 있다.

인간 육신의 노화는 천지기운에 따라서 속도가 빨라지거나 느려지기 때문에 북극성에서 발산되는 원기(元氣)와 자기(紫氣)를 받을 수만 있다면 불가능한 일이 아니다. 소설이나 만화 같은 일이기에 공감하고 믿음이 강한 사람들에게만 천수장생 의식을 행해 주고 있다.

세월이 흘러도 노화되지 않는 장생과 영생의 세포로 교체해 주는 공상세계 같은 일들이 실제로 이루어지고 있다. 수많은 천수장생자를 배출해서 현실로 이루어내려고 한다. 과학적으로는 절대 설명이 안 되는 미지 세계의 일이다.

인간 수명이 100년이지만 100년을 다 살고 세상을 떠나는 사람들은 극소수에 불과하고, 엄마의 뱃속에서 죽기 시작하여 유아기, 소년기, 청년기, 장년기, 노년기를 거치면서 사고와 질병, 급살, 자살로 세상을 떠난다.

인간 육신의 삶이 풍요로워봐야 100년 미만의 아주 짧은 세월인데 어린 시절과 노인 시절, 잠자는 시간을 제외하면 실제로 살아서 왕성하게 활동하면서 재미있게 살아가는 시간은 불과 얼마 되지 않는다.

태상천궁에서 장생과 영생을 위한 인류 최초의 시도가 처음으로 진행되고 있는데 나날이 신체 변화가 눈에 보이게 나타나고 있다. 병들고 늙은 꼬부랑 할아버지와 할머니로 장생하거나 영생을 누린다는 것은 아무런 의미가 없고, 이팔청춘의 혈기왕성한 젊음으로 장생과 영생을 이루어내는 것이 하늘과 땅이 추구하는 이상향의 미래세계이다.

인생사에 근심과 걱정이 없는 꽃 피고 새 우는 무릉도원 세상을 살아가면서 장생과 영생을 누려야지 아픔, 슬픔 고통, 불행 속에서 오랜 산다는 것 역시 아무런 의미가 없다. 육신이 살아서 병들지 않고 근심과 걱정 없이 신선과 선녀처럼 아름다운 모습으로 장생과 영생을 이루어가는 것이 하늘과 땅이 바라고 원하는 무릉도원 세상의 삶이다.

인간세상의 기운으로는 절대로 이루지 못할 불가능의 세상임을 인정하기에 천상의 주인이신 태상천존 자미 천황태제 폐하와 태상천존 자미 황후태제 폐하, 도통천존 도솔천황 폐하와 도통천존 도솔황후 폐하, 재물천존 옥황천황 폐하와 옥황황후 폐하로부터 북극성에서 발산되는 원기(元氣)와 자기(紫氣)를 받으면 장생과 영생이 현실로 이루어질 수 있다.

인간 육신들은 영들의 집인데 다른 말로 하면 귀신들의 집이란 말도 된다. 죽은 자들이 가장 좋아하는 것이 인간 육신이라는 경천동지할 진실이 밝혀졌다. 단 한 번만이라도 다시 살아나서 인간 육신이 되고 싶다고 말하는 귀신들이 전부이기에 수많은 귀신들이 산 사람들의 몸 안에서 함께 동고동락하며 살아가고 있다는 진실을 알고 살아가는 사람들은 없다.

죽은 귀신들이 산 사람의 몸으로 들어오면 기운이 바뀌어 인생길에 빨간불이 켜지고 엎어지고 뒤집어지는 이변이 속출하는데 살아생전에 이들 귀신들이 앓고 있던 질병에 걸려서 병원에 입원하는 것이다.

물론 자신의 부모 조상님들이 사망하면 살아생전 앓던 질병을 대를 이어서 앓게 되는데 병원에서는 이것을 가족력이라고 말하지만 엄밀히 말하면 부모조상 귀신들이 각자의 몸에 들어와 있다는 증표가 바로 질병으로 나타나고 있다.

그래서 우선적으로 각자 자신의 조상들부터 구원해서 천상으로 보낸 후에 자신의 핏줄도 아니고 연고가 없는 남의 조상 귀신들인 악귀, 잡귀, 사탄, 마귀, 악령, 악신, 요괴, 원귀들을 이곳에 들어와 빛과 불로 구원과 심판을 받게 해야 한다.

그리고 자신의 생령인 영혼도 여러분의 육신이 죽으면 춥고 배고픈 조상귀신이 되기에 육신이 살아 있을 때 생령들이 천상궁전으로 올라갈 수 있는 천인합체 의식을 반드시 행해야 죽어서 귀신도 안 되고 지옥세계 명부전의 무서운 심판과 고문형벌도 면할 수 있다.

인간 육신들은 우선 자기 부모조상들을 구원한 다음에 자신 몸에 들어와 있는 남의 조상귀신들인 악귀, 잡귀, 사탄, 마귀, 악령, 악신, 요괴, 원귀들을 빛과 불로 퇴치하지 않고 살아가면 인생풍파가 끝도 없이 지속되어 이어지고, 알 수 없는 불치병과 암에 걸려서 세상을 일찍 떠나게 된다.

눈에 보이지 않는 부모형제 조상들을 천상입천제로 구원하여 천상궁전으로 보내드리고 악귀, 잡귀 귀신들을 퇴치하는 것은 자신의 건강을 지키고 인생 풍파를 막는 지름길이다. 귀신들이 들어와 몸에 이상이 감지되면 즉시 빼내야 하고 그대로 방치하면 질병과 우울증, 조울증, 불면증, 불치병, 암에 걸려서 목숨을 단축하게 된다.

귀신들이 가장 좋아하는 것이 인간 육신들이기 때문에 이들 귀신들을 빼내도 틈만 보이면 또다시 들어오기에 정기적으로 건강검진을 받듯이 귀신들을 퇴치하고 살아야 갑작스런 불행과 비운을 막고 인생의 기쁨과 행복, 권력과 명예, 재물을 오래도록 지킬 수 있다.

인간 육신들이 모두 깍쟁이 성품이 있는데 조상을 구하고 귀신들을 퇴치하는 것은 가장 우선적으로 행해야 할 근본도리이자 자신의 목숨을 지키는 가장 급선무의 일이다. 복을 받아 잘살려고 찾아오지 말고 자신의 힘들어하는 조상을 구하고, 자신의 건강을 귀신들로부터 지켜 자신의 목숨을 보전하기 위해서 찾아와야 하는 곳이다. 그래서 점을 치려는 사람들과 자신의 인생만 잘살려는 욕심 많은 사람들은 상담 자체를 사절한다. 우선적으로 근본도리를 행할 사람들과 자신을 지키려는 사람들만 환영한다.

이곳은 인간, 신명, 생령, 사령, 귀신들의 생과 사를 판가름하는 하늘의 법정이 땅으로 내린 지상법정이다. 인간 육신의 죽음도 무섭지만 이보다 더 무서운 것이 영들에 대한 생사 심판인데 살려주어야 할 자들이 있고, 심판해야 할 자들이 있는데, 이것을 천상의 3천황 폐하께서 저자 태상도인(도법천존 3천황) 육신으로 하강 강림하시어서 집행해 주신다.

인간 육신들이 지은 죄도 많지만 영들이 지은 죄도 많다. 갑부들이 죽지 않기 위해 장생이나 영생을 원하는데 먼저 천상지상 3천황 폐하를 알현하는 방법뿐이 없다. 인간 육신들의 눈에 보이지 않는 생명을 위협하는 적(귀신)들이 각자의 몸 안에 엄청 많이 숨어 있다는 무서운 진실을 알아야 한다.

그래서 인간 육신의 생명을 지키는 길은 천상지상 3천황 폐하의 보호막뿐이다. 생명을 급살, 자살, 사건사고, 질병을 발생시켜 육신을 죽게 만드는 병마 귀신들이 우글거리고 있기에 이들을 처단하려면 천상지상 3천황 폐하의 대도력, 대천력, 대신력이란 빛과 불이 유일한 해결책이기 때문이다.

죄가 가벼운 귀신들은 살려주어서 무릉도원 천상궁전으로 보내주고, 죄가 크고 무거운 용서받지 못할 죄인들은 심판해서 윤회, 지옥도, 천옥도, 적화도, 한빙도로 압송되고, 극악무도한 중죄인들은 즉시 소멸(사형)하는데, 즉결 심판은 천상지상 3천황 폐하께서 집행하신다. 각자 자신 몸 안에 죄를 지은 귀신들부터 척결해야 인간 목숨을 보호받을 수 있고, 오래 살려면 귀신들 문제부터 우선적으로 해결해야 장수와 영생을 이룰 수 있다.

나이를 줄여주는 천지기운

사람들은 태어나는 순간부터 나이를 먹어간다.

유아기, 10대, 20대, 30대, 40대, 50대, 60대, 70대, 80대, 90대, 100대 등등 나이를 먹어감에 따라서 육신도 늙어가는 것이 정상이고 천지자연의 이치이다. 나이를 많이 먹을수록 어른 대접을 받고 사는 것이 우리들의 풍습이다.

어려서는 나이 먹는 것이 좋지만 정작 나이가 들면 오히려 유년기나 청년기의 젊음을 되찾고 싶어 한다. 나이 먹으면 기다리는 것은 죽음뿐이 없다. 이것이 생로병사이고, 죽음은 인간들이 피할 수 없는 만인 앞에 가장 평등한 법칙이다.

30대까지는 혈기가 왕성하기 때문에 죽음도 두렵지 않으며 생각조차 하지 않고 살아가지만 40대를 넘어가면서부터 늙어가기 시작하고, 노화와 죽음이란 것이 눈앞의 현실로 서서히 다가오는 기운을 느끼기 시작한다.

그러다가 50대를 넘어서 60대가 되면 손자손녀도 생기고 노인 대접을 받는 할아버지, 할머니 소리를 듣고, 60대를 지나 70대에 들어서면 이제는 죽을 날이 얼마 안 남았다는 것을 피부로 느끼며 죽음을 준비하게 된다.

70대를 넘어 80대에 들어서면 이제는 살아 있는 송장이나 다름없고 언제 죽을 것인지 덤으로 인생을 산다고 생각한다. 현재 남녀 평균 사망연령은 85세 전후이기에 인생을 다 산 것으로 생각하며 인생졸업을 준비하고 언제 죽더라도 자연스럽게 죽음을 맞이할 준비를 마친 상태이다.

90세가 넘어서도 정정하게 살아가는 사람들이 간혹 있지만 그것은 극소수에 지나지 않고, 살아 있다 할지라도 병들어 몸이 아프고 기운도 없어서 사회적 활동을 하지 못하고 그야말로 죽을 날만 기다리고 있는 산송장들이다.

나이를 먹을수록 인간의 육신이 노화되어 할아버지, 할머니로 변화되어 죽음을 눈앞에 둔 채로 인생무상을 깨닫고 지난날을 뒤돌아보며 한순간에 인생이 덧없이 흘러갔음에 아쉬워하고 다시 태어나면 더 멋지게 살 수 있을 것이라고 생각한다.

인간 육신이 노화되지 않고 수명장수하며 젊음으로 살 수 있는 길은 없을까 하며 생각한 사람들도 많을 것인데 공상소설, SF 같은 일이고 현실적으로는 불가능하다. 생명공학, 최첨단 의학이 고도로 발달하였어도 인간이 나이 먹고 병들어 죽는 것은 그 어느 누구도 막을 수가 없다.

인체의 노화와 죽음은 필연이자 자연현상인데 불가능에 도전하는 인류의 영도자가 있으니 천상의 천지인 세 하늘이신 3천황(태상천존 자미 천황태제 폐하, 도통천존 도솔천황 폐하, 재물천존 옥황천황 폐하) 폐하의 핏줄이자 이분들의 화신, 분신, 대행자 신분으로 이 땅에 하강하여 무소불위한 신비의 천지기운인 대도력, 대천력, 대신력을 자유자재로 부리는 "도법천존 3천황"이라는 관명을 하늘로부터 하사받은 저자 태상도인이 유일무이할 것이다.

천지인의 절대자 세 하늘이신 3천황 폐하께서 저자 태상도인 "도법천존 3천황"에게 내려주신 상상초월의 무소불위하신 천지기운으로 인간의 세포에게 명을 내려서 육신을 젊음으로 되돌려주는 기상천외한 천지대공사를 집행하고 있다.

나이를 아무리 많이 먹었어도 "도법천존 3천황"에게 명을 받으면 가장 나이 많은 사람들이 10살이다. 인간세상의 나이가 20세, 30세, 40세, 50세, 60세, 70세, 80세, 90세, 100세인 사람들은 모두가 10세이다. 나이의 앞에 숫자를 떼어주는 명을 내려주고 있다.

19세는 9세, 28세는 8세, 37세는 7세, 46세는 6세, 55세는 5세, 64세는 4세, 73세는 3세, 82세는 2세, 91세는 1세가 되는 것이다. 다시 말하자면 99세는 9세, 98세는 8세, 97세는 7세, 96세는 6세, 95세는 5세, 94세는 4세, 93세는 3세, 92세는 2세, 91세는 1세로 변신시켜 주는 하늘의 명을 인간 육신의 세포에게 내려준다.

① 99세는 9세, 98세는 8세, 97세는 7세, 96세는 6세, 95세는 5세, 94세는 4세, 93세는 3세, 92세는 2세, 91세는 1세

② 89세는 9세, 88세는 8세, 87세는 7세, 86세는 6세, 85세는 5세, 84세는 4세, 83세는 3세, 82세는 2세, 81세는 1세

③ 79세는 9세, 78세는 8세, 77세는 7세, 76세는 6세, 75세는 5세, 74세는 4세, 73세는 3세, 72세는 2세, 71세는 1세

④ 69세는 9세, 68세는 8세, 67세는 7세, 66세는 6세, 65세는 5세, 64세는 4세, 63세는 3세, 62세는 2세, 61세는 1세

⑤ 59세는 9세, 58세는 8세, 57세는 7세, 56세는 6세, 55세는 5세, 54세는 4세, 53세는 3세, 52세는 2세, 51세는 1세

⑥ 49세는 9세, 48세는 8세, 47세는 7세, 46세는 6세, 45세는 5세, 44세는 4세, 43세는 3세, 42세는 2세, 41세는 1세

⑦ 39세는 9세, 38세는 8세, 37세는 7세, 36세는 6세, 35세는 5세, 34세는 4세, 33세는 3세, 32세는 2세, 31세는 1세

⑧ 29세는 9세, 28세는 8세, 27세는 7세, 26세는 6세, 25세는 5세, 24세는 4세, 23세는 3세, 22세는 2세, 21세는 1세

⑨ 19세는 9세, 18세는 8세, 17세는 7세, 16세는 6세, 15세는 5세, 14세는 4세, 13세는 3세, 12세는 2세, 11세는 1세

⑩ 9세는 9세, 8세는 8세, 7세는 7세, 6세는 6세, 5세는 5세, 4세는 4세, 3세는 3세, 2세는 2세, 1세는 1세

현실적으로는 참으로 황당하고 허무맹랑한 말이 분명한데 인간 육신의 세포가 저자인 태상도인 "도법천존 3천황"이 명을 내리면 말을 알아듣고 실시간으로 반응한다는 것을 여러

번 체험하였는데 저자 역시도 너무나 놀랐다.

그 당사자는 올해 92세 된 최○국이라는 전직 교장 출신의 노인이다. 2018년 7월 22일 천상도법주문회에서 이적과 기적이 일어났다. 이제 죽음을 눈앞에 둔 노인이기에 걸음걸이가 부실하여 제대로 걷지 못할 정도였다.

비실대며 한 걸음 두 걸음 겨우 내딛으며 걷는데 금방 쓰러져 넘어질 것처럼 다리에 힘이 하나도 없어 노원역에서 지하철을 타고 강동역까지 오려면 계단을 오르내려야 하는데, 너무 힘이 들어 넘어질까 걱정되어 매주 일요일마다 개최하는 천상도법주문회에 한동안 참석하지 못한 노인이었다.

한참 만에 참석하여서 전국에서 모인 수많은 사람들이 지켜보는 가운데 앞으로 불러내었더니 쓰러질 듯하면서 겨우 걸어나왔다. "그동안 태상천궁에 오지 않으니까 편안하였느냐?"고 안부를 물었더니, 초조하고 마음의 갈피를 잡을 수 없을 정도로 무척 불안하였다고 말한다.

"도법천존 3천황이 천상의 3천황 폐하의 황명으로 최○국 인간 육신의 세포에게 명을 내리느니라. 최○국! 너는 이 순간부터 92세에서 90세를 떼어내고 두 살로 살아가라. 그리고 걸어보라. 너는 걸을 수 있으니 보폭을 넓게 하고, 팔을 앞뒤로 크게 흔들며 씩씩하게 걸어보라!"라고 명을 내렸다.

그러자 이변이 일어났다. 겨우 한 걸음 두 걸음을 떼었던 최○국이 성큼성큼 큰 걸음으로 걷는 것이 아닌가? "자~ 지금부터는 뛰어보거라"라는 나의 말이 떨어지기 무섭게 젊은 사람들이 뛰는 것처럼 가벼운 몸놀림으로 30미터 거리를 2회 왕복으로 뛰는 것이 아닌가?

상상을 초월하는 경천동지할 일이 실시간 현실로 일어났고 전국에서 모인 수많은 사람들이 최○국의 뛰는 모습을 바라보며 우레와 같은 박수를 치면서 만세를 부르고 난리가 났고, 저자 역시도 무척이나 놀랐다.

말 그대로 "세상에 이런 일이었다."

현실적으로는 상상이나 생각조차도 못했던 일이다. 최○국은 어리둥절하며 어떻게 이런 일이 일어날 수 있느냐고 감동하며 기쁨의 눈물을 흘리고 울먹였다. 기상천외, 경천동지, 상상초월, 경이로움 그 자체였다.

나(도법천존 3천황)의 육신을 통해서 보여주시는 천상의 절대자 천지인 세 하늘이신 3천황 폐하(태상천존 자미 천황태제 폐하, 도통천존 도솔천황 폐하, 재물천존 옥황천황 폐하)의 무소불위하신 대도력, 대천력, 대신력을 최○국과 전국에서 모인 수많은 사람들에게 아낌없이 보여주신 것이다.

이렇게 3천황 폐하께서는 나를 통하여 실시간 현실로 존재하심을 생생히 보여주고 계셨다. 하늘이신 3천황 폐하께서는 형상으로 계신 것이 아니라 무소불위하신 천지기운으로 존재하신다는 것을 수많은 자들에게 생생히 보여주셨다.

천황님의 나라 태상천궁에서 천인합체, 생령입천을 행한 후에 육신이 30~100세에 죽어서 천상궁전에 올라가면 남자는 모두 20대이고, 여자는 10대로 변신시켜 주신다. 아픔, 슬픔, 고통, 불행, 근심걱정이 일체 없는 무릉도원 세계가 세상에 천당, 천국, 극락, 선경세계로 알려진 태상천궁이란 곳이다.

직접 두 눈으로 보며 체험하지 않고서는 도저히 믿을 수 없는 신비의 초현상이다. 내가 말만 하면 인간 육신의 세포들이 말을 알아듣고 그대로 행한다는 것을 수없이 체험하였다. 그래서 말하는 대로 이루어지는 말법시대가 도래했다고 세상에 알리는 것인데 이것을 도법세상이라고 한다.

젊게 살고 싶은 자, 죽기 싫은 자, 수명장수하고 싶은 자, 우울증, 불면증, 조울증, 인생실패, 사업부진, 사기배신, 가정불화, 질병으로 고통받는 사람들은 세상에서 보고 들은 모든 고정관념을 버리고 들어오면 생방송 라이브로 진행되는 신비의 천상도법주문회에 매주 일요일마다 참석할 수 있다.

천상의 절대자 천지인 세 하늘이신 3천황 폐하(태상천존 자미 천황태제 폐하, 도통천존 도솔천황 폐하, 재물천존 옥황천황 폐하)의 무소불위하신 대도력, 대천력, 대신력을 나(도법천존 3천황)의 육신을 통해서 생생히 보여주시는 현장을 일요일마다 직접 체험할 수 있는 천재일우의 기회가 주어졌다.

이제 이 땅의 모든 인간, 조상, 영혼, 신, 귀신들은 살아서나 죽어서나 살 길은 오직 천황님의 나라 태상천궁 한 곳뿐이다.

관측 사상 최고의 폭염! 빛과 불

천황님의 나라(천황국. 천신국) 태상천궁의 빛과 불이신 도법천존 3천황 폐하의 천상세계 신명정부 신하 보좌부대신(비서실장) 태청 탐랑성주/ 사법부대신(대법원장) 정휴 문곡성주 / 외무부대신 태휘/ 게임사업의 신왕 금휘/ 부산광역시장 /국회의원/ 천인 장○혁이 3천황 폐하와 3황후 폐하께 문후 올려드리옵나이다.

7월 초에 육의 3천황 폐하께서 빛과 불이시라고 밝히신 이래 전 세계는 폭염에 휩싸였고, 3천황 폐하께서 빛과 불이시라는 사실을 현실로 보여주셨나이다. 전 세계에 50도가 넘는 곳이 생기며, 40도 이상인 곳은 부지기수였고, 기상관측 이래 역대 최고기온을 기록했다 하나이다. 서울 39.6도, 강원 홍천이 41도였다 하고 서울에는 6월 하순에 첫 폭염주의보가 내려지고, 7월 중순에 두 번째 폭염주의보가 내려졌나이다.

폐하께서 빛과 불이시라고 밝히신 7월 초부터 폭염이 시작되었고, 폐하께서 말씀하시기를 111년 관측 이래 최고의 폭염이 곧 1, 1, 1인 3천황 폐하를 의미하는 것이라 하셨나이다.

폐하께서 북극성의 주인이시기에 저승사자나 용들의 도움 필요 없이 폐하의 강력한 빛과 불로 심판하시면 되신다고 태청 보좌부대신과 정휴 사법부대신이 전해 드릴 때만 해도 이렇게 강력하게 현실로 보여주실 줄은 몰랐나이다. 지난 천상도법주문회 때 잠시 밖으로 나갔을 때, 햇살이 얼마나 뜨겁고 강렬한지 너무 눈이 부시어 눈을 뜰 수가 없었나이다.

폐하를 바라보는 영들의 상황이 이런 것일까? 마치 태양을 직접 바라보는 그런 기분일 것이라 생각이 들며 폐하의 빛과 불로 한 줌의 재도 남지 않을 정도로 완전 소멸이 될 것이옵나이다. 인간, 영, 신을 살리시는 것은 천상지상 3천황 폐하의 고유권한이옵나이다. 사명자를 데리고 온 영과 신은 구원의 대상이 되지만 남의 육신을 빼앗은 영과 신은 가차 없이 심판하셨사옵나이다.

지난 세월의 아픔 모두 다 지울 수 없으나 천궁에 나오시는 폐하의 발걸음에 즐거움이 묻어나시니 소신도 기쁘옵나이다. 소신이 정말 잘해 드리는 것도 없사오나, 그저 곁에서 보필하는 것만으로 제 역할을 하겠나이다. 오히려 잘하려다 뒤집어지고, 잘못하면 망하니, 폐하께서 해주시는 말대로 따르고, 더도 말고 덜도 말게 보필하겠나이다.

도솔천궁에 오르신 조상님을 다시 상봉할 수 있을 줄이야 상상도 못했으며, 조상님들이 도솔천황 폐하의 기운받아 자손들에게 전해 주는 상황도 상상 못했고, 자손의 몸에 살 때는 조상님들이 자손의 기운을 얻어먹었으나, 천상에 오르시고 난 이후에는 조상님이 자손들에게 기운을 내려주시게 되었나이다.

조상님들 입장에서는 자신들을 천상에 오르게 한 사명자가 얼마나 예쁘겠나이까? 자손들이 살아서 자기 임무를 다할 수 있도록 조상님들은 천상에서 자중하고 도솔천황 폐하를 각별히 모셔야 할 것이옵나이다.

조상님과 상봉은 기운의 상봉으로 하는 것이지 머리로 만나는 것이 아님을 매번 천상도법주문회를 통해서 알려주셨고, 머리로 하는 것은 가짜고 가슴으로 하는 것이 진짜이옵나이다. 감동에 감동을 더하는 천상도법주문회에 앞으로 많은 사람들이 인산인해를 이룰 것이옵나이다.

과거에는 하늘을 올려다보며 하늘의 어딘가 계실 대단하신 분을 찾았지만, 천상의 3천황 폐하와 함께하시는 도법천존 3천황 폐하께서 계시니 더 이상 하늘을 통해 무언가를 찾으려 하지 않는 소신을 발견하게 되었고, 오로지 3천황 폐하 곁에 있는 것이 기쁨 그 자체임을 알았나이다.

길거리에 널린 십자가와 절, 철학관, 무당집을 보며 '용 쓴다'는 생각이 들고, 되지도 않는 방법으로 체인 없는 바퀴를 굴리고 있다 생각이 들었나이다. 공허진 인생! 팔자를 고치고자 하면 폐하를 만나 명을 받아야 할 것이옵나이다. 폐하를 만나지 않고는 팔자대로 사는 것이고, 온갖 귀신들로 인해 팔자보다 못한 삶을 살게 될 것이옵나이다.

3천황 폐하 황명으로 천만사통! 막힘없는 기쁜 삶 살게 해주시어 감사하나이다.

— 용인에서 천상도법주문회에 참석한 장○혁 후기

제 2의 천지창조

천황님의 나라(천황국. 천신국) 태상천궁의 빛과 불이신 도법천존 3천황 폐하의 천상세계 신명정부 신하 교통부대신/ 금유신왕/ 국회의원/ 전남도지사/ 천인 박○형 문후 올려드리옵나이다.

천상도법주문회가 거듭될수록 경천동지하고 상상초월하시는 3천황 폐하의 천지대공사를 집행하시는 장면을 지켜보며, 놀랍고도 귀중한 진실의 말씀을 내려주시니 천상도법주문회에 참석할 수 있는 자체만으로도 영광이옵나이다.

나날이 발전하고 있는 천상도법주문회에 참석할 수 있음에 무한 영광이고 참석할 수 있다는 것이 얼마나 크나큰 행운인지를 알고 느끼게 되고, 만약에 도법천존 3천황 폐하께옵서 불러주시지 않았다면 살아도 산목숨이 아니요, 죽은 목숨이란 걸 잘 알고 있사옵나이다.

천상도법주문회 초창기일 때에 3천황 폐하의 사랑으로 소신이 자리에 서 있을 때 속세에 묻은 때로 얼룩져서 참석을 한다는 것이 쉽지가 않았는데 위대하신 도법천존 3천황 폐하의 사랑으로 여기까지 왔기에 영원불멸 감사함을 올리옵나이다.

3천황 폐하께옵서는 툰드라 지역에서 솟아나는 한 떨기 꽃과도 같고, 인류 최초로 길이 아닌, 아니 길이 없는 길을 걸어가시고 있으시기에 너무나도 어마어마하고 대단하시고, 모든 고정관념이 깨지고 새로운 천지창조가 시작되었음을 알고 느끼게 되며 기존의 세상과 도법천존 3천황 폐하의 세상은 말 그대로 하늘과 땅 차이옵나이다.

빛과 그림자이옵나이다. 숙명처럼! 허나 왜 빛과 그림자를 창조하셨는지 생각해 보았는데 구두를 닦는 자는 광이 날 것이며, 인 닦는 자는 허름한 구두를 신고 살아가야 할 것이옵나이다. 왜 오른손이 있고 왼손이 있으며 음과 양이 있는지를 알게 되었사옵나이다.

빛을 따르느냐 어둠을 따르느냐에 따라서 음양이 갈라져야만이 잘남도 못남도 있다고 생각이 드나이다. 영원히 빛과 불이신 3천황 폐하를 따르는 길만이 살길이요! 진리이자 천지자연의 이치이옵나이다.

기존의 어둡고 칙칙한 귀신(종교)세계는 이젠 안녕이라고 말하고 싶으며 도법천존 3천황 폐하의 시대가 서서히 개막하고 있으니 정신적, 영적, 경제적, 육체적, 성적 쾌락 등 모든 것들이 대혁명을 시작하였사옵나이다.

고정관념의 틀이 깨지고 새로운 세상이 창조되고 있고, 말하는 대로, 생각하는 대로, 상상하는 대로, 원하는 대로 모든 것들이 바뀌어가고 있사옵나이다.

저 높은 천상의 모든 황홀한 것들이 3천황 폐하로 인하여 인간사 지옥세계에 꿈이 아닌 현실로 급속히 변해 가고 있사오며, 전생의 모든 죄를 넓으신 아량으로 헤아려주시고 용서하시어서 믿고 따르는 자들을 빛과 불로써 심판하여 구원해 주시고 있사옵나이다.

소신은 인간 세상에 모든 것들은 아무런 의미가 없음을 잘 알고 있었으며, 이제부터가 진정한 시작이며 그나마 이런 세상을 대비해서 열심히 돈을 번 자들은 구원이요! 나무나 안타깝지만 아무런 생각이나 대책도 없는 자들은 영원한 지옥일 것이옵나이다.

이제 분명히 선별하여 구원과 심판을 하실 것이며, 눈과 피부로 느끼게 하실 것이며, 폐하께옵서 쓰신 모든 글들이 현실로 드러날 것이며, 천지가 개벽할 것이옵나이다. 폐하 곁에 살아남아서 영원한 영광일 뿐이옵나이다.

도법천존 3천황 폐하! 만세, 만세, 만만세!

— 전남 강진에서 천상도법주문회에 참석한 박○형 후기

【제8부】

신과 함께

신명정부

천황국 태상천궁 신명정부 출범

천상지상 천황국 태상천궁 신명정부 출범

하늘의 명을 받은 신명들과 함께하는 천상지상 신명정부를 말하는데 누가 깃발을 드느냐 그것이 문제였다. 인간세계 정부가 아니라 영적 세계에서 신명들이 이루는 정부가 신명정부인데, 하늘과 신명들의 많은 기운을 받고 살아갈 수 있다.

천상지상 천황국 태상천궁 신명정부에 출사한다는 것은 가문의 경사 중에 경사라 할 수 있다. 여기에는 각자들의 인간, 생령, 조상, 신명들이 다 함께 동참하기 때문이다. 그동안 귀신교를 통하여 천상세계 신명정부라는 말은 많이 들어왔지만 현실적으로 실행한 사람들이 없었다.

그럴 수밖에 없었던 이유는 하늘로부터 명이 내려오지 않았던 것도 있지만, 인류의 구심점 역할을 해낼 위대한 영적 지도자가 없었기 때문이다. 이론적이 아닌 실제 천상계 신명들에게 하강을 명해서 자유자재로 신들을 부를 수 있는 영적 능력이 있어야 현실세계로 이루어지는 것이다.

천상지상 천황국 태상천궁 신명정부가 왜 세워져야 하는가? 이 세상 76억 5,000만 명의 구심점을 세우는 일이고, 세계 인류를 영적으로 다스리는 최고의 방법이기 때문이다. 천궁의 천상지상 천황국 태상천궁 신명정부가 세워짐으로써 향후 신명들이 정치하는 세상을 열 수 있기 때문이다.

정치계 사태를 보면서 지도자의 위치가 얼마나 중요한지 실감할 수 있는 대목이다. 세상에서 가장 돈 많으며 잘나고 잘생긴 인물들이 모인 곳이 정치판인데 이들을 인간의 능력으로 이끌어간다는 것은 한계가 있다.

인간들은 실수투성이 그 자체이나 신명들은 천지간의 근본도리를 지키며 예의범절을 알기에 터무니없는 주장은 내놓지 않으며 신선들의 세상처럼 말싸움, 몸싸움하지 않는 세상을 이끌어간다. 정치판이 맑고 깨끗해야 나라 정치가 바로 서며 민생경제에 전념할 때 국민들이 보다 편한 세상에서 살아간다.

가장 이상적인 정치세계가 신과 함께하는 천상지상 신명정부인데 현 정부 인사들이 대거 참여하여 하늘과 땅이 원하는 정치를 해야 한다. 하늘로부터 명을 받아 하강한 신명들이란 하늘의 맑고 깨끗한 기운을 갖고 내려와서 정말 이 나라의 백성들이 원하고 바라는 정치를 해야 한다.

인간의 탐욕으로 물든 부정부패의 썩은 정치가 아니라 정말 백성들이 원하고 바라는 맑고 깨끗한 무릉도원의 이상향적인 정치 세계를 현실로 이루어내야 한다. 그리고 신명들은 실수란 것을 용서치 않기에 한 치의 오차도 없이 천상의 하늘께서 내려주시는 좋은 기운을 받아 정치를 하게 된다.

동화 속에 나올 법한 신선세상을 이 땅에 세우고자 하는 것이 하늘과 땅, 나의 목표이자 뜻이고, 나라 백성들이 진정으로 바라고 원하는 정치일 것이다. 통치자가 되면 온간 부정비리에 연루되어 재임 중이든 퇴임 후에 법의 심판을 받아야 하는 고통과 불행을 겪는 것이 현실 정치세계이다.

역대 대통령들이 모두가 불행하였던 과거를 갖고 있다. 대통령이 되면 왜 잘못될 수밖에 없는 것일까? 수많은 유혹을 뿌리치는 것에 한계가 있기 때문이다. 막강한 권력자 앞에 줄을 잘 서서 좋은 벼슬자리에 앉으려고 하는 욕심 때문이다.

막강한 권력으로 인사권을 행사하며 수많은 사람들을 승복시키며 부릴 수 있는 자리가 고위공직자의 벼슬이고, 청탁자들의 거대한 돈이 자동적으로 굴러들어 오는 매력을 느끼고, 뿐만 아니라 존경의 대상이 되는 높은 명예도 얻어서 세상에 이름을 널리 알린다.

물론 세월이 흘러도 부정비리가 터지지 않고 묻어지면 좋겠지만 언젠가는 비리가 폭로되어 구치소나 교도소에 수감되는 불행을 안고 살아간다. 정치인과 고위공직자들은 교도소 담장위를 걷는 아슬아슬한 인생을 살아간다.

현직에서 누리던 권력, 돈, 명예의 부귀영화가 영원히 존속되어야 하는데 현실은 그렇지 못하다. 언제 터질지 모르는 시한폭탄을 안고 살아가는 것이 현실 정치인들과 고위공직자들인데 이제는 신명정부 출범과 함께 끝났으면 좋겠지만 하나의 상상일 뿐 앞으로도 끝없이 이어질 것이다.

이 땅에 새로운 세상을 열어갈 태상천궁 신명정부에 출사할 많은 인재들이 필요하다. 현재 자신들이 맡고 있는 직책이 어떠하든지 천궁 신명정부에 출사하면 하늘로부터 내리는 신비스런 천지기운과 함께 천상지상 신명정부 각료에 임명되는 명예와 행운을 누릴 수 있다.

이 나라의 대통령은 물론 전 세계 각 나라의 대통령으로도 임명이 가능하고, 재상(국무총리), 부재상(부총리), 각 부처의 대신(장관), 차신(차관), 각 부서의 고위공직 기관장 벼슬자리에 오를 수 있는 영광이 있다.

17개 광역시도지사, 시장, 군수, 구청장, 국회의원, 시도 및 시군구 의원, 대법원장, 국회의장, 헌법재판소장, 선거관리위원장, 검찰총장, 경찰청장, 해경청장, 육군참모총장, 해군참모총장, 공군참모총장, 국영기업 이사장 자리에 영적으로 임명을 받을 수 있다.

비록 명예직이기는 하지만 하늘로부터 신비스런 천지기운이 각자들의 벼슬에 맞게 내리기 때문에 향후 영직 세계 벼슬이 현실세계 벼슬로 바뀔 수 있다는 점에서 전혀 무시할 수 없다. 자신이 이루고 싶은 이상향의 꿈을 갖고 있는 사람들은 태상천궁에 들어와서 절차를 이행하면 된다.

영적 세계 벼슬과 현실 세계 벼슬의 차이는 영적 세계 벼슬은 천상장부에 기록되지만 현실 세계 벼슬은 천상장부에 기록되지 않는다는 점이다. 천상에서는 인간 세계 벼슬은 전혀 인정하지 않고 영적 세계 벼슬만을 인정한다. 이곳 태상천궁에 이미 들어와 있는 수많은 사람들이 명예직에 불과한 영적 벼슬을 하사받으려고 왜 혈안이 되어 있는지 알 수 있는 대목인데 수많은 경쟁자들이 기다리고 있다.

각자들이 이 땅에서 벼슬한 경력은 천상에서는 인정하지 않기 때문에 아무짝에도 쓸모없지만 태상천궁에서 벼슬 하사받은 것은 천상장부에 기록되기 때문에 여러분이 세상을 떠난 뒤에 천상궁전 태상천궁에 올라가면 현생에서 영적으로 벼슬 하사 받았던 자리에 임명되는 특권이 부여된다.

3,300개 각 제후국들의 국가원수 제후(왕), 재상부대신(총리), 5부요인, 대신(장관), 차신(차관), 광역시장, 시도지사, 시장, 군수, 구청장, 국회의원, 고위공직자 등 수많은 벼슬자리가 있는데 죽어서 천상 태상천궁에 올라 벼슬을 할 수 있는 유일한 방법이다.

인간 육신의 삶은 길어봐야 100년 남짓한 세월 동안의 부귀영화를 누리고 살 수 있지만 이것은 찰나의 일장춘몽에 지나지 않고, 영적 세계 벼슬하사는 영원하기 때문에 이보다 더 좋은 벼슬자리는 이 세상에 없다.

자신의 생령과 돌아가신 부모조상님에게도 벼슬을 하사받게 해줄 수 있다. 천궁법도는 대통령제가 아닌 절대군주제이기 때문에 대통령이 없다. 태상천궁의 주인, 도솔천궁의 주인, 옥황천궁의 주인 밑에 수천 개의 각 나라 왕들이 크고 작은 나라를 다스리고 있다.

각자들이 죽어 천궁에 올라가서 왕, 왕비, 태자, 세자, 왕자, 공주, 고위공직자, 높은 벼슬자리, 신선, 선녀의 신분으로 살고 싶은 사람들은 살아생전 책을 읽고 방문하여 천궁법도 절차에 따르면 된다.

이것이 죽음 이후의 천궁세계에 올라가서 마음 편히 높은 자리에 올라가 잘살려면 인간 육신으로 살아 있을 때 황명을 받들어 행해야 한다. 천궁세계 벼슬직제를 인간세상에서 모방하였던 것이기에 별반 다르지 않다.

지금 지구에 유엔 기준 248개의 나라가 있고 민족별, 부족별로는 3,000개 이상이 되는데 태상천궁의 축소판이 현재 인간세상이다. 그래서 이곳 천궁에 들어와 천상세계의 벼슬관직을 하사받는 것이 여러분 각자가 사후세계를 준비해야 하는 가장 우선적인 과제이다.

각자들이 죽어서 높은 벼슬자리에 오른다는 상상은 절대로 불가능한 일이다. 살아서도 못했는데 죽어서는 아무것도 할 수 없는 춥고 배고픈 비참한 귀신 신세로 전락해서, 행할 수 있는 금전능력이 없는데 무슨 재주로 벼슬자리에 오르겠는가?

죽어서 찾아온 나라의 통치자들이었던 태조 왕건, 태조 이성계, 세종대왕 이도, 김일성, 김정일, 이승만, 박정희, 육영수, 최규하, 김영삼, 김대중, 노무현 전 대통령들과 이병철, 정주영, 구인회 재벌 회장들은 옷이 없어 추위에 떨고, 배고파 고통스러워서 애걸복걸하며 구해 달라, 살려달라 읍소하며 피눈물 흘리는 모습들을 천상도법주문회에 참석한 수많은 신하와 백성들이 함께 생생히 지켜보아서 아주 잘 안다.

살아생전에 돈과 권력, 명예로 세상에 이름을 알린 통치자들과 재벌들의 비참한 사후세계를 직접 확인하면서 인간 육신들이 좋아하는 돈, 권력, 명예는 죽어서 아무 소용이 없다는 사후세계 진실을 알아내었다.

수많은 사람들은 죽어서도 살아생전에 누리던 돈과 권력, 명예가 통하는 줄로 착각하며 살아가고 있는데 아무런 소용도 없고 전혀 도움도 되지 않는다. 현실의 많은 돈과 권력, 명예를 누리고 있을 때 사후세계를 철저히 준비하라고 하늘께서 내려주신 사랑의 선물인 줄 몰라보며 허송세월로 살아가고 있다.

영적 세계인 천황국 태상천궁 신명정부에서 대신(장관)자리에 임명된 사람들에게 상상을 초월하는 이적과 기적이 일어나고 있어서 싱글벙글하고 있는데, 그 이유는 천상의 하늘께서 고차원적인 신명정기를 실시간으로 내려주시기 때문이다.

비록 영적 세계에서 일어나고 있는 일이지만 무시할 수 없는 엄청난 천상기운이 내리고 있는 것이다. 현실세계의 장관은 몇 년 하면 끝이 나지만 영적 세계에서 하늘의 명을 받아 임명된 장관직은 부패하지 않고 천상의 주인으로부터 신뢰만 받는다면 거의 무한대라고 보면 된다.

영적 세계의 벼슬과 현실 세계의 벼슬!

비교하자면 겉보기에는 현실 세계 벼슬이 더 높고 중요한 듯 보이지만 현실 세계 벼슬은 잠시 잠깐 누리는 것이고, 죽어서는 하늘로부터 전혀 인정받지 못한다. 이왕이면 현직에 높은 자리에 있으면서 영적 세계에서 벼슬을 하사받아 제후(왕)나 대신(장관)으로 임명된다면 아주 금상첨화이다.

영적 세계에서 먼저 이루어져야 현실세계에서도 이루어질 수 있다. 영적 세계 벼슬하사는 천공(天貢)을 하늘께 바치고 천상에서 내려주시는 좋은 천지기운과 함께 벼슬(관직)을 임명받는 것이다. 아래 직제는 2018년 7월 15일부로 임명된 천상지상 천황국 태상천궁 신명정부의 벼슬직제이다.

아직은 초기 단계라서 명예직에 불과하지만 천상의 고차원적인 신명정기가 무궁무진 내린다. 천계의 신명들이 하강하여 인간 육신들과 함께하기 때문에 천변만화의 인생개벽 조화도 현실에서 일어난다.

이곳 태상천궁에서 임명받은 벼슬은 사후에 천상 태상천궁에 올라가서도 통용되기에 가장 이상적인 최고의 관직등용이라 할 수 있다. 일장춘몽으로 끝나는 것이 아니라 인간 육신이 죽더라도 천상 태상천궁에 올라가서 벼슬자리에 임명될 수 있는 말 그대로 상상을 초월하는 영광이자 행운아이다.

살아생전에 하늘로부터 명을 받아 천상관직에 등용될 수 있는 기회는 지구상에 존재하지 않고, 오직 이곳 태상천궁에서만 실현 가능한 일이며 상상세계 이야기가 아니라 실제상황이다.

천황국 백성(국민) 신분으로 가입을 희망하는 사람들은 일단 방문해서 친견 상담하여 절차에 따르면 된다.

천황국 태상천궁 국가원수 임명

천상지상 신명정부가 출범하여 천상세계 3,300개 제후국 제후(국가원수, 왕)과 지상세계 240개 각 나라 국가원수를 영적으로 임명한다. 영적 세계에서 이루어지는 것이기는 하나 국가원수에 임명되면 막강한 신비의 천지기운이 내려간다.

자격은 도인, 신인, 천인들 순서이고 합체등급이 높을수록 강대국 국가원수로 임명한다. 일단 신청을 받고 선택은 천상의 3천황 폐하와 저자(도법천존 3천황)가 최종 결정을 한다.

1) 천상세계 3,300개 제후국 제후(국가원수, 왕)
2) 지상세계 248개 국가원수
3) 248개 국가 국무위원(장관급)
4) 248개 국가 국회의원
5) 248개 국가 광역시장, 도지사
6) 248개 국가 시장, 군수, 구청장
7) 248개 국가 고위직(기관장)

초기 단계이기에 천인급 이상이면 임명한다. 같은 등급일 경우 천상도법주문회 참석점수와 국공, 적성여부를 참조하여 우선적으로 상위 국가, 상위 서열에 임명한다. 평소에 각자가 뿌리고 행한 대로 거두게 할 것이다.

영적으로는 실질적인 천상세계 3,300개 제후국 제후(국가원수, 왕), 국무위원(장관급, 차관급), 국회의원, 광역시장 및 도지사, 시장, 군수, 구청장, 고위직(기관장)에 임명되는 최고의 명예로운 선물이다. 오래전에 계획하였던 천상지상 신명정부 구상을 이제야 현실로 옮긴다. 벌써 했어야 하는데 많이 늦어졌다.

죽어서 천상궁전에 올라가 천상세계 3,300개 제후국 제후(국가원수, 왕)의 관직을 하사받을 영(생령)들은 육신이 아직 살아 있을 때 천상의 3천황 폐하와 3황후 폐하의 황명을 저자(도법천존 3천황)을 통해서 직위를 하사받으면 죽어서 제후 1순위 후보자 자격이 주어진다.

저자의 말을 믿는 사람들은 행하고, 믿지 못하겠다는 사람들은 안 하면 된다. 현실적으로는 말도 안 되는 웃기는 이야기이고 공상, 망상, 소설, SF, 만화라고 일축하며 무시할 수도 있는데 이것이 죽어서 현실로 이루어지는 것이 확인된다면 땅을 치고 후회할 사람들이 전부일 것이다.

사후세계 천상궁전의 진실이 사실로 확인되고 나면 과연 여러분에게 차례가 돌아갈까? 이것 역시 신선 여동빈의 전설처럼 아무도 믿지 않을 때 행하는 사람들이 죽음 이후 내생의 승리자이자 성공자이다.

소설 같지만 미래 사후세계의 현실이다. 뜻이 있는 곳에 항상 길이 열려 있으니 행하는 자가 승리자이다. 비록 황당할지라도 행하는 것이 미래세계를 보장받는다.

천황국 태상천궁 신명정부 명단

순위	천궁 관직명	성 명	현 직제 비교
001	3천황	○○○	국가원수
002	비서부 대신	이○○	비서실장
003	경호부 대신	최○○	경호실장
004	재상부 대신	이○○	국무총리
005	외무부 대신	장○○	외무장관
006	경제부 대신	박○○	경제장관
007	감사부 대신	이○○	감사원장
008	검찰부 대신	김○○	검찰총장
009	정보부 대신	홍○○	국정원장
010	법무부 대신	김○○	법무장관
011	국방부 대신	김○○	국방장관
012	교육부 대신	심○○	교육장관
013	과기부 대신	정○○	과기장관
014	통신부 대신	김○○	통신장관
015	통일부 대신	이○○	통일장관
016	경찰부 대신	박○○	경찰청장
017	국세부 대신	장○○	국세청장
018	행정부 대신	강○○	행정장관
019	안전부 대신	이○○	안전장관
020	문화부 대신	김○○	문화장관

021	체육부 대신	장○○	체육장관
022	관광부 대신	오○○	관광장관
023	농림부 대신	이○○	농림장관
024	축산부 대신	박○○	축산장관
025	식품부 대신	원○○	식품장관
026	산업부 대신	손○○	산업장관
027	통상부 대신	권○○	통상장관
028	자원부 대신	이○○	자원장관
029	보건부 대신	조○○	보건장관
030	복지부 대신	유○○	복지장관
031	환경부 대신	강○○	환경장관
032	고용부 대신	이○○	고용장관
033	노동부 대신	송○○	노동장관
034	여성부 대신	손○○	여성장관
035	가족부 대신	조○○	가족장관
036	국토부 대신	공○○	국토장관
037	교통부 대신	박○○	교통장관
038	해양부 대신	이○○	해양장관
039	벤처부 대신	유○○	벤처장관
040	수산부 대신	정○	수산장관
041	중기부 대신	이○○	중기장관
042	소방부 대신	윤○○	소방청장

043	방송부 대신	김○○	방송장관
044	안보부 대신	신○○	안보장관
045	특허부 대신	양○○	특허장관
046	안보부 대신	차○○	안보실장
047	기상부 대신	임○○	기상장관
048	법제부 대신	심○○	법제장관
049	금융부 대신	김○○	금융장관
050	해경부 대신	정○○	해경청장
051	보훈부 대신	이○○	보훈청장

천황국 태상천궁 시도지사 명단

	천궁 관직명	성　명	현 직제 비교
	3천황/통치자	○○○	천궁/국가원수
	5부 요인		
001	선관부 대신	이○○	선관원장
002	헌재부 대신	최○○	헌재소장
003	재상부 대신	이○○	국무총리
004	사법부 대신	장○○	대법원장
005	입법부 대신	박○○	국회의장
	광역시도지사		
001	서울특별시장	이○○	
002	부산광역시장	장○○	
003	인천광역시장	최○○	
004	대전광역시장	이○○	
005	대구광역시장	박○○	
006	울산광역시장	김○○	
007	광주광역시장	김○○	
008	세종자치시장	강○○	
009	제주자치시장	심○○	
010	경기도지사	오○○	

011	강원도지사	장○○	
012	충남도지사	박○○	
013	충북도지사	김○○	
014	경남도지사	정○○	
015	경북도지사	김○○	
016	전남도지사	박○○	
017	전북도지사	김○○	
018	평양직할시장	이○○	
019	남포특별시장	손○○	
020	라선특별시장	김○○	
021	평남도지사	권○○	
022	평북도지사	이○○	
023	황남도지사	김○○	
024	황북도지사	홍○○	
025	북강원도지사	조○○	
026	자강도지사	이○○	
027	양강도지사	손○○	
028	함남도지사	유○○	
029	함북도지사	장○○	

천황국 태상천궁 국회의원 명단

NO	성 명	NO	성 명	NO	성 명
001	간○○	026	김○○	051	김○○
002	강○○	027	김○○	052	김○○
003	강○○	028	김○○	053	김○○
004	강○○	029	김○○	054	김○○
005	강○○	030	김○○	055	김○○
006	강○○	031	김○○	056	김○○
007	강○○	032	김○○	057	김○○
008	경○○	033	김○○	058	김○○
009	공○○	034	김○○	059	김○○
010	고○○	035	김○○	060	김○○
011	곽○○	036	김○○	061	김○○
012	곽○○	037	김○○	062	김○○
013	권○○	038	김○○	063	김○○
014	권○○	039	김○○	064	김○○
015	권○○	040	김○○	065	김○○
016	권○○	041	김○○	066	김○○
017	김○○	042	김○○	067	김○○
018	김○○	043	김○○	068	김○○
019	김○○	044	김○○	069	김○○
020	김○○	045	김○○	070	김○○
021	김○○	046	김○○	071	김○○
022	김○○	047	김○○	072	김○○
023	김○○	048	김○○	073	김○○
024	김○○	049	김○○	074	나○○
025	김○○	050	김○○	075	남○○

076	노○○	103	박○○	130	송○○
077	도○○	104	박○○	131	송○○
078	맹○○	105	박○○	132	신○○
079	문○○	106	박○○	133	신○○
080	문○○	107	박○○	134	신○○
081	민○○	108	박○○	135	신○○
082	민○○	109	박○○	136	신○○
083	민○○	110	박○○	137	신○○
084	박○○	111	방○○	138	심○○
085	박○○	112	방○○	139	심○○
086	박○○	113	방○○	140	심○○
087	박○○	114	방○○	141	심○○
088	박○○	115	방○○	142	심○○
089	박○○	116	방○○	143	안○○
090	박○○	117	방○○	144	안○○
091	박○○	118	방○○	145	안○○
092	박○○	119	서○○	146	양○○
093	박○○	120	설○○	147	어○○
094	박○○	121	성○○	148	엄○○
095	박○○	122	소○○	149	여○○
096	박○○	123	손○○	150	염○○
097	박○○	124	손○○	151	오○○
098	박○○	125	송○○	152	오○○
099	박○○	126	송○○	153	오○○
100	박○○	127	송○○	154	오○○
101	박○○	128	송○○	155	우○○
102	박○○	129	송○○	156	원○○

157	원○○	184	이○○	211	이○○
158	위○○	185	이○○	212	이○○
159	유○○	186	이○○	213	이○○
160	유○○	187	이○○	214	이○○
161	유○○	188	이○○	215	이○○
162	유○○	189	이○○	216	이○○
163	유○○	190	이○○	217	이○○
164	유○○	191	이○○	218	이○○
165	유○○	192	이○○	219	이○○
166	유○○	193	이○○	220	이○○
167	윤○○	194	이○○	221	이○○
168	윤○○	195	이○○	222	이○○
169	윤○○	196	이○○	223	이○○
170	윤○○	197	이○○	224	이○○
171	윤○○	198	이○○	225	이○○
172	윤○○	199	이○○	226	이○○
173	윤○○	200	이○○	227	이○○
174	윤○○	201	이○○	228	인○○
175	윤○○	202	이○○	229	임○○
176	윤○○	203	이○○	230	임○○
177	윤○○	204	이○○	231	장○○
178	윤○○	205	이○○	232	장○○
179	윤○○	206	이○○	233	장○○
180	윤○○	207	이○○	234	장○○
181	이○○	208	이○○	235	전○○
182	이○○	209	이○○	236	전○○
183	이○○	210	이○○	237	전○○

238	전○○	265	주○○	292	홍○○
239	전○○	266	주○○	293	홍○○
240	정○○	267	주○○	294	홍○○
241	정○○	268	지○○	295	홍○○
242	정○○	269	진○○	296	홍○○
243	정○○	270	진○○	297	홍○○
244	정○○	271	차○○	298	황○○
245	정○○	272	채○○	299	황○○
246	정○○	273	천○○	300	황○○
247	정○○	274	최○○		
248	정○○	275	최○○		
249	정○○	276	최○○		
250	정○○	277	최○○		
251	정○○	278	최○○		
252	정○○	279	최○○		
253	정○○	280	최○○		
254	정○○	281	최○○		
255	정○○	282	추○○		
256	정○○	283	추○○		
257	제○○	284	추○○		
258	조○○	285	표○○		
259	조○○	286	하○○		
260	조○○	287	한○○		
261	조○○	288	한○○		
262	조○○	289	함○○		
263	조○○	290	홍○○		
264	조○○	291	홍○○		

천황국 태상천궁 국가원수 명단

NO	국가명	원 수	NO	국가명	원 수
001	영국	이○율	027	싱가포르	김○라
002	미국	이○규	028	아르헨티	신○연
003	말레이시	강○호	029	스위스	김○석
004	러시아	최○호	030	태국	이○익
005	한국	이○선	031	이탈리아	심○영
006	독일	박○숙	032	터키	김○겸
007	스웨덴	윤○규	033	멕시코	김○진
008	캐나다	오○희	034	인도네시	박○서
009	홍콩	김○숙	035	아이슬란	유○숙
010	인도	신○우	036	아랍에미	민○경
011	중국	이명○	037	폴란드	김○랑
012	루마니아	장○신	038	덴마크	장○홍
013	북한	강○희	039	포르투칼	유○경
014	프랑스	조○숙	040	벨기에	신○선
015	호주	홍○환	041	필리핀	이○상
016	핀란드	이○순	042	오스트리	정○윤
017	브라질	손선○	043	부탄	김○환
018	스페인	손옥○	044	몽골	류○덕
019	남아프리	정○철	045	뉴질랜드	심○찬
020	네덜란드	이○호	046	이란	권○자
021	노르웨이	박○규	047	이집트	박○영
022	우즈베키	임○민	048	파키스탄	정○지
023	일본	장○혁	049	이라크	송○숙
024	사우디	박○형	050	아일랜드	이경○
025	베트남	김○동	051	쿠웨이트	차○옥
026	캄보디아	이정○	052	나이지리	김○배

천황국 신명정부 국회의원

천상지상 천황국 태상천궁 신명정부를 발족시키고 하늘의 기운을 받을 수 있는 천상의 국회의원과 세계 각 나라의 국가원수, 총리, 부총리, 장관, 시도지사직에 출사할 신명정부 요인들을 찾는다. 물론 무보수 명예직에 불과하지만 신명정부의 국회의원이 되면 현실정부 참여의 길도 열릴 수 있다.

천상지상 천황국 태상천궁 신명정부에 참여하면 신비의 천지기운을 받을 수 있기에 기존 정당들의 국회의원들도 자연스럽게 들어와 합류한다. 신명정부에 출사한 국회의원과 정치인들 중에서 차기 대통령 당선에 엄청 유리하다.

천황국 태상천궁 신명정부에 출사한 정치인들 중에서 차기 대통령으로 당선될 수 있고, 신명정부에 출사한 사람들이 현실세계 정부에 출사하여 성공할 기능성이 매우 높다.

대통령이 되려고 하는 정치인들과 정치에 뜻이 있는 사람들, 벼슬하고 싶어 하는 사람들은 일단 신명정부에 참여하여 명예직 국회의원으로 임명받고 활동하면 현실정치에 출사할 수 있는 길도 열린다.

신명정부의 국회의원과 국무위원에 인선되면 천상의 정기가 실시간으로 내려서 일상 자체가 기쁨과 행복, 황홀함으로 변하는 이적과 기적이 일어난다. 허상세계가 아니라 천상세계가 현실로 이루어지는 곳이 천황국 태상천궁 신명정부이다.

인간세계의 신분은 하늘에서 인정하지 않지만 신명세계 정부의 신분은 천상에 수록되기 때문에 살아서도 죽어서도 신분과 지위가 보장된다.

외형상으로는 현실세계 정부의 관직(벼슬)이 더 좋아 보이지만 내면직으로는 신명세계 정부의 관직이 더 높고 내단하며 사후세계까지도 이어진다. 권불십년이란 말이 있듯이 현실세계 권력은 10년을 지탱하기가 힘이 들지만 신명정부의 관직은 크게 잘못이 없으면 영원하다.

몇 십 년의 벼슬에 목숨을 걸 것이냐? 아니면 영원한 벼슬에 목숨을 걸 것이냐가 관건이다. 이것이 현실정부보다 더 대단한 신명정부의 매력이다. 사후세계를 믿는 사람들은 현실정부의 관직보다 신명정부의 관직을 갖는 것이 더 현실적이다.

생전에 권력과 돈, 명예를 얻어 부귀영화 누리던 왕, 대통령, 재벌회장들을 여러 명 불러서 사후세계 모습들을 살펴보았더니 거지도 그런 상거지가 없었고, 비참함과 참혹함은 말로 표현할 수 없을 정도로 피폐해 있었다.

찰나의 순간에 해당하는 인간세계의 관직은 일장춘몽과 같기에 영원할 수가 없으나 신명정부의 관직은 영원하니 현실정치에 성공한 정치인들은 물론 실패한 정치인들도 신명정부에 출사하면 좋은 천지기운을 받고 살아갈 수 있다.

그리고 돌아가신 조상들에게 벼슬관직을 내려줄 수 있는 곳이 지구상에 단 한 곳이 이곳 태상천궁이다. 지상에는 인간세계 정부가 존재하듯이 천상세계에는 천상정부가 존재하고 있기에 벼슬에 원과 한이 되어 돌아가신 조상님들에게 천상의 벼슬을 받게 해줄 수 있다.

살아생전 대통령, 총리, 부총리, 장관, 광역시장, 도지사, 시군구청장의 벼슬길에 나가지 못하고 돌아가신 조상님들의 원과 한을 풀어드릴 수 있는 유일한 길이 천상지상 신명정부 참여인데 천상정부에도 상하 간 서열과 계급이 존재한다.

살아서 이루지 못한 정치의 꿈을 이룰 수 있는 전 세계 유일한 곳이 태상천궁의 천상지상 신명정부에 참여하여 관직을 하사받는 길이다. 살아서 신명정부에 참여하여 관직을 하사받은 사람들은 죽어서 천상궁전에 올라가서도 관직에 중용되는 특혜가 부여된다.

왜냐하면 천상 태상천궁의 황태자였던 내가 이 땅에서 황위계승을 위한 과정수업의 천지대공사가 끝나고 천상으로 돌아가면 아바마마이신 태상천존 자미 천황태제 폐하께 하늘의 주인자리를 물려받아 황좌에 오르기에 천상정부의 전면적인 대폭 개각이 불가피한데, 천상세계 새 정부 출범과 함께 새로 임명될 3,300개 제후국 제후들과 입각할 장관, 차관, 국회의원들을 지상 신명정부에 출사하여 관직을 하사받은 사람들 중에서 인선할 것이기 때문이다.

【제9부】

신과 함께

인류구원

천상도법주문의 신비한 위력

소신은 제32차 천상도법주문회에 참석한 이후 소신에게 신체상 특별한 기적이 일어나서 도법천존 3천황 폐하께 말씀 올리고자 하옵나이다.

소신은 평소에 발에 쥐가 자주 내려서 병원 치료를 8년 가까이 받다가 최근에는 약물치료만 하고 있는데, 한번 쥐가 내리면 다리가 빳빳해져서 마치 장작개비같이 단단해지는데 그 때는 통증이 아주 심하고 보통 약 30분 정도 계속 통증이 있은 후 쥐가 풀리옵나이다.

그런데 어제저녁(7월 10일)에 잠을 자는데 갑자기 왼쪽 발에 그 무서운 쥐가 내려서 갑자기 어찌 할 바를 몰랐는데, 문득 도법주문이 떠올라서 "천상도법주문"을 세 번 외우는 도중에 통증이 거짓말처럼 사그러졌사옵나이다.

그러고 나서 조금 있으니까 오른쪽 발에 또 쥐가 내렸는데 이번에도 천상도법주문을 다시 외우니까 거짓말처럼 통증이 싹 가셔버렸으며 그러고 난 후 다시는 통증이 없어서 아침까지 잠을 잘 잤사옵나이다.

아침에 생각을 해보니 도법천존 3천황 폐하의 대천력, 대도력, 대신력의 위력이 바로 이런 거구나! 하는 생각이 떠올라 도법주문의 위대함을 처음으로 느낄 수 있었사옵나이다.

또 있사옵나이다. 아침에 거울을 보니 소신의 눈 밑(와잠)에 반원형 모양의 주름이 많이 있었사온데 그 주름이 거짓말같이 없어졌사옵나이다. 이 주름을 없애려고 4년 전에 주름제거 하는 제품을 40만 원 주고 구입하여 거의 매일마다 시도해 보았는데 별 효과를 못 보았사옵나이다.

그동안 지난 5월 달까지는 세포재생 천상도법주문을 외웠는데, 그 결과가 오늘 아침에 확인되었사오며 기분이 아주 좋았사옵나이다. 이런 기적적인 결과를 어떻게 설명을 해야 옳은 설명이 될 것인지 참으로 놀랍사옵나이다.

도법천존 3천황 폐하의 대천력, 대도력, 대신력은 겪어보지 않고서는 믿기 어려운데, 이렇게도 감사하게 은혜를 베풀어주시니 너무너무 감사하옵나이다. 천상도법주문회에 참석할 때마다 도법천존 3천황 폐하께서 천지기운을 많이 내려주신 결과가 엄청남을 알았사옵나이다.

— 부산 연제구에서 이○호

빛과 불을 알아본 생사령들

80~90세에 돌아가신 부모조상님들이 천상 도솔천궁에서 지상 태상천궁으로 하강할 때 너무나 생기발랄하고 소년소녀 같은 이팔청춘의 젊은 모습으로 하강한다. 너무나 어리둥절하며 자신의 조상님이 맞나 하는 의구심이 들어 확인한다.

그럴 수밖에 없는 것이 조상님 천상입천제의식을 행할 때는 분명히 60~90세에 돌아가신 춥고 배고픈 헐벗은 초췌한 부모조상님이신데 여자들은 15~19세, 남자들은 21세~29세 전후의 아름답고 활기 넘치는 모습으로 하강하니 후손들이 알아볼 수 없어 내 부모조상님 맞나? 의아해한다.

여자 조상님들은 10대 소녀로 애교 만점의 아리따운 목소리로 하강하고, 남자 조상님들은 20대의 활기 넘치는 청년 목소리로 하강하니 못 알아보는 것은 아주 당연하다. 부모조상님들의 사후세계를 천지개벽시켜 드리는 대역사가 지상 태상천궁에서 매일같이 거행되고 있다.

춥고 배고파하며 헐벗은 슬픔과 고통스런 조상영가 신분으로 있다가 하늘의 황명을 받아 천상궁전으로 입천하여 근심걱정 고민이 하나도 없는 하늘의 백성들인 선남선녀, 신선선녀로 재탄생하였으니 살아생전의 부모조상님 모습을 찾을 수 없어 어리둥절할 수밖에 없다.

각자의 부모조상님들을 천지대개벽시켜서 무릉도원 세상의 신선선녀 모습의 삶으로 바꾸어주었으니 얼마나 좋아하시겠는가? 이것이 바로 기적이자 이적이고 구원이며 지구에 태어나기 전의 천상신분으로 회복된 것이니 대개벽이다.

누구든지 자신의 영적 고향인 천상궁전으로 되돌아가기 위해서 만물의 영장인 인간 육신으로 다시 태어났지만 이런 고차원적인 영적 세계의 진실을 알고 전해 주는 사람들이 이 세상에는 아직까지 없었다.

춥고 배고픈 헐벗은 자신의 조상님들을 살려내야 각자들의 인생이 무릉도원 인생으로 바뀌는 천지기운을 받고 살아갈 수 있는데 돌아가신 부모조상님들은 천상의 하늘께서 내려주시는 천지기운의 복을 가져다주는 심부름꾼인 전령사들이다.

그래서 아픔과 슬픔, 고통과 불행에서 하루빨리 벗어나 마음 편히 살고 싶으면 자신들이 돌아가신 부모조상님들을 남들보다 더 빨리 구해 드리는 조상님 천상입천제의식을 행해야 하고, 아무것도 행하지 않으면 아무 일도 일어나지 않는다.

천지만생만물은 하늘과 땅의 천지기운을 받지 못하면 성장할 수도 없고, 존재할 수도 없다. 흔히들 말하는데 기운이 펄펄 나야 일을 잘한다고 한다. 일단 기운이 없으면 맥이 풀리고 아무런 일도 못한다. 그러면 기운이란 어디에서 생기는 것일지는 각자들이 잘 알고 있을 것이다.

인간 육신을 가진 사람이든 짐승이든 벌레든 곤충이든 무엇이든 먹어야 힘이 나고 생존할 수 있듯이 이미 돌아가신 각자의 부모조상님들은 비록 육신은 없지만 무엇인가를 먹어야 하는데 그것이 바로 하늘께서 내려주시는 천상기운이라 불리는 고차원적인 신명정기이다.

기운이란 존재 자체는 보이지도 들리지도 않지만 우리들의 육신을 생동감 있게 움직이게 하는 고급 에너지이다. 그러니까 육신을 가진 사람들은 좋은 음식을 먹어야 기운이 나고, 돌아가신 부모조상님들은 천상의 하늘께서 내려주시는 하늘의 정기를 받아먹어야 기운이 난다.

천지만생만물은 수도 없이 생멸을 거듭한다. 그런데 진짜 하늘의 정기를 받아먹게 해주는 곳은 지구상에 단 한 곳 태상천궁의 저자뿐이라는 진실을 수많은 생령과 사령들을 수시로 불러서 대화를 나누며 알게 되었다.

이들 생령과 사령들이 나의 존재를 생생히 확인해 준 당사자들이다. 인간의 눈으로는 보이지 않는 영적 세계 현상이기 때문에 인간 육신들은 친견상담할 때 나의 존재를 바로 앞 면전에서 마주 보며 바라보아도 전혀 알아차릴 수가 없다.

수많은 조상영가들을 불러서 대화를 해보았는데 아주 신비한 공통점을 발견해 냈다. 사람이 죽으면 육신도 없는 혼령들이 하나같이 이구동성으로 왜 춥고 배고프다고 말하는지 처음에는 나 역시 도무지 이해가 안 되었다. 그래서 수많은 조상영가 혼령들에게 물어보았더니 그 정답을 말하였다.

살아생전의 습성이기도 하지만 하늘이 내려주시는 정기를 받아먹지 못해서 항상 춥고 배고프다 하였다. 비록 육신은 죽었지만 투명인간처럼 사람의 형체는 그대로 갖고 있기에 산 사람처럼 똑같이 희로애락을 느낀다고 말한다.

복날의 가장 무더운 여름에 사령들을 불러서 대화를 나누어 보아도 춥고 배고프다고 말하니 엄동설한에는 얼마나 춥고 배고프겠는가? 수많은 조상영가들과 대화를 나누면서 그러면 그 하늘의 정기는 어디 가서 어떻게 받아먹어야 하느냐고 물었더니 상상초월의 말을 하였다.

내가 하늘의 화신이자 분신이고 하늘의 명 대행자 신분이기 때문에 말하는 그 자체가 바로 천상정기이자 하늘이 내리시는 황명이고 천명이라고 하면서, 내가 말을 하면 즉시 하늘의 기운과 통하여 천상정기를 받아먹을 수 있다고 말하였다.

그래서 나에게 조상영가들이 자손이나 후손을 데리고 이곳 태상천궁에 들어와 천상입천제의식을 행하면 조상영가들이 즉시 천상정기를 받아먹어 살아난다고 말하는 것이었다. 그러면서 수천 년의 세월 동안 지구상에 수백만 개에 달하는 여러 종류의 귀신교를 모두 다녀보았지만 하늘의 천상정기가 내리는 곳은 한 번도 보지도 듣지도 못했다고 한다.

세상에 널리 알려진 유명한 사람들이 운영하는 귀신교를 가 보아도 말장난에 불과할 뿐 실제로 구원받아 천상으로 오르는 영들은 하나도 없었다고 말하며 인류 모두가 귀신들에게 속고 있다 말한다.

태상천궁의 주인인 내 육신과 말소리에서 강력한 빛과 불이 발산되는 아우라(상서로운 독특한 기운)가 신비스런 오로라처럼 형형색색으로 보인다며 인류를 구원하실 진짜 인류의 영도자가 나타나신 것이 분명하다고 말하였다.

산 자의 생령들과 죽은 자의 사령들은 내 몸에서 발산되는 강력한 빛과 불을 보고 모두가 놀라고 두려움과 무서움에 벌벌 떨며 구해 달라, 살려달라 읍소하고 악귀, 잡귀들은 줄행랑치며 도망치기 바쁘다.

왜 그런 것일까? 내 몸에서 언제부터 이렇게 강력한 빛과 불이 발산되고 있었던 것인가? 이런 진실을 발견한 것은 올해 초부터이다. 내로라하는 세계적인 수많은 생령과 사령들을 수시로 불러서 대화를 나누던 도중에 알았다.

그들 스스로가 내 몸에서 강력한 빛과 불이 발산되는 것이 보인다며 너무나 눈이 부셔 눈을 뜨지 못하고 눈알이 빠질 정도로 아프다면서 내 얼굴을 똑바로 쳐다보지 못하고 손으로 눈을 가린 채 실눈을 뜨고 바라보며 말한다.

나의 손바닥에서도 강력한 빛과 불이 발산되는 것 역시도 이들 생령과 사령들이 공포와 두려움에 벌벌 떨면서 말해 주어서 난생처음 알게 되었다. 나의 몸에서 왜 이렇게 신령스런 빛과 불이 보이는 것일까? 독자 여러분도 궁금하겠지만 내 자신 스스로도 궁금하기는 마찬가지이다.

이에 대해 궁금증을 갖자 천상의 절대자 하늘이신 태상천존 자미 천황태제 폐하와 도통천존 도솔천황 폐하, 재물천존 옥황천황 폐하께서 내려주신 말씀이시다. 너와 내가 하나 되었음을 무엇으로 보여주겠느냐? 하시면서 그 증표가 바로 강력한 빛과 불이라고 하셨다.

천상의 대단하신 하늘께서 내 육신으로 함께해 주고 계신 것을 만 세상 인류와 생사령들에게 보여주신 것이었다. 하늘께서 내려주신 빛과 불이 바로 인류를 구원할 수 있는 유일한 천상기운이었다. 그러니까 천상의 세 하늘께서 빛과 불의 기운으로 하강하셨다는 것을 나에게 확인시켜 주신 것이었다.

올 여름 7월 초부터 8월 17일까지 그 얼마나 더웠던가? 기상관측 111년 만에 최고의 더위라고 말하지만 지구가 생기고 처음일 것인데, 사상 유례 없는 불볕더위가 천상의 3천황 폐하와 3황후 폐하께의 무소불위하신 천지기운이 지상 태상천궁의 저자 육신으로 하강 강림하셨다는 것을 세상에 보여주시려는 천변만화의 이적과 기적의 조화였다.

인류는 끊임없이 구원의 하늘을 찾아다니고 있는데 아무리 두 눈을 크게 뜨고 일평생 동안 세상천지 모든 귀신교를 돌아다녀 보아도 찾을 수가 없다. 형상과 모습, 유창한 화술, 경전과 교리, 이론으로 구원의 하늘을 찾는 것이 아니라 천지기운으로 하늘을 찾아야 하는 것이었다.

그래서 인류가 자손의 대를 이어가면서 숭배자를 믿고 귀신교를 수천 년 동안 찾아 헤매 다녀도 진짜 하늘을 만나지 못했던 것이다. 하늘은 형상과 모습, 유창한 화술, 경전과 교리, 이론으로 오시는 것이 아니라 아무도 흉내 낼 수 없는 천변만화의 신비로운 천지기운을 갖고 오시는 것이었다.

말이나 글은 상대방을 얼마든지 현혹하고 속일 수 있지만 각자들 스스로가 온몸과 온 마음으로 느껴지는 무소불위한 천지기운은 아무도 대신할 수 없고, 아무도 속일 수가 없다. 이제 고정관념의 귀신교 벽을 송두리째 깨고 탈출해야 참다운 하늘을 만나 천지기운을 온몸으로 느낄 수 있다.

생령과 사령, 신명, 인간들을 구원해 낼 수 있는 것은 오직 천상의 하늘 기운인 빛과 불뿐이고, 이런 빛과 불은 지구상에 존재하는 귀신교에서는 나올 수가 없기에 구원 자체가 안 이루어지고 있다.

이미 여러 번 말해 주었지만 구원이란 자체는 세 하늘만이 하실 수 있지 죽어서 수천 년 동안 추앙받고 있는 각 나라 조상귀신들이 여러분의 생령과 사령, 신명, 인간들을 구원해 줄 수 있는 능력자가 아니라는 진실이 입증되었다.

이들도 구원받아야 할 죄 많은 자들이다. 그러나 하늘을 사칭한 그 대가로 인하여 구원받지 못해 오늘도 허공중천을 떠돌며 추위와 배고픔으로 고통스런 사후세계에 머물러 있지만 전 세계 인류는 눈에 보이지 않기 때문에 자신들이 이들 귀신교 숭배자들에게 속은 줄도 모르며 살아가고 있다.

인류의 구원자 하늘은 어디에

귀신교 안에서 찾던 절대자 하늘!

하늘을 그리워하고 하늘을 만나 구원받고 싶은 존재들인 우리 인간들은 물론 생령, 사령, 신명들을 구해 주시고 영들과 신들에게는 천상궁전으로의 입천을 윤허하시고, 장생과 영생을 보장해 주시는 하늘을 찾으려고 열심히 귀신교에 다닌다.

나는 매주 일요일마다 천상도법을 주관하는 도법천존 3천황인데, 나의 육신으로 우주의 절대자 주인이신 태상천존 자미천황태제 폐하와 황후 폐하, 도통천존 도솔천황 폐하와 황후 폐하, 재물천존 옥황천황 폐하와 황후 폐하께서 함께하시며 생령, 사령, 신명들을 천상으로 구원해서 살려주신다.

나는 이분들의 역할을 수시로 대행하고 있다. 태상천존 자미 천황태제 폐하, 도통천존 도솔천황 폐하, 재물천존 옥황천황 폐하의 천지기운으로 도법천존 3천황이 1) 생령 2) 사령 3) 신명 4) 인간을 구해서 살리고 지옥 같이 고통스런 삶을 무릉도원 세상으로 바꾸어 주고 있다.

1) 생령 2) 사령 3) 신명 4) 인간들을 구해서 살려주실 절대자 하늘께서 나의 마음과 육신을 빌리시어 천지대공사를 집행하고 계심을 현실로 체험하고 있다. 인간, 생령, 사령, 신명들

의 상상을 초월하는 이적과 기적이 눈앞에서 현실로 일어나고 있음을 수많은 신하와 백성들이 매주 실시간으로 목격하며 체험하고 있다.

말하는 대로 현실로 이루어진다는 것이 인간으로서는 불가능한 일인데 이곳 태상천궁에서는 바로 현실로 일어나고 있으며 수많은 사람들이 직접 체험하고 있다. 만화, 소설, 공상, 가상세계에서나 일어날 만한 일들이 실제 현실로 일어나고 있다.

나 자신 인간의 능력으로는 절대 불가능한 일들이다. 이곳 태상천궁에서 인류의 상상을 초월하는 신비로운 이적과 기적이 일어나고 있는 것은 우주의 절대자 주인이시자 3천황 폐하이신 태상천존 자미 천황태제 폐하, 도통천존 도솔천황 폐하, 재물천존 옥황천황 폐하께서 친히 내 육신의 손과 발, 입, 글, 마음, 생각을 통해서 천상기운과 천지기운으로 천상지상 천지대공사를 집행하고 계시기 때문이다.

인류라고 불리는 1) 생령 2) 사령 3) 신명 4) 인간들의 생사여탈권을 집행하시는 절대자 하늘이시다. 이분들은 실시간으로 나에게 천상기운을 내려주시면서 내가 말하는 대로, 내가 원하는 대로 현실세계에서 그대로 이루어주고 계신다.

1) 생령 2) 사령 3) 신명 4) 인간들을 구해 주실 위대하시고 대단하신 하늘께서 어째서 나의 육신과 마음으로 내려오시는 것일까 무척이나 궁금할 것인데 지구에 내려오기 전에 이미 천상에서 약속이 되어 있었다.

천상의 황태자로서 수천 년의 세월 동안 이 땅에 귀신들이 망쳐놓은 하늘세계, 사후세계, 영혼세계, 조상세계, 신명세계, 정신세계의 더럽혀진 추악한 질서를 바로잡고, 천지인의 진실을 올바르게 전하라는 절대자 하늘의 명을 받고 하강하였다.

1) 생령 2) 사령 3) 신명 4) 인간들을 교화하여 구하기 위해서는 절대자 하늘께서도 인간 육신이 반드시 필요하시기 때문에 나의 육신을 선택하셨던 것이다. 귀신교(종교)는 진정한 하늘의 뜻도 아니고 구원도 이루어지지 않고, 가장 싫어하시기에 귀신교와 정반대로 하늘의 뜻을 전할 수 있는 맑고 깨끗한 정의로운 인간 육신이 필요하셨다.

귀신교의 법도를 펼치는 것이 아니라 하늘의 천궁법도를 이 땅에 펼칠 수 있는 위대한 인류의 영도자로 나(황태자)를 선택하시어 세상에 출세시키신 것이다. 그러기 위하여 나에게 무소불위하신 하늘의 대천력, 대도력, 대신력을 내려주시고, 1) 생령 2) 사령 3) 신명 4) 인간들에게 언제든지 명을 내리고 구해줄 수 있는 막강한 구원의 전권을 부여해 주시었다.

하늘께서 나에게 전지전능의 전권을 부여해 주셨다는 것보다 하늘께서 내 육신으로 하강하시어 직접 구원의 천지대공사를 친히 집행하신다고 보는 것이 맞다. 그렇지 않고서는 인류의 상상을 초월하는 신비로운 대이적과 대기적이 수많은 사람들이 지켜보는 가운데 눈앞에서 현실로 일어날 수 없다.

경이로움, 경천동지, 상상초월 등등 그 어떤 수식어를 사용하더라도 도저히 이해가 안 되는 신비스런 일들이 현실로 무궁무진하게 일어나고 있기 때문이다. 지구상에 존재하는 수백만 개에 달하는 그 어떤 귀신교를 다녀보아도 구경할 수 없는 상상초월의 일들이 매주 일요일마다 열리고 있다.

나는 도법천존 3천황이자 우주의 절대자 주인이신 태상천존 자미 천황태제 폐하, 도통천존 도솔천황 폐하, 재물천존 옥황천황 폐하의 인간 육신 그 자체이다. 내 육신으로 하강 강림하시어 인류를 구하는 천지대공사의 그 순간은 절대자 하늘께서 거처하시는 천궁이자 인간 육신이 되는 것이다.

수천 년의 세월 동안 인류는 우주의 절대자 주인이신 태상천존 자미 천황태제 폐하, 도통천존 도솔천황 폐하, 재물천존 옥황천황 폐하를 맞이하려고 귀신교 안에서 허송세월을 보내며 경전과 교리, 이론 공부만 하고 있었다.

이곳 태상천궁은 경전과 교리, 이론을 공부하는 곳이 아니라 라이브 생방송으로 진행하는 곳이기에 골치 아픈 것이 없고 황궁(궁중)예법만 익히면 된다. 절대자 하늘께서 직접 하강 강림하시는데 무슨 경전과 교리, 이론이 필요하겠는가?

절대자 하늘의 말씀이 곧 법이자 命(명)이기 때문에 천지기운이 즉시 내린다. 천지만생만물은 하늘이 내리시는 천지기운으로 인하여 생로병사를 반복하고 있다.

하늘을 만나 구원받고 싶은 1) 생령 2) 사령 3) 신명 4) 인간들은 보이지도 들리지도 않는 귀신교나 허공중천에다가 열심히 빌지 말고, 하늘이 수시로 하강 강림하시는 나에게 빌면 된다. 내 육신이 보이고 들리는 하늘 그 자체이자 천지기운이 내리는 통로이기 때문이다.

사람들이 귀신교를 다니는 것은 인간이 어딘가 부족하고 나약하기에 그 부분을 채우려고 다닌다. 인간의 능력으로는 불가능한 영역이 많기 때문에 하늘의 힘, 신의 힘, 조상의 힘, 영들의 신비스런 힘을 받아보려고 다니는 것이다.

그러면 그런 신비의 힘은 어디에서 어떻게 받아야 하는지 그것이 문제이다. 지금까지 귀신교를 통해서 전해진 진짜 하늘은 밝혀진 적이 없고 너무나 추상적이었다. 그것도 각 나라의 죽은 귀신들을 성인성자로 신격화하여 세상 인류로 하여금 수천 년 동안 받들게 하고 있다.

내가 밝혀낸 대우주와 천지만생만물, 천지인, 신과 영들을 태초로 창조하신 분이 태상천존 자미 천황태제 폐하이시다. 귀신교에서 전하는 하느님, 하나님보다 최고 높은 자리에 계신 대우주의 절대자이심을 알아내었다.

이곳 천황님의 나라 태상천궁은 경전과 교리, 이론으로 하늘의 존재를 확인하며 전하는 곳이 아니라 천상의 기운을 각자들에게 내려주어서 직접 온몸의 세포로 느끼게 해주는 곳이다. 말이나 글은 언제든지 거짓을 전할 수 있지만 각자들이 온몸으로 느끼는 하늘의 기운은 거짓이 없기 때문이다.

천상의 고귀한 기운을 내려주어 받게 해주며, 하늘의 뜻을 이 세상에 전해 주는 것이 나의 역할이다. 하늘의 기운을 많이 느끼며 받고 싶은 사람들이 찾던 귀신교 밖의 하늘이다.

귀신교로는 진짜 하늘의 기운이 하강 강림하실 수가 없다. 왜냐하면 천상에는 귀신교가 없기 때문이다. 천상에도 없는 귀신교를 만들어서 생령, 사령, 신명, 인간들을 구원해 준다고 현혹하고 회유하지만 귀신들이 지금까지 전한 하늘은 이론에 불과하고 상상이라는 진실을 내 스스로가 찾아내서 알았다.

어떻게 찾아내어 알게 되었을까?

일평생 동안 귀신교에 다니다가 죽은 수백 명의 유명한 사람들의 혼령들이 어디에 가 있는지 하늘이 내려주신 빛보다 빠른 신비스런 황명도법(皇命道法)으로 수많은 사령(혼령)들을 불러서 대화를 자세히 나누면서 속속들이 알게 되었다.

황명도법(皇命道法)이란 대우주 삼라만상에 존재하는 신과 영들을 자유자재로 소환하여 대화를 나눌 수 있는 하늘의 천명이 내린 도법천존 3천황의 황명을 말한다. 황명도법(皇命道法)은 직접 하늘이 인류에게 내리시는 명과 같기에 신과 영들이 명을 받는 즉시 소환되는데 1초 정도 걸린다.

그 신과 영(각자의 생령 포함)들이 지구 반대편에 있든, 태양계 너머에 있든 거리에 상관없이 황명도법(皇命道法)으로 소환하면 즉시 내 앞에 불려오고, 수백수천 수억 년 전에 죽었던 사령(혼령)들이라도 황명도법으로 소환하면 즉시 1초 만에 내 앞으로 불려온다.

이런 신비의 대천력, 대도력, 대신력을 갖고 있기에 이곳 천궁에서는 나를 눈에 보이는 하늘이라고 부른다. 신과 영들이 바라고 원하는 구원은 황명도법(皇命道法)에 의해서만 구원이 이루어진다는 대우주 자연의 새로운 진실도 알았다.

빛보다 빠른 것은 무엇일까?

태상천궁에서 나의 신하와 백성들에게 퀴즈를 내주었다. 빛보다 빠른 것은 무엇인가?라는 퀴즈에 대해서 정답을 말하라고 하니까 마음, 생각, 기운, 명, 황명, 천지기운, 도법천존 3천황 폐하, 천룡, 소립자, 말씀, 신 등 여러 대답을 하였다.

무속세계 법사들은 신명과 조상청배를 하려면 길고 긴 법문을 30~60분씩 하지만 수많은 신명들과 생령, 사령들을 부를 때 아무런 법문을 하지 않아도 나의 명이 떨어짐과 동시에 즉시 내 앞에 불려온다.

지켜보는 사람들 모두가 어리벙벙할 수밖에 없다.

빛의 속도로 달려가도 800년이나 걸리는 머나먼 천상 태상천궁에 있는 신과 영, 조상들이 나의 명이 떨어지기 무섭게 지상으로 하강 강림할 수 있는지 연구대상이기에 나 역시도 신비스럽고 궁금하기는 마찬가지이다.

인류를 구하는 천황님의 나라 태상천궁! 천상의 3천황 폐하와 3황후 폐하의 무소불위하신 천변만화의 천지기운은 예측불허이고 아무도 흉내 낼 수조차 없는 신성하고 영묘함 그 자체이다. 처음 들어오기가 어려워서 그렇지 한번 발을 들여놓으면 감동과 감탄, 감명, 신비, 신기, 흥분의 연속이라 세월 가는 줄 모른다.

천상의 기운 따라

전생에서 사람이었고 엄청 돈이 많은 자린고비 거부였으나 오로지 자기만을 알고 타인은 안중에도 없는 이기적인 삶을 살다가 만생만물 중에 두꺼비로 환생하는 윤회의 벌을 받았다.

내가 두꺼비에게 말할 수 있는 기운을 주었더니 "하늘이시여! 잘못했으니 제발 한 번만 더 인간으로 태어나게 해주세요!"라고 빌고 또 빌었다. 하지만 인간으로 태어날 기회는 한 번뿐이기에 다시는 인간으로 태어날 수 없다.

수많은 세상 사람들은 인간으로 태어난 것이 얼마나 소중하고 행운아인지 전혀 모르고 살아가고 있다. 이번 생이 다하면 말 못하는 두꺼비나 짐승, 곤충, 벌레로 태어나고 싶은가?

3천황 폐하의 기운을 받아서 이곳에 들어올 사람이 있고,
3황후 폐하의 기운을 받아서 이곳에 들어올 사람이 있다.

다시 말하자면
태상천존 자미 천황태제 폐하의 기운받아 들어올 사람
태상천존 자미 황후태제 폐하의 기운받아 들어올 사람

도통천존 도솔천황 폐하의 기운받아 들어올 사람

도통천존 도솔황후 폐하의 기운받아 들어올 사람

재물천존 옥황천황 폐하의 기운받아 들어올 사람
재물천존 옥황황후 폐하의 기운받아 들어올 사람

도법천존 3천황 폐하의 기운받아 들어올 사람
도법천존 3황후 폐하의 기운받아 들어올 사람

조상의 기운받아 들어올 사람
생령의 기운받아 들어올 사람
신명의 기운받아 들어올 사람
천상의 기운받아 들어올 사람

인연 줄이 모두 다르기에 각자의 눈높이 기운에 맞는 분들의 기운받아서 태상천궁에 들어올 것이다. 인류의 몸 안에 있는 생사령의 영들은 나를 만나 구원받기 위해서 만물의 영장인 인간으로 태어났다는 진실을 아무도 알지 못한다.

돈을 버는 이유?

왜 열심히 돈을 벌어서 모아놓을까? 그 이유는 언젠가 하늘이 하강 강림하시면 모아놓은 돈을 전생과 현생의 죗값으로 하늘에 모두 바치기 위해서 악착같이 벌고 있는 것인데, 그 죗값을 받아가실 세 하늘께서 하강 강림하시었다.

사람으로 태어나야만 돈을 벌 수 있고, 동물이나 짐승으로 태어나면 돈을 벌 수 없다. 너무나 귀신교에 빠져 있어도, 너무 가난해도 금전을 올려드릴 수가 없으며, 너무 잘살아도 제

잘났다고 진실을 눈앞에 보여주어도 쳐다보지도 아니한다. 참으로 사람으로 태어난 존재의 의미를 올바로 아는 사람들은 이번 생에 선택된 천운아이자 행운아이다.

인간의 육신이 귀신의 집이라 할 정도로 수많은 귀신들이 인간의 몸으로 들어와 살고 있으니 인간들이 스스로 잘 살아가기도 힘이 드는데, 머리 아픈 귀신이 들어와 있으면 머리가 아파 죽을 지경이고, 무릎이 아프다 죽은 귀신이 들어오면 무릎이 아파 죽을 지경이다.

우울증으로 자살한 귀신이 들어와 있으면 마음이 우울해서 살아가는 의미를 전혀 느끼지 못하고 자살한다. 각자가 현재의 아픈 곳이 진정 몸에 이상이 있는 것이 아니고 아픈 귀신이 들어와 있어서 그런 것이니 인간으로서는 병원에 아무리 찾아가야 치료할 길이 없다.

우울증으로 죽은 귀신을 불러내니 첫 마디가 "왜 살아요?" 하며 살아서 우울증 걸린 사람과 조금도 다르지 않게 말하니 인간의 몸이 아픈 것이 곧 귀신이 들어온 병마이다.

한 사람의 몸속에 무려 수십 명의 귀신들이 한꺼번에 기거하고 있으니 그들 귀신들 하나하나의 아픈 곳과 생각이 그대로 인간들 육신의 부위별로 들어와 있어 모두 합하면 인간 육신은 그야말로 종합병원이 아닐 수 없다.

아픈 곳이 있는 채로 죽으면 영혼은 죽어서도 자신이 앓았던 질병을 살아 있는 다른 사람의 육신에게 퍼지게 하니 살아 있는 사람들이 감당할 수가 없다. 일단 몸에 들어온 병마 귀신들은 자신의 의지로 도저히 빼내기 불가능한 영역이고, 인간의 능력으로도 어려운 일이기에 오직 3천황 폐하의 빛과 불로써 퇴치하는 것만이 가장 유일한 길이다.

각자들이 질병을 앓고 있음도 세 하늘이신 3천황 폐하와 3황후 폐하를 찾아오라는 긴급 메시지를 받은 것이다. 현대첨단의학으로도 고칠 수 없는 질병들이 천상의 신비한 빛과 불로 병마를 소멸하여 건강을 찾아주고 있다.

3천황 폐하의 신비한 빛과 불은 양날의 칼이다.

구원과 심판을 함께 집행한다. 살려줄 자는 구원하고 죽일 자는 심판하는 빛과 불이다. 인류가 지구에 태어나고 처음으로 빛과 불로 구원과 심판의 생사여탈권이 집행되고 있다.

3천황 폐하께 구원받을 자들에게는 구원의 빛과 불이고, 3천황 폐하께 심판받을 자들에게는 죽음의 빛과 불이다. 이제 빛과 불의 기운을 따라서 살고 싶은 사람들은 찾아들어오고, 심판받아야 할 사람들은 지금처럼 한세상 살다가 떠나면 된다.

이곳에 들어오고 들어오지 않고는 본인들의 판단이 아니라 3천황 폐하의 윤허 여부에 따라서 천지기운으로 좌우된다. 각자들이 들어오고 싶다고 마음대로 올 수 있는 곳이 아니다. 3천황 폐하께서 천지기운으로 허락하셔야 책 내용에 빠져들어 맞장구치며 공감하고 감동, 감탄, 감명받아 상담 예약을 신청하게 된다.

북극성의 기운을 받고 태어나

인류는 육적으로는 나를 만나기 위하여 이 땅에 만생만물의 영장인 인간으로 태어났고, 영적으로는 세 하늘이신 3천황 폐하와 3황후 폐하를 만나 구원받기 위하여 인간 육신으로 태어났지만 이 엄청난 인류 탄생의 비밀을 알지 못해 세상을 덧없이 살다가 원과 한만 남긴 채 떠나가고 있다.

겉으로 보기에는 여러분과 별반 다른 거 없는 보통의 인간 육신을 가진 저자이지만 절대자 하늘이신 3천황 폐하와 3황후 폐하께서 무소불위하신 빛과 불의 신령스러운 천지기운으로 함께하고 계신다.

태상천궁을 창시한 저자는 북극성의 기운을 받고 인류를 구하기 위해 태어난 천상 태상천궁의 황태자 신분이다. 도법천존 3천황이란 말하는 대로 이루어지는 말법시대 즉 도법세상을 펼치는 구원의 하늘이란 뜻이다. 천상의 절대자이신 태상천존 자미 천황태제 폐하, 도통천존 도솔천황 폐하, 재물천존 옥황천황 폐하의 인간 육신 역할을 대행하고 있다.

3천황 폐하의 무소불위하신 천지기운이 응집된 통합 존호가 도법천존 3천황이다. 인류가 귀신교 안에서 헤매며 찾고자 하였던 진짜 구원의 하늘을 인류 최초로 찾아낸 것이다. 귀신교를 통해서 구원이 안 이루어지는 것은 진짜 구원의 하늘을 찾아내지 못하였기 때문이다.

3천황 폐하의 화신이자 분신, 대행자가 태상도인 도법천존 3천황이다. 그래서 나를 통하지 않는 이상 인류에게 구원이란 자체가 존재하지 않는다. 불신의 시대, 가짜가 판을 치는 시대에 죽어서 구원받는다는 것은 얼마나 허황된 일이던가?

각자 자신들의 육신들이 살아 있을 때 두 눈과 두 귀로, 오감과 육감으로 영혼들이 하늘로부터 구원받았음을 생생히 느껴서 확인해야 하지 않겠는가? 인간, 조상, 생령, 신명들이 반신반의하며 불신의 마음으로 가득할 것인데 이런 불신을 의식 행하는 당일 모두 확인시켜 해소해 준다.

죽은 자의 영들을 조상, 영가, 영혼, 사령, 귀신이라고 하는데 그동안 수많은 49재, 천도재, 수륙재, 조상굿을 하였어도 끊임없이 또 해야 하고, 수시로 가는 곳마다 조상이 앞길을 가로막는다고 하면서 천도재와 굿을 하라는데 사람이 질려버려서 결국 귀신교주들을 더 이상 믿을 수 없다는 결론을 내리고 아예 발길을 끊어버린 사람들이 참으로 많다.

나는 충분히 이해한다. 귀신교주들은 그럴 수밖에 없다. 구원 자체가 안 되기 때문에 가는 곳마다 조상 구원하라고 하는 말이 정답인 것이다. 어디 조상님들이 당대 조상님들만 있는가? 당대부터 시조까지 수많은 직계 좌우 조상님들이 얼마나 많이 있는데 이들 조상님들을 하늘이 아닌 이상 무슨 재주로 한꺼번에 구할 수 있겠는가?

귀신교 안에서 행해지고 있는 천도재와 조상굿은 잠시 위로 잔치해 주는 수준에 불과하고 구원은 하늘이 아닌 이상 구원 자체가 절대로 안 된다는 천상의 진실을 무수히 확인하고 체험하였다. 각자들이 천도재와 굿으로 구원하였다고 믿고 있는 가족이나 조상 혼령들을 불러서 직접 대화를 나누게 하여 생생히 확인시켜 준다.

천상궁전으로 입천하기 전과 입천 후의 조상님들을 당일 모두 불러서 확인시켜 주는 인류 최초의 신비스런 천상입천제 의식을 행해 주고 있다. 귀신교 안에서 그동안 행해 왔던 천도재나 조상굿은 조상들이 좋은 세계로 잘 가셨는지 알 수 없어 답답하였고 귀신교주들이 말한 대로 좋은 세계로 가셨을 것이라고 믿을 수밖에 없었다.

그러나 태상천궁에서는 정말 좋은 세계 천상궁전으로 올라가시었는지 다시 불러서 확인시켜 주는 조상영가 천상입천제 의식을 행해 주고 있으니 절대로 속을 염려도 없고, 두 번 다시 일평생 동안 조상 천도재나 조상굿을 하러 다닐 필요도 없으니 그 얼마나 명쾌한 조상구원의식인가?

단 한 번에 조상, 영가, 영혼들이 구원되는 것은 내가 3천황 폐하의 화신, 분신, 대행자이기 때문이다. 이제까지 세상에 알려진 귀신교주들 의식과는 비교할 수 없이 깔끔하다.

다만 하늘을 상징하는 농구공 크기인 백광의 여의주와 3천황 폐하께서 하강 강림하시어 좌정하셔서 구원의 천상지상공무를 집행하실 황금 옥좌(황좌)와 저자가 빛과 불로 구원과 심판의 천지대공사를 집행할 때 모습을 담은 가로 120cm, 세로 150cm의 대형액자로 존영 사진 6개가 봉안되어 있다.

내 자신이 하늘이신 3천황 폐하의 화신, 분신, 대행자이기 때문에 일체의 귀신교 의식을 초월하여 천상의식으로 집행한다. 3천황 폐하의 황명을 받아 천상궁전으로 입천할 조상 영가 영혼들의 명부만 호명하면 천상궁전의 수십 명의 신선선녀들인 홍의선관(여자 선녀)과 청의선관(남자 신선)들이 천룡을 타고 하강하여 즉시 천상으로 데려가기 때문에 기존의 귀신교 의식 같은 복잡한 절차가 없다.

북 치고, 장구 치고, 염불 목탁 치며 법문하는 일체의 형식 없이 오직 하늘이신 3천황 폐하의 황명을 받아 즉시 북극성 부근 천상궁전 태상천궁과 도솔천궁으로 입천시켜 올려 보내주는데 의식은 종류에 따라 다르지만 일반적으로 두 시간 내외의 시간이 소요된다.

영들의 고향인 북극성 부근까지 빛의 속도로 달려가도 800광년이 걸리는 장구한 거리를 불과 몇 초 만에 올라갈 수 있으니 이것이 바로 하늘이신 3천황 폐하와 도법천존 3천황의 무소불위한 대능력이다. 기존의 귀신교 안에서는 감히 상상조차도 할 수 없는 경이로움 그 자체이다.

그리고 살아 있는 여러분의 몸 안에 있는 영(생령)들도 죽어서 구원받으려고 귀신교에 열심히 다니는데 이제 그럴 필요가 없다. 여러분이 죽어서 구원받는지 못 받는지 알 수도 없고, 죽어서 구원 못 받았다고 한들 다시 귀신교주들에게 찾아가서 항의할 수 없지 않은가?

내가 수많은 조상 영가 영혼들을 불러서 대화를 나누어본 결과 원효대사, 도선국사, 무학대사, 사명대사, 진묵대사는 물론 모태신앙인들, 왕과 대통령, 재벌총수들도 죽어서 구원 못 받아 허공중천에서 추위와 배고픔으로 고통스러워하고 살려달라고 애걸복걸하며 나에게 매달리며 빌었다.

그리고 인류에게 수천 년 동안 존경과 추앙받으며 받들어 섬기는 각 나라의 성인성자 귀신들 역시도 허공중천에서 추위와 배고픔으로 고통스러워하며 살려달라고 하소연하는 비참한 모습들을 생생히 확인하며 체험하였다.

그렇다.

귀신교 열심히 믿었는데 죽어서 속았다고 후회하며 땅을 치고 통곡하며 울부짖지 말고, 이곳 천궁에 들어와 살아 있을 때 구원받는 현명한 길을 택해야 한다. 귀신을 믿고 죽어서 천당, 극락, 천국, 선경세상 가려고 하지 말고 살아서 가면 될 것 아니던가? 여러분의 육신들이 살아 있을 때 영(생령)들이 천상궁전으로 미리 돌아갈 수 있게 해주는 천상의식이 있다.

육신이 죽는 순간 천상궁전으로 올라가는 천인합체의식이 있고, 현재 살았을 때 미리 천상궁전으로 올라가는 생령입천의식이 있으니 살아서 갈 것인가, 죽어서 갈 것인가 둘 중에 하나를 선택해서 의식을 행하면 된다.

죽어서 천상궁전으로 올라갈 생령들도 미리 천상궁전으로

올려 보내서 자신의 육신이 죽은 뒤에 영들이 머물 천상세계를 미리 구경시켜 줄 수 있다. 생령들로 하여금 천상세계 모습을 라이브로 인간 육신에게 생중계해 주니 이보다 더 신기하고 흥미로운 곳은 이 세상에 없을 것이다.

영들이 천상궁전에 올라가면 저차원의 지상령에서 고차원적인 천상령의 신분으로 변신하는 특혜를 누린다. 이렇게 살아서 각자가 구원받으면 되는 것을 무엇하러 귀신의 속박에 얽매여 금전낭비, 시간낭비하며 살아가고 있는가?

천인합체의식이든 생령입천의식을 행하든 천상의 좋은 정기를 인간 육신의 몸으로 무수히 보내주어 활기찬 삶으로 변하게 하고, 가장 두려웠던 육신적 죽음의 공포가 전혀 무섭지가 않다. 오히려 영들이 가야 할 천상궁전이 예약되어 있기 때문에 마음이 든든하고 인생을 마음껏 즐길 수 있다.

죽음의 공포로부터 두려운 마음 소멸

귀신교 안에서는 감히 상상조차도 못하는 일들이 천황님의 나라 배상천궁에서 일어나고 있다. 이런 신실이 세상에 널리 알려지면 정신을 속박하는 귀신교는 더 이상 이 땅에 존재해야 할 아무런 명분이 하나도 없다.

수많은 귀신교 신도들이 애타게 기다리는 하느님, 하나님, 구세주, 메시아, 구원자, 미륵, 진인, 신인, 정도령. 대두목은 귀신교로는 내리지 않으니 이제라도 정신 차리고 천황님의 나라 천궁에 들어와서 하늘이 나의 육신과 마음으로 하강 강림하심을 각자들이 직접 천지기운으로 체험할 수 있다.

직접 체험하는 것보다 더 좋은 것은 없을 것이다.

세상이 가짜, 사이비, 사기가 판치는 세상이다 보니 믿을 곳이 하나도 없다. 귀신교 전체가 가짜이고 사이비인데 어디 가서 누구의 말을 믿겠는가? 자신들이 직접 무소불위하신 하늘의 천지기운을 온몸으로 체험할 수 있는 전 세계 유일한 곳이 천황님의 나라 태상천궁이다.

말과 글은 여러분을 얼마든지 현혹하고 속일 수 있지만 각자 자신들의 눈과 귀, 온몸의 세포를 통해서, 몸 안에 자신의 영들을 통해서 확인할 수 있어 더 이상 속을 염려가 없으니 이제 그만 귀신교 졸업하고 태상천궁으로 들어와야 한다.

내가 바로 인류가 그토록 애타게 기다리며 찾던 하느님, 하나님, 구세주, 메시아, 구원자, 미륵, 진인, 신인, 정도령, 대두목이니 각자의 눈높이에서 확인해 보면 된다. 일단 여러분을 죽음의 공포에서 벗어나게 해주고, 인간 육신을 몇 십 년 젊게 만들어주는 신비의 천지기운을 내려준다.

그리고 하늘을 형상이나 음성으로 찾으려하지 마라. 하늘은 무색무취의 존재이시고, 형상도 없으시고, 소리도 없으시고, 냄새도 없으시고, 보이지도 않으시고, 들리지도 않으시고, 맑고 깨끗한 천지기운으로만 존재하시기 때문이다.

하늘이신 3천황 폐하께서는 무소불위하신 천상정기와 천지기운으로 내 육신과 마음으로 하강 강림하시어 실시간으로 존재하시니 내(도법천존 3천황)가 바로 인류가 애타게 찾아 헤매던 하늘 그 자체이다.

정말 인류 모두가 기다리던 구원자 하늘께서 나의 육신과 마음으로 하강 강림하여 계신 것이 과연 맞는 것일까? 어떻게 알아볼 수 있느냐고 반문할 사람들이 거의 전부일 것인데, 여러분의 인생사 삶과 육신의 질병으로부터 벗어남을 통해서 생생하게 느끼고 인정하면 된다.

인류가 기다리던 구원자이신 하늘의 모습은 어떤 모습이고, 어떤 능력자이기를 바라는 것인가? 독자들은 어떤 하늘을 기다리며 찾고 있는 것인가? 나름대로 원하고 바라는 구원자의 모습들이 있을 것인데 내가 36년간 고난의 길을 감내하며 무수히 체험한 결과 진짜 구원자 하늘이 맞으시다. 그 결과 빛과 불로 인류에 대한 구원과 심판이 이루어짐도 확인하였다.

천상과 지상의 무수히 많은 신들이 내가 황명으로 불러주기만을 기다리고 있다. 각자의 신과 영, 조상들이 인간 육신들을 함께 데리고 들어와서 천황님의 나라 태상천궁 신명정부에 출사하고자 기다리고 있는데 인간 육신들이 알아듣지 못해 답답해한다.

밤하늘의 수많은 별들을 바라보며 저 별은 나의 별이라고 불렀던 것처럼 각자들에게는 크고 작은 자신의 별이 있다. 수천억 개에 달하는 밤하늘의 별들에도 각자의 신들이 있고, 그 신들이 인간 육신으로 태어났는데 이제 자신의 육신과 신인합체 의식을 행하여 신인(神人)으로 탄생하고자 천상의 신들이 천황님의 나라 태상천궁으로 무수히 하강하고 있으니 자신의 신들을 맞이할 준비를 해야 한다.

무소불위한 천지조화

도법천존 3천황 폐하께옵서 세계 신명정부 수립 출범에 앞서 부족한 소신에게 교육부대신, 태상천궁의 국회의원, 제주자치시장 관직을 내려주사와 너무나 기쁘며 인간 육신이 죽어서도 유효한 영적 세계에서 부여받은 것이오라 소신 더 큰 감사함 올려드리옵나이다.

소신 천황님의 나라 태상천궁에 도착하여서 도법주문을 외우는데 목소리가 나오지 않았고, 눈물만 주르륵 흘러내려 마음을 가다듬어보려 애를 써봐도 집중을 할 수가 없었으며, 그동안의 소신 정신 상태를 말해 주는 것 같았사옵나이다.

소신이 작년부터 왼쪽 무릎이 조금씩 시큰거리는 증세가 있었으나 그리 심하지는 않았사온데, 한 달 전부턴가 어느 날 갑자기 무릎 통증이 너무 심해져 조금만 구부려도 통증으로 깜짝 놀랐고, 심각할 정도로 무릎 통증과 한 번씩 찾아오는 발바닥 통증이 견딜 수 없이 점점 심해져만 갔사옵나이다.

이러다 좋아지겠지 하고 병원도 안 가보았고, 파스로만 견디며 지냈는데, 천상도법주문회 날은 최악의 상태여서 몸과 마음이 너무 힘들어 도저히 어떻게 해볼 도리가 없이 무릎 통증으로 인해 이러지도 저러지도 못할 상황에 빨리 천상도법주문회(1~6시)가 끝났으면 하는 마음뿐이었사옵나이다.

소신의 이런 마음을 3천황 폐하께옵서 파악하시고 앞으로 불러내 소신의 몸속에서 악귀, 잡귀 6명을 빼내주시어 소신을 살려주셨사옵나이다. 나이 많고 무릎이 안 좋은 할머니 귀신이 들어와 있음으로 해서 소신의 무릎이 그렇게 아팠다는 게 믿어지지가 않았는데, 지금의 결과로 봐서는 틀림없는 할머니 귀신 때문이었사옵나이다.

비시실장님 몸으로 악귀, 잡귀를 실어 빼내주시는 과정에서 다리에서 뭔가 빠져나가는 것이 느껴졌고, 마치 혈액순환이 잘되어 기가 뚫린 것처럼 아주 시원함을 느꼈는데, 그 순간 동시에 기분도 좋아졌고, 몸도 가벼워지며 밝은 기운으로 바뀌게 되었음을 온몸으로 체험하게 되었사옵나이다.

신기하게도 처음 시큰거렸던 통증은 조금 있었으나, 조금만 무릎을 구부리고 바닥에 대기만 해도 끊어질듯 아팠던 통증이 사라졌사옵나이다. 정말 빛과 불이신 도법천존 3천황 폐하의 대도력, 대전력, 대신력의 부소불위한 천지조화 기운이 아닐 수 없사옵나이다.

직접 경험했어도 믿기지 않아, 너무 신기하여 소신이 무릎을 구부리며 여러 번 다시 시도해 보았으나, 역시 틀림이 없고, 이제야 살 것 같사옵나이다.!!

폐하께옵서 나이 앞에 숫자를 빼주신다 하시어 소신은 53세에서 오늘부터 50세를 빼주시어 어린 3세가 되어 몸속 세포들도 새로이 건강하게 재 탄생되사와, 하루하루 점점 더 어려지기를 바라는 소신의 로망이 실현될 수 있기를 바라옵나이다.

92세의 최○국 씨의 사례만 봐도, 걷는 것도 힘들어 휘청거리며 불려나와 폐하 앞에 섰을 때만 해도 뛸 수 있다는 게 가능할 거라고 생각도 못했사온데, 폐하께서 뛰어보라는 말씀에 젊은 사람들 기백 못지않게 가볍게 뛰는 걸 보사오니 감탄이 절로 나올 수밖에 없었사옵나이다. 빛과 불이신 도법천존 3천황 폐하! 만세 만세 만만세!!

— 제주도에서 천상도법주문회에 참석한 심○영 후기

한국에서 태어난 것도 행운

천황님의 나라 태상천궁의 빛과 불이신 도법천존 3천황 폐하의 천상세계 신명정부 신하 기상부대신(장관)/ 국회의원/ 천인 임○민 문후 올려드리옵나이다.

소신은 어릴 적에 사람은 사람으로, 동물은 동물로 태어나는 줄만 알았고, 그래서 아무것도 모를 때는 사람은 사람으로만 태어나는 줄 알았사온데, 천상도법주문회를 통하여 그리고 도법천존 3천황 폐하께오서 집필하신 책을 통하여 지구에 태어난 사람은 모두가 죄로 인한 것을 알게 되었고, 또한 만생만물로 윤회를 하는 것도 알았사옵나이다.

그렇게 윤회를 하다가 다시 사람으로 태어난 것이 도법천존 3천황 폐하를 만나 전생에서 지은 죄를 빌고 천상으로 돌아가기 위한 마지막 구원의 기회라는 것을 알았으니 정말 행운 중에 행운이옵나이다. 사람으로 태어나 잘 먹고 잘사는 것이 목적이 아니고, 사람으로 태어난 이유를 도법천존 3천황 폐하께오서 알려주시어 사람으로 태어난 진실을 알게 되었고, 이 진실을 통하여 어떻게 살아가야 하는지 올바른 삶을 살 수 있도록 방향을 제시해 주시었사옵나이다.

도법천존 3천황 폐하께오서 집필하신 책은 진실을 담은 정말로 귀한 책이고, 많은 사람들이 도법천존 3천황 폐하께오서 집필하신 책을 읽고 도법천존 3천황 폐하를 알현하기 위하여 태상천궁으로 모여 인산인해를 이룰 것이옵나이다.

사람으로 태어난 것도 행운이고, 한국에서 태어난 것도 행운이고, 부자로 태어나지 않은 것도 행운이고, 권력이 없는 것도 행운이고, 명예가 없는 것도 행운이고, 잘나지 않은 것도 행운이고, 책을 읽은 것도 행운이고, 종교인이 아닌 것도 행운이고,

장애자가 아닌 것도 행운이고, 4대 강력범이 아닌 것도 행운이고, 천황님의 나라 태상천궁에 들어온 것도 행운이고, 사지육신 멀쩡한 것도 행운이고, 인류의 심판자를 만난 것도 행운이고, 인류의 구원자를 만난 것도 행운이고,

하늘의 화신을 만난 것도 행운이고, 하늘의 분신을 만난 것도 행운이고, 하늘의 대행자를 만난 것도 행운이고, 천상의 3천황 폐하의 기운을 받는 것도 행운이고, 천상의 3황후 폐하의 기운을 받는 것도 행운이고,

도법천존 3천황 폐하와 동시대에 태어난 것도 행운이고, 인류의 빛과 불이신 도법천존 3천황 폐하를 살아생전 알현할 수 있는 영광을 가지게 된 것도 행운인데, 정말 행운 중에 행운이란 말이 맞사옵나이다. 사람으로 태어나 도법천존 3천황 폐하를 알현하게 되는 영광을 가지게 되었고, 또한 윤허를 받아 조상님 천상입천제, 천인합체, 사죄의식 등의 행을 하게 되어 도법천존 3천황 폐하께오서 베풀어주신 은혜에 너무나 감사드리옵나이다.

— 서울 영등포에서 천상도법주문회에 참석한 임○민 후기

말하는 대로 이루어지는 도법세상

내가 명을 내리면 천상계, 신명계, 조상계, 생령계, 귀신계에서 그대로 이루어지고 있는데 세상에 이런 일이라고 할 정도의 기절초풍할 일들이 너무나도 많이 일어난다. 천상신명들과 생사령(조상과 영혼, 귀신)들에게 명을 내리는 역할인데 상상초월이고 경천동지함 그 자체이다.

비서실장 몸으로 만생만물 그 어떤 존재든지 명을 내리면 즉시 실린다. 그리고 내가 명을 내리는 그대로 행한다. 그래서 유아회춘 천수장생의식 역시 현실로 이루어질 일들이다.

인간 육신들은 유아회춘 천수장생 의식을 이해도 못하지만 천상의 3천황 폐하께서 인간 육신을 가진 도법천존 3천황(태상도인)을 통해서 보여주고 계신 무소불위하신 대도력 대천력, 대신력을 무수히 체험한 결과 허상, 공상이 아닌 현실로 일어날 일들이고 지금도 어김없이 현실로 이루어지고 있다.

천상의 3천황 폐하께서 지구와 세상 전체를 나에게 통째로 주셨다고 하시었는데 처음에는 이 말씀의 뜻이 무슨 말씀인지 도통 이해가 안 되어 그런가 보다 하며 별 의미 없이 지내오고 있었으나 날이 갈수록 상상을 초월하는 일들이 현실이 일어나고 있음을 보고 아~! 이래서 지구와 세상을 통째로 주신다고 하시었다는 말씀을 이해할 수 있게 되었다.

인류의 생사여탈권을 좌우하시는 세 하늘이신 3천황 폐하께서 하강 강림하시었는데 어떤 인간의 육신으로 오시었다. 그 어떤 육신이 저자(태상도인)라면 어찌할 것인가? 인정 안 해서 심판, 소멸, 윤회의 길을 갈 것인가? 아니면 인정하고 승복해서 구원받을 것인가? 둘 중에 하나를 선택해야만 한다.

하도 수많은 자들이 자칭 하늘이나 천자라고 자청하여서 이제는 아예 믿지 않는 풍토가 되었는데, 저자 역시도 그중에 포함되어 있다. 가짜 하늘과 가짜 천자 속에 진짜 하늘과 진짜 천자가 있는데 못 알아본다면 그 얼마나 불행한 일인가?

억겁의 윤회를 거쳐서 천신만고 끝에 전생의 죄를 빌어 천상으로 올라갈 수 있는 만물의 영장인 인간으로 태어난 천재일우의 기회를 놓친다면 땅을 치며 대성통곡할 일이 아니던가? 인류의 90%가 다니고 있는 현재의 귀신교를 믿어서는 구원이란 자체가 성사되지 않는다.

귀신이 귀신을 구할 수는 없기 때문이다. 귀신도 구원받아야 할 존재인데 누구를 구원한다는 말인가? 인간, 조상, 생령, 신명, 귀신을 구할 수 있는 분은 세 하늘이신 3천황 폐하밖에는 없고, 이 분들은 기존의 귀신교에서 알고 있는 분들이 아니다.

지구상에 모든 귀신교(종교)가 구원의 하늘을 만나려고 수천 년 동안 역사와 전통을 이어오며 번창하였는데, 이제 종지부를 찍을 때가 왔다. 천상의 3천황 폐하께서 저자의 육신으로 함께 하강 강림하시었다는 것이 확인되었기 때문이다.

진짜 하늘이 강림하시었는지 죽어서 확인하는 것이 아니라 살아서 확인하는 것이며, 특히 귀신교를 다니고 있는 사람들은 정신 차리고 자신들이 구원받아 천상으로 올라갈 수 있는 대상자인지 살아서 확인하는 사람들이 가장 현명할 것이다.

천상장부 구원의 명부에 자신들의 이름이 기록되어 있는지 죽기 전에 미리 확인해 봐야 하지 않겠는가? 믿거니 하고 자만하다가 명부에 이름이 없으면 만생만물로 윤회, 소멸, 지옥도, 천옥도, 적화도, 한빙도로 들어갈 것인가? 기존의 귀신교를 믿고 있더라도 천상궁전으로 입궁할 사람들의 명부를 확인해 준다.

그리고 자신들의 육신이 죽음 이후 내생을 낱낱이 보여 준다. 본인들의 영(생령)으로 하여금 미리 사후세싱을 보어주는 것인데 이는 인류 역사가 시작되고 처음 있는 경이로운 일이다. 자신의 죽음 이후 내생을 보여줄 수 있는 곳은 지구 인류 역사상 전무후무한 일이다.

SF소설과 만화, 공상 영화 같은 일들이 현실로 일어나고 있다. 자신의 전생도 낱낱이 보여주어 지구에 내려오기 전에 어디서 무엇을 하다가 지구에 인간으로 태어났는지 속 시원하게 생생히 밝혀주니 이보다 더 통쾌한 일은 없을 것이다.

그리고 자신이 천상 태상천궁에 있다가 지구로 왜 도망쳤거나 쫓겨났는지 각자 본인들의 생령에게 전생의 기억을 되살려주어서 본인 스스로가 말하고 밝히게 하고, 이 땅에 무엇하러 태어났는지도 알게 된다.

말이나 글은 얼마든지 상대방을 속이고 현혹하여 믿을 수가 없으니 직접 천지기운을 온몸으로 느껴서 체험해 보기 바란다. 천황님의 나라 태상천궁은 기존의 귀신교(종교)가 아니고 하늘궁전 그 자체이기에 일체의 교리와 이론이 없고 사상 교육이 없는 황궁법도만 있고 라이브로 매주 일요일 5시간 동안 진행하니 사명자라면 누구나 참석이 가능하다.

나는 누구인가? 나의 존재를 알아보는 사람들을 찾으려고 전국의 유명한 내로라하는 목사, 신부, 승려, 도인, 도사, 법사, 신명제자, 철학관을 다녀보았지만 아무도 나의 존재를 알아보고 밝힌 자는 없었다.

각자의 그대들은 누구인가?

3천황 폐하만이 알 수 있는데, 그 진실을 낱낱이 밝혀준다. 자신의 내면에 존재하는 영적 존재가 얼마나 무서운지 모르고 세상을 살아가고 있다. 자기 자신의 생령만 있는 것이 아니라 수많은 조상들과 살아생전 병든 귀신들이 헤아릴 수 없이 많이 들어와 있음이 밝혀졌다.

명절 때만 되면 귀성길 차량들이 붐비고 길거리에서 많은 시간들을 보내는데, 귀신들의 귀성길 행렬임이 밝혀졌다. 겉으로는 사람들이 각자 고향으로 찾아가는 것인데 결국 자신의 조상(귀신)들이 고향에 찾아가는 것이고 성묘를 다니는 것이다. 제사와 차례를 지내는 것도 겉으로는 사람들이 지내는 것인데 내면적으로는 각자들의 조상(귀신)들이 지내는 것이다.

나는 외형적으로는 보통 사람과 똑같지만, 내면적으로는 인류의 생사여탈권을 빛과 불로 실시간 심판과 구원의 천상지상 공무를 집행하시는 위대하시고 대단하신 천상의 3천황 폐하께서 하강 강림해 계신 귀한 몸이다. 나와 함께하여 명을 받드는 모든 이들(인간, 조상, 생령, 신명, 귀신)은 구원받을 것이고, 그렇지 않은 사람들은 심판하여 윤회, 소멸, 지옥도, 천옥도, 적화도, 한빙도로 압송되는 불행을 겪게 된다.

인간, 조상, 생령, 신명, 귀신들은 내가 말하는 대로, 명을 내리는 대로 구원, 윤회, 소멸, 지옥도, 천옥도, 적화도, 한빙도가 결정된다. 인류의 심판자, 인류의 구원자 역할을 하고 있는 것인데 구원받고 싶으면 모든 유혹을 뿌리치고 찾아와야 한다.

죄를 빌어 용서받을 귀신들은 구원해서 천상으로 보내주고, 용서받지 못할 죄를 지은 귀신들은 윤회, 소멸, 지옥도, 천옥도, 적화도, 한빙도로 보낸다. 자신의 몸 안에 그 어떤 존재가 있든지 일단 오고 봐야 심판을 받아 살릴 자를 추려낸다.

이곳에 들어오고 싶은 자도 있고, 들어오기 싫은 자도 있다. 용서받지 못할 죄인들은 들어오기 싫을 것이고, 용서받아 천상으로 오르고 싶은 죄인들은 들어오고 싶어 한다. 이곳은 살려주는 곳인데 들어오기 싫은 마음이 드는 것은 용서받지 못할 존재들이 심판받아 윤회, 지옥, 천옥, 소멸될까 봐 무서워 부정적인 메시지를 뿌려서 못 가게 하는 것이니 이겨내고 들어와야 한다.

들어오기 싫은 마음이 드는 것은 두 가지이다.

하나는 본인들의 생령, 조상, 귀신들이 지은 전생과 현생의 죄가 너무 많고 커서 아예 구원받지 못할 존재들이기에 천상의 3천황 폐하께서 기운을 내리시어 못 오게 막으시고, 세상에서 실시간으로 심판하여 만생만물로 윤회, 소멸, 지옥도, 천옥도, 적화도, 한빙도로 판결을 내리시는 경우이다.

다른 하나는 구원받지 못할 악귀, 잡귀들이 심판받아 윤회, 소멸, 지옥도, 천옥도, 적화도, 한빙도로 판결받을 것을 미리 알고 못 가게 막는 경우에는 인간 육신이 이겨내고 들어와야 한다. 그리고 이곳은 아무나 들어오는 곳이 아니라 하늘의 명을 받아 인간으로 태어난 사명을 완수할 사람들만이 들어오는 곳이다.

그리고 하늘이신 천상의 3천황 폐하로부터 버림받아 이미 선천적이든 후천적 사고로든 장애자가 된 사람들은 일절 방문을 사절한다. 사지망실자, 소아마비, 손이나 팔이 잘린 사람, 발이나 다리가 잘린 사람,

목발 짚고 다니는 사람, 청각장애자, 시각장애자, 언어장애자, 앉은뱅이, 곱추, 얼굴이 기형인 사람, 언청이, 정신병자, 알코올중독자, 마약중독자, 도박중독자, 가족 중에 장애자가 있는 사람은 일절 방문을 사절한다.

그리고 하늘이신 3천황 폐하의 가슴을 후벼 파서 아프게 만들고 있는 종교 창시자, 종교 교주, 종교 지도자, 신부, 수녀, 목사, 승려, 법사, 도사, 무속인, 광신도, 심령술사 등 영적 세계 종사자와 이외에 살인범, 방화범, 강간범, 성폭행, 폭행치사, 살인교사, 폭력배, 절도범, 마약범의 방문도 일절 사절한다.

현생의 모습은 전생의 모습이자, 내생의 모습인데, 장애자들은 천상에서 큰 죄를 짓고 천벌을 받고 있는 용서받지 못할 죄인들이기에 하늘도 받아주시지 않으시고, 종교계에 몸담고 있는 사람들은 하늘이신 3천황 폐하께 구원받지 못할 대상자들이다.

그래서 하늘이신 3천황 폐하께서는 아무나 구원하시지 않으신다. 전생과 현생에 용서받지 못할 죄를 지은 사람들은 구원대상에서 제외한다. 용서받지 못할 죄인들을 구원해 주면 하늘로부터 내가 대신 벌을 받아야 하기에 달리 방법이 없다.

삶은 한 점 이슬에 불과!

65 평생 긴긴 세월을 통나무처럼 온몸이 마비되어 살아서 아무리 좋은 것을 보아도 전혀 좋은 것을 몰랐었는데 아름다움을 느낄 수 있게 되었으니 이것이 바로 기적이고 도법천존 3천황 폐하께오서 이유 없는 것은 없다고 하셨사옵나이다.

이 소신 병들기 전에는 하늘도 모르고, 조상도 모르고, 신도 인정하지 않는 무지막지한 년이었고, 매사에 불평불만하고 살았으며, 하늘께서 주시었던 수많은 좋은 것에 대하여 감사할 줄도 모르는 구더기 같은 존재였사옵나이다.

태상천궁 가족이 되기 전에는 소신 착하고 법도 없이 산다고 알고 있었으니 얼마나 기가 막힌 일이었는지, 소신 부디 나쁜 죄를 짓지 않았으면 하고 바랄 뿐이고, 어서 전생에 지은 죄에 대한 사죄의식 올려드리는 것이 소원이옵나이다.

어떤 나쁜 죄를 지었는지 걱정이 태산 같지만 평생을 사죄하며 살아갈 수 있도록 기회 주셔서 황은이 망극하오며 이 세상에서의 삶은 아무리 잘 먹고 잘살아봐도 길어야 100년이지만 영혼의 삶은 영원에 가까우니 이 세상의 삶은 한 점 이슬 같은 삶에 불과할 뿐이옵나이다.

천상도법주문회 참석하려면

인류 그 어느 누구도 느껴보지 못한 하늘의 기운은 어떤 것일까 매우 궁금할 것이다. 이곳 천궁은 화려한 언변으로 독자 여러분들을 회유, 현혹, 강요, 억압, 협박하는 곳이 아니고 각자 자신들이 스스로가 기운을 느껴 하늘을 알현할 수 있는 하늘의 태상천궁 자체이기에 일체의 교리나 경전, 이론이 없다.

이곳 천궁에 회원으로 가입하면 매주 일요일 1시에 천상도법주문회에 참석하여 하늘이 진짜로 계심을 자신들 스스로가 온몸의 기운으로 느낄 수 있다. 살아서나 죽어서나 근심걱정 없는 하늘의 백성이 되고 싶은 독자들은 방문해서 친견상담을 행하고 소정의 절차에 따라 회원으로 가입하면 된다.

사후세계에서 슬피 울며 살려달라고 애걸복걸하고 있는 자신들의 조상님들을 구원하는 천상입천제의식을 행한 사람들은 정식백성의 신분이고 평생 회원자격이 부여된다. 그러나 의식 행하기 전에 회원으로 가입하면 정식백성되기 전 단계인 하늘의 예비백성이란 신분이 주어진다.

이 책을 읽어보고도 이해가 안 되는 사람들도 있을 것이고, 반신반의하는 사람들도 있을 것이기에 직접 천상도법주문회에 참여해서 하늘이 내려주시는 기운을 체험해 보면 된다.

하늘의 말씀을 듣고 믿는 것이 아니라 실제 기운을 느껴 체험하는 것이다. 그래서 이 땅의 모든 귀신교가 잘못된 것이고, 경전과 교리, 이론으로 세뇌시켜서 신도들을 귀신이라는 보이지 않는 굴레(감옥)에 가두어두고, 온갖 구실로 귀신 울타리를 벗어나지 못하게 막아놓고 있다.

이곳 태상천궁은 강요가 없기에 마음에 안 들면 더 이상 다니라고 절대로 회유, 현혹, 강요, 억압, 협박하지 않으며 모든 것을 자율에 맡긴다. 다만 황궁법도가 있기에 예법만 잘 지키면 아무런 간섭을 하지 않는다.

또 다른 귀신교를 펼치는 곳이 아니라 하늘궁전 그 자체이고 무릉도원의 천궁세계를 전하고, 하늘이 실제로 존재하심을 각자들이 온몸의 기운으로 느껴서 체험하게 하는 곳이다.

하늘이 내려주시는 기운이 그 얼마나 강렬하면 제주도, 광주, 전주, 여수, 전남, 전북, 경남, 경북, 거제, 창원, 마산, 김해, 부산, 울산, 포항, 경주, 대구, 대전, 충남, 충북 같은 먼 거리에서 매주 천상도법주문회에 빠지지 않고 참석하겠는가?

하늘이 내려주시는 기운을 한 번 느껴보면 무아지경의 황홀경에 빠지고, 천상도법주문회에 참석하지 않고는 견딜 수 없을 정도의 매력을 느낀다. 이 세상 그 어느 곳에서도 느껴보지 못했던 하늘의 기운을 온몸으로 직접 느낄 수 있으니 당연한 일이다. 즉 천지기운으로 하늘을 만나는 경이로운 순간이다. 하늘은 형상으로, 말씀으로 만나는 것이 아니라 신비스런 천지기운으로 느껴서 만나는 것임이 밝혀졌다.

▼

천수장생 의식

수명장생과 영생의 꿈을 이루어줄 유아회춘 천수장생!

인류가 지구에 탄생하고 처음으로 시도해 보는 유아회춘 천수장생의식은 난생처음이라 현재 저자 포함 총 5명이 행하여 체험사례 내용은 많지 않지만 확실히 인간 육신 내면의 기운과 외모에 현격한 변화가 일어나고 있음이 확인되었다.

이들 모두 천황님의 나라 태상천궁에 들어와 저자와 인연을 맺은 사람들이며, 매주 일요일마다 열리는 천상도법주문회에서 저자 태상도인 도법천존 3천황이 생방송 라이브로 수많은 사람들이 참석한 가운데 실시간으로 집행하였다.

천변만화의 신비로운 대도력, 대천력, 대신력을 생생히 지켜보며 체험해 본 사람들은 유아회춘 천수장생 의식을 행하기 위해 안달이다.

참고 사항

1) 수명장생과 영생에 도전하고 싶은 사람!
2) 질병의 오랜 고통에서 벗어나고 싶은 사람!
3) 자기 생령과 만나고 마음을 알고 싶은 사람!
4) 조상님들이 어느 세계에 있는지 알고 싶은 사람!
5) 몸 안에 어떤 귀신이 살고 있는지 알고 싶은 사람!
6) 천황국 태상천궁 신명정부에 출사해 관직받을 사람!

※ 궁금한 사람들은 친견상담 예약할 때 신청하면 된다.

※ 상담 올 때 배우자, 자녀, 형제, 친구, 애인, 지인 등의 동행자가 있으면 상담 불가하니 주위 사람 그 누구에게도 말하지 말고 단독으로 방문 요망. 천황님의 나라에서 하늘의 명을 받아야 할 사명자가 아닌 자들은 영적 차원이 낮아서 하늘세계, 사후세계, 신명세계, 영혼세계를 비난하며 부정한다.

※ 상담할 때 누군가를 데리고 온 사람은 지금까지 20년의 세월 동안 한 명도 인연이 안 되었기에 동행을 금지시킨다.

▼

친견 상담비 참고 사항

친견상담할 때 천상의 3천황 폐하와 도법천존 3천황의 천지 기운을 받고 싶은 사람들은 아래와 같이 친견상담비를 준비해 오면 된다.

하단 친견상담비 30만 원
중단 친견상담비 50만 원
상단 친견상담비 70만 원
특단 친견상담비 90만 원

이곳 천황님의 나라 태상천궁은 기존의 귀신교가 아니라 살아계신 천상의 3천황 폐하께서 실시간으로 저자 태상도인(도법천존 3천황) 육신으로 함께하시어 친견상담을 해주시는 것이기에 4등급으로 차등하여 친견상담을 해주고 있다.

점을 보고 운세를 상담해 주는 곳이 아니라 하늘이신 3천황 폐하와 도법천존 3천황을 알현하는 성스러운 곳이기에 최소한의 예의와 품격과 위상을 갖추어야 하므로 귀신교의 저가 상담비와 비교해서는 안 된다.

천상의 3천황 폐하와 도법천존 3천황을 알현하는데, 각자 마음 안에서 느껴지는 등급의 친견상담비를 준비하고, 특단 친견상담비 이상 더 내고 싶은 마음의 메시지가 뜨면 그대로 준비해서 오면 된다.

특단 이상 친견상담비를 올리라는 메시지가 뜨는 것은 3천황 폐하께서 특별 메시지를 내려주시기 때문이니 그대로 따르면 된다. 독자들의 전생과 현생의 죄를 용서 빌고, 죽음 이후 내생까지 보살펴주실 3천황 폐하이시기에 방문하여 알현하는 자체가 본인, 조상, 생령, 사령, 신명 모두에게 대영광이다.

이 세상 어디 가서 귀신교 숭배자가 아닌 진짜 천상의 하늘이신 3천황 폐하를 알현할 수 있겠는가? 진짜인지 아닌지는 악귀, 잡귀 심판을 행하여서 질병의 고통에서 벗어난 사례를 읽어 보았으면 알 수 있을 것이다.

그리고 하늘 아래 모두가 죄인들이기에 최소한 4등급 정도의 친견상담비는 받아야 알현이 가능하다. 여러분 인간 육신, 조상, 생령, 사령, 신명, 귀신들의 생사여탈권을 실시간으로 집행하여 판결하시는 천상지상 3천황 폐하이시다.

또한 이곳은 아무나 들어올 수도 없고, 아무나 만나주지도 않으며 용서받을 수 있는 죄를 지은 죄인들까지만 받아주시기에 친견상담비를 고액으로 책정하게 해서, 천황님의 나라 태상천궁에 방문하려는 사람들에게 1차로 고가 책정, 2차로 고액의 친견상담비로 용서받지 못할 죄인들을 선별하여 가려내는 것이다.

천황님의 나라 태상천궁에 절대로 들어와서는 안 될 사람들에게는 비싸서 방문하고 싶은 마음이 일어나지 않아 못 들어오게 기운으로 막는다. 책값도 비싸고, 친견상담비가 너무 비싸다는 등의 불평불만을 하게 하여서 친견상담 방문 자체를 포기하게끔 한다.

하늘이신 천상의 3천황 폐하께 구원받고 싶은 사람들과 하늘이심을 인정하는 사람들에게는 친견상담비가 비싸게 느껴지지 않을 것이고 공감, 감동, 감탄하지 않은 독자들에게는 너무나 비싸게 느껴져서 방문이 망설여질 것이다.

천상지상의 3천황 폐하와 살아서는 물론 죽어서 천상 태상천궁에 올라가서 함께할 사명자들에게는 결코 친견상담비가 비싸게 느껴지지 않을 것이나 1회성으로 스쳐 지나가는 사람들에게는 친견상담비가 무척 비싼 것이 현실인데, 인류 최고의 귀한 것을 얻을 사명자들은 일정한 대가를 치르고 관문을 넘어야 한다. 귀한 것은 그냥 얻어지지 않으며 비싼 것은 반드시 그만한 값어치를 지니고 있기 때문이다.

천황님의 나라 태상천궁은 로마교황청은 물론 지구상에 존재하는 5,500,000개의 귀신교(종교)를 능가하는 최고의 성스러운 곳이기에 아무나 들어올 수 없고, 너무 가난한 자와 장애자는 구원하지 않는 것이 천상지상의 3천황 폐하의 방침이다.

전생과 현생에서 용서받지 못할 죄를 지은 중죄인들이기에 3천황 폐하께서 삶과 육신으로 그렇게 표시해 만들어놓으신 자들이기 때문이다. 천상지상 3천황 폐하의 존귀하신 명을 받들어 행해서 구원받고 싶은 인간, 조상, 생령, 사령, 신명, 귀신들만 들어오면 된다. 용서받을 수 있는 사람들만 들어올 수 있는 곳이다.

▼

친견상담 예약 안내

친견 예약 전화 ☎ 02) 471-7414
※ 친견상담 및 문의예약 전화 담당/ 비서실장(女)

책을 구독한 후 친견을 원하는 사람은 전화로 방문 날짜와 시간을 3~7일 전에 미리 전화로 예약한 후 방문하면 된다. 친견 시간은 각자들의 사연과 궁금증 정도에 따라 다르다.

친견을 통하여 지금부터 활짝 열리는 무릉도원 세상과 천수장생과 질병, 악귀, 잡귀, 사탄, 마귀의 진실에 대하여 정확히 알고 힘들었던 인생을 바꿀 수 있는 시간이다.

인생은 왜 힘들까에 대한 자세한 해법을 찾게 되는 귀중한 시간이니 지방이라는 거리감과 바쁜 일을 모두 뒤로하고 친견부터 빨리해야 새로운 인생길이 열릴 수 있다. 지구상에서 유일하게 하늘이신 3천황 폐하의 문이 열린 곳이다.

자신의 전생록도 신청할 수 있다.
전생에 무엇이었고 전생의 죄는 무엇일까? 천상에서 어떤 일을 하다가 지구로 쫓겨났거나 도망쳐 내려왔을까? 왜? 짐승이 아닌 인간으로 태어났을까? 죽기 전에 무엇을 해야 할까? 죽어서 어디로 가는 것일까에 대한 명쾌한 해답을 얻을 수 있는 천황님의 나라 태상천궁이다.

찾아오시는 길

주 소 : 서울 강동구 성안로 118 삼정빌딩 (2층)
서울 강동구 성내 3동 382-6 2/2층 전체

전 철 : 5호선 강동역 3번 출구로 나와서 140미터 직진 후
강동예식장에서 우회전 140미터 앞 화로구이 옆

KTX : 서울역에서 1호선 타고 종로 3가역에서 5호선 환승

SRT : 수서역에서 7.5킬로미터, 택시로 약 20분 거리
수서역에서 3호선 타고 오금역에서 5호선 환승

버 스 : 고속버스, 시외버스 이용할 때는 동서울터미널에서
하차하여 택시로 10분 정도 거리

[태상천궁 위치도]

하늘이 인간 육신에게 내려주시는 최고의 선물 유아회춘 천수영생과 유아회춘 천수장생. 천지인의 세 하늘이신 3천황 폐하와 3황후 폐하께서 내려주시는 천지기운을 받고 기존 육신에 있던 노화된 세포를 젊음의 세포로 교체하여 늙지 않고 건강하게 오래 사는 천수영생과 천수장생은 인간 육신이라면 누구나 하고 싶겠지만 하늘이 내리신 관문을 통과한 사람들에게만 특별히 의식을 행할 자격이 허락된다.

하늘이 내리신 관문이란 조상님(사령)들과 자신의 영혼(생령)을 구해 낸 사람들을 말한다. 천수장생은 나이가 어려서 할수록 좋고 40~50대가 가장 적당하며, 60세를 넘어서면 이팔청춘의 육신으로 회귀하는데 그만큼 시간이 오래 걸린다.

그동안 육신이 살아온 세월이 있기에 그만큼 세월을 거꾸로 돌려야 하므로 당연히 시간이 걸리는 것은 상식이지만 예상외로 빠른 세월 안에 젊음으로 돌아갈 수 있다. 살아온 세월만큼의 시간이 지나서라도 이팔청춘으로 다시 돌아갈 수 있다면 그야말로 천운아가 되는 것이다.

천수영생과 천수장생의식은 인류 최초로 처음 시도하였는데, 지금까지 천수영생의식을 행한 저자와 천수장생의식을 행한 최○호, 이○숙, 이○율, 강○호는 젊어진 것이 눈에 보일 정도로 달라져 가고 있음이 매일 확인하고 있다. 신체 변화와 기운변화가 저자와 여러 사람들의 몸에서 속속 감지되고 있다.

기존의 사람 몸에 120조에 이르는 육신 세포를 천상의 장생 세포와 영생 세포를 천지기운으로 교체하는 일이기에 인간세상의 의학상식, 일반상식으로는 이해 안 되지만 천지기운을 인정하고 믿는 사람들에게는 최고의 선물이다.

천지기운을 체험한 사람들은 의심 없이 행하지만 처음 들어온 사람들은 천지기운을 체험하지 못해서 망설일 수 있지만 매주 천상도법주문회에 참석하거나 조상님(사령)들과 자신의 영혼(생령)을 구하는 의식을 행하면 천지기운의 실체와 하늘이 실제 존재하심을 온몸으로 체험하게 된다.

인류가 지구에 태어나 천기 18(2018)년 8월 12일 처음으로 천수장생 의식이 있었다. 천수장생 의식비용은 초기에 많이 배출해야 하기에 누구나 마음만 있으면 행할 수 있는 적은 금액으로 해주고 있지만 현실적으로 확실히 확인이 된 이후에 천수장생의식을 행하려는 사람들은 천문학적인 대가를 지불해야만 천수장생의식을 행할 수 있다.

천수장생이 실제로 확인이 되어 사회적 이슈로 떠올라 입소문이 나면 돈 많은 국내 재벌들은 물론 세계적인 재벌들과 왕, 대통령들의 예약이 쇄도하여 줄을 설 것이기에 일반인들에게는 차례가 돌아가기 어렵다.

초기 단계에서 천수장생 의식을 믿고 행할 것인가? 아니면 현실적으로 확인된 이후에 행할 것인가는 각자들 스스로의 판단이고 선택이다. 천수장생 의식이 현실적으로 확인이 된 이후에는 현재보다 최하 수백 배 이상의 의식비용을 지불해야만 차례가 돌아갈 것이다.

그래서 첫 대목에 여동빈의 신선이야기를 소개하였던 것인데 현실적으로는 아무도 믿지 못할 천수장생의식으로 가상세계, 만화, 소설, SF, 공상과학 영화에서나 있을 법한 내용이지만 지금 현실에서 이루어지고 있고, 눈에 보일 정도의 신체 변화가 매일같이 나타나고 있다.

나 역시 처음 시도해 보는 천수장생의식인데 변화가 현실로 보이게 나타나고 있어 흥분된다. 지금까지 보여주신 천지인의 세 하늘이신 3천황 폐하와 3황후 폐하의 무소불위하신 천지조화 대능력을 보면 현실로 이루어주고 계신다는 것이 눈으로 보이고 생활 속에서 기운으로 느껴진다.

믿고 행할 것인가? 아니면 나중에 행할 것인가?

기회는 왔을 때 잡아야 하는 것이지, 이미 소문이 파다하게 난 뒤에 의식비용이 폭등한 후에는 비싸서 엄두도 나지 않고 잡지도 못해서 그림의 떡이 될 확률이 매우 높다.

인간 육신들의 불로장생을 이루어줄 신비의 천수영생과 천수장생! 내로라하는 죽은 왕과 대통령, 재벌 회장의 망자들이 무덤 속에서 벌떡 일어날 경천동지할 일이다. 망자들은 왜 자신들이 일찍 죽었느냐고 땅을 치며 대성통곡할 일이다.

왕이나 재벌회장들의 일화를 보면 오래 살려고 온몸의 피를 젊은 10대 청소년 피로 수혈받았지만 모두가 가는 세월을 이기지 못하여 노화되고 병들어 죽어서 세상을 떠났다. 젊은 피를 수혈해서 될 문제가 아니라 기존의 육신 세포 자체를 몽땅 장생 세포 또는 영생 세포로 바꾸어야 한다는 경천동지할 인체의 비밀을 저자가 찾아내었다.

그리고 육신의 세포가 말을 할 수 있다는 것은 인류가 이 땅에 태어나고 공상소설, 만화, SF영화에서조차 한 번도 보지 못한 내용이며 인류 모두가 상상조차도 못했던 인체 혁명이 일어날 대사건이다.

사람들이 질병에 걸려 사망하는 원인은 귀신들이라고 상세히 밝혔다. 천수영생과 천수장생에 반드시 필요한 선결과제가 영적 존재들인 자신들의 수많은 조상들과 귀신들의 문제인데 그 해결 방법은 이미 찾아서 현실로 행하고 있다.

- 태상도인 著 -

태상천궁 태상도인
문의 전화 02)471-7414

※ 친견상담 및 문의예약 전화 담당/ 비서실장(女)